예수의 인격을 흠모한
장기려

Jang Gi-ryeo
Who Imitated the Character of Jesus

1911 -1995

예수의 인격을 흠모한
장기려

Publishing Date: 31 October 2013
Published by The KIATS Press, Seoul, Korea
Publishing Director: Kim Jae-hyun
English Translators & Editors: John S. Park, Jera Blomquist & Kim Myungjun
Book Design: Park Song-hwa
ISBN: 978-89-93447-62-0(04230)

Printed and bound in Korea

Copyright © 2013 by the KIATS Press
All rights reserved. No portion of this book may be reproduced by any process or technique without the formal consent of the KIATS Press. For permission please contact The KIATS Press, #4, 101-1 Myeongryun 1-ga, Jongno-gu, Seoul, Korea 110-521.

발행일: 2013년 10월 31일
발행처: 한국고등신학연구원(KIATS)
발행인: 김재현
영어 번역 및 편집: 박성창, 제라 블롬퀴스트 & 김명준
한글편집: 강은혜, 류명균, 권혁일, 공성민
디자인: 박송화
ISBN: 978-89-93447-62-0(04230)

*본 출판물의 저작권은 한국고등신학연구원(KIATS)에 있습니다.
*사전동의 없이 무단으로 복사 또는 전재하여 사용할 수 없습니다.

*이 도서의 국립중앙도서관 출판시도서목록(CIP)은 서지정보유통지원시스템 홈페이지(http://seoji.nl.go.kr)와 국가자료공동목록시스템(http://www.nl.go.kr/kolisnet)에서 이용하실 수 있습니다.
 (CIP제어번호: CIP2013021305)

한국기독교지도자작품선집 **014**
Korean Christian Leaders Series **014**

한글 | English

예수의 인격을 흠모한
장기려

Jang Gi-ryeo
Who Imitated the Character of Jesus

Contents | 차례

◆ **한글본 | Korean**

◆ 예수의 인격을 흠모한 장기려
  Jang Gi-ryeo, Who Imitated the Character of Jesus

◆ 연보 | **Chronology**

◆ 참고문헌 | **References**

◆ **영어본 | English**

간행사

한국 기독교는 2,000년 세계 기독교 역사에 유례가 없을 정도로 짧은 시간 동안 박해와 고난이 있었고, 열정과 헌신을 통해 교회 성장과 함께 세계 여러 나라에 선교 활동과 같은 다양한 역할을 하기에 이르렀다. 이러한 경험은 조선 유학자와 초기 가톨릭 교우들 사이의 논쟁, 박해와 순교를 내세와 참된 신앙에 대한 묵상으로 승화시켜 설교와 글과 시 등을 통해 고스란히 표출되고 있다. 하지만 현재를 사는 우리는 이를 가다듬지도, 그 진정한 가치를 온전히 인식하지도 못하고, 늘 서구 기독교만 동경하며 그 문화를 받아들이기에 급급했던 것이 사실이다.

최근 들어 지금까지 소홀했던 한국 기독교 믿음의 유산을 발굴하여 현재의 삶과 신앙을 반성하려는 신앙인들이 늘고 있는 것은 매우 고무적인 일이다. 그런 맥락에서 KIATS(한국고등신학연구원)는 '한국기독교 지도자 작품 선집' 시리즈를 통해 한국 기독교의 유산을 집대성하고자 한다.

이 시리즈는 기독교 유래 초기부터 오늘에 이르기까지 한국 기독교의 특징을 잘 드러내 주는 신앙적 혹은 학문적 가치를 갖는 1차 문헌을 선별하여 담아낼 것이다.

우리는 이를 통해 목회자, 신학자, 사회운동가, 정치가, 사상가, 문인, 예술인, 그 가운데서도 기독교적 정체성을 갖고 한국 기독교에 공헌한 분들의 작품도 묶으려 한다. 원전을 정리하고 선별하는 것은 저자의 설교문과 논문, 수필, 단상, 시, 선언문, 단행본, 전집 등 활자화된 문헌을 우선으로 한다.

이 시리즈를 통해 독자들은 그동안 묻혀 있던 한국 기독교의 보석 같은 글을 다양하게 접하게 될 것이다. 이에 치열하게 믿음의 본을 보이며 살다 간 조상의 신앙을 되돌아보고 반추하며, 하나님께서 한국 기독교의 미래에 허락하실 원대한 계획에 동참했으면 한다. 그리고 외국 번역물이 우리나라 기독교인의 독서를 주도하는 상황에서 우리네 정과 풋풋함, 구수한 토속적 신앙을 소중히 여기는 계기가 되었으면 한다.

가장 지역적인 것이 가장 세계적이라는 말이 있듯이, '한국기독교 지도자 작품 선집' 시리즈가 우리 것에 대한 진지한 성찰과 함께 세계적 차원에서 우리의 신앙을 발견하고 재정립하는 좋은 기회가 되길 소망한다.

2013년 10월
김재현, 한국고등신학연구원(KIATS) 원장

On the Publication of the Korean Christian Leaders Series

The Korean Christian Church, having experienced phenomenal church growth and a great passion for missions within its short history, is proud of its place as the leading representative of Christianity in Asia. During its brief history, the Korean Church has lived through a great variety of experiences marked by persecution and suffering, zeal and dedication, church growth and foreign missions—a breadth of experience unprecedented in 2,000 years of Christianity. These experiences have been conveyed in written works that include debates between Confucian scholars and Catholic converts, as well as meditations, sermons, essays, and poems that elevated persecution and martyrdom to reflections on the next world and true faith.

Through the publication of the Korean Christian Leaders Series, the Korea Institute for Advanced Theological Studies (KIATS) seeks to organize the inheritance of the Korean Christian Church and to share it with Christians around the world. This project will first involve selecting and compiling a body of manuscripts of religious or literary value—manuscripts that clearly present the characteristics of Korean Christianity from its beginnings up to the present. Our primary subject matter includes the writings of church leaders (theologians as well as pastors), and works by social leaders, politicians, thinkers, literary persons, and artists who identified with and served the Korean Church. In organizing and selecting the original manuscripts, we will first work with each author's printed manuscripts, including sermon texts, theses, essays, poems, and written declarations.

The priceless writings of Korean Christian leaders—diverse works that have been buried until now—will become accessible through the publication of this series, which endeavors to re-illuminate the history of Christianity and discover in it the roots of our faith. Through this we will be able to appreciate again the lives and faith of our predecessors who lived and died with passion, as role models of faithful Christians. We will be able to reflect on our own age, and re-envision God's great plan for the future of the Korean Church. Furthermore, this series will allow an appreciation of the characteristic warmth and ingenuity of Korean Christians, and a taste indigenous to Korean faith.

October 2013
Kim Jae-hyun
Director, The Korea Institute for Advanced Theological Studies

일러두기

1. 본문은 장기려 박사의 글을 중심으로 구성하였으나 〈들어가기〉 글에 함석헌의 글을 추가하였다.
2. 인용된 성경은 개혁한글을 사용하였다.
3. 독자의 이해를 돕기 위해 한자를 추가하거나 원문의 의미를 변화시키지 않는 범위에서 조사 등의 보조어를 첨가하였다.
4. 본문 중 원문에 표기된 괄호는 [ ]로, 독자의 이해를 돕기 위해 추가한 괄호는 ( )로 표기하였다.

※ 도움을 준 장기려기념사업회에 감사를 드립니다.

Section 1
[한글원본 Korean]

들어가기 • 13

1. 함석헌, 내가 아는 장기려 박사
2. 나는 이렇게 믿는다

1부 / 의사 장기려 • 37

1. 의사의 윤리
2. 마음과 병
3. 기독의사로서 본 죽음
4. 불치병과 의사
5. 정신 신체병
6. 인격 의학
7. 공공기관 종사자의 근무자세

2부 / 예수의 인격 • 95

1. 인격 완성의 길
2. 예수님의 인격
3. 기도의 사람 예수
4. 한센인과 예수님
5. 예수님의 고난과 부활(1)
6. 예수님의 고난과 부활(2)
7. 부활절과 예수님의 인격
8. 이 세대를 구원하시는 주 예수 그리스도
9. 성령론

3부 / 평화, 사랑, 생명 • 179

1. 우리들
2. 화목하게 하는 자
3. 평화에 관한 일
4. 구원, 평화, 믿음
5. 유물론자들에게 전하고 싶은 요한의 사랑의 철학
6. 너희 원수를 사랑하며 너희를 핍박하는 자를 위하여 기도하라
7. 생명을 얻음

4부 / 참 기독교, 참 기독교인 • 233

1. 건전한 종교
2. 삶과 종교
3. 기독교 이상주의
4. 성별聖別의 사상과 차별하지 않는 기독교
5. 하나님이 요구하시는 선善
6. 그리스도인의 생활윤리
7. 하나님이냐 맘몬이냐
8. 우리가 버려야 할 세가지 마음
9. 예수님과 함께 사는 사람

5부 / 민족과 역사 • 285

1. 1980년을 맞이하면서
2. 삼일절
3. 6월, 보훈의 달에 생각한다
4. 8·15와 나
5. 1974년 성탄절을 맞으면서
6. 송년사
7. 우리 민족의 역사적 사명
8. 역사 창조의 정신
9. 역사의 주님 예수 그리스도

들어가기

불신에서 믿음으로 돌이키는 힘은
예수 그리스도에게로 향한
일편단심의 생활에 기인한다.

1. 내가 아는 장기려 박사

함석헌

나는 나 자신이 잘못이 많은 사람이요, 또 세상이 일반으로 잘잘못에 따라 사귐 관계를 가리는 경향이 많아 감히 누구를 내 친구라고 마음 놓고 부를 수 없습니다. 내가 아무리 친구라 하고 싶어도 그쪽이 나를 친구로 대해 주기를 꺼리는데 내가 어떻게 감히 친구라 하며, 그랬다가 도리어 그에게 욕이 돌아갈 때는 더욱 그렇습니다. 그러나 장 박사만은 마음 놓고 내 좋은 친구라고 감히 부를 수 있는 지극히 적은 수의 친구 중 한 명입니다. 그는 내 모든 잘못을 다 알고도 그 때문에 나를 대하는데 아무런 변함도 없기 때문입니다.

내가 장 박사를 처음 만난 것은, 그 연대는 정확히 기억 못 하나 1930년대에 매해 겨울마다 무교회 모임을 하던 때에 어느 모임에서였던 것 같습니다. 손정균 박사와 서로 아주 가까운 친구라고 하면서 같이 왔던 것을 기억합니다. 사실 고향은 같은 용천인데 서로 알기는 그때가 처음이고, 그 이후 오늘까지 변함없이 사귀어 오고, 지금은 달마다 한 번씩 그 댁에서 하는 성경 모임에 가는데 그때 찾아가서 하루 오전 중을 지내는 것이 요새 내 생활 중에서 가장 즐겁고 영감 얻는 시간입니다.

장 박사님의 성격에 대해 내가 처음으로 놀란 것은 평양 기독병원에 오셨을 때입니다. 서울에서 몇 번 만나서 가까워는 졌으나 그때 우리나라 외과에 백인제 박사가 제1인자요, 그다음은 그 제자인 장 박사라는 것밖에 더 자세한 것을 몰랐는데, 1940년 내가 평양시 송산리의 고등농사학원을 인계받아 가지고 갈 때에 장 박사는 마침 기독병원에 원장으로 오게 됐기 때문에 왕래를 자주 하게 됐습니다.

그런데 웬일인지 원장으로 온 지 얼마 안 되어 원장을 그만두고 그저 평직원으로 있더라는 것입니다. 모르는 사람이 봐도 그것은 도저히 있을 수 있는 사람대접이 아닙니다. 웬만한 사람 같으면 그냥 있지 않을 것입니다. 당장 짐을 싸서 나가면 나갔지 그 모욕을 받고 그저 있지 못할 것입니다. 그런데 장 박사는 아무 상관이 없다는 듯 태연히 있었고, 우리가 옆에서 더러 물어보아도 불평은커녕 별로 설명조차 하려 하지 않았습니다. 보통 성격이 아닌 것을 그때 알았습니다. 그 비슷한 관계는 해방 후 서울대학병원에 있을 때에도 있었던 듯한데 언제나 아무런 불평이 없었습니다.

신앙에 관해서 내가 아는 것은 그 단순성입니다. 거의 어린이를 연상하리만큼 그저 단순히 믿습니다. 나 같은 것은 생각이 많아서 이런 설명, 저런 설명이 있고 의심도 많이 하고, 변하기도 많이 했는데 장 박사는 그와는 반대입니다. 7-80년 전 장로교가 처음으로 들어오던 때의 신앙을 지금도 그대로 가지고 있습니다. 평양서는 산정현 교회의 장로였고, 여기 와서도 다시 세워진 그 교회의 장로입니다. 그럼 아주 보수주의요, 어떤 이들 같이 신사참배를 하고 요새 같이 개방적인 신앙을 가지는 사람은 마귀의 자식이라 해서 사귀기도 싫어하느냐 하면 그런 것이 조금도 없습니다. 아주 재미있습니다. 보수적인 산정현 교회의 장로 노릇을 하는 한편 무교회의 우치무라 간조^{內村鑑三}, 야나이하라 다다오^{矢內原忠雄}, 후지이 다케시^{藤井武}를 아주 존경하고, 그러한 글을 많이 읽고, 주일마다 오후는 자기 집에서 무교회 성경연구 모임을 합니다.

그리고 한 달에 한번은 일반 교회에서는 용납 안 되는 나를 허락하여 그 모임을 인도하게 하지 않습니까? 나는 또 나서서 내 실생활은 쥐구멍이라도 있으면 들어가야 하는 형편이지만, 내 생각에는 어느 정도의 자신이 있으므로 무슨 비판, 시비를 받아도 내 생각을 숨기지도, 굽히지도 않습니다. 다른 사람 같으면 자기 신앙이 그 바닥부터 흔들릴 만한 그런 이단의 소리를 들으면 목의 핏대를 세우며 반박을 하든지, 그렇지 않으면 당장 왕래를 끊겠는데 그는 조금도 그런 기색이 없습니다.

말로 표현할 정도도 안 되어 나도 그저 가만히 있습니다마는 참말로 탄복하지 않을 수 없습니다. 그보다 더 놀라운 것은 가정생활입니다. 지금은 아드님도 다 어른이 됐고 며느님을 맞아 손자도 나고 했으니 좀 나을지 모릅니다마는 이북에서 혼자 갑자기 내려오신 이후 어려움이 많았을 것입니다. 더구나 부인과의 사이에 사랑이 각별히 두터운 것을 우리가 잘 압니다. 그러니 슬픔은 얼마나 했으며 외로움은 얼마나 했을까? 시험도 많았고 유혹도 많았을 것입니다. 더구나 장 박사 같은 인물과 학식과 재주와 인격과 신앙과 사회적 지위를 겸한 사람이 어디 있습니까? 이

점에서 나는 장 박사를 대할 때마다 부끄럽고 미안하고 송구스러워 견딜 수 없습니다.

내가 보기엔 돈의 욕심도, 권세의 욕심도, 명예의 욕심도, 사업의 욕심도 없습니다. 욕심이 있다면 한가지, 어떻게든 남에게 좋은 일을 하고자 하는 욕심일 것입니다. 어느 모로 보나 사업의 재주는 없는 분입니다. 집 세간 살림도 잘 모르는데 사업을 알 것 있습니까? 그런데 20년 전 천막에서 기도로 시작한 복음 병원이 오늘의 크기에 이른 것은 참 기적입니다. 물론 하나님 은혜라면 은혜지만 사람 편에서 한다면 그 욕심 없음이 그 요인이라 할 수밖에 없습니다. 그 밖에 하나를 더 꼽는다면 환자에 대한 그 정성입니다. 재주가 있어서라기보다는 정성으로 하기 때문입니다. 회갑이 된 오늘날에도 대수술을 새벽부터 밤늦게까지 하고서도, 중환자인 경우에는 안심이 안 되어 맘 놓고 집에 들어가질 못한다 하니 대개 짐작할 수 있지 않습니까? 하나만 더 말하겠습니다. 의사면서 환자가 오면 전도부터 먼저 하는 것도 그렇지만 병은 의사가 고치는 것이 아니라 제 속의 제힘으로 낫는 것이라 역설하니 이런 의사가 어디 있습니까?

그러나 무엇보다도 고마운 것은 이런 된 소리, 못된 소리를 하면서도 내 마음이 평안한 것입니다. 그가 나를 믿어줄 줄을 내가 믿습니다.

<부산모임> 4권 4호(1971. 10)

2. 나는 이렇게 믿는다.

　나는 1911년 음력 8월 14일에 평안북도 용천龍川 입암立岩에서 출생한 것을 자라면서 알게 되었습니다. 아버지는 한학자셨고, 어머님은 재취再娶여서 10년이나 더 젊으셨습니다.
　이 세상에 날 때에 오른쪽 볼에 연한 밤알 만한 혹을 가지고 나왔고 어머님은 그것이 맘에 걸려 없애 달라고 날마다 기도했다고 합니다. 그랬더니 몇 개월 지나는 동안에 자연히 없어졌다는데 지금 생각하니 임파종이었던 것 같습니다. 임파종은 선천적으로 발생했다가 자연히 없어질 수 있는 혹인 것을 의학을 공부하고서 알게 되었습니다. 2살까지 젖을 먹으면서 자랐는데, 3살 때 젖을 뗀 후부터는 할머니 품에서 자라며 할머니께 업혀 교회에 다녔다고 합니다. 할머니는 내가 귀엽고 사랑스러워 잘 되라며 금강석金剛石이라는 애명을 지어주셨고, 집에서는 금강석이라고 불렀었습니다.
　그런데 내 이름이 기려로 된 것은 처음에 부친께서 기창起昌으로 신고했었는데 후에 우리 친족 중에 같은 이름을 가진 분이 있는 것을 알고 기창과 가장 비슷한 이름인 기려起呂로 했다고 들었습니다. 아마도 그 이름이 보여주는 대로 창성昌盛을 일으킬 수는 없고, 율려律呂를 일으키라는 뜻이 아닌가 하고 생각합니다.

　나의 믿음이 언제부터 시작되었다고 꼭 집어 말할 수는 없습니다. 어려서부터 할머님에게 업혀 예배당에 다녔고, 가정예배에 참석했는데 성경 말씀을 이해한 것은 퍽 뒤의 일이었습니다. 그런데 나는 1, 2살 때는 몸이 몹시 약하였으며 특히 설사를 많이 해서 배꼽에 뜸을 떴고, 또 경련을 잘 일으켜 머리의 쌍가마와 앞의 숨구멍에도 뜸을 떠서 그 흔적을 지금도 가지고 있습니다. 그런데 내게 의식이 생겨난 후 지금도 기억하고 있는 것은 교회의 어느 권사님이 와서 안수기도를 해주면 병이 곧 나았던 것입니다.

　어렸을 때의 기억력은 보통이었던 것 같습니다. 7살 때 천자문千字文을 뜻도 모르고 단숨에 외워서 어른들에게 칭찬을 들은 것이 기억납니다. 또 남의 말을 그대로 믿어서 '도깨비와 어둑귀신'[1] 이야기를 해주면 그것을 몹시 무서워했고, 밤에 하늘을 보면 어른들이 이야기해준 대로 '어둑귀신'의 모양이 나타나는 것 같이 느꼈던 기억이 생생합니다. 내 성격은 어려서부터 비겁하고 칭찬 듣기를 좋아하는 가련한 것이었습니다.

　나는 7살부터 12살까지 고향에 있는 의성義聖학교에 다녔습니다. 그 학교는 장로교에서 경영하는 것이었고, 숙부가 교장이었습니다. 그 당시는 우리나라가 일본에 합병되었을 때라 우리 민족에게 배일사상이 만연해 있었습니다. 소학교의 교육 또한 은근히 배일사상을 고취하는 것이었으므로 나는 일본말을 잘 배우지 못했고, 지금도 잘하지 못합니다. 그러나 성경을 배웠습니다. 그래서 요셉에 대하여 배울 때는 '장차 요셉과 같이 되겠다.', 다

---

1. 어둑서니의 북한어. 어두운 밤에 아무것도 없는데, 있는 것처럼 잘못 보이는 것.

윗을 배울 때는 '다윗과 같이 되겠다.'고 맘에 새겼습니다. 부흥회 때는 죄가 생각나서 울며 회개했습니다. 지금도 몇 가지는 생생하게 기억하고 있습니다. 하나는 아이들과 유희할 때 나의 팽이가 가볍고 약해서 다른 아이의 팽이와 싸우면 계속 지는 것이었습니다. 그래서 하루는 어떤 아이의 크고 무거운 팽이가 신발장에 떨어져 있는 것을 훔쳐 내 것으로 만들었습니다. 싸움에 지는 것이 너무도 분해서 이겨 보려고 부끄러운 줄도 모르고 내 것이라 우겨댔습니다. 그리하여 후에는 싸워 이겼으나 기뻐했던 느낌은 전혀 없고 부끄러워 그것을 남모르게 없애 버렸습니다. 그 후에 부흥회 때 도적질한 죄를 회개하라는 말씀에 양심의 가책을 받아 회개하고 그 주인 아이에게 돈을 1전인지 2전인지를 갚아주었습니다. 또 하나는 부모에게 효도하라는 계명을 이행할 수가 없어서 내가 죄인인 것을 느끼고 울면서 회개의 기도를 드렸습니다. 중, 고등학교는 개성 송도고등보통학교를 다녔는데, 그 학교에 가게 된 동기는 그때 사촌 형 장기수가 1년 전에 그 학교에 다녔기 때문입니다.

예수님께서 하나님의 아들로서 만민의 죄를 대속하셨다는 믿음을 갖게 된 것은 언제부터인지는 몰라도 소학교 시절부터 가지고 있었고, 사죄의 기쁨도 그때에 체험했던 것으로 기억합니다. 그래서 송도 고보 제3학년 때에 세례를 받았습니다. 중학교 시절에는 감리교회에 다녔습니다. 교리에 대하여는 예민하지 않았습니다. 내가 제3학년 때에는 선생이 되겠다고 생각해 보기도 했고, 제4학년 때에는 공학을 해서 엔지니어가 되겠다고 생각해서 여순공과대학에 입학시험을 쳐 보았으나 낙방하고 말았습니다. 5학년 졸업할 때에는 입학시험에 합격할 자신도 없었을 뿐 아니라 가산이 부채로 몰락하게 되므로 학비가 큰 문제가 되어 학비가 가장 적게드는 경성의전을 택했고, 만일 입학하게 되어 의사가 된다면 의사를 보지도 못하고 죽는 가련한 사람들을 위해 일하겠다고 서원하고 기도했습니다.

전공은 의학

의학을 전공하게 된 것은 내 뜻이라기보다는 환경에 연유된 점이 많습니다. 요새 말로 자의 반 타의 반인 셈이며 경성의전을 졸업하고 외과를 전공하게 된 것도 처음에는 내과를 하려고 했던 것이 사정이 있어 외과로 전향하게 된 것입니다.

이처럼 나의 마음은 약하고 피동적이어서 비겁자의 특징을 여실히 나타냈습니다. 의학전문학교 때의 공부는 대학생답게 여러 참고서를 보면서 확실한 지식을 얻지 못했고, 겨우 강의 때 필기한 것을 암기해서 학교성적을 얻으려고 힘쓴 데 지나지 않았습니다. 졸업 후 도립병원에 취직해서 경험을 얻고 개업해서 돈을 벌어 이 세상에서 안정된 생활을 얻고자 하는 것이 그 당시 학생들의 일반적인 경향이었는데, 나는 그렇게 진취성이 없는 방향으로 나가고 싶지 않았습니다. 그리고 한편 나의 믿음에서 가장 잘못된 생각은 이 세상의 물질계에 관한 지식은 변천變遷되어 참된 진리가 되지 못한다고 해서 피상적으로 이해해 버리거나 이해하지도 않고 넘겨버리는 일이 많았던 것입니다. 또 공부한다고 하면서도 정신이 통일되어 있지 못하고 산만하여 시간을 허송한 때가 많았습니다. 책은 항상 손에 들고 있으면서 이해하지 못하고 지나는 일이 많아 지금도 후회막심합니다. 그래서 경성의전을 졸업할 때 학교성적은 좋은 편이었으나 실력은 형편없는 상태였습니다. 그리고 가세도 몰락하여 바닥에까지 떨어졌습니다. 그래도 도립병원으로 가고 싶지는 않고 모교 병원에 남아 계속 공부하고 싶은 마음이 나서 결혼해서 가정을 꾸린 뒤 공부를 계속하려고 생각했습니다.

결혼과 가정의 사랑

동기 동창 백형네에서 졸업 후의 전공과 연구를 위해 의논을 했습니다. 가세가 빈곤함으로 결혼 후에도 서울에 남아 있으면서 공부할 계획을 세웠다고 하니 백형도 동의하면서 바로 자기 앞집에 우리들의 대선배가 살고 있는데, 그분이 박사학위 연구논문을 작성 중이고 그 딸이 평양 서문여자고등학교를 졸업하고 가사를 돌보고 있는데 한번 서로 만나보면 어떻겠냐고 권하였습니다. 나도 결혼할 생각이 있었으니까 일단 만나보기로 했습니다. 그러나 내 마음속으로는 현대 미스 코리아와 같은 여성을 요구하고 있는 줄을 미처 모르고 만나 보았더니 웬만한 여자가 마음에 들 리가 없었습니다. 특별히 못생긴 데가 없었지만 영 마음에 들지 않아 '어떠하였는가' 하고 물을 때 '보통'이라고 대답했습니다. 그 친구는 보통이라는 대답을 마음에 들었다고 이해하고 혼담을 추진시켰고 신부 측에서는 신랑의 뜻을 잘 알고 있으며 혼인할 뜻이 있으니 신랑에게 태도를 결정하라고 하였습니다. 그때 나는 생각했습니다. 내가 만일 내 맘에 드는 상대자가 있어서 가령 프러포즈했다고 할 때에 그 상대자가 혼인에 응해 줄 것인가 하고 스스로 물어보았습니다. 극히 의심스러웠습니다. 나에게 신랑다운 조건이 심히 미약했습니다. 인물도 체소體小하고 비겁하여 불의에 대하여 싸울 줄도 모르고 더구나 현재 생활비를 벌어들일 능력이 없는 나에게 누가 구혼에 응하겠습니까? 그리고 하나님이 지으신 사람들인데 잘 났으면 얼마나 잘 났으며 못났으면 얼마나 못났겠습니까? 하나님의 뜻이면 혼인이 성립되게 해주시고 뜻이 아니면 성립되지 않게 되기를 기원하면서 지냈습니다. 그런데 백형은 신부 측에서 신랑의 뜻을 말해 달라고 독촉을 한다는 것이었습니다. 그래서 나로서는 구혼의 편지라기보다는 나의 결혼조건을 들어 물었습니다. 나는 첫째 예수를 믿는 사람, 둘째 나의 부모를 섬길 수 있는 사람, 셋째 당분간 생활비를 해결해 줄 수 있는 사람과 결혼할 수 있다고 부끄러움을 무릅쓰고 진실을 털어놓았습니다. 회답은 전부 잘 이해하고 순종하겠다는 본인의 자필이었습니다. 그래서 약혼 후 1개월 만에 결혼식을 올렸습니다. 결혼 후 가정예배를 드렸습니다. 성경 읽고, 기도, 찬송을 드리고 시편 1편, 23편, 계시록 21-22장을 암송했습니다.

 내 아내는 진실했습니다. 평소에 좋아하던 그림, 음악의 취미가 가정생활 때문에 희생되었습니다. 다만 집안을 장식하기 위해 몇 개의 자수에 몰두하였습니다. 그리고 저는 공부하느라고 늦게 집에 돌아올 때가 많았습니다. 하지만 집사람은 언제나 깨어있어 문 한번 두드릴 때 나와서 열어주었습니다. 나의 게으름으로 부탁하는 심부름을 하나도 거절함이 없이 다 들어주었습니다. 그 여자는 내 눈동자요, 내 손과 발이었습니다.

내가 하루는 휴일에 집에서 원고를 쓰고 있고 아내는 뜰에서 빨래하고 있었는데 갑자기 우리 둘 사이의 사랑이 느껴지는 것이었습니다. 만일 우리 둘 중에 누가 한 사람이 먼저 세상을 떠나게 되어 이 사랑이 없어진다면 이 사랑도 거짓이란 말입니까? 아닙니다. 결코, 아닙니다. 이 사랑은 우리가 육으로 있을 때뿐만 아니라, 서로 떠나 있을 때도 영원히 살아있어 사랑할 수 있는 생명의 사랑이라고 느꼈습니다. 하나님께서 가정을 이루게 하심은 하나님의 이 생명의 사랑을 체험하라고 주신 제도임을 확인하고 그 후 내가 혼인을 주례할 때에는 이 말로 주례사를 하였습니다. 내 아내가 절대의 사랑으로 순종했기 때문에 나도 아내에게 죽도록 충성하는 사랑을 주려고 결심했습니다.

감람나무 잎사귀 하나

경성의전 부속병원 외과에서 8년간 외과 훈련을 마치고, 1940년 평양 연합기독병원 외과 과장으로 취임했습니다. 1940년 9월에 일본 나고야 제국대학名古屋帝大 의학부 교수회에서 학위논문이 통과되었습니다. 11월에 의학박사 학위가 나오고, 나는 평양 연합기독병원 원장이 되었습니다. 나는 3개월 후 원장 재선에서 떨어지고, 서울 세브란스 의전에 계시던 대선배 김명선 선생이 겸임으로 왕래하시게 되었습니다.

내가 3개월 동안 원장 일을 보는 동안에 여러 가지 결함과 오해로 당국자들이 나를 그 병원에서 축출하고자 하였던 것입니다. 그래서 당시 월급보다 25원이 감액된 250원으로 만족하라는 것이었습니다. 이사회 회의록에 기재된 대로지만 내가 처음 그

병원에 취직할 때에 250원을 요구했던 까닭에 사직하지 않고 본을 보여 주겠다고 생각했습니다. 그러나 사면초가라 주 예수님 밖에 없었습니다. 물론 진료는 계속했습니다. 묵묵히 책임을 수행하는데 전심하고 아무도 원망하지 않고 주님 뜻만을 순종하고자 힘썼습니다. 10개월 후였습니다. 김명선 원장은 그 해 말 상여금을 지급할 때 다른 사람보다 250원을 더해 주었습니다. 이유는 일을 많이 했기 때문이라는 것이었습니다. 그것보다도 김명선 선생은 8·15 광복 후 평안남도 인민위원회 위생과장으로 추대되었는데, 그 자리를 나에게 양도해 주셨습니다.

불신에서 믿음으로 돌이키는 힘은 예수 그리스도에게로 향한 일편단심의 생활에 기인합니다. 그뿐 아니라 나로서는 예수님의 성품의 진실성을 체험했기 때문에 내세의 영원한 삶을 부인할 수 없는 체험을 했습니다. 옛날 노아의 홍수 때에 물이 온 산을 덮고 넘쳤다가 물이 감소할 때 노아가 까마귀와 비둘기를 내어 보내 시험해 본일이 있었습니다. 비둘기가 육지가 드러난 증거로 감람나무 잎사귀 하나를 물고 들어왔습니다. 나의 1941년의 믿음생활은 내세 생활에 대한 감람나무 잎사귀 하나에 해당한다고 믿고 있습니다.

8·15 해방과 더불어, 공산주의 사회에서

나는 1945년 5월 황달에 걸려 3개월간 누워 있었습니다. 간염에 걸리니 죽음의 공포 때문에 여러 가지를 생각하게 되었습니다. 병상은 제단입니다. 전부를 바치는 제단입니다. '죽으면 천국에 가지.' 하면서도 신경이 예민해져 잠을 잘 수가 없었습니다. 3개월간 잠을 자지 못하니 신경쇠약이 극에 달하여 전화벨만 울려도 몸서리쳐지고 떨게 되었습니다. 인간은 이렇게도 나약합니다. 하지만 그러던 중 8·15 광복이 되어 건국하다가 죽겠다는 생각에서 일어났습니다. 그러나 15분 이상 걸음을 걷기가 어려웠습니다. 그래도 평안남도 임시 인민위원회의 위생과장으로 보건을 담당하기 위해 보수 없이 하루에 2-30분간을 걸으며 의자에 6시간 앉아 있었던 것은 건국하는 마음에서였습니다. 그와 같이 6개월을 지나니 잠도 자게 되고, 전화벨 소리에조차 떨리던 몸서리도 완화되었습니다.

그리고 이후에는 평양 도립병원[제1인민병원] 원장이 되고 평양 의과대학 외과 교수가 되었습니다. 1946년 봄에 김일성 대학이 세워지면서 평양 의과대학은 그 대학의 의학부로 편입되었습니다. 그리고 교수진을 다시 심사하여 결정하였습니다. 나는 그 몇 달 전에 기관지 천식으로 신음하던 심사위원장을 경동맥체를 절제하는 수술로 경쾌하게 해 주었던 공로인지 심사 없이 교수로 임명되었을 뿐 아니라, 그 대학 부총장이던 박일이라는 사람이 외과 강좌장이 되어달라고 간청하였습니다. 그때 임석臨席했던 사람들은 박일, 정두현[의학부장], 최응석[의학부 부부장], 그리고 나 이렇게 네 사람이었습니다. 박일이 내게 외과교수로서 강좌장이 되어 달라고 할 때, 나는 교수의 자격이 없다고 거절하였습니다. 그리고 그 이유로 다음의 세 가지를 들었습니다.

1. 나는 지식과 경험에서 대학교수의 자격이 없습니다.
2. 나는 변증법적 유물론을 모르므로 당신들이 말하는 학자가 될 수 없습니다.
3. 나는 주일에는 일할 수 없으므로 거절할 수밖에 없습니다.

박일이 정두현 의학부장에게 내 말의 진실성 여부를 물어보았습니다. 정두현 부장이 대답하기를 1과 2는 겸양의 말이고, 3은 사실인 줄 믿는다고 하였습니다. 최응석 부부장은 아무 말도 없었습니다. 뜻밖인듯 했습니다. 박일의 결론은 내 말의 1은 진실한 말로 받아들여지지만, "우리가 일본 제국주의 치하에서 어떻게 교수자격이 있도록 공부할 수 있었겠습니까? 그리고 인민이 원한다면 어떻게 하시겠습니까? 그 문제는 인민이 그렇게도 원하니 그저 받아주시기 바랍니다. 2의 문제는 선생이 한번 공부해 볼 의사는 없습니까?" 하고 물었는데 내가 그때 변증법적 유물론, 유물사관에 대한 소책자를 읽고 있어서, 읽고 있다고 하니 2의 문제는 그것으로 해결되었다고 하고, 3의 문제는 우리 대학에서 주일에는 일해 달라지 않겠다고 선언함으로 그것으로 다 협의가 끝났습니다. 그때 최응석 씨는 자기와 같이 1년만 지나면 내가 공산주의자가 될 것이라고 장담하고 헤어졌습니다. 그런데 1년이 지난 1947년 봄에 박일이 김일성대학 농장의 수확이 예정액을 달성하지 못한 이유로 파면을 당하고 최응석은 화폐 개혁

하는 전날에 쌀 2가마와 재봉침 2대를 매점하여 모든 공직에서 떨어지고 의사의 일과 교수의 일만 할 수 있게 되었습니다. 이것은 예수 믿는 자의 제1차 승리였습니다. 그리고 1948년 9월에는 내가 청구하지도 않은 의학박사 학위를 주고, 월급도 몇 배나 더 주었습니다. 그러나 한편으로는 불안하였습니다.

1948년 12월 최웅석 군이 찾아와 자기의 앞길을 개척하는 일에 대해 물었습니다. 나는 러시아어를 공부하는 것이 첩경일 것이라고 대답했습니다. 그러자 그는 곧 동의하면서 선생을 소개해달라고 하는 것이었습니다. 그때 나는 특별 병원장이 소련에서 온 한인이어서 그분을 소개해 주기로 했습니다. 저녁 6시 어두울 때 둘이서 특별병원을 찾아갔습니다. 하지만 그 원장은 극장에 가고 없었습니다.

나는 최 군의 모습을 보고 불쌍한 마음이 들었습니다. 그래서 집에 데리고 가 저녁을 대접하고 싶었습니다. 집에 가서 있는 전부를 꺼내어 저녁을 차리니 밥 한 그릇과 수란국 그리고 김치밖에 없었습니다. 그러나 둘은 불만 없이 먹었습니다. 최웅석 군은 그 저녁 한 그릇에 감격하였음인지 그 후 2년간 나에 대한 흠이나 잘못을 한 번도 고발하지 않았습니다. 이것은 공산주의 세력을 무찔러 이긴의 제2 예였습니다.

홍해를 육지로 하는 믿음의 실패

평양에서 국군이 후퇴하던 1950년 12월 3일이었습니다. 평양에서 선교리로 건너오는 다리는 폭격으로 끊어지고, 가설로 물 위에 띄어놓은 다리는 군대의 수송으로 인해 일반인의 통행이

금지되어 있었습니다. 그런데 그 다리를 건너려고 하는 피난민은 수십만 명으로 인산인해를 이루고 있었습니다.

  나는 12월 3일 가족과 같이 그 다리 부근에 나와 기다렸다가 국군의 수송 업무에 관계되는 이에게 말하여 허락을 받으면 하나님께서 길을 열어주신 것으로 믿고 건너오겠다고 결심했습니다. 그러나 믿음이 없었던 관계로 그것을 실행하지 못하고 국군 의무대 수송대의 호의를 받아들여 버스를 타고, 둘째 아들과 친척과 친구 몇 사람과 함께 물이 얕게 흐르는 여울을 건너 선교리로 건너갔습니다. 부모님과 아내와 자녀 넷은 같이 오지 못했습니다. 후에 들은즉 12월 3일 저녁 5시부터 7시까지 일반인에게 육교 통행을 허락해서 그때 기다리던 사람들은 다 무사히 건너왔다고 합니다. 만일 내가 그날 아침에 기도하고, 결심한 대로 단행했더라면 그 대동강을 육지와 같이 건넜을 것입니다. 옛날의 기사는 인력으로는 도저히 불가능하다고 생각되지만, 그러나 현실에서도 얼마든지 일이 가능하게 되는 것을 경험할 수 있습니다. 사실 우리들의 생명이 지금까지 존속되는 것은 그러한 기적의 연속입니다.

  나의 믿음은 1907년 이후 우리나라에 큰 부흥이 일어난 뒤 믿음의 선배 목사님들의 설교에서 배우고, 어릴 때부터 배운 정통적 신앙입니다. 그리고 1937년 이후 믿음의 선배들이 신사참배 문제와 싸워 승리하는 것을 보고 더욱 확신에 서게 되었습니다. 그리고 성경 말씀의 해석은 일본의 우치무라 간조 선생의 제자 후지이 다케시, 야나이하라 다다오 선생의 글에서 배워 얻었다고 해도 과언이 아닙니다. 최근에는 박윤선 박사가 쓴 성경주석에서 많이 배우고 있기는 하지만 20년 전에는 일본 무교회 사람들의 성경강해를 읽고 배웠습니다.

1950년 이남으로 내려와 제3육군병원에서 6개월간 징용되어 일하다가 1951년 7월 1일 영도에서 텐트 셋을 치고 부산 복음의원을 개설하고 무료진료를 시행했습니다. 3년간은 순전히 무료로 하고, 3년간은 1인당 백 환을 받고 매일 외래환자 100명, 입원환자 10명가량을 진료했습니다. 그런데 뜻밖에 송도에 현대식 2층 건물, 250평을 허락받아 그곳에서 10여 년간 진료하게 되었습니다. 이 건물은 주한미군대한원조기관Armed Forces Assistance to Korea: AFAK의 물자원조와 말스베리Dwight R. Malsbary, 마두원 선교사와 브루스 헌트 목사Bruce F. Hunt, 한부선의 후원, 그리고 미국 개혁교단Christian Reformed Church 계통의 물질적 원조로 이루어진 것인데, 나로서는 하나님의 뜻에서 허락된 것이라고 믿습니다. 20년 동안 수술이 10,000여 명에 달한 것도 감사할 일입니다. 1968년부터 간호학교를 시작하게 되고, 청십자 의료협동조합을 조직하여 가난한 환자들을 돕게 된 일도 감사하지 않을 수 없습니다.

여러 친구와 함께 기회를 허락해 주셔서 현재 이 세 가지 일을 맡아 하게 됨을 무한히 감사드립니다. 또 전종휘 교수와 같은 믿음의 친구를 주셔서 오늘날 일진월보日進月步하는 학문을 계속 공부하게 해주신 은혜도 감사합니다.

현재 나의 믿음은 어렸을 때 믿던 그 믿음

나는 성경 말씀을 통해 배우고, 믿음대로 살아서 체험한 그 믿음을 토대로 살고 있습니다. 그리고 기독교 이상주의인 하나님의 자녀가 되고 이 땅이 하늘나라가 되는 것은 예수 그리스도로 말미암아 하나님의 뜻으로 성취된 것이며, 현실에서는 우리 신도들을 통하여 이뤄져 가고 있음을 믿으며, 이 이상에 살면서 현실을 지도하는 것이 정당한 지도였다는 것을 과거의 시험들을 통해 보여준 성도들의 순교와 신앙에서 배웠습니다. 그리고 나의 조그마한 신앙체험에서도 진실한 사랑과 주님만을 바라보는 신앙생활은 내세 생활로 연결되는 것임을 실험으로 알게 되어 증거합니다.

끝으로 현대 기독청년 학생들에게 몇 가지 부탁하고 싶은 말, 곧 나의 믿음을 적어봅니다.

1. 우리는 예수 그리스도로 말미암아 하나님의 자녀가 되었습니다. 빛의 아들들입니다. 자기희생 없이는 빛을 발할 수 없습니다. 자기를 희생하여 모든 어둠의 세력을 물리쳐야 합니다. 주님이 가장 싫어했던 것은 위선입니다. 어둠의 세력 아래 살면서 빛의 아들인 척하는 것은 곧 위선입니다. 진실이 아닙니다. 불의입니다. 우리는 첫째로 자신의 거짓을 회개하고 앞으로 불의와 싸워야 합니다.

2. 현실의 기독교는 주님에게로 돌아가야 합니다. 자본주의적, 공리주의적 색채를 일소하는데 우리는 앞장서야 합니다. 하나님의 말씀을 전하고 그 보수를 받겠다는 생각을 버려야 하며, 어떤 예산 없이는 주님의 일을 할 수 없다는 생각도 버려야 합니다. 주님의 일은 현실적, 통계적 숫자로 나타낼 수 없습니다. 다시 말하면 하나님 나라는 믿음의 일이며, 영의 일입니다. 현실에서도 마

음으로 하나 되는 것이 참된 하나입니다.

3. 현재의 여러 가지 분파는 인격적인 사랑으로 하나가 될 수 있습니다. 진실과 사랑은 하나이며, 또한 하나로 능력입니다. 우리도 그리스도를 본받아 12명이 한 무리가 되어 하나님 나라를 현실에서 이룩하는데 마음과 사랑을 바쳐야 합니다. 불쏘시개 없이는 큰 장작불에 불이 붙게 할 수 없습니다. 가장 작고도 순수한 영이 전부 불탈 때 큰 힘이 나옵니다. 이 힘은 진리탐구 즉, 성경과 기도에서 얻게 됩니다. 진리를 발견할 때 곧 그 인격은 불에 타서 성령의 능력으로 악을 선으로 만들게 되는 것입니다.

4. 그리스도는 세계 인류의 평화의 주님이십니다. 그의 지체인 우리는 세계평화에 이바지해야 합니다. 평화의 요인은 그리스도의 십자가입니다. 그러므로 이미 성립되어 있습니다. 하지만 이것을 완성하는 책임은 그의 몸 된 교회의 일원인 신도들에게 지워져 있습니다. 십자가는 다른 사람에게 보이기 위해 세워 두거나, 달아 놓거나, 달고 다닐 것이 아니라, 악의 세력과 싸우는 십자가를 져야 하는 것입니다. 유형적 십자가를 표방하는 것은 정작 자신은 십자가를 지지 않는 답답한 표방입니다. 희생적 사랑은 세계평화를 이룩하고 말 것입니다. "그러므로 무엇이든지 남에게 대접을 받고자 하는 대로 너희도 남을 대접하라 이것이 율법이요 선지자니라"마 7:12. 나는 이 말씀이 세계평화의 열쇠임을 체험하며 강조합니다.

5. 우리는 주님께서 일으켜 주신 하나님의 자녀요, 그 나라 백성답게 기독교 이상주의로 살도록 이 세상에서 부름 받은 집단입니다. 그러므로 현실에서의 사명이 귀중합니다.

하나님은 이 세상을 사랑하셔서 우리를 불러내셨습니다. 이 세상의 자녀를 하나님의 자녀가 되게 하려고 우리를 부르셨습니다. 우리는 무신론자, 유물론자, 불신자들에게 주님의 사랑을 전하고 주님이 그리스도이심을 나타내기 위하여 부름 받았습니다. 그러므로 주님께서 저들을 위하여 희생하신 그 사랑을 가지고 저들을 섬겨야 하겠습니다. 이것이 사랑의 승리입니다. 이것이 곧 새 계명입니다.

6. 우리는 그리스도 안에서 통일된 유기체입니다. 중추신경계에 해당하는 삼위일체이신 하나님의 지배하에 각 기관의 기능이 다 다르더라도 통일되어 있는 것입니다. 우리의 조직과 계획은 그리스도의 뜻에 통일되어야 합니다.

어떠한 이 세상 세력과 타협하거나 규합해서는 안 됩니다. 특히 물질의 원조를 받고 일해서는 안 됩니다. 우리는 그리스도로 말미암은 완전한 독립체이며 성령의 지혜와 사랑으로 통일된 기능을 하는 단체여야 합니다. 이것이 참신하고도 영속적인 생명의 활동을 하게 하는 요인입니다.

7. 마지막으로 옛날 모세와 바울의 동족애를 상기하고 그리스도의 사랑을 실천합시다.

"슬프도소이다 이 백성이 자기들을 위하여 금신을 만들었사오니 큰 죄를 범하였나이다 그러나 합의하시면 이제 그들의 죄를 사하시옵소서 그렇지 않사오면 원컨대 주의 기록하신 책에서 내 이름을 지워 버려 주옵소서"출 32:31-32 또는 "내가 그리스도 안에서 참말을 하고 거짓말을 아니하노라 내게 큰 근심이 있는 것과 마음에 그치지 않는 고통이 있는 것을 내 양심이 성령 안에서 나로 더불어 증거하노니 나의 형제 곧 골육의 친척을 위하여 내 자신이 저주를 받아 그리스도에게서 끊어질찌라도 원하는 바로라"롬 9:1-3라는 고백이 참으로 우리의 소리가 되기를 바랍니다. 우리는 그리스도로 말미암아 이러한 마음을 전 인류에게 미쳐야 합니다.

<부산모임> 4권 3호(1971. 8)

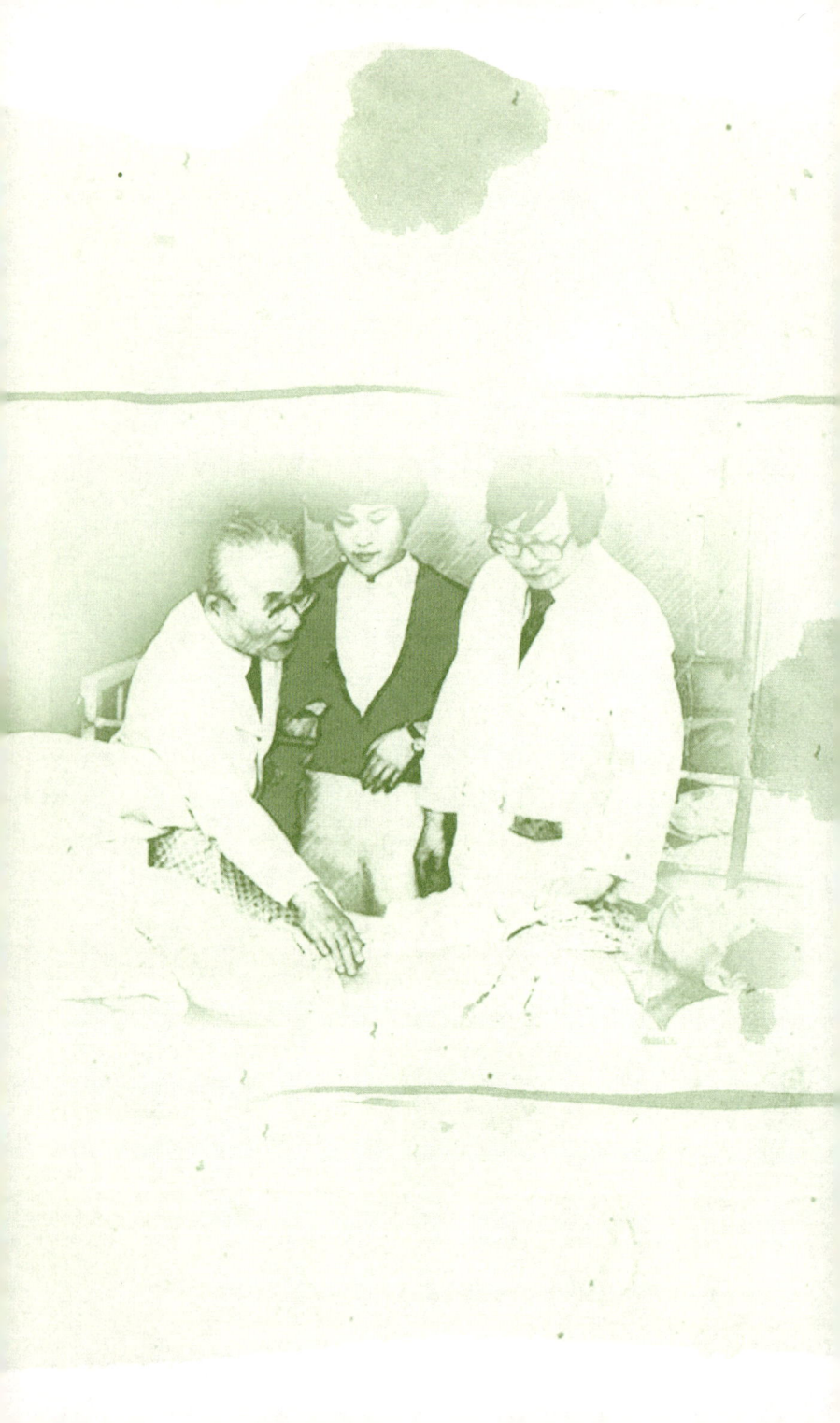

제1부

의사 장기려

환자를 불쌍히 여기는 마음이 있는 의사가
그 양심대로 순종할 때에 인술이 되는 것으로서,
경건한 의사는 사람에게 보이기 위하여 실천하는 것이 아니고
오직 하나님에게 순종하는 마음으로 실천하는 것이다.

1. 의사의 윤리

머리말

의사의 윤리란 의사가 실제로 지켜야 할 도리와 규범이며 그 원리입니다. 윤리와 같은 뜻을 가진 도덕은 실천적인 면에서 마음과 태도의 입장이라고 말할 수 있습니다. 또 법이라고 하면 사회적인 면에서 발달한 객관적인 규정이라고 하겠습니다.

이 제목에서 의사라고 하는 것은 의과대학 학생으로부터 인턴, 레지던트, 전문의, 임상의사, 보건의사, 교수, 연구에 종사하는 학자, 또 의료에 종사하는 의료인 전부를 포함하는 것입니다. 저는 과거에도 몇 차례 위의 제목으로 말할 기회가 있었으나, 그때마다 제목의 문제 제기에 그쳤고 결론에 이르지 못하였습니다. 이번에도 결론에 이르려고 힘썼으나, 제가 실천해서 얻은 것이 아니고 실천하지 못한 원인을 찾는 가운데서 얻은 가상적 결론에 지나지 아니함을 먼저 말씀드리고 양해를 구합니다.

의사의 윤리를 말하고자 할 때, 의사가 아닌 의과대학 학생과 또 의료보조인paramedical person까지 포함해서 논하는 것은 의료인이라면 의료에 종사하면서 자기가 행할 바를 마땅히 깨닫고 계속 실천하는 그 인격이 윤리 실천에 가장 중요한 열쇠라고 믿기 때문입니다.

우리 의사가 자기의 직책을 완수하기 위한 원리는 무엇입니까? 우리는 그것을 의사의 윤리라고 할 수 있는데 그것을 어디서 찾겠습니까? 저는 그것을 우리 의료인의 인격의 본질 속에서 찾을 수밖에 없다고 보았습니다. 그리고 의학윤리는 인간 생명의 존엄성과 그것을 보전하는 책임에 기초하고 있음을 잊어서는 안 된다고 보는 바입니다.

또 이것을 역사적으로 살펴본다면 옛날 바벨론 시대에 함무라비 법전에서 찾아볼 수 있는데, 그에 따르면 의사가 청동 칼로 병인을 치료해서 나으면 상이 얼마이고 실수해서 죽으면 벌이 얼마라는 규정이 있었습니다. 이후에는 히포크라테스Hippocrates의 선서가 우리 의사 윤리의 기준이 되었고, 그 후 슈바이처Albert Schweitzer의 생명에 대한 외경 사상과 최근 마틴 루터 킹Martin Luther King의 인권운동이 세계보건기구로 하여금 "사람은 누구나 건강하게 살 권리가 있다."고 선언하도록 했다고 말할 수 있습니다.

한편 의학은 자체의 학문 발전과 고도의 기술개발 및 기계의 발달을 통하여 급속한 혁신을 불러일으키고 있습니다. 그 결과 현대인은 난치병의 치료, 전염병의 예방, 수명의 연장, 인공수정 등에 성공했고, 또 최근에는 유전인자의 인위적 조작과 배합을 통하여 단백질을 합성하려고 하고 있습니다. 더불어 임산부의 양수에서 아이의 염색체를 찾아내 남성인 경우에는 살리고 여성이면 중절시키려고 하는 범죄사실도 늘어나고 있습니다.

이와 같은 시대에 우리 의사들은 어떻게 자신의 본분을 다하고 책임을 완수할 수 있을까요? 의학인들은 의학을 지망할 때부터 사람의 생명의 존엄성과 의료보건의 책임의 중대성을 깨닫고 하나님의 소명에 감격하여 진리에 대한 외경과 근신을 견지하는 경건한 사람이 되어야 한다고 믿습니다. 이 진리는 내가 실천을 통하여 터득한 것이 아니고 도리어 내가 실천하지 못한 나의 잘못을 회개하는 가운데서 얻은 결론임을 고백하는 바입니다.

의사 윤리의 필연성

의학의 발전은 사회적인 필요성을 지니면서 의료인들을 통하여 무제한으로 발전하고 있지만, 때로 의료행위에 어떤 결함이 있을 때에는 환자나 제삼자의 인권을 해치는 경우도 있어서 의료의 한계를 느끼게 됩니다. 즉 현재 의료의 한계라고 느끼게 하는 것 중에는 안락사, 뇌사, 낙태술에 의한 인구조절, 불임술, 인공장기, 또는 인공장치에 의한 생명의 연장, 장기이식 등이 있으며, 또한 유전자 공학에 의한 유전자 조작, 전신단층촬영기CT Scan, 핵자기공명진단기Nuclear Magnetic Resonance: NMR, 인공수정, 시험관 아기, 성전환술과 같은 기술의 발달은 우리로 하여금 고려의 여지를 남기고 있습니다. 그래서 사회가 바라는 절대다수에 대한 최량의 의료시술이라는 명목 아래 여러 가지 인자로 인해 의사의 학술과 양심 사이에 혼란을 일으키는 현실적인 문제들이 대두하고 있는 것입니다. 예를 들면 뇌사문제, 사망률이 높은 간 이식술, 심장이식술, 인공심장 같은 것들은 의학윤리의 차원에서 재고再考를 요한다고 생각합니다.

의사 윤리의 목적

의사 윤리의 목적은 일반 윤리의 목적으로서의 사회생활의 질서 유지와 아울러 최대 다수에게 최량의 의료를 공급하고, 또 사회환경을 개선함으로써 인체의 건강과 정신의 건강을 유지케 하여 최적의 생활을 하도록 돕는 데 있습니다. 그 까닭은 "평강의 하나님이 친히 너희로 온전히 거룩하게 하시고 또 너희 온 영과 혼과 몸이 우리 주 예수 그리스도 강림하실 때에 흠 없게 보전되기를 원하노라"살전 5:23고 하심과 같이 우리의 인격적 생명을 보전케 하는 일이 우리 의사 윤리의 목적입니다.

의사 윤리의 본질

의사 윤리의 본질은 인간 생명의 존엄성을 지키는 데 있다고 봅니다. 무릇 사람의 생명은 하나님에게서 온 것이며, 인간 생명의 존엄성은 "여호와 하나님이 흙[물질]으로 사람[육체]을 지으시고 생기를 그 코에 불어넣으시니 사람이 생령이 된지라"창 2:7라고 하신 말씀에서 알 수가 있습니다. 사람은 육체가 자라면서 마음의 현상이 나타나고, 또 영의 작용이 나타나면서 6세 또는 7세가 지나면 자아를 인식하게 됩니다. 이 사실은 사람의 심령과 정신의 근원이 되시는 하나님을 인식함으로써 자아를 발견하는 것으로 알 수 있으며, 그제야 성경 말씀이 참인 줄 믿게 되는 것입니다.

또 데살로니가전서 5장 23절에는 사람의 생명은 영[영적 생명]과 마음[심적 생명]과 육체[생물학적 생명]로 구성되어 있음을 말하고 있고, 또 이것이 그리스도의 재림 날까지 건전히 보전되기를 원한다고 하셨습니다. 인간의 생명은 사람과 사람 사이에서 이루어지는 사랑에 기인하는 생명을 찾아볼 수 있는데, 이것을 사회적 생명이라고 말할 수 있습니다. 의사는 사람의 생명을 위와 같이 세 가지로 나누어 볼 수 있는 동시에 위의 세 가지 생명을 하나로 보는 인격적인 생명을 다룰 수 있다고 봅니다.

의사는 사람의 인격적인 전인全人생명과 건강에 도움을 주는 봉사자입니다. 의학윤리의 실천적인 면에서 생각해보면 의학윤리는 의료를 제공하는데 주체가 되는 의사와 또 그를 돕는 각급의 의료직업인과 그리고 의료시술을 받는 객체가 되는 환자와 그의 보호자들과의 사이에서 맺어지는 인간관계에서 형성되는 도덕적 규범으로 이루어지는 것입니다. 우리는 이 관계를 신의信義라고 할 수 있는데, 그 기초는 진실입니다. 나는 이 진실이 인격의 표현으로 나타날 때에 그 인격의 성품을 경건으로 표현하고 싶습니다. 나는 과거의 학생 시절과 교실에서 학술 훈련을 받았을 때에 진실하지 못하였고 또 성실하지 못하였음을 후회하지 않을 수 없습니다. 그래서 나의 성격이 경건하지 못했다고 느껴집니다. 나는 경건의 모양은 있었지만 경건의 능력은 없었습니다. 그런 의미에서 나는 위선자였고 불경건한 자였기 때문에 의사 윤리의 면에서는 낙제생입니다. 그러므로 의학윤리의 주체가 되는 의사의 인격은 경건한 생활을 통하여 일할 때에 자기 본연의 임무를 다하게 된다고 믿습니다. 의사의 기본지식과 의술은 의과대학 학생 시절부터 인턴, 레지던트 과정을 통하여 습득하게 되는데 그동안에 의학윤리를 성취하는 데 가장 중요한 것은 경건한 인격자가 되는 데 있다고 생각합니다.

경건이라는 낱말은 흔히 종교적으로 사용하는 용어이기는 하지만 일반적으로 쓰이기도 합니다. 경건은 먼저 하나님 앞에서 인정받을 만큼 진실하고 이웃사람들에게 어짊과 사랑을 실천하는 근엄한 인격의 소유자라고 말할 수 있습니다. 다시 말하면 하나님과 사람 앞에서 성실하다고 인정을 받는 인격자입니다. 이러한 경건한 의사는 의료를 공급하는데 잘못이 적을 뿐 아니라 환자와 동료인의 인격을 존중함으로써 인격의 병을 발견하여 도움을 줄 수 있다고 믿습니다.

"이러므로 너희가 더욱 힘써 너희 믿음에 덕을, 덕에 지식을, 지식에 절제를, 절제에 인내를, 인내에 경건을, 경건에 형제 우애를, 형제 우애에 사랑을 공급하라"벧후 1:5-7고 함과 같이 경건은 신앙생활에서 높은 경지에 이른 인격적 상태임을 알 수 있습니다. 또 사도행전 3장에는 베드로와 요한이 앉은뱅이를 걷게 한 것을 사람들이 보고 다 놀라고 있을 때에 베드로가 말하기를 "이스라엘 사람들아 이 일을 왜 기이히 여기느냐 우리 개인의 권능과 경건으로 이 사람을 걷게 한 것처럼 왜 우리를 주목하느냐"행 3:12라고 하였고, 사도행전 10장 1-2절에는 "가이사랴에 고넬료라 하는 사람이 있으니 이달리야대라 하는 군대의 백부장이라 그가 경건하여 온 집으로 더불어 하나님을 경외하며 백성을 많이 구제하고 하나님께 항상 기도하더니"라고 한 것을 보아 경건의 정의를 얻게 됩니다. 즉 경건한 사람은 하나님을 경외하며, 백성을 많이 구제하고, 하나님께 항상 기도하는 인격자임을 알 수 있습니다.

경건은 유교에서의 어진 마음과 불교에서의 자비, 기독교에서의 사랑의 실천적 인격이라고 표현해도 좋을 것 같습니다. 이 경건을 학습하는 데는 성경을 공부하고 기도를 통하여 성령의 능력으로 이루어지는 근엄한 인격에다가 온유와 겸손을 덧입은 인격의 소유자라고 말할 수 있습니다. 이와 같은 경건은 의과대학 학생의 졸업 전 과정 때부터, 필요한 의학지식을 정확히 파악하고 또 졸업 후 과정에서 그들의 학술을 완전히 터득하는 데 가장 필요한 성품이라고 믿는 바입니다. 의사가 기본적인 과학적 학술에 통달하지 못하면 아무리 인술을 베풀고자 할지라도 불가능할 것임은 불을 보듯 분명한 사실입니다.

의사 윤리의 실천

의사가 의료를 시행하는 데 있어서 도덕적인 문제에 부딪히는 때가 적지 않습니다. 예를 들면 중증의 암 환자가 고통이 심한 경우 환자와 보호자가 안락사를 원할 때에 의사가 이것에 응할 것인가, 거부할 것인가? 또 원치 않는 임신이 되어 낙태술을 원하는 환자에게 낙태술을 해 주어야 할 것인가, 거부하여야 할 것인가? 옛 의료법에는 낙태술을 적용해서 안 될 경우에 낙태술을 실시하면 엄격히 법에 저촉됨으로 벌을 받아야만 했습니다. 하지만 최근 우리나라에서는 인구의 자연 증가율이 1.3% 이하여야 사회생활을 위협받지 않는다고 주장하는 학자들이 있습니다. 이들에 의하면 가정의 형편이나 임신한 본인들의 의사에 따라 인공 중절 시술에 대해 묵언해야 한다고 합니다. 이 문제는 인구의 자연증가율이 1.3% 이하에 머물러야 한다는 견지에서 보면 인공 중절술이 허용되겠지만, 임신 때부터 태아의 생명을 사람의 생명으로 인지하여야 한다고 하는 견지에서 보면 낙태술은 살인죄를 범하는 것이 되므로 양심의 명령에 순종하려고 하는 의사는 낙태술을 단연코 거부할 것입니다.

  간장 이식술은 현재 시체에서, 즉 심장과 호흡과 신경반응이 멎고 나서 20분 이내에 절제하여 이식 간으로 사용하면 성공할 수 있는 것이 알려졌지만 이와 같은 재료를 얻기가 심히 어렵습니다. 그런데 작년 1988년 서울의과대학에서 김수태 교수가 한 간 이식술의 성공사례와 같이 뇌사환자의 간장을 떼어 윌슨병 환자에게 이식할 때에는 윤리적 문제가 일어날 소지가 있습니다. 하지만 김수태 교수의 경우에는 이미 간장 이식술에 관한 학술적 성취가 이루어져 있었고, 또 뇌사에 대한 정확한 판단이 내려져 있어서 보호자들의 합의를 얻을 수 있었습니다. 그래서 뇌사 판정 환자의 간의 순환이 멎기 전에 간을 떼어 윌슨병 환자의 간을 제거하고 그 자리에 다른 간을 이식하여 성공하였으며, 2개월 전에는 간 이식 환자가 1년 동안 생존하여 건강함을 축하했습니다. 이것은 김수태 교수가 경건한 사람이어서 보호자들이 쾌히 승낙하였고, 또 그 교실원들이 일치단결하여 우리나라에서 첫 개가를 불렀던 사례였습니다. 이 일은 과학의 성공일 뿐 아니라 예술적 성공이라고도 말할 수 있습니다.

  뇌사는 의사들이 잘 알고 있는 바와 같이 뇌에 산소가 4분간 가지 아니하면 빠지게 되는 상태입니다. 그러면 환자는 99% 죽게 됩니다. 그런데 그러한 환자라 할지라도 조기부터 산소를 계속 마스크를 통하여 흡입하게 하고, 혈관 내로 영양소와 수분과 전해질을 적당히 투여하면 수일 또는 수십일 간 심장도 뛰고 혈류가 각 기관을 관류하게 됩니다. 즉 그 사람의 생명은 죽은 상태이지만 간장과 심장, 신장, 폐와 같은 장기는 적당한 조건에서 기능을 계속할 수 있는 것입니다. 이와 같은 뇌사 상태에 있는 환자에 대하여는 경건한 내과 의사 3명 이상의 전문가들이 뇌사로 인정할 때에는 장기공급의 후보자로 결정하는 것을 법이 제정될 때까지 잠정적으로 허용함이 어떠한가 하고 생각합니다.

그러나 의술의 궁극적인 목표는 하나님께서 부여하신 인간의 생명을 보전하는 데 있음을 결코 잊어서는 안 됩니다. 의학 윤리의 근거는 최대 다수에게 최량의 진료를 베풀기 위하여 환자와 의사와 사회와의 사이에 신의를 토대로 하는 인간관계가 맺어져야 하는 것으로서, 이를 위해서는 의사들이 먼저 경건한 인격자가 되어야 한다고 믿는 바입니다.

의사의 윤리

의학 윤리 또는 의료 윤리는 인간의 일반적 윤리와 의료인의 특수 윤리로 구성됩니다. 인간 윤리의 기본적 주덕主德은 자애와 공정公正입니다. 이것을 2대 주덕이라고 부를 수 있는데, 이들은 시대와 장소, 풍습에 따라 변할 수 있습니다.

환자에 대한 의사의 기본자세는 병의 과학적 진단과 치료를 실시하는 데 있습니다. 그리고 동시에 환자의 착각과 오해를 정정해 주는 데 있는 것입니다. 의사는 과학적 진단과 치료를 위해서 의과대학 학생 시절과 또 졸업 후 인턴, 레지던트 시절에 경건한 생활을 통해 의술을 충분히 연단해 두어야 합니다. 그리고 의사의 윤리는 환자의 인격적 생명과 보호자들과의 사회적 생명을 존중함으로써 실천된다고 믿는 바입니다.

동양에서는 의술은 인술仁術이라고 말하였고, 서양에서는 의학을 과학 또는 예술이라고 불렀습니다. 그런데 동·서 의학에서 의사의 공통된 윤리는 인간애라고 말할 수 있습니다.

동양에서 인술이란 말은 맹자가 사용했는데 제 환공齊 桓公이 정권을 잡아 인술을 해 보기 위하여 맹자에게 "제가 어떻게 하면 보민保民할 수 있겠습니까?"하고 물었습니다. 맹자가 제 환공에게 말하기를 "내가 들으니 환공께서 신하들에게 종에 녹이 슬지 않도록 소를 잡아 그 피를 바르도록 명했다고 하던데요."하니 환공이 대답하기를 "그런 일이 있지요."라고 했습니다. 맹자는 말하기를 "그런데 환공께서 그 소가 눈물을 흘리면서 도살장으로 끌려가는 것을 보고 측은히 여기는 마음이 나서 그 소를 잡지 말고 저 뒷동산에 있는 양을 잡아 그 피를 종에 바르라고 했다지요."하니 환공이 대답하기를 "예, 그랬지요. 그런데 사람들이 제가 인색해서 소는 잡지 말고 양을 잡으라고 했다면서 나를 얕보는 말을 한다고 하니 아무리 제가 속이 작은 사람인들 그래서 그렇게 했겠습니까?" 했습니다. 맹자가 말하기를 "환공께서는 눈앞에 나타난 눈물을 흘리면서 도살장으로 끌려가는 소를 보고는 불쌍히 여기는 마음이 나서 차마 그것은 잡지 말고 그 대신 눈에 보이지 않는 뒷동산에 있는 양을 잡아 그 피를 바르라고 하신 것이지요." 하면서 "바로 그러한 마음을 가지고 정사를 하시면 됩니다. 염려 마십시오. 그와 같은 마음을 실천하는 것이 인술하는 것입니다."無傷也 是乃仁術矣라고 한데서 온 것이라고 보입니다. 이처럼 생명이 죽는 것은 불쌍한 것인데 그것을 잡지 말라고 실천한 그 점에 인술의 관건이 있었던 것입니다. 환자를 불쌍히 여기는 마음이 있는 의사가 그 양심대로 순종할 때에 인술이 되는 것으로서, 경건한 의사는 사람에게 보이기 위하여 실천하는 것이 아니고 오직 하나님에게 순종하는 마음으로 실천하는 것입니다.

서양에서 의술은 과학 기술이라고 합니다. 진단과 치료가 과학으로 되어 그 경과를 잘 파악하고 합병증을 예방하면 대다수는 자연치유력으로 치유됩니다. 또 인체에 반응이 적은 물질로 만든 기계를 응용하여 앉은뱅이를 걷게 하고 동맥류와 같은 생명을 위협하는 병을 제거하고 대용혈관(인공적으로 만든 동맥이나 정맥 혈관)이나 판막을 이용하여 죽은 생명을 살리는 일이 과학적 행위임을 우리는 잘 알고 있습니다.

이것보다 한 걸음 더 나아가 우리 의사들이 사람의 생물학적 기능을 잘 알고 생체의 면역학적 기능을 잘 조절하여 다른 사람의 장기를 이식하는 데에 성공한 것은 과학이면서, 예술이라고까지 평가될 수 있습니다. 나는 1961년 미국 애틀랜틱시티에서 열린 미국 의과학회에 참여했는데, 머레이^{Joseph E. Murray} 교수가 신장이식의 성공사례를 비디오로 보여줄 때, 그것을 보고 있던 이 천여 명의 의사들이 환자가 신장이식을 받고 2주일 후에 건강한 몸으로 퇴원하는 장면을 보고 다 일어서서 3분 이상 박수를 보냈던 경험을 지금도 기억하고 있습니다. 그 광경은 확실히 과학 이상 예술이라고 말하고 싶습니다. 나는 최근 서울의대 김수태 교수가 윌슨병 환자에게 실시한 간장 이식 성공사례의 보고를 듣고, 전술한 머레이 교수에 의한 신장이식 성공사례를 보고 느꼈던 감정을 느낄 수 있었습니다. 전술한 바와 같이 김수태 교수는 경건한 인격자이어서 간 이식에 대한 과학적 기술에 통달하였고, 또 윌슨병에 대한 예후를 잘 알고 그녀의 부모 형제들에게 이해를 시키고, 또 급여자가 될 뇌사 상태에 있는 환자의 부모와 형제들에게 동의를 얻어 실시한 것으로서, 특히 교실원들의 일치단결된 협력으로서 간이식을 성공적으로 성취한 것은 예술적 사실이라고 말하고 싶습니다. 이 예술적 가치를 경험하는 일은 우리 임상의들에게 이따금 일어난다고 봅니다.

그리고 환자에 대한 의사의 의무에 대하여 더 추가하고 싶은 것이 있습니다. 세실Cecil 내과학 교과서의 서론에서 캘리포니아 의과대학 내과 교수 스미스Lloyd H.Smith는 환자가 의사에게 기대하는 다섯 가지 요청을 지적했습니다.

1. 환자는 의사가 자기의 이야기를 들어주고 이해해 주기를 원한다.
2. 환자는 의사가 한 인간적인 동료로서 관심을 가져주기를 원한다.
3. 환자는 의사에게 과학기술적인 면의 전문적 능력을 기대한다.
4. 환자는 의사가 자기 병에 대하여 이치에 맞게 자상하게 알려주기를 원한다.
5. 환자는 의사가 자기를 포기하지 않기를 원한다.

<부산 침례병원에서 실시된 보수교육 강의 친필원고>(1989. 7. 20)

2. 마음과 병

아래의 글들은 조선일보 '의(醫)와 창(窓)' 칼럼에 실렸던
의료 관련 기사입니다.

약이 필요 없는 병

나는 늙어가며 눈이 어두워져 책을 잘 읽을 수 없게 되고, 늘 하던 수술도 더 진보가 없게 되는 것을 느끼고 있습니다. 후배 신진 의사들이 새 학술을 열심히 공부하고, 의학의 각 분야에서도 새로운 전문가들이 많이 나오게 돼 이제는 임상에서 은퇴하는 것이 옳겠다고 생각하면서 일하고 있습니다.

7년 전 일입니다. 건장하게 보이는 모 경찰서장이 외래에 찾아왔습니다. 나는 "어떻게 오셨습니까? 어디가 불편하십니까?"하고 물었습니다. 그는 "무슨 병인지 매일 아침 배가 아프며 곱똥이 나옵니다. 어떤 약을 써야 하는지 좀 가르쳐 주십시오."하는 것이었습니다.

그러면서 그가 먹고 있는 약 보따리를 내보였습니다. 나는 다시 "언제부터 그런 증상이 나타났습니까? 그리고 그것이 어떻게 변화해 갑니까?"하고 물었습니다. 그 서장은 대답하기를 20년

전부터 매일 똑같은 증세가 계속되고 있다고 했습니다. 나는 그의 건장한 체격과 힘찬 대답을 듣고서 거의 반사적으로 다음과 같이 말했습니다. "그런 병이 어디 있습니까? 병은 앓다가 죽든지, 낫든지 하는 것이요, 그것은 병이 아니고 신경증[노이로제]입니다. 그런 신경증은 약을 떼야 낫습니다." 그는 "그렇습니까?"하고 가벼운 웃음을 짓더니 다시 "알았습니다."라면서 진찰도 받지 않고 나갔습니다.

그로부터 약 2년 후 나는 제주도 도립병원 서귀포 분원에 있는 모 직원 모친의 위암 수술을 부탁받고 친구 몇과 같이 제주도에 갔었습니다. 수술을 마치고 돌아오려고 비행장에 갔을 때였습니다. 뜻밖에도 그곳 경찰 국장이 비행장의 귀빈실에서 커피를 준비하고 나를 환송하려 기다리고 있다는 것이었습니다. 나는 영문도 모르고 안내하는 대로 따라갔습니다. 그분을 보니 언젠가 한 번 만난 것 같은 생각이 들었으나 기억이 분명치 않았습니다. 먼저 감사의 인사를 하며 악수를 나누고 앉았습니다. 그는 온 얼굴에 웃음을 띠고 나의 손을 꼭 붙잡고는 몇 년 전에 자기의 병을 떼주어 고맙다는 것이었습니다. 기억이 잘 나지 않아 언제 어떤 일이 있었던가 하고 물었더니 바로 2년 전에 나를 찾아왔던 얘기를 했습니다. 그는 그때 약을 20여 종이나 가지고 왔었다고 술회하면서 "그런 병이 어디 있소. 병은 앓다가 죽든지, 낫든지 하는 것이요. 그것은 신경증이오. 약을 떼야 낫소." 하던 나의 말이 자기 마음에 꼭 들더라는 것이었습니다. 그래서 그날부터 약을 떼었더니 배 아픈 것도 낫고 곱똥도 없어졌다고 했습니다. 나는 그 후부터 약을 떼어 주는 의사가 되어야겠다고 속으로 만족해하면서, 의사가 진실과 동정을 가지고 환자를 대하면 죽을 때까지 남에게 필요한 존재로 일할 수 있다고 생각했습니다.

나는 의대생들에게 전에 해주던 말을 종종 되씹곤 합니다. "병은 대다수(70% 가량)가 환자의 몸에서 생기는 기전으로 자연히 낫습니다. 우리 의사는 병의 원인과 증상만 올바르게 지도하면 됩니다. 그러면 환자는 병이 나을 때 의사가 고쳐서 나았다고 생각합니다. 의사가 진실과 친절로 환자를 대하면 자연히 유명한 의사가 되는 것입니다." 나는 지금도 그렇게 생각하며 일하고 있습니다.

<조선일보> 1979. 8. 14

쌍쌍 노이로제

외래진료소에서 환자를 진찰하노라면 노이로제 환자를 만나는 일이 적지 않습니다. 이들은 대다수가 부인환자들로, 그 특징은 속이 쓰리고 소화가 안 되며, 머리가 아프고 전신에 무력감이 있다는 위장장애 증상이 몇 년 또는 10년 이상 반복된다는 것입니다. 또 그러한 증상이 신경을 많이 쓴 다음에는 반드시 더 심해진다고들 합니다. 하루는 40대 부부가 찾아왔습니다. 남자는 착하고 동정심이 많아 보였고, 부인은 남편보다 자신을 더 사랑하는 사람으로 보였습니다. 두 분은 각각 하나씩 진찰권을 사서 들어왔습니다. 부인이 먼저 진찰 의자에 앉았습니다.

"어떻게 오셨습니까?" 하고 나는 물었습니다.

"항상 가슴이 쓰리며 따갑고 소화가 안 되고 머리도 아픕니다."

"언제부터 그런 증상이 있었나요?"

"첫 아기 낳고부터니까, 약 3년가량 되었습니다."

"그동안 진료를 받지 않으셨습니까?"

"여러 병원에 가 진찰을 받았으나 별 이상이 없다고 하고 위장 X선 검사 결과도 정상이라고 했습니다. 또 약을 먹으면 좀 낫다가 안 먹으면 더해져서 왔습니다."

청진聽診, 타진打診, 시진視診을 해 보아도 흉부, 복부, 사지에는 이상을 발견할 수가 없었습니다. 그래서 신경성 위염으로 생각하고 다음에는 남편을 진찰 의자에 앉게 하여 문진을 시작했습니다.

"어떻게 불편하십니까?"

"저도 수년 전부터 몸이 무겁고 팔다리가 쑤시며 열이 나고 소화도 되지 않습니다. 처음에는 집사람의 간호를 하느라고 애를 썼지만 지금은 제가 피곤해져서 감당할 수 없게 되었습니다."

나는 먼저 구강의 시진에서부터 흉부의 청진, 타진, 복부의 촉진觸診 등을 해보았으나 이상이 없었습니다. 흉부 X선 검사결과도 마찬가지였습니다. 임상에서 남편의 성격이 동정적이면 부인에게 신경질 증세가 있음을 흔히 경험하고 있기 때문에 이 가정의 경우도 부인이 초산한 후 여러 가지로 남편에게 위로를 구하는 마음이 잠재의식으로 작용한 것이 원인인 듯싶었습니다. 입으로는 말을 못하고 몸의 고통으로 그 뜻을 표현하려니 자연히 그러한 증상으로 나타난 것이 아닌가 생각되었습니다.

또 남편은 부인의 고충을 덜어주기 위해 물심양면 힘쓰다가 1년, 2년 지나는 동안에 자기 몸에도 고통을 느끼게 되었다고 보았습니다. 그리고 그런 증상이 부부에게 일진일퇴하며 계속되고 있음을 발견했습니다. 그래서 나는 부부에게 이 병은 '내가 더 아프지 당신이 더 아파요?' 하는 심리에서 반복되는 '쌍쌍 노이로제'라고 선언하고, 자기중심적인 생각 때문에 얻은 병임을 설명했습니다. 그리고 남편은 아내를, 아내는 남편을 자신보다 더 사랑하는 것이 참사랑이며, 그것이 이 병의 치료의 열쇠라고 말했습니다. 부부는 처음에는 의아해하더니 자기들의 심리를 알아맞혔다고 생각했는지 곧 미소를 지었습니다. 이 한 쌍이 나간 후에 옆문으로 역시 같은 증세의 다른 부부 한 쌍이 들어왔습니다. 그들에게도 같은 말로 해결해 드리고 나서, 나는 원효대사가 '마음에서 생기게 하면 모든 것이 생기고, 마음에서 그것을 없애면 모든 것이 없어진다. 心生則種種法生 心滅則種種法滅 모든 일은 마음이 만들고, 마음에 따라 생긴다. 一切唯心造 萬法唯識'라고 한 대각大覺을 다시 음미했습니다.

<조선일보> 1979. 8. 16

말 못해 생기는 병

부산 의과대학 재직 중의 일입니다. 나의 친우인 정신과의사 한 교수가 강의 준비를 하던 중 시골에서 두드러기로 고생하고 있다는 젊은 부인으로부터 진찰을 요청받았습니다. 한 교수는 그녀에게 어떻게 해서 두드러기가 돋게 되었으며 언제부터 돋았느냐고 물었습니다. 환자는 찬 공기를 쐬면 곧 전신에 두드러기가 돋고 가슴이 답답해진다면서 아마도 시집온 다음부터 이런 증세가 생긴 것 같다고 했습니다. 한 교수는 "그러면 추운 바깥에 나가 한 바퀴 뛰고 들어와 보라."면서 베란다로 가는 통로를 가르쳐 주었습니다. 잠시 후 돌아온 환자의 전신에는 과연 두드러기가 많이 돋아 있었습니다. 그 이유를 곰곰 생각하던 한 교수는 문득 어떤 의문이 머리를 스쳐 "하고 싶은 말을 못하고 있는 것은 없습니까?"하고 물었습니다. 부인은 "그런 것은 없다."고 대답했습니다. 그러자 한 교수는 "학생들에게 1시간 동안 강의를 하고 올 테니 그동안 잘 생각해 보라."면서 부인을 남겨두고 강의실로 갔습니다.

그가 진찰실로 돌아왔을 때 부인은 기억을 되살려 대답을 했습니다. "시동생의 행실이 나빠 결혼 초부터 이를 말하려고 했으나 시어머님이 좋아하지 않고 남편도 불쾌해할 것 같아 아직 말을 하지 못하고 있다."는 것이었습니다. 한 교수는 "부인께서는 그 말을 하지 못해 병이 났지만 이젠 말을 했으니 추운데 나가도 두드러기가 돋지 않을 것"이라며 시험 삼아 다시 베란다에 올라갔다가 올 것을 권했습니다. 부인은 권유대로 베란다에 올라가 한참을 뛰어보았으나 과연 두드러기는 조금도 돋지 않았습니다.

한 교수는 이런 이야기를 나에게 들려주면서 사람의 심리가 신체에 끼치는 영향이 얼마나 큰 것인지 새삼 다시 느꼈다고 했습니다. 사실 정신의학에서 다루어야 할 병이 임상사례의 반을 넘을 것이라고 보고 있습니다. 대개 원인을 잘 모르는 류머티스성 동통, 관절통 같은 것 중에는 알레르기성으로 알려진 것도 있으나 흔히는 동정을 받기 위한 잠재의식이 그 원인으로 작용하고 있는 것도 적지 않습니다.

우리는 이런 일을 일상생활에서도 자주 경험합니다. 잠을 자려 할 때 다리를 주물러 줄 사람이 있으면 다리가 몹시 저리고 아픈 것을 느끼지만 그런 대상이 없을 경우는 조금 저리고 아프다가 잠을 자고 난 이튿날에는 전연 아픔을 느끼지 않게 됩니다. 사람들은 앞의 부인처럼 할 말을 못 해 두드러기 같은 것을 앓으며 고생하는가 하면, 위로를 받고 싶은 마음에서 병을 얻기도 하는 것입니다.

<조선일보> 1979. 8. 19

동일시同一視

 자신을 남과 동일화시켜 보는 습성은 자기도 모르는 사이에 갖게 되는 습성입니다. 운동경기에서 별생각 없이 내 나라 선수에게 응원을 보내며 승리를 바라는 마음을 갖게 되는 것도 그런 습성에서 오는 것입니다. 나는 어렸을 때 아버지로부터 성경에 나오는 인류의 이야기를 듣고는 구약의 요셉과 같이 되었으면 하는 소원을 가졌습니다. 물론 애굽으로 팔려가 감옥에 갇혔던 요셉이 아니고, 해몽을 잘해서 총리대신의 자리에 올라 흉년이 심했을 때 아버지와 형제들을 살린 요셉입니다. 다음에는 다윗을 흠모했습니다. 다윗과 같이 용맹한 왕이 되어 국민을 살리는 일을 했으면 하고 늘 기도했습니다. 이것은 아마도 국민학교 때의 일인 것 같습니다. 그러나 송도 고보 2학년 때 불효자식이라는 죄책감에 회개하고 예수님을 구주로 믿은 다음부터는 예수님을 닮게 되기를 기원하며 살게 되었습니다.

 1957년 어느 날 내가 일하는 부산 복음 병원에 22세의 젊은 청년이 찾아왔습니다. 공복 때마다 복통이 일어나 음식이나 소다를 먹으면 낫고 식사 후 3시간이 지나면 또 복통이 일어난다고 했습니다. 소화성 위궤양의 특징적 증상이었습니다. 나는 곧 상복부 위장관의 X선 투시 촬영을 하도록 했습니다. 그 결과 위 소만부小灣部에 전형적인 위궤양이 발견되었습니다. 중세가 시작된 지 얼마나 오래되었는가 하고 물었더니 2년이 되었다고 했습니다. 수술만 하면 즉시 나을 수 있는 병이었지만 청년은 치료비가 전혀 없었습니다. 나는 그날 이북에 남겨두고 온 가족들을 생각하고 있었는데 청년은 내 맏아들과 생김새가 비슷하고 키도 흡사했습니다. 그래서 무료로 치료해주고 싶었습니다. 청년에게는 부모는 없었으나 결혼하여 아내가 있었고 가까운 친척으로는 숙부가 있었습니다. 그 보호자들에게 수술 허락서에 도장을 찍어 오라고 했습니다. 청년은 1주일쯤 후에 허락을 받아왔습니다. 수술은 예정대로 잘 진행되었고 수술 후 경과도 순조로워 10일 만에 퇴원했습니다. 지금은 어디에 있는지 모르지만, 건강하게 잘살고 있는 줄 믿고 하나님께 감사의 기도를 드립니다. 그 후부터 나는 환자를 진료하면서 "내가 환자 자신이라면……"하고 생각할 때가 많아졌습니다. 특히 수술을 권할 때는 "나 같으면 이 병으로 수술을 받겠는가?"하고 자문자답을 해보고 결론을 내립니다.

신체 부분을 절제할 것인가, 아니면 그냥 두고 경과를 본 후 결정할 것인가를 판단해야 할 때도 환자가 곧 나 자신이라고 생각하면 거의 틀림없이 올바른 판단을 내리게 되는 것을 종종 경험하고 있습니다. 의사가 환자를 자기와 동일시하여 진단하는 것이 가장 좋은 방법입니다.

<조선일보> 1979. 8. 22

3. 기독 의사로서 본 죽음

미국의 정신과 의사 엘리자베스 큐블러 로스Elisabeth K. Ross는 《인간의 죽음》(*On Death and Dying,* 1969)과 《죽음과 죽어가는 것에 관한 질문과 답변》(*Questions and Answers on Death and Dying,* 1974)을 출판했습니다. 또 오래지 않아 세 번째 저서 《죽음: 성숙의 마지막 단계》(*Death: the Final Stage of Growth,* 1975)를 발간할 예정이라고 합니다. 나는 성경 말씀을 진리로 믿고, 자연법칙과 사회과학의 법칙 및 하나님의 구원 법칙 아래 살고 있는 사람들의 생물학적 죽음에 대해, 1932년 이후 의사 생활에서 경험한 소수의 사례에 기초해 소견小見을 말해보려 합니다.

무엇보다도 사람의 죽음인 만큼 단순한 생명체의 죽음에 대해 생물학자들이 보고 느끼는 바와는 사뭇 다릅니다. 생물학자들은 죽음을 생명의 과정 중 최종단계라고 볼 것입니다. 하지만 저는 육적인 생명의 죽음에 대해선 생물학자들이 보는 바와 견해가 비슷하지만, 사람의 죽음은 그에서 더 나아가 그의 정신과 심령, 곧 인격자로서 육의 옷을 벗어 버리는 생명의 과정이라고 보는 바입니다.

사람의 육적 생명의 죽음

(1) 정의와 진단

죽음은 생물학적 생명의 한 과정입니다. 죽음이란 유기체가 그 기능을 멈춘 상태이므로, 심장과 호흡이 멎고 신경 반사가 소실된 현상을 두고 죽음이라고 진단합니다. 이러한 진단은 의사의 의무와 권한에 속합니다.

(2) 죽음의 종류와 그 형태-자연사와 변사

사람이 늙어 노쇠하여 특별히 병이 나지 않고 전신이 쇠약하여 죽을 수 있습니다. 엄격한 의미에서는 이러한 경우를 자연사라 합니다. 그러나 이러한 경우는 대단히 드뭅니다. 대개는 병으로 인해 죽게 됩니다. 그래서 병으로 죽는 것을 자연사라 하고, 사람이 자기의 생명을 스스로 끊는 것을 자살, 타인의 생명을 해함으로 인한 죽음을 변사變死라고 해서 자연사와 구별합니다.

또 병사 중에는 갑자기 발생하여 죽는 돌연사突然死 또는 급사急死가 있고, 어떤 것은 불치의 병으로 죽어 가고 있다고 예견되는 것도 있습니다. 이러한 급사를 당하게 될 때에는 의사가 자기의 지혜와 능력을 발휘할 수 없고, 또 환자와 인격적으로 교류할 틈도 없습니다. 이때는 죽음에 대한 태도가 기계적일 수 밖에 없으며, 그저 무상을 느낄 뿐입니다. 그러나 고혈압이나 암과 같은 불치병으로 신음하는 환자들을 치료할 때의 생각은 많이 다릅니다.

(3) 가역성可逆性과 불가역성不可逆性

사람의 죽음이 생물학적 생명의 한 과정이라고 말할 수 있는 것은 그 생체가 죽어 가다가도 생명현상을 유지할 수 있는 조건만 만들어 주면 며칠 또는 몇 시간이고 더 살다가 죽기 때문입니다. 그러나 이러한 현상은 그 생체 반응이 가역성일 때에만 가능합니다. 가사假死상태에서 살아나는 것은 이러한 종류에 속합니다.

만일 그 상태의 반응이 불가역성일 때에는 의사의 노력은 전혀 효과가 없고, 결국 죽고 맙니다. 또 생명체의 죽음과 각 조직 장기의 죽음은 시간적 차이가 있습니다. 즉 심장과 호흡이 멎고 신경 반사가 소실되어 그 생체는 죽었다고 진단이 된 후에도, 간장은 30분, 신장은 40분, 피부는 더 오래 생명활동을 유지할 수 있습니다. 하지만 뇌는 4분간만 혈류가 멎으면 조직이 죽습니다. 즉 혈류가 가지 않고도 살 수 있는 시간이 장기마다 다 다른 것입니다.

만일 혈류가 뇌로 4분간 가지 못했다가 그리로 다시 흐르는 경우, 연수에 있는 심장혈관 중추와 호흡중추만 죽지 않았다면 의식이 없어도 심장과 호흡운동은 여전히 정상으로 활동할 수 있습니다. 이런 경우를 식물인간이라고 해서 의식만 없다 뿐이지 먹고, 호흡하고, 기타 장기활동에는 큰 변화 없이 오래 살 수 있습니다. 이러면 그 환자는 다른 병을 일으켜 죽게 되며 의식이 회복되어 사는 일은 극히 드뭅니다. 이러한 사람은 그의 심장을 다른 사람에게 이식해 줄 수 있는 제공자提供者라고 할 수 있습니다. 요사이에 이르러서는 급사 후의 혈액과 신장, 간장, 각막, 피부 등을 장기 이식의 재료로 사용하는 일이 많아졌습니다. 이처럼 죽음이라는 것은 생명의 한 과정입니다.

사람이 죽을 때의 심리과정

로스는 죽음을 예지하거나 임종 상태에 있는 환자들의 정신, 심리의 변화를 다음과 같이 다섯 단계로 말했습니다.

죽음의 5단계
(엘리자베스 큐블러 로스에 의함)

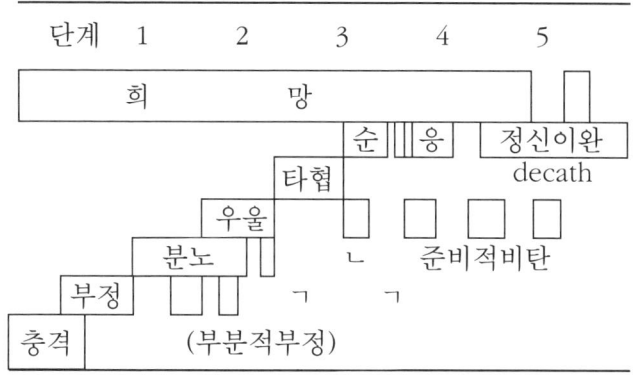

(죽을병임을 인식) - 시간 ⟶ 사망

ㄱ : 간헐적으로 나타나는 부분적부정

ㄴ : ……………………………………………… 분노

ㄷ : ……………………………………………… 슬픔

즉 자신의 병이 죽을 병임을 인식하게 되면 큰 충격을 받는 동시에 방어적 태도를 취하게 된다는 것입니다. 가망이 없다는 소식을 들은 환자들의 반응은 다 같다고는 할 수 없으나 대동소이합니다. 큰 충격과 더불어 한편으로는 설마 그런 병이 아니겠지

하는 의혹 또는 희망 아닌 희망을 가지려고 하며, 환자의 대다수는 현실을 부정합니다. 이 부정은 결코 전적인 부정은 아닙니다. 그다음으로는 부정이 사그라지면 분노와 격정이 지배하게 됩니다. 그것은 살아서 활동하는 사람들을 대상으로 하는 질투로 표현되는 일이 많으며 또 이 분노는 사리에 맞지 않는 경우가 많습니다. 만일 이때에 주변에서 이 분노를 어느 개인에 대한 적개심으로 간주하지 않고 참아 준다면, 환자는 큰 도움을 받게 됩니다. 거기서 환자는 일시적인 타협의 단계를 거쳐 우울의 단계로 넘어갑니다. 이것은 최종 단계인 수용과 순응을 향해 가는 발돋움의 디딤돌이 됩니다. 즉, 위의 도표를 보면 이 단계들이 서로 교체되면서도 때때로 겹쳐 있음을 알 수 있습니다

그러나 임종환자들과의 대화를 통해 살펴보면 외부의 도움이 전혀 없이 최종 수용의 단계에 도달한 환자들도 많았습니다. 또 어떤 이들은 앞의 단계를 거치면서 곁에서 붙들어 줘야만 평화로이 기품을 잃지 않고 죽음을 맞는 것을 경험했습니다. 그리고 대다수는 병의 과정이나 적응기제와 관계없이 모두가 최후까지 어떤 형태의 희망을 품고 있었습니다. 즉 '의학계에 새로운 발명이 생겨서 치료되지 않을까?', '하나님의 기적이 일어나시 않을까?' 하는, 여하튼 끝까지 희망을 유지하는 것만은 사실입니다. 물론 신앙인들은 내세의 믿음이 확실하여 안연히 그리스도 안에서 평안을 가지는 이들도 있습니다.

교육이 낮고 사회적 유대와 직업적 의무에 덜 매이고 궤변을 모르는 사람들은 최후의 고비를 비교적 쉽게 넘기는 것 같았습니다. 그리고 물질적 안락과 사회적으로 복잡한 관계를 가진 사

람들은 대단히 불안한 상태에서 죽음을 맞이하는 듯했습니다. 노인들은 젊은이들보다 더 쉽게, 조용하게 죽어 갔지만 야심만만하게 살았던 사람들은 분노의 단계가 더 길고, 더 힘들게 죽음을 맞았습니다. 그리고 종교인과 비종교인과의 차이는 현저한 것이 없었습니다. 왜냐하면 순수한 신앙을 가진 참된 종교인이라고 할만한 사람은 극히 적기 때문입니다. 종교적 믿음이 있으면서도 공포와 갈등을 다 해결할 만큼은 못 되는 것입니다.

환자들이 일단 순응의 단계에 들어가고 정신이완decathexis의 상태가 되면 외부의 개입을 귀찮게 여기고, 불안해하며, 평온한 죽음으로 마치지 못하는 경우가 많습니다. 정신이완 상태에서는 정신, 생리학적으로 죽음이 다가오는 순간을 인지할 수 있는 것 같습니다. 그래서 환자가 '지금' 좀 옆에 있어 달라고 부탁하는 경우를 종종 경험할 수 있었습니다.

위와 같이 죽음의 단계에 있는 환자들의 심리과정을 그들과의 대화를 통해 확인할 수 있었고, 이 주제에 관한 여러 세미나에서 임종 환자의 인격과 그 의사를 존중하고 이에 잘 대처하는 것이 의료인의 올바른 태도라고 결론을 내렸습니다.

나의 의사생활에서의 적은 경험

(1) 첫 번째 사례

1935년 즈음에 일이었습니다. 25세 전후의 청년이 충수염성 복막염에다가 그람 음성 간균[2]의 패혈증을 겸해서, 매일 고열

---

2. 그람 음성 간균 감염증Gram-Negative Bacillus Infection, Gramnegativ Bacillensinfektion: 모든 세균은 그람 양성균과 음성균으로 분류할 수 있다. 그람 음성균의 세포벽 구조는 얇은 당펩

이 계속되고 점점 쇠약해지는 것이었습니다. 당시는 그람 음성 간균의 항생제가 아직 발견되지 않았을 때였습니다. 수술은 좌우 하복부를 절개해 배농排膿(고름을 뽑아 내는 치료방법)을 했고 생체의 저항력으로 건강 회복을 기다리고 있었습니다. 그러나 매일 39.5℃의 고열과 오한, 그리고 전율이 계속되었습니다. 나는 환자가 도저히 견디낼 수 없겠다고 생각하고 그만 포기하였습니다. 그러나 환자는 아버지가 살아계시는 동안에는 자기가 절대 죽어서는 안 된다고 작정하고, 정신력으로 육의 증상을 참고 이겨냈습니다. 그 투쟁이 어찌나 강하던지 나는 감탄하지 않을 수 없었습니다. 앞으로 1주일 살면 잘 살겠다고 생각하고 치료하고 있었는데, 1개월이 지나도록 병마와 싸우며 견뎌내는 것이었습니다. 그러나 환자는 자기의 역량을 알았던지 또는 죽음의 신호를 받았던지, 하루는 자기의 예후에 대해 바로 말해달라고 자꾸 졸라댔습니다. 나는 무심코 "글쎄 의사가 보기에는 도저히 극복할 수 없다고 생각되는 위기를 잘 이겨 왔다고 보인다."고 하면서, "의사로서는 자신이 없다."고 말했습니다. 그 환자는 그 말을 듣고 2시간 후에 별세했습니다.

그 후에 나는 '내가 뭘 안다고 소망이 없다는 말을 함부로 했던가? 정신력으로, 영으로 육의 생물학적 법칙을 지배하고 있던 생명을 돕지 못하고, 어찌 육의 생명과 영을 분리하는데 도움을 주는 발언을 했단 말인가?'하고 후회막심하였습니다.

타이드층 위에 리포 다당류의 층이 뒤덮여 있다. 그 성질이 감염증의 발생기구에 관계가 있는 것으로 생각되고 임상 소견, 항생제 감수성 등에 공통적인 특징을 나타내는 경우가 많기 때문에 이 총괄적 명칭이 사용되고 있다. 그 대표는 대장균 속 감염증이고, 녹농균 감염증, 살모넬라 감염증, 시겔라 감염증 등 많은 질환이 포함된다.

(2) 두 번째 사례

이 환자는 50여 세의 주부로 상복부에 종양이 있어 수술한 결과 간좌엽에 암이 있었습니다. 이 분은 나의 형수님이어서 그 경과를 잘 알고 있었습니다. 간암 진단을 받고, 집에서 정양靜養(몸과 마음을 안정하여 휴양함)했을 뿐 약물치료를 전혀 받지 않았습니다. 간암 판정을 받은 후 6개월을 생존하였는데, 돌아가실 때는 자기 딸이 시집을 잘 가도록 의복과 이불과 가지고 갈 도구들을 다 마련해주고, 시집간 다음 날 바로 세상을 떠나셨습니다. 그 전날까지 아프다는 말 하나 없이 식음을 전폐하면서 시집 보내는 책임을 완수했습니다. 이 경우도 자기의 책임을 완수하기 전에는 죽을 수 없다는 정신력으로 살았던 것입니다. 정신적 활동이 강하면 육의 죽음을 초월할 수 있다는 강한 인식을 받은 예입니다.

(3) 세 번째 사례

이 분은 52세의 여성으로 독실한 기독신자였습니다. 2년 전에 좌측 유방암 수술을 받고 2년간 무사했는데 약 2개월 전부터 흉부에 통증이 와서 내원했던 것입니다. 환자는 암의 재발로 인식하고는 모든 치료를 거부하고, 집에서 하나님의 뜻을 알고자 기도만 했고, 여성도들이 옆에서 시종하고 있었습니다. 음식은 적게 섭취하고 낮에는 일어나 앉아서 교회와 자기의 신앙에 대하여 간구하면서 심방 오는 사람들에게 믿음에 굳게 서라고 권면하며 저녁에는 교회와 나라를 위하여 기도했습니다. 10개월이 지나니 얼굴은 조금 파리해졌으나 그 모습은 천사의 얼굴을 연상시키는 것이었습니다. 10개월이 지난 어느 날 환자는 죽음에 대한 예고를 들었음인지, 주위에서 시종하던 사람들을 다 집으로 돌려보내고 홀로 기도할 시간을 가지겠다고 했습니다. 시종들던 사람들은 아무 생각 없이 각기 집으로 갔습니다. 다음날 시종 들던 사람들이 그 집에 다시 와보니, 그 부인은 자기 육신만 남겨 놓았고, 그 영혼은 어디론가 떠나버린 뒤였습니다.

이 분은 생전에 그리스도의 품속에서 살다가 육을 벗어 버리고 영원하신 주님의 품에 안기셨습니다. 실상 그 육체는 그의 생전의 옷이었다고 생각합니다. 사실 육체는 기관에 불과합니다. 생물학적 생명이 머물러 활동하기에 적합한 것일 뿐입니다. 영이 머물고 활동하기에는 적합하지 못합니다. 그의 영은 힘차게 살았으므로 육을 벗고 영의 몸을 입게 되었다고 믿습니다.

이 환자는 의사로부터 암 선고를 받지도 않았으나 그저 자기 판단으로 암의 재발이라고 속단하고, 육의 생에 대한 충격, 자기 방어기전, 분노, 우울, 타협, 수용과 순응, 또 정신이완의 단계를 거치지 않고, 또 현세의 의학 발달로 암 치료제의 발명에 대한 희망을 가지지 않고, 직접 하늘나라의 소망과 그리스도와의 인격적인 교제로 말미암아 육체를 옷과 같이 벗어버리고 가신 예입니다.

(4) 네 번째 사례

이 분 역시 기독신자로 55세의 여성이었습니다. 좌측 유방암으로 진단받은 지 6년 후인 어느 날, 나의 친구로부터 자기 부인이라는 통지를 받고 왕진을 했습니다. 그 부인은 내가 젊어서부터 잘 알고 있었던 관계로 그 피부가 몹시 창백하고 수척하여 피골이 상접해 있어 무척 놀랐습니다. 또 암이 뼈로 전이되어 있었음인지 몸을 움직일 때마다 "아야!"하고 통증을 호소했습니다. 그러나 그분은 곧 "감사합니다."라고 하며 "아야! 감사합니다." 하면서 살고 있었습니다. 나는 그 상태로는 오래 산다고 해도 2개월을 넘기지 못하겠다고 생각이 되어, 현재의 신앙 상태대로 지내는 것이 상책이라고 말하고 물러 나왔습니다. 이 분은 이미 자신의 생에 대하여 염려하거나, 더 살기 위해 노력하거나, 타협하지 않고, 내세의 소망을 가지고, 현실에서 하나님의 뜻을 이루어 드리고 순종하는 일에만 유의하고 있었던 것입니다. 그분은 그 후 6개월간 더 살고 편안히 잠자듯 세상을 떠나셨습니다.

(5) 다섯 번째 사례

이 분은 59세의 남자 목사님으로, 식도암으로 인해 음식을 섭취할 길이 없어 피골이 상접해 있었고, 피부 또한 수분 부족으로 아주 메말라 있었습니다. 입원 후에도 심신이 너무 쇠약하여 도저히 수술이 불가능함으로 수액요법만 실시했습니다. 임종 시 교회 교우들은 심방을 왔다가 그 정경을 보고는 상심이 커서 다들 울고만 있었습니다. 그런데 목사님은 "내가 그렇게 죽을 것 같은가? 안 죽어."하시고는 눈가에 눈물이 핑 도시는 것이었습니다. 저는 이때 여러 가지 생각이 솟구쳤습니다. 죽음이란 것은 있을 수 없는 것이고, 사람이란 이별할 수 없는 것인데, 육의 생명이 이것을 분리하는 것과 같은 느낌을 주는 것, 이것에 속는 인간들에 대한 슬픔의 눈물이 아니었던가 생각합니다. 목사님은 그 다음 날 주무시듯 세상을 떠나셨습니다.

(6) 여섯 번째 사례

62세의 남자로 위암이 췌장으로 전이되어 위절제술을 받았음에도, 십이지장을 막아 황달과 담관염을 병발하고, 수술한 지 3개월 뒤에는 위장 문합부가 막혀 거의 기아 상태로 별세한 분입니다. 환자가 수술 후 합병증에 대하여 의사의 설명으로 2, 3회 수술을 더 받았으나 위와 같은 합병증으로 인해 환자는 충격과 분노, 우울 상태는 거의 없었고 오히려 수용하는 자세와 희망을 가지고 의사와 협력하였습니다. 정신이완 상태에 빠지지 아니하였고 이성을 가지고 끝까지 투병하였습니다. 처음에는 불신자이었으나, 나중에 정신으로 신체의 기능을 운영할 수 없겠다고 느껴질 때 영원한 생명에 대하여 생각하는 것 같았습니다. 생명에 대한 집념만 있을 뿐 가족과의 이별에 대해서도 애착을 가지지 않는 것 같았습니다. 이처럼 이성이 발달하고 참 생명을 추구하는 사람은 임종 시에 영원한 생명을 찾게 됨을 느낄 수 있었습니다.

(7) 일곱 번째 사례

69세의 남성 의학박사로서 단핵 세포성 백혈병에 걸려 화학요법을 받다가 갑자기 내출혈을 일으켜 별세했습니다. 당연히 자신의 병세를 본인이 잘 알고 있었으므로 자신의 수명까지 헤아리고 있었습니다. 나의 선배였으므로 병문안을 갔습니다. 나는 평소에 교제하던 대로 "선생님, 사람의 생명이 영원한 것임을 믿습니까?"하고 물었습니다. 그분의 대답은 "내 생명은 자식에게 전달되어 있지." 하는 것이었습니다. 그분이 별세하는 아침, 그분의 주치의였던 나의 친구 전 박사가 "선생님, 일생을 만족하게 살았다고 생각하십니까?"하고 물었습니다. 그랬더니 그 선생은 "나는 만족해."하고 가볍게 말했다고 합니다. 과학자요, 지성이 있는 그분은 정신이완에 빠지지 않고 또 소망이나 미련 없이 가셨습니다. 나는 그분이 세상을 떠난 후에도 평소에 교제하던 때의 그분의 진리 탐구가 너무도 절실했기 때문에 진리이신 하나님과 그리스도에게로 갔을 것이라고 느꼈습니다. 다만 생전에 그리스도를 만나게 해 주지 못한 책임을 나는 느낍니다.

(8) 여덟 번째 사례

이 분은 63세의 남성 의사로서 대학교수 시절 걸린 열병의 후유증으로 건망증이 생겨서 교수직도 그만두고 정양을 하던 중 갑자기 돌아가셨습니다. 그의 부음을 듣고 달려가 관 앞에 앉아 묵도를 드리니 내 죄 때문에 돌아가신 것이 아닌가 하고 눈물이 떨어졌습니다. 그가 생전에 적적해서 친구들을 찾아다닐 때 나는 한 번도 시간을 내서 그분을 기쁘게 해드리지 못했던 죄책감을 느꼈던 것입니다. 사는 데는 친구의 정이 필요한데, 그의 생명과 관련해 나의 생명은 그의 필요를 채워주지 못했으니 어찌 친구 된 책임을 다했다 할 수 있겠습니까.

결론

죽음은 생물학적으로 보나 정신의학적으로 보나 생명의 한 부분이며 과정입니다. 불신자는 생물학적 생명의 보존을 위한 희망으로 끝마치지만, 예수 그리스도를 믿는 자는 죽음을 지나 예수님의 영원한 생명으로 이행移行합니다. 이성이 건전한 사람은 정신이완에 빠지지 않고 소망 중에 죽음을 맞습니다. 기독 의사는 그 소망을 예수 그리스도의 생명으로 인도해 주어야 할 것입니다. 육의 죽음은 곧 그의 인격이 육을 벗어 버리는 현상에 지나지 않습니다.

<부산모임> 13권 1호(1980. 2)

4. 불치병과 의사

　불치병이란 어떠한 병명도 아니고, 또 정해져 있는 것도 아닙니다. 그저 현대 의학으로 치유할 수 없는 병을 일컫는 말일 뿐입니다. 예를 들면 심한 고혈압증, 심한 심장병, 심한 간경변증, 심한 신장애, 그 밖에 각 조직과 장기에 발병하는 소위 암 종류 등입니다. 과거에는 결핵과 한센병 같은 것도 불치의 병이라고 생각했으나 요사이에 좋은 치료 약이 개발되어서 앞으로는 근절시킬 수 있을 것 같습니다. 그러나 암종과 같은 병은 그 연구가 왕성함에도 아직은 간단히 낫게 하는 약을 만들지 못합니다. 그래서 암 환자는 의사가 진단을 바로 알려주기 어렵습니다. 왜냐하면 바로 진단명을 알려줄 경우 곧 낙망하고 불쾌해하며 우울해하기 때문입니다. 그렇다고 거짓말을 한다면 병의 경과와 의사의 말이 맞지 않으므로 환자가 의사를 신용하지 못하게 됩니다. 그러므로 이런 경우 의사가 어떤 태도를 취할 것인가 결정 내리기는 정말 쉽지 않습니다.

　어떤 이는 환자를 낙망시키는 것은 큰 잘못이니까 진단명을 숨기고 거짓말이나 그와 비슷한 말로 넘겨 버려야 한다고 합니다. 그러나 진실한 의사는 똑바로 병을 가르쳐 주어야 한다고 하고 그 까닭을 다음과 같이 설명합니다. 암은 그 시기에 따라 다르지만, 현대의학 즉, 수술, 방사선요법, 화학요법 및 호르몬 또는 면역요법으로 적어도 50% 이상이 치유되고 있습니다. 그러므로 암종은 될 수 있는 대로 속히 진단해서 올바른 치료를 받도록 권하는 것이 의사의 직분입니다.

그런데 암이 몹시 진행해서 몸의 여러 곳에 퍼지면 어떠한 치료도 효과가 없습니다. 이렇게 되면 환자와 보호자들이 당황하고 낙망합니다. 이러한 환자에게는 병 자체로 말미암아 일어나는 육체적 아픔과 빈혈, 쇠약에다가, 부모 처자에 대한 책임감과 죽음에 대한 공포 등의 정신적 고통이 겸하여 일어납니다. 이때에 의사나 환자 그리고 보호자들이 주의하여야 할 것은 병이 '불치不治'라는 말과 '소망이 없다'는 것은 전혀 다르다는 점입니다. 왜냐하면 불치라는 것은 육의 병에 대한 말이며, 소망이 없다는 것은 마음에 대한 말이기 때문입니다. 불치병에 걸린 환자라 할지라도 생명에 대한 올바른 신념을 가지고 인생관이나 세계관이 확립되어 있기만 하면 항상 소망 가운데 평안한 삶을 지속할 수 있다고 믿습니다.

그런데 암에 의해 일어나는 고통은 비교적 천천히 시작되는 것이므로 처음에 참아 견디면 능히 극복할 수 있는 경우가 많습니다. 그러므로 의사는 환자가 고통을 극복하도록 격려하고 권하는 것이 옳은 줄 압니다. 환자를 동정한 나머지 진통제를 사용하기 시작하면 환자는 고통을 견디는 의지가 약하여져서 많은 양의 진통제를 더 자주 받게 됩니다.

그리고 불치병 환자를 바로 지도하려면 의사, 간호사, 보호자들의 생명에 대한 인식이 확립되어 있어야 합니다. 사람의 생명은 육적, 생물학적 생명만이 아닙니다. 사회에서 살 때, 사회적, 법적, 도덕적 생명을 살면서, 또한 하나님과 같이 사는 영적 생명을 사는 것입니다. 그리고 이 생명의 본체는 하나님의 사랑입니다. 생물학적 생명은 정지되는 때가 있으나 영적 생명은 사랑하는 한 영원합니다. 이와 같은 순수한 사랑을 체험한 사람은 생물학적 생명의 정지를 조금도 두려워하지 않는 이성을 가지게 됩니다. 그리고 인격의 영생을 믿고 살게 되므로 그의 말과 행동이 언제나 낙관적입니다. 죽음을 두려워하기보다 생을 즐기고 감사하는 삶을 살게 되는 것입니다. 즉 이 육적 생명과 현실 세계는 잠깐이요, 영적 생명과 이상 세계는 영원한 것임을 믿고 현실에서 사랑을 실현하는 것이 곧 인생의 목적임을 강조하게 됩니다. 이러한 이해는 곧 성경을 진리로 믿는 믿음에 의하여 얻어집니다.

누가 불치병에 걸린 환자를 잘 치료할 수 있을까요? 누가 암환자에게 소망을 주고 최후까지 자기의 직분에 충성하게 할 수 있을까요? 나는 위에서 말한 바와 같은 인생관과 세계관을 가진 의사가 능히 불치병 환자를 올바르게 지도할 수 있다고 믿습니다. 무엇보다 의사는 환자를 사랑으로 대하여야 합니다. 환자를 자기 몸과 같이 생각하고 돌아볼 때 올바른 치료가 이루어질 것입니다.

불치병에 대한 치료를 의사가 약물로 하려고 하는 것은 생각할 수 없습니다. 즉, 죽음에 대한 불안과 공포를 약물이나 속임의 말로는 제거해 줄 수 없기 때문입니다. 다만 사랑의 마음과 행동만이 그 환자의 마음에 평강과 안위를 주며 영생의 소망을 줄 수 있습니다. 그런데 의사는 하루에도 수십 명의 환자를 돌보아야 하므로 한 명의 환자를 긴 시간 동안 돌볼 수 없습니다. 그러므로 간호사와 그 보호자들이 예수 그리스도의 사랑을 가지고 환자를 대하여야 합니다.

  불치병 환자는 물질의 공급만으로는 전혀 도움을 받지 못합니다. 그에게 더 필요한 것은 마음의 양식 곧 진실한 사랑입니다. 곧 그 인격의 긍정이며 영원한 생명과의 호흡을 느끼게 해 주는 것입니다. 다시 말하면 불치병의 환자를 치료하는 의사는 먼저 스스로 영생을 소유하고 그 생명을 전달하는 역할을 해야 합니다. 이 생명은 사랑의 마음이며, 사랑의 활동입니다. 그러므로 병의 증상이 일진일퇴ー進ー退하는데 일희일비ー喜ー悲할 것이 아니고, 항상 예수 그리스도를 바라보고 그의 생명[인격] 안에서 생각하며 살도록 하여야 할 것입니다. 그렇게 되면 불치병 환자라고 할지라도 육의 생명이 존속하는 동안 자기의 책임을 다하며 살게 됩니다.

<부산모임> 6권 5호(1973. 10)

5. 정신 신체병

한국 사람은 지나치게 영리합니다. 그래서 정신 신체병이 미국보다도 많습니다. 외래 환자의 60-70%는 정신 신체병에 속하는 것이라고 합니다. 부산의대 내과 유광현 교수의 발표에 따르면 정신 신체병은 지나친 근심, 걱정, 분노, 괴로움과 같은 과격한 정신적 자극이 오래 지속되어 신체의 조직과 장기에 병적 변화를 가져오는 것을 말합니다. 예를 들어 정신이 항상 긴장 상태에 있으면 혈관이 수축하기 때문에 혈액 내에 콜레스테롤이 많이 있는 경우 혈관이 굳어져 고혈압증[혈관 경화증]이 발병하게 되는 것입니다. 동물 실험을 해보면 동물은 콜레스테롤만 많이 주면 혈관이 쉬이 굳어집니다. 그러나 사람은 콜레스테롤이 혈액 안에 늘어난다고 해도 마음만 편히 먹으면 좀처럼 혈관이 굳어지지 않습니다. 하지만 근심 걱정이 많은 사람은 몸이 항상 긴장하게 되므로 콜레스테롤 때문에 혈관 경화증이 발생하고, 또 그로 인한 고혈압으로 고생하게 되는 것입니다.

또 몸 안에 조그마한 병변이나 기생충과 같은 것으로 몸이 괴로울 때도 혹시 암에 걸리지나 않았나, 혹시 죽을 병에 걸리지나 않았나 의심하게 되면 그러한 의심으로 인해 정신적 자극이 너무나 강해져서 신경질이 나게 됩니다. 한번 신경질이 나면 그 사람의 평소 가장 약한 부분에 증세가 나타나게 됩니다.

그중에서도 소화기 장애가 제일 많이 나타납니다. 화가 몹시 나거나 심히 근심하게 되면 위의 운동과 위액의 분비가 장애를 받게 되기 때문입니다. 즉 구미가 없어지고 소화가 안 되는 것입니다. 우리가 일상생활에서 늘 경험하는 대로 기분 좋을 때 먹으면 소화가 잘되지만, 기분이 나쁠 때 음식을 먹는다거나 의심스러운 것을 먹으면 체하기 쉽고 소화가 잘 안 되는 이치입니다. 우리의 정신작용과 소화기능은 밀접한 관계가 있어서 이것은 벌써 80여 년 전 파블로프Ivan P. Pavlov라고 하는 생리학자가 증명한 것입니다.

몇 년 또는 몇십 년간 소화가 잘 되지 않는다고 찾아오는 환자들의 위장 X선 검사를 해 보면, 위가 힘없이 늘어져 있는 소위 위하수증인 경우를 자주 보게 됩니다. 이러한 환자는 무엇인가 잘못 생각해서 그렇게 되었다고 보입니다. 흔히 대수롭지 않은 병인데도 혹시 죽을 병에 걸리지는 않았을까 노심초사하는 까닭에 그렇게 되는 일이 많습니다.

하나의 예를 들어 보겠습니다. 일정 시대에 평북 강계에 살던 한 일본인 여성이 어떤 개업 의사에게 기침이 나서 진찰을 받게 되었습니다. 그 환자는 빈혈이고 수척한 데다 가슴에서 '라' 음이 들렸으므로 폐결핵이라는 진단을 받았습니다. 그 당시는 폐결핵 환자의 사망률이 높았기 때문에, 지레 불치병으로 겁을 먹던 때였습니다. 당시 개업 의원에는 X선 시설이 없었습니다. 그래서 몇 달 동안 약을 먹었음에도 불구하고 몸은 날로 수척해지고 소화도 안 되어 죽을 줄로만 생각하고 고향인 일본 후쿠오카福岡로 건너갔습니다. 가는 길에 후쿠오카에 있는 대학병원에 들러 마지막으로 한 번만 더 진찰을 받아 보고 죽으려고 했습니다. 그런데 X선 검사 결과 폐에는 결핵이 없고 다만 위 하수가 되어 있을 뿐이라는 진단을 받았다고 합니다. 그러나 이미 죽을 것을 각오했던 그 여인은 절에 들어가서 먹고, 자는 시간 외에는 그저 마음 편하게 불경만 읽으며 6개월을 지냈습니다. 그랬더니 몸이 좋아지고 살이 올랐습니다. 그래서 강계에 있는 남편에게로 돌아가려고 다시 후쿠오카에 있는 대학병원에 들러서 위 X선 검사를 해보았더니, 위가 제 위치에서 정상기능을 하고 있었습니다. 위 하수증은 분명히 정신 신체병입니다. 이러한 병은 그렇게 낫는 것입니다.

저도 이런 환자를 많이 만나게 됩니다. 요사이는 암을 의심해서 찾아오는 사람도 종종 있습니다. 위암은 극히 초기거나 분문噴門(식도에서 위로 접속되는 부분) 부근에서 발생하는 것은 찾아내기 어렵지만, 90% 이상은 X선 검사로 진단이 됩니다. 더욱이 위 하수증이 있는 사람은 더욱 쉽게 알아낼 수 있습니다.

위 하수증은 안심하고 열심히 일하면 자연히 낫게 됩니다. 위에 대한 위생은 밥과 찬을 오래 씹어 먹는 것과 잠을 많이 자는 것입니다. 급성위염, 만성위염, 소화 궤양 같은 것은 오래 씹어먹고 하루에 8시간 이상 자기만 하면 대개 낫습니다. 물론 산을 적게 분비하는 약이나 위 점막을 보호해주는 약을 쓰면 더 빨리 낫겠지만, 약을 전혀 쓰지 않아도 위에 대한 위생만 신경 쓰면 쉽게 낫습니다. 만일 2주일이나 3주일간 치료해도 낫지 않으면 X선 검사가 필요합니다. 위암은 이른 시기에 발견해 수술만 받으면

60% 이상 완치시킬 수 있습니다. 위암이라고 진단되면 수술 받을 필요가 없다고 하는데 그것은 잘못 내린 속단입니다. 제가 수술한 사람 가운데서도 25년 이상 사는 사람, 20년 이상 사는 사람이 현재에도 있으며, 10년 이상 사는 사람은 여럿이 있습니다. 그러니 병에 관해서는 의사의 지시를 잘 따르면 환자 자신이 유익을 얻게 됩니다.

둘째로 류머티스 관절염도 이러한 종류에 속합니다. 류머티스 관절염은 여러 가지 알레르기 반응으로 일어나는 병입니다만, 급성 염증의 경우에는 안정을 취하고 프레드니손prednisone 같은 소염제나 살리실산salicylic acid 소다, 요오드칼리Jodkali 같은 약들을 적당히 쓰면 나을 수 있습니다. 하지만 만일 그 염증이 만성이 되어 관절을 오래 쓰지 않게 되면, 그 관절이 더욱 굳어지고 쓰기가 불편해져서 더 움직이지 않게 됩니다. 그러면 관절이 더 굳어지고 아파져서 일종의 악순환이 생깁니다. 그러면 환자는 불구자가 될까 봐 더 염려하게 되고, 염려하게 되니 더 움직이려 하지 않아 한층 더 악순환에 빠지게 됩니다. 이러한 때는 안심하고 그 관절을 쓰는 것이 오히려 치료가 됩니다. 류머티스성 관절염은 류머티스성 심내막염만 같이 발병하지 않으면 대개는 염려하지 않아도 좋습니다. 하지만 만일 심내막염일 경우는 절대 안정을 취하고 치료를 받아야만 합니다.

그 밖에 두통이 있거나 사지가 아프고 전신에 불쾌감이 때때로 일어나서 몇 달이나 몇 년씩 재발하는 증상들도 대개는 기분에 관계된 것이 많아서, 책임이 중대한 일이 뜻대로 되지 않을 때와 같이 긴장 상태에서 오는 것이 많습니다. 그러니 직장을 바꾸면 곧 낫는 수도 있습니다.

위와 같이 정신 신체병은 정도에 따라 다르기는 하지만 대개는 신앙생활을 하면서 모든 근심과 걱정을 전능하신 하늘 아버지께 맡기고, 현실에서 정성을 다하는 생활을 하면 모든 문제가 평탄하게 해결될 수 있습니다.

<청십자 소식> 30권(1971. 3. 15)

6. 인격 의학

　인격 의학이라는 말은 폴 투르니에Paul Tournier 박사가 처음 사용한 것입니다. 사람은 동물과 달라서 생물체의 현상만 일어나고 있을 뿐 아니라 심령 또는 정신의 작용으로 육체의 병이 발생할 수도 있습니다. 즉 정신작용이 육체에 영향을 미쳐 정상생활을 영위하지 못하고 병적 상태에 있다가, 정신상태가 건전하게 됨으로써 육체의 병도 고치게 되는 의학을 정신 신체의학이라고 해서 근년에 이르러 특히 연구가 활발해졌습니다.

　과거에는 임상의학이 해부학·생리학·병리학·생물학·약물학을 기초로 많이 발달해 왔지만, 최근에는 사람의 인격이 발병의 원인과 치유에 크게 영향을 주는 것을 알게 되었고, 뿐만 아니라 인격이 건전한 사람이야말로 의학적으로 가장 바람직한 사람이라고 할 수 있습니다.

　실제로 의대에 찾아오는 환자의 약 60%는 정신 신체의학에 속하는 병입니다. 그 대다수는 주로 환경 때문에 인격이 피곤해져서, 피로와 무력증·두통·사지통·복통과 소화불량·식욕부진·수면장애 등을 호소하며 찾아옵니다. 그리고 그 원인을 자세히 살펴보면 젊은 가정에서 부부 사이에 인격적 존경심과 신뢰감의 결픕으로 인해 생기는 갈등이 가장 많습니다. 그렇지 않으면 시어머니와 며느리 사이의 불화가 원인일 때도 적지 않습니다. 또 연세가 많은 부모님은 자녀가 그 마음을 상하게 함으로써 신체의 고통이 초래되는 일도 많습니다. 그다음으로는 여자들이 장사하다가 금전관계로 인해 분노와 적개심이 일어나 앞에서 말한 것과 같은 증상들을 나타내어 오게 됩니다. 즉 돈을 생명과 같이, 또는 더 귀히 여기는 데서 오는 질병인 것입니다.

또 어떤 분들은 하고 싶은 말을 제대로 하지 못해 병이 생깁니다. 두드러기와 같은 것은 교감 신경과 부교감신경, 즉 감정에 관계되는 신경 홍분의 부조화로 일어날 때가 많습니다. 또 어떤 환자들은 남에게 영향을 받아서 자기도 그런 병에 걸린 것이 아닌가 의심함으로 병을 앓는 사람도 적지 않습니다. 즉 친척과 친지 중에서 고혈압이나 뇌졸중으로 별세한 사람이 있거나, 특히 요즘에는 간 경변증 또는 암으로 죽었거나, 위암으로 별세했을 때 자신도 그러한 불치병에 걸린 것이 아닌가 하고 의심이 들어 병원을 찾는 경우가 적지 않습니다. 이와 같은 의심병은 현대의학으로 진단해서 분명히 치료해 줄 수 있습니다.

그 밖에 술, 담배중독, 약물중독, 각종 호기심이나 스트레스로 진통제, 안정제, 환각제에 심취하는 환자들은 그것이 나쁜 줄 알면서도 끊지 못하는 사람들입니다. 이러한 환자는 의지가 박약한 인격의 소유자라고 할 수 있습니다. 위와 같은 환자들은 인격을 건전하게 하는 믿음과 사랑으로서 치료해야 합니다. 치료하는 의사가 먼저 자신의 불신을 회개하고, 성경의 인도로 움직이는 인격자가 되어야 합니다. 믿음과 사랑으로 인도되는 치료가 인격 의학이라 할 수 있습니다. 청십자 의원은 이러한 인격의학의 치료기관이 되기를 간절히 소원합니다.

<청십자 소식> 89호(1983. 3)

7. 공공 기관 종사자의 근무자세

하나님께서 보시는 앞에서 내 할 일을 다 했는가?

저는 여러분과 같이 일하는 사람인데도 불구하고, 매일 함께 있는 시간을 가지지 못해 늘 죄송하게 생각하고 있습니다. 그런데 오늘 여러분이 이렇게 배워보겠다는 마음으로 이런 자리를 가지게 된 것이 참 잘된 일이라는 생각이 들어 여러분을 칭찬해 드리고 싶습니다. 아마 김학묵 선생님께서 오셔서 오늘 여러분에게 정말 필요하고도 귀중한 말씀을 이미 해주신 줄 압니다. 이제부터는 오늘 제게 주어진 '공공기관 종사자의 근무자세'라는 제목으로 잠깐 말씀을 드리려고 합니다. 아마도 여러분은 청십자의 정신과 사업, 그리고 그 목표에 대해서는 다들 잘 알고 계실 줄 압니다. 그 하는 일에 대해서는 모두가 올바르게, 진실하게, 정직과 성실과 근면의 태도로 임해야 마땅합니다. 이러한 정직, 성실, 근면이 사회에서 살아가는데 중요한 일이고, 또 이렇게 해나가려고 노력하는 줄 압니다.

하지만 여기 이 자리에는 예수님을 믿는 이들도 많이 있는 줄 아는데, 믿는 이들은 여기에 만족하지 못하고 도리어 이런 일들은 사람들이 보는 앞에서 하는 일들이라 해서 억지로 지어서 즐거운 마음으로 하지 않는 때가 있을 것입니다. 그러나 믿는 이들도 하나님께서 보시는 중에 하나님을 기쁘시게 해드리겠다는 마음이 있으면 태도가 좀 달라질 것입니다. 이 세상에는 하나님께서 못 보시는 부분이 없으셔서 우리의 양심이나 생각까지도 다 알고 계십니다. 이것이 믿는 사람과 일반 사회 사람의 생각에서 다른 점입니다.

믿지 않는 사람들도 사업목표라든가 그날 할 일을 계획하고, 그 계획에 따라 목표가 달성되면 잘했다고 평가하게 되고, 나 역시도 칭찬하고 싶은 것입니다. 그러나 이 모든 일을 하는 가운데서도 자기 스스로 한다는 생각보다는 하나님께서 보실 때 정말 내가 할 책임을 다했느냐고 반성해보는 태도를 가져야 합니다.

다른 사람들은 나의 마음속을 알 수 없지만, 하나님께서는 다 알고 계십니다. 하나님 앞에는 숨길 수가 없습니다. 하나님 보시는 앞에서 내 할 일을 다 했는가, 이것이 아마 공공기관에서 일하는 종사자로서의 마음가짐인 줄 압니다. 여기 김학묵 선생님이 와 계십니다만, 우리는 서로 믿고 존경하기 때문에 마음에 있는 것들을 터놓고 이야기합니다.

아마 오래전에 김학묵 선생님에게 뇌막 종양이 생겨 수술을 받아야 했을 때 마음으로 기도하고 마음의 평안을 얻어 수술을 받게 되었다는 고백을 들었습니다. 서울대병원과 세브란스 병원, 경희 의료원 등 세 군데에서 컴퓨터로 진단해보고도 막상 수술을 받으려니 마음에 큰 두려움이 있어 바로 수술실로 들어가지 못하고 기도를 드렸는데, 그 기도의 내용이 수술을 담당하는 의사와 여러 사람에게 지혜와 총명을 주셔서 수술을 잘할 수 있도록 해달라고 기도를 한 후에야 비로소 마음이 안심되어 수술을 받을 수 있었다는 얘기입니다. 인명人命은 재천在天이라든가 또는 진인사대천명盡人事待天命의 마음자세였던 것입니다.

또 선생님과 제가 일치되는 것은 이 세상은 역시 종착역이 아니라는 것입니다. 사람은 이 세상에 태어나 영원히 존재하는 것이 아닙니다. 저는 이 세상에 살면서 별로 욕심을 부리지 않습니다. 그런데 이 세상을 살아가는데 제일 방해되는 것이 욕심입니다. 여러분도 들어서 아시겠습니다만, 탐심이라는 것이 우리의 삶에 중대한 영향을 미칩니다. 사람은 이 땅에서 사는 동안 일정한 직업이 있어야 나 개인이 유지가 됩니다. 그러나 이에 대한 기대가 지나치면 병이 됩니다. 탐심이 없어야 하겠지만 직분을 맡아 일하는데 이 탐심을 제어하려다 실수하는 수가 있습니다.

자기의 할 일을 다 하고 다른 사람은 부족한 사람이 없는가, 몸이 고단해서 할 일을 다 못한 것은 없는가를 살펴 도와주려는 여유가 있는 것이 좋습니다. 그러니 너무 자기만 무엇을 얻기 위해 탐하면 안 됩니다. 우리의 본능적인 욕심, 식욕, 성욕 등은 우리의 일상생활에 큰 영향을 미치는데 그중에서 이 성욕이라는 것도 종족을 보존하는 데 필요한 것이라는 것을 명심해야 할 것입니다. 이 모든 것이 법칙에 어긋나서는 안 됩니다. 적정한 선을 넘어가지 않도록 해야 합니다. 그러니 여러분의 직분을 다하려면 배워서 일하고, 경험을 통해 잘못된 것은 떨쳐버리면서, 계속 배우면서 일해나간다는 자세를 가져야 할 것입니다.

<청십자소식> 97호(1984. 2. 6)

나의 임무는 예수님께 속하여 이 땅의 인류를
구원하는 데 있다는 생각을 하자.

공공 기관이라 하면 공적 기관을 말하는데 사적 기관에 대해서 더 엄중한 뜻을 가집니다. 공적 기관에서 일하는 사람들을 국가공무원이라고 하며, 우리와 같이 사단법인 또는 사회복지법인, 의료보험조합에서 일하는 종업원들은 사회공무원이라고 할 수 있습니다. 이러한 공공기관 종무원從務員의 사명은 사적 기관의 종무원과 다릅니다.

사개인私個人에 속한 사람이 아니고, 국가사회에 속한 종무원임을 명심하여야 합니다. 그러므로 우리에게 요청되는 것은 인격人格입니다. 인격은 육과 심령을 갖춘 사람으로서 하나님에게 대한 품격을 말하는 것입니다. 그래서 우리에게 정직, 근면, 성실을 요구하게 되는 것입니다. 항상 저는 예수님 말씀에 의지해서 살고자 합니다만 동양에서는 공자님의 인격 완성에 관한 말씀 중에 다음과 같은 글이 우리에게 많은 교훈을 줍니다.

十有五而志于學(십유오이지간학)
三十而立(삼십이립)
四十而不惑(사십이불혹)
五十而知天命(오십이지천명)
六十而耳順(육십이이순)
七十而從心所欲不踰矩(칠십이종심소욕불유구)

이는 열다섯 살에 배우기에 뜻을 두어 70에 가서는 마음대로 해도 규칙에 어긋나지 않더라는 말씀인데, 우리도 이만큼만 하면 좋겠다는 생각이 듭니다. 그런데 이게 잘 안 됩니다. 나는 70에 육의 정욕이 없어져서 정욕은 죽어있는데도 불구하고 마음은 유혹과 시험에 여전히 노출된 것을 경험 했습니다. 옆에 여자가 있으면 사단이 내 마음에 들어와 시험합니다. 마음에 그런 충동이 없어야 하는데 본능은 그대로 있다는 말입니다. 이것이 육과 심령[정신]이 인격을 이루고 있는 증거입니다. 그래서 인격완성의 길은 육신을 입고 있을 때는 불가능하지만 예수님이 재림하여 하나님의 나라를 이 땅에 이루실 때, 나도 육을 벗어버리고 이 육이 변화해서 영의 몸을 입게 된 때 그때 인격의 완성이 되지 않을까 생각했습니다.

그럼 여러분이 자기는 이렇게 성실껏, 성의껏 잘했으니까 이만하면 잘못이 없겠지, 이렇게 생각하면 이건 아직 종교적으로 잘못 이해하고 있는 것입니다. 다시 말하면 회개를 해야만 올바른 삶[인격재]이 된다고 믿습니다. 사람은 잘못하지 않을 수 없습니다. 잘못할 수는 있지요. 그러면 그것을 깨달아서 회개한 다음부터 인격이 올바른 방향으로 나간다고 생각합니다.

어느 의사가 내게 와서 이런 말을 물어보는 것을 들었습니다. "선생님은 욕심이 언제부터 없어졌습니까?"라고 말입니다. 이 물음에 곧 대답이 안 나옵다. 그런데 내가 회개한 것은 열다섯 살 때입니다. 열다섯 살 때 어떻게 회개했느냐 하면, 송도고보 다닐 적인데, 1학년, 2학년을 다니는 동안 학교에 가서 정규 공부를 하고 집에 돌아와서는 동무들과 화투놀이를 하며 놀았습니다. 한 2년 화투놀이를 하다 보니까 4백, 6백 모두 다 잘하게 되었습니다. 하루는 생각하기를 집에서 학비를 보내주시는데 20원, 40원 하는 학비를 남의 돈을 꾸어서 보내 준다는 것을 알게 되었습니다. 그걸 안 다음부터는 '아, 나는 불효자식이구나. 부모님에게 효도하지 못하는 자식이구나!' 하는 생각을 하게 되어 그때 회개하게 되었습니다. 그때 회개하고 15살에 세례를 받았지요. 그 다음부터는 전에 생각했던 요셉처럼 돼보겠다, 다윗처럼 돼보겠다고 동일화시켰던 생각은 희미해지고, 예수를 내 구주로 영접하여 예수님이 내 죄를 대속해주셨다는 것을 믿게 되자, 난 이다음에 자라서 예수님처럼 되겠다 하는 생각을 했습니다. 그런 다음부터는 이 세상 어떤 사람에게도 머리를 숙이고 싶은 생각이 없어졌습니다. 함 선생님과 저와의 사이에 일치하는 것은 이 세상 사람에게 머리 숙이고 대들지 않겠다는 것으로서 서로 이해하고 있습니다. 여러분도 이 세상에 살면서 질서를 지키느라고 인사를 하는데, 이 인사를 할 때는 그 인격에 대해서 인사를 하는 것이 옳지, 뭐 위에 사람이라고 해서 인사한다는 것은 다시 한 번 생각해볼 필요가 있다고 생각합니다.

우리는 다 하나님께서 보내주신 사람들입니다. 그 인격을 존중해서 서로 인사하도록 해야 하지 않겠는가 생각하는데, 우리 한국사람들의 인식이 그렇게 잘돼있지 못한 것 같습니다. 자꾸 윗사람이 뭐라면 거기 가서 머리 숙이려 하는 경향이 있는데 우리 직장에서는 그렇지 않으면 좋겠습니다. 될 수 있으면 상대방의 인격을 존중히 여겨서 '하나님이 보내주신 사람이다. 우리는 그런 사람과 이렇게 일하게 해주신 하나님께 감사합니다.'하는 생각 즉, 온 전체가 하나님을 중심으로 한 생활을 해야 할 줄 압니다.

  또 어떨 때는 좀 오해를 받아서 사면초가四面楚歌가 될 때도 있었습니다. 아마 내가 30살 되었을 것으로 기억되는데 평양 기홀병원에 있을 적에 그런 일을 당한 일이 있습니다. 그때 사면초가를 당하니까 참 답답함을 느꼈습니다. 그래서 예수님께 이렇게 기도했어요. '예수님은 이런 때 저처럼 됐을 때는 어떻게 하시겠습니까?' 그랬더니, '뭐 어떻게 해! 네게 맡겨진 일에 충실히 하면 되잖아! 성심성의껏 하면 되잖아!' 이런 응답을 얻고 얼마를 지나니까 모든 오해가 풀리고 모든 일이 수습돼서 신용을 되찾게 된 일이 있습니다.

  하루는 내가 집에서 원고를 쓰고 있고 아내는 밖에서 빨래하고 있었는데 그때 '우리 둘 사이에 사랑이 있다. 이 사랑이 누가 죽거나 떨어져 있거나 해서 없어진다면 내가 지금 느끼는 이것도 거짓이게? 우리가 느끼는 사랑은 참사랑인데.' 이런 걸 느꼈습니다. 그러니까 인격적인 사랑이 그런 사랑이어야 하지 않느냐 하는 생각을 갖게 되었습니다.

  우리 기관도 바로 이런 기관이 되었으면 좋겠습니다. 서로 인격을 존중하는 가운데 정말 이런 기관이 하나님을 믿고 하나님 뜻대로 하나가 돼서 여기에 사랑이 있구나, 이 사랑이 누가 죽거나 누가 없어진다고 이 사랑이 없어지지 않는 이것을 느낄 수 있게 된다면 제일 이상적인 기관이 될 수 있을 것입니다. 하여튼 우리 기관이 그러한 데까지 나갔으면 좋겠다는 생각을 하게 됩니다. 이 모든 일은 제 경험을 통해서 말씀을 드렸습니다.

  그리고 봉사에 대한 것은 누구든지 하고 싶어서 해야 합니다.

그것도 그저 예수님께 바쳐드리고 예수님께 이렇게 하면 어떻겠습니까 하는 자세로 임하면 될 줄 압니다. 우리가 보험조합을 시작할 때는 누가 아는 사람이 있었습니까? 경험이 있었습니까? 기금이 있었습니까? 기금도 하나 없고, 경험도 없는 사람들이 모여서 시작했습니다. 거기에는 김영환 선생이 회원 12,000여 명을 단체가입하도록 한 것이 크게 공헌하게 됐습니다. 그 밖에는 모든 것을 의논해서 했습니다. 민주주의식으로 이사회를 조직해서 무슨 문제가 있으면 의논하는 가운데 해결책을 얻었습니다. 이처럼 협조하면 하나님께서 도와주십니다. 약이 없을 때에도 서울의 개혁선교회에서 뮬러라고 하는 네덜란드 의사가 15만 정의 멀티 비타민을 보내주었습니다. 그것을 가져다 나누어 주었더니 그때 당시에는 환자들의 영양상태가 좋지 못한 때여서 그 약을 먹고는 기운을 차리고 밥맛이 있고, 퍽 건강이 좋아졌습니다. 그렇게 되니까 복음병원도 그때 신용을 얻었고 우리 보험조합도 참 잘한다는 평을 들었습니다.

하나님께서 도와주신 것입니다. 우리가 잘해서 그렇게 된 것이 아닙니다. 그리고 또 박영수 시장이 우리를 도와줘서 2만 명 정도의 회원으로 증가하게 되었습니다. 사실은 그동안 이곳에서 일하는 분들이 수고를 많이 했습니다. 이 수고에 힘입어 제가 사회봉사를 한 것과 의료협동조합을 했다는 것으로 막사이사이상을 받게 됐습니다. 제가 한 것이 아니고 여러분이 다했고, 또 이 사회를 조직해서 거기서 좋은 의견이 나오는 대로 그대로 순종해 나간 것입니다. 그렇게 한 것이 지금까지 내려와서 하나님께서 보호해주신다고 하는 것을 느끼게 되는 것입니다.

그런 가운데 74년도 말에는 박영수 시장께서 가입시켜준 5천여 명의 회원의 보험료 보조금이 연말에 나온 적이 있었는데, 그걸 그다음 해로 넘겼더니 잉여금이 나왔다고 해서 세금고지서가 나왔습니다. 약 2백 60여 만원이 되는데 이 돈은 그다음 1월에 다 써버렸던 것입니다. 돈이 있어야 세금을 낼 텐데, 세금을 낼 형편이 못되다 보니 세무서에서는 창고를 차압한다고 했습니다. 그때 김영환 사무국장이 보건사회부에 가서 이 사실을 얘기하자 이 사업이 시작된 이후 3년 동안 감사를 해본 경험이 있는 보사부 직원은 청십자가 협동정신에서 일하고 있는 조합의 형편을 알고 있는지라 금액은 세금에서 면제되어야 할 것으로 판단하여 국세청에 가서 이 사실을 통보하고, 국세청은 또 재무부에 통보해서 재무부 장관이 부산의 국세청에 연락하여 협동운동을 하는 청십자에 대해서는 잘 고려해 주라 해서 세금을 물지 않은 적도 있습니다. 우리가 성실히 일했다는 점을 세무서에서 인정을 받게 된 셈입니다. 여러분이 하나님의 뜻대로 성심껏 일하면 사회적으로나 정부기관이 인정해준다는 것을 알 수 있습니다. 사람은 흔히들 편안히 살기를 원하고 행복을 원합니다. 물론 행복이 나쁘다는 것은 아니나 그 행복은 하나님을 기쁘시게 해드리는 것이 참 행복이라고 말하고 싶습니다.

얼마 전에 내게 고민할 일이 있어서 잠을 자지 못하게 되니까 자연히 기도를 드리게 되었습니다. 하나님께서는 주무시지도 않고 일하시는 분이심으로 기도한 결과 '너는 하나님께만 속하고 다른데 일절 속하지 말라.'는 대답을 들었습니다. 그래서 나는 이 청십자니 뭐니 일절 거기에 속해있지 않습니다. 난 하고 싶어서 하기보다는 하나님의 일에 순종해야 할 줄 알아서 하는 것뿐입니다. 우치무라 간조 선생이 독립이라고 쓴 시가 있는데 참 잘 썼습니다.

> '이 세상에 명예, 돈, 권력, 아무것에나 속하지 마라. 내가 하나님과 같이 있을때, 양심과 같이 있을 때, 내가 그리스도와 진실과 같이 있을 때 난 자유 한다.'

나도 그렇습니다. 하나님에게만 속해 있지, 예수 그리스도에게만 소속돼 있지 다른 것에는 일체 소속되지 않고 있습니다.

물론 여러분과 함께 '공공기관 종사자의 근무자세'라는 교육에서 이렇게 이야기하면 그건 너무 독선적으로 생각하지 않느냐 할 수 있으나 참으로 독립한 사람, 참으로 자유로운 사람은 남의 인격을 존중할 줄 알고 정말 민주주의를 위해서 실천할 수 있을 줄 압니다. 자기가 올바로 서지 못하면 그게 안 됩니다. 하나님과 같이 있을 때, 진리와 같이 있을 때, 예수 그리스도와 같이 있을 때, 내가 자유 하다는 것을 기억하고 살아야 할 것입니다.

그다음에 또 예수님은 '나와 같은 이런 경우에는 어떻게 생각하시겠습니까?'하는 물음에 대한 대답이 '나는 만민을 구원하러 왔는데 뭐 그까짓 일을 생각하고 있어!'라고 하십니다. 그러니까 공공기관에서 일하는 종사자들은 참 바로 하려면 이 땅에 일하는 것에는 속하지 않고, 예수님께 속하여 나의 임무는 이 땅의 인류를 구원하는 데 있다는 생각을 가졌으면 좋겠습니다. 이게 바로 예수님의 제자이지요. 온 인류를 위해서 일하겠다는 자부심을 가지고 있으면, 소소한 일에 마음쓰고 마음을 상하거나 그런 일은 없습니다. 인생의 목적은 의를 이루는 데 있습니다. 정의를 위하여 전력을 다합시다.

<청십자소식> 98호(1984. 2. 13)

제2부

예수의 인격

인격 완성의 길은 자기 죄를 깨달아 회개하고
예수님을 그리스도로 영접하여
그의 계명을 지킴으로써, 서로 희생적 사랑의 삶을 살아서
예수님의 인격을 닮게 되는 데 있다.

1. 인격 완성의 길

1984년 1월에 어느 기업체의 직원교육에서 '인격 완성의 길'이란 제목으로 강연해 달라는 요청을 받았습니다. 저는 52년 전 경성 의학전문학교를 졸업하고 줄곧 의사로 일해오면서 예수님을 그리스도로 믿고 살아왔으므로 위의 제목을 생각할 때에 저의 일생을 회고하는 기회로 삼고자 하는 의욕을 갖게 되었습니다.

먼저 인격이란 단어를 국어대사전에서 찾아보았더니 다음과 같이 다섯 가지로 풀이되어 있었습니다.

1. 사람의 품격
2. 개인의 지知, 정精, 의意와 육체면과의 전체적 통일체
3. [윤리] 도덕적 행위의 주체로서의 개인
4. [법] 인권의 주체로서 독자적 가치가 인정되는 자격
5. [종교] 신에 대하여 인성을 갖춘 품격 ↔ 신격神格

저는 제5의 풀이를 가장 잘된 풀이로 인정하였습니다. 왜냐하면 인격은 삼분성三分性 또는 이분성二分性으로 되기 때문입니다. 삼분성이라고 하면 육과 마음과 영을 말합니다. 이분성이라고

하면 마음과 영을 정신으로 묶어서 인격은 정신과 육으로 되어 있다고 보는 것입니다. 즉 종교적 풀이에서 보는 바와 같이 자기 인격은 하나님神에 대하여 인성을 갖춘 품격이니 이 품격은 정신[심령]이 주체가 되고 육체는 그 기관이 되는 것입니다. 그러나 현실적으로 보면 정신적 생명이 육체적 생명에 들어 있는 만큼 이것은 통일체로서 활동하는 것이므로 신에 대한 인격은 정신이 육을 지배하는 품격이어야 합니다. 그러므로 어떤 종교든지 현실에서 자기 인격이 완성될 길을 찾고자 하고, 또 그 길[계율과 도덕]을 설파하고 있는 것입니다.

즉 기독교의 율법, 불교의 계율, 유교의 규범들은 인격 완성의 길을 제시하는 것이라고 보입니다. 기독교에서는 그 전신前身인 유대교의 십계명, 불교에서는 기독교의 십계명 중 인간에게 관계되는 부모공경, 살생금지, 간음금지, 속이지 말 것, 탐내지 말 것들에다가 술 취하지 말 것을 첨가하여 계율로 선포하고 있습니다. 무릇 이런 것들은 사회질서 유지에도 필요한 계율이지만, 인격 완성에도 연관되는 도덕률이라고 볼 수 있습니다. 유교에서는 공자께서 친히 인격 완성의 길을 다음과 같이 표현해 주셨습니다.

나는 열다섯에 학문에 뜻을 두었고十有五而志于學, 서른에 스스로 일어섰고三十而立, 마흔에는 마음에 미혹됨이 없었고四十而不惑, 쉰에 천명을 알았으며五十而知天命, 예순에 귀가 순하여졌고六十而耳順, 일흔에는 마음에 하고자 하는 바를 따라도 법도에 어긋나는 일이 없었다七十而從心所慾 不踰矩.

위의 글로써 인격의 완성 단계를 말해 주신 것으로 이해됩니다. 그런데 저는 올해 만 72세가 되었고, 또 당뇨병이 심하여 음위陰萎(발기불능)가 심한데도 불구하고 마음의 시험이 없어지지 않고 본능은 전과 같이 계속되며, 먹는 음식에 대한 탐욕 또한 전과 같이 저를 괴롭히고 있음을 고백하지 않을 수 없습니다. 다음에도 기술하려고 하지만 인격의 완성이 한갓 인간의 노력으로 완성되었다고 장담하는 것은 고려의 여지가 있다고 생각합니다.

결국, 인격 완성의 길은 인간이 신격神格을 갖출 때에 완성되는 것이어서 육체를 벗어 버리고 심령[정신]이 영체를 입고 부활하는 때라고 믿습니다. 그러므로 저는 인격이 완성의 길로 간다고 하는 것은 예수 그리스도의 인격을 닮아 가는 데 있다고 생각하며, 예수님의 인격을 공부하는 길이 그 첩경捷勁이라고 믿습니다.

<부산모임> 17권 1호(1984.2)

2. 예수님의 인격

예수님의 본질과 출생

예수님의 본질은 우주 만물이 창조되기 전에 말씀으로 하나님과 같이 계셔서 우주 만물을 창조하신 초자연적 영적 존재자였습니다요 1:1. 이 분이 마리아가 요셉과 정혼하고 동거하기 전에 성령으로 잉태되어 도성인신道成人身 또는 화육化肉된 것입니다마 1:18, 눅 1:35. 이 잉태의 사실이 기이하였고, 또 그를 잉태한 마리아는 다음과 같이 찬양했습니다. "내 영혼이 주를 찬양하며 내 마음이 하나님 내 구주를 기뻐하였음은 그 계집종의 비천함을 돌아보셨음이라 보라 이제 후로는 만세에 나를 복이 있다 일컬으리로다 능하신 이가 큰일을 내게 행하셨으니 그 이름이 거룩하시며 긍휼하심이 두려워하는 자에게 대대로 이르는 도다"눅 1:46-50

이 말씀은 마리아가 잉태한 후의 신념이며 태아의 사명을 영감으로 노래한 것으로 생각합니다. 플라톤도 인격 형성에 태아의 교육이 중요하다는 것을 말했다고 합니다. 예수님이 탄생하셔서 성장하실 때의 기사로서는 "8일 만에 할례를 행하신 일"눅 2:2과 그 후에 "아기가 자라며 강하여지고 지혜가 충족하며 하나님의 은혜가 그 위에 있더라"눅 2:40하였습니다. 그리고 "예수는 그 지혜와 그 키가 자라가며 하나님과 사람에게 더 사랑스러워 가시더라"눅 2:52는 기사로서 예수님의 성장의 축복을 엿볼 수 있습니다.

예수님은 자랄 때에 육의 아버지 의인 요셉과 자기 어머니 마리아의 가정에서 항상 하나님을 섬기며 모세 5경과 시편, 예언서를 읽으시는 중 메시야의 소명에 대해서 깊이 생각하셨던 것입니다.

사명에 나타나신 예수님의 인격

예수께서 12세 될 때에 부모님과 같이 유월절에 예루살렘에 올라갔다가 그 절기를 마치고 돌아갈 때에 예수님은 예루살렘에 머무셨습니다. 그 부모님은 이 일을 알지 못하고 동행 중인 줄로 생각하고 하룻길을 간 후에야 친척과 아는 사람 중에서 찾아보았으나 만나지 못하여, 그를 되찾으면서 예루살렘으로 다시 돌아왔습니다. 사흘 후에 성전에서 만나게 되었는데 예수님은 당시의 선생 중에 앉아서 저희에게 듣기도 하시고 묻기도 하시면서 계셨습니다. 그런데 그 듣는 자들이 예수님의 지혜와 대답을 기이하게 여겼습니다. 그 지혜는 성령님의 지혜였습니다. 그리고 그의 부모들이 근심하면서 찾았다는 말에 대답하시기를 "어찌하여 저를 찾으셨나이까 내가 아버지의 집에 있어야 될 줄을 알지 못하였나이까"하고 자기가 하나님의 아들이심을 자각으로 대답하셨습니다눅 2:41-50. 이처럼 인격적 자각이 점점 높아 갔습니다. 그 후에 30세가 될 때까지는 목수의 일을 하셨다고 믿어집니다막 6:3, 눅 4:22.

예수님의 준비

그 당시 유대에서는 구원에 관한 새로운 운동이 일어났습니다. 쿰란 교단Qumran 敎團[3]이라고 해서 인격의 완성을 위해서는 반드시 죄를 회개해야만 한다고 믿고, 매일 같이 회개의 세례를 베푸는 단체가 있었습니다. 세례 요한도 회개의 세례를 통하여 전 이스라엘 국민들이 구원되기를 바랐습니다. 그러나 요한에게 있어 세례는 단 한 번으로 충분한 것이었으며, 그는 진정한 마음의 회개를 원했습니다.

그때에 예수님께서 갈릴리로부터 요단강에 이르러 요한에게 세례를 받으러 오셨습니다. 세례 요한은 황송하여 "내가 당신에게 세례를 받아야 할 터인데 당신이 내게로 오시나이까"마 3:14라고 했습니다. 그러자 예수님께서 말씀하시기를 "이에 허락하라 우리가 이같이 하여 모든 의를 이루는 것이 합당하니라"마 3:15 하시고 세례를 받으셨습니다. 예수님께서 세례를 받으시고 물에서 올라오시니 하늘이 열리고 하나님의 성령이 비둘기같이 내려 예수님 위에 임하시면서 하늘로서 소리가 있어 말씀하시기를 "이는 내 사랑하는 아들이요 내 기뻐하는 자라"마 3:17고 하셨습니다. 예수님은 한 번도 하나님으로부터 떠나 계시지 않으셨으므로 죄를 범한 일이 전혀 없으셨습니다. 그러므로 당연히 회개하는 세례를 받으실 필요가 없으셨습니다. 그럼에도 불구하고 세례를 자청해서 받으신 것은 인류의 죄는 연대적 책임이기 때문에, 예수님 자신이 인류의 모든 죄를 친히 짊어지시고 회개의 세례를

---

[3]. B.C. 1세기 경 사해 북서쪽 해안의 쿰란이란 지역에서 주로 활동한 유대교의 한 분파로써 광야에서 집단 금욕 생활을 했다.

받으시는 것을 하나님의 뜻으로 받아들이셨던 까닭이라고 생각합니다. 즉 회개와 사죄는 무죄한 사람이 다른 사람의 죄를 짊어지고 회개하고 속죄하는 일에 있다고 믿으셨던 까닭입니다. 여기에서 우리는 예수님의 인격이 신격神格의 반영임을 느낄 수 있습니다.

예수님은 세례를 받으시고 물에서 올라오실 때 하늘로부터 "이는 내 사랑하는 아들이요 내 기뻐하는 자라"[마 3:17]는 말씀을 듣고 난 후, 성령에 이끌려 광야에 나가 거니시면서 깊은 생각에 잠기셨습니다. 사십 주야를 주리시면서 기도하셨습니다. 마귀는 사람의 대표이신 예수님을 시험하였습니다. 그곳에는 돌들이 많이 널려 있었는데, 먼저 "네가 만일 하나님의 아들이어든 명하여 이 돌들이 떡덩이가 되게 하라"[마 4:3]고 시험했습니다. 배를 주리신 예수님에게는 육신의 생명을 보존하기 위해서 떡이 요구되었습니다. 이것은 사람의 생물학적 생명을 살리게 하는 첫 번째 본능적 욕구입니다. 또한, 인류를 구원하는데 있어서도 첫째 요건일는지 모릅니다. 그러나 예수님은 사람의 생명은 그 기관인 육체의 중요성에 있는 것이 아니고 그 영혼에 있음을 직감하시고, 마귀에게 대답하시기를 "사람이 떡으로만 살 것이 아니요 하나님의 입으로 나오는 모든 말씀으로 살 것이라"[마 4:4]하시고 마귀의 시험을 이기셨습니다. 여기에서 생명의 근원은 하나님의 말씀, 곧 예수님에게 있음을 뜻하신 것입니다.

두 번째로 마귀는 예수님을 거룩한 성으로 데려다가 성전 꼭대기에 세우고 말하기를 "네가 만일 하나님의 아들이어든 뛰어내리라 기록하였으되 하나님이 너를 위하여 그 사자들을 명하시리니 저희가 손으로 너를 받들어 발이 돌에 부딪히지 않게 하리로다[시 91:11-12]하였느니라"[마 4:5-6]고 하며 성경 말씀으로 시험했습니다. 이에 예수님 또한 "너희의 하나님 여호와를 시험하지 말라"[신 6:16]고 하시며 성경 말씀으로 물리치셨습니다. 인자이신 예수님은 자신이 하나님의 아들임을 다른 사람들에게 인정받기 위해 하나님의 능력을 직접 보여주는 것에 대해서 한 번쯤 생각해 보셨을는지도 모릅니다. 인간의 감정대로라면 충분히 유혹받을 법한 생각입니다. 그러나 늘 하나님과 동행하시는 예수님은 곧 신명기 6장 16절에 '너희의 하나님 여호와를 시험하지 말고'라는 한가지 말씀으로 단번에 마귀를 물리치셨습니다.

세 번째로 마귀는 예수님을 지극히 높은 산으로 데리고 가서 천하 만국과 그 영광을 보여주면서 "만일 내게 엎드려 경배하면 이 모든 것을 네게 주리라"[마 4:8-9]고 시험했습니다. 이에 예수님은 "네 하나님 여호와를 경외하며 섬기며 그 이름으로 맹세할 것이니라"[신 6:13]고 하신 말씀으로 즉시 물리치셨습니다. 과연 천하 만국과 그 영광은 아직도 공중의 권세 잡은 자, 곧 마귀에게 맡겨져 있는 것입니다. 현재에도 이 마귀에게 속하여 이생의 부귀영화를 붙잡으려고 따르는 자가 어찌나 많은지! 예수님은 여호와 하나님에게만 경배하고 이 세상 권력자, 명예자, 기타 어떤 부귀영화에도 머리를 숙이지 않으셨습니다. 여호와 하나님만 섬기셨기 때문에 악마의 시험에 완승하셨고, 여기에서 이미 하나님의 위업을 성취하실 인격자로 드러나셨던 것입니다. 이에 마귀는 떠나가고 천사들이 나아와 수종을 들었습니다[마 4:8-11].

예수님의 전도

예수님께서 사탄의 시험을 이기시고 전도 계획을 세우고 계신 때였습니다. 세례 요한이 헤롯 왕의 잘못을 꾸짖은 일로 붙잡혔을 때, 예수님은 나사렛을 떠나 가버나움에 가서 살게 되셨습니다. 그곳에서 예수님은 비로소 천국이 가까왔으니 회개하고 복음을 믿으라고 전파하셨습니다. 복음은 하나님께서 보내신 자, 예수를 그리스도로 영접하는 자가 영생을 얻는다는 말씀입니다 요3:16. 그리고 천국이란 사회의 이상理想인 하나님의 나라를 말하는데 예수 그리스도께서 성취하시는 나라입니다. 그 예수님이 현실적으로 이 세상에 오셔서 우리와 함께 계시며, 또한 그의 영이 우리 안에 계실 때에 우리 안에 천국이 이루어지는 것입니다.

예수님은 복음 전파를 위해 제자들을 택하셨습니다. 먼저 갈릴리 해변에 다니시다가 시몬과 안드레, 야고보와 요한 등 어부를 택하시고, 빌립, 바돌로매, 세리 마태, 도마, 알패오의 아들 야고보, 다대오, 가나안 사람 시몬 그리고 가룟 유다 등 12인의 제자들을 선택하셨습니다.

예수님의 교훈에 나타나신 인격

예수님은 제자들을 택하시고 산상山上에서 수훈垂訓(후세에 가르침을 남김. 또는 그 가르침)하셨습니다.

(1) 천국 시민의 자격

심령이 가난한 자는 복이 있나니 천국이 저희 것임이요마 5:3

심령이 가난한 자는 도道의 젖을 사모하는 자입니다. 진리를 탐구하는 심령입니다. 이 세상에서 물질을 가진 것이 없는 자입니다. 그래서 누가복음에는 단순히 가난한 자라고 했습니다. 현실적 소유가 적은 자가 천국 시민의 자격이 있습니다.

애통하는 자는 복이 있나니 저희가 위로를 받을 것임이요 마 5:4

이 세상에서 부모 처자를 먼저 이별한 자의 애통은 이 세상의 것으로는 위로를 받을 수 없습니다. 하늘나라의 소망과 성령의 위로가 없다면 애인을 잃은 자는 낙심하게 될 것입니다. 또 자기의 죄, 가정의 죄, 민족의 죄, 인류의 죄를 밝히 보고 개탄하며 슬퍼하는 자는 그리스도의 십자가와 그의 부활하셨음을 믿고 위로를 받게 됩니다. 천국 시민은 현실적 인류의 죄를 보고 염려하며 근심합니다. 과학 기술은 발전해도 인류애는 쇠퇴하는 것을 보고도 무심한 자는 천국 시민의 자격이 없습니다.

온유한 자는 복이 있나니
저희가 땅을 기업으로 받을 것임이요 마 5:5

이 세상에서 권세자들에게 짓밟히고 모욕을 받으면서도 꾸준히 참고, 용서하는 마음으로 핍박을 참고 기도하는 사람은 하나님의 나라가 임할 때에 그 땅을 기업으로 받게 됩니다. 예수님께서 십자가에 달리실 때, 못 박는 자들을 위하여 기도하셨습니다. "저희를 사하여 주옵소서 자기의 하는 것을 알지 못함이니이다" 눅 23:34 스데반도 돌에 맞아 죽을 때에 "주여 이 죄를 저들에게 돌리지 마옵소서" 하였습니다 행 7:60. 이것은 온유한 자의 발언이었습니다.

의에 주리고 목마른 자는 복이 있나니
저희가 배부를 것임이요 마 5:6

사회 정의를 위하여 옳은 것은 옳다 하고, 아닌 것은 아니라 하는 자는 하나님의 의를 맛보고 배부름을 얻을 것입니다. 무릇 이들은 사랑을 가지고 의를 주장합니다. 옛날 일정시대에 정부가 신사참배를 요구했을 때, 신사참배를 우상숭배로 규정하고 반대했던 목사들은 우상숭배를 하면 일본이 망하는 것이 확실하므로 애국심에서 반대한다고 했습니다. 역사 과정의 원리를 아는 역사가들은 집정자들과 자본가들의 장래를 알 수 있으므로 사랑을 가지고 저희에게 하나님의 의를 주장하게 되는 것입니다. 그런데 현실적인 사람들은 하나님의 공의를 무시할 뿐만 아니라, 그의 나라와 그의 의를 주장하는 자들을 도리어 핍박합니다. 하지만 그러한 핍박을 잘 견뎌내고, 그러한 환경 가운데서도 하늘나라를 사모하는 자는 하나님의 나라가 임할 때에 배부르게 되는 것입니다.

긍휼히 여기는 자는 복이 있나니
저희가 긍휼히 여김을 받을 것임이요 마 5:7

사람은 하나님께서 긍휼히 여겨주시지 않는다면 결코 하나님의 심판대 앞에 설 수 없습니다. 우리는 그저 예수 그리스도의 긍휼로 말미암아 구원을 얻는 것이기 때문입니다. 만일 우리가 우리에게 빚진 자에게 그 빚을 탕감해 주지 않는다면 우리의 죄 또한 용서받을 수 없습니다. 우리는 우리 이웃의 곤란과 환난에 긍휼과 자비의 마음을 가지고 살아야 천국 시민의 자격을 갖추었다고 말할 수 있습니다.

마음이 청결한 자는 복이 있나니
저희가 하나님을 볼 것임이요 마 5:8

마음이 청결한 자는 순수한 마음을 가진 자입니다. 이 세상의 잡념과 욕심이 없는 사람입니다. 다만 진실만을 사랑하는 사람입니다. 이러한 사람이 진리를 발견하게 되며 또한 진실을 맞이하게 됩니다.

화평케 하는 자는 복이 있나니
저희가 하나님의 아들이라 일컬음을 받을 것임이요 마 5:9

화평케 하는 사람이란 자기가 먼저 자기의 죄를 깨닫고 회개하여 예수님을 구주로 영접한 자입니다. 그러므로 하나님과의 사이에 죄의 담이 없어져서 하나님과 하나를 이룬 사람입니다. 그런 사람에게는 평화가 있습니다. 더 나아가 예수님에게 받은 평화를 이웃에게 전달함으로써 평화케 하는 자입니다. 이렇게 하나님과 화평을 이룬 사람은 원수를 사랑하고, 핍박하는 자를 위하여 기도함으로써 화평케 하는 것입니다.

의를 위하여 핍박을 받은 자는 복이 있나니
천국이 저희 것임이라 마 5:10

무릇 경건하게 살고자 하는 자는 핍박을 받습니다 딤후 3:12. 경건하게 사는 사람은 하나님의 명령을 준수하는 것을 제1 주의로 하는 사람입니다. 즉 예수님을 그리스도로 믿음으로 의를 얻고자 하는 사람은 그리스도께서 핍박을 받으신 것처럼 핍박을 받게 됩니다.

예수님은 위의 모든 교훈을 몸소 실천하셔서 본을 보이시고, 인격 완성의 길을 제시하셨습니다. 우리도 그 교훈을 명심하고 천국 시민의 자격을 갖춰야 할 것입니다.

(2) 제자의 의무

다음에 예수님은 그의 제자들에게 그들의 의무를 가르치셨습니다.

"너희는 세상의 소금이니 소금이 만일 그 맛을 잃으면 무엇으로 짜게 하리요 후에는 아무 쓸데 없어 다만 밖에 버리워 사람에게 밟힐 뿐이니라 너희는 세상에 빛이라 산 위에 있는 동리가 숨기우지 못할 것이요 사람이 등불을 켜서 말 아래 두지 아니하고 등경 위에 두나니 이러므로 집안 모든 사람에게 비치느니라 이같이 너희 빛을 사람 앞에 비취게 하여 저희로 너희 착한 행실을 보고 하늘에 계신 너희 아버지께 영광을 돌리게 하라"마 5:13-16

사람의 인격 완성은 자기의 의무와 책임을 분명히 알고 실천하는 데 있는 것인데 예수님은 그 방향을 밝히 보여 주셨습니다.

예수님은 또 율법의 완성을 고조高調하셨습니다. 인자가 온 것은 율법을 완전케 하려 함이라고 하셨습니다마 5:17. 옛 계명에는 '살인하지 말라, 살인하면 심판을 받게 되리라!' 하였으나 예수님은 "형제에게 노하는 자마다 심판을 받고, 형제를 대하여 라가히브리말의 욕설라 하는 자는 공회에 잡히게 되고 미련한 놈이라 하는 자는 지옥 불에 들어가게 되리라"마 5:21-22고 하셨습니다. 또 간음하지 말라 하였으나 예수님은 말씀하시기를 "여자를 보고 음욕을 품는 자마다 마음에 이미 간음하였느니라"마 5:27-28고 경계하셨습니다. 그리고 일체 맹세하는 것을 금하시고 "옳은 것은 옳다 하고 아닌 것은 아니라 하라 이에서 지나는 것은 악에서 나오는 것이다"마 5:37 고 하셨습니다. 이것이 인격의 표현인 것입니다.

예수님은 "너희 원수를 사랑하고 너희를 핍박하는 자를 위하여 기도하라"마 5:44 이같이 하여 "하늘에 계신 너희 아버지의 온전하심과 같이 너희도 온전하라"마 5:48고 하셨습니다. 이것이 바로 인격 완성의 길입니다.

그 밖에도 우리는 예수님의 교훈이 진리이심을 잘 알고 있습니다. 종교생활에서 기도와 구제를 은밀히 하라고 하신 것이든지, 의·식·주에 대하여 염려하지 말고 먼저 주의 나라와 그의 의를 구하라고 하심마 6장과 또 무엇이든지 남에게 대접을 받고자 하는 대로 남을 대접하라고 하신 말씀마 7:12, 그리고 자기 목숨을 얻는 자는 잃을 것이요 그리스도를 위하여 자기 목숨을 잃는 자는 얻으리라마 10:39고 하신 말씀 등은 참된 진리의 말씀입니다. 천국을 비유로 가르치신 말씀, 즉 씨 뿌리는 비유, 겨자씨 비유, 누룩 비유, 가라지 비유, 감추인 보배 비유, 진주 비유, 그물 비유 등도 다 진리에 충만한 교훈이었습니다마 13장.

예수님의 행적에 나타나신 인격

예수님께서 처음으로 낫게 하신 병자는 한센인이었습니다. 당시에 한센인들은 천벌을 받은 것이라고 여겨져 성 안에서는 살 수가 없었고, 성 밖의 다리 아래와 같은 곳에서 걸식하는 것이 상례였습니다. 그런데 한센인 한 명이 예수님께 나아와, "주여 원하시면 저를 깨끗케 하실 수 있나이다"하고 병을 낫게 해 주시기를 간구했습니다. 그 당시의 사람들은 그들을 피해 멀리 도망가거나, 그들을 멀리 쫓아 보내는 것이 상례였는데, 예수님은 한센인들을 자기와 같이 여기시고 손을 내밀어 그 상처를 만지시며 "내가 하고자 하노니 깨끗함을 받으라"고 하셨습니다. 그러자 즉시로 그의 병이 사라졌습니다. 그는 곧 이것을 증거하려는 기색이 있었던 것 같았습니다. 그래서 예수께서 "엄히 경계하사막 1:43 삼가 아무에게도 이르지 말고 다만 가서 제사장에게 네 몸을 보이고 모세의 명한 예물을 드려 저희에게 증거하라"고 하셨습니다마 8:2-4. 또 예수님께서 회당장 야이로의 딸을 살리신 뒤에도 그 부모에게 경계하사 이 일을 아무에게도 말하지 말라고 하셨습니다눅 8:56.

　이것은 예수님의 인격이 진실하신 데에 기인하는 것입니다. 요사이 소위 신유의 능력을 받았다고 하는 사람들이 병자들을 위해 기도해 주고 나서, 실제로 그 병이 나으면 자기를 선전케 하며 금품을 청구하는 등의 경거망동을 하는 현실을 볼 때 예수님의 진실하신 인격에 더욱 감동하게 됩니다.

　예수님의 행적 중에서 두 번째로 감동을 주는 인격적인 행위는, 어느 날 바리새인들이 간음하는 현장에서 붙잡힌 여인을 예수님 앞에 데려다 놓고 소송한 일에 관한 것입니다. 바리새인들과 군중은 모세의 율법을 가지고 대들었습니다. "음행의 현행범은 돌로 치라 하였는데 선생은 무엇이라고 말씀하겠습니까?" 예수님은 이때에 돌아앉아 땅에 글씨를 쓰실 뿐이었습니다. 그것은 아마도 대드는 무리의 마음이 강퍅하심을 알아차린 예수님께서 마음이 완악한 사람들에게서 자연으로 향하셨던 것 같습니다. 그래서 땅에 글씨를 쓰시면서 생각하시며 기도하셨다고 생각합니다. 그런데 너무도 완강하게 "돌로 치리이까, 어떻게 하리이까?" 하고 대드는 바람에 예수님은 천천히 일어나셔서 "너희들 중에 죄 없는 사람이 먼저 돌로 치라"요 8:3-7고 대답하셨습니다. 그랬더니 분별력 있는 노인들부터 하나씩 물러가고 아이들까지 도망쳐 버렸습니다. 그제야 예수님은 홀로 있는 여인을 보시고 "너를 고소하던 그들이 어디 있느냐? 너를 정죄하는 자가 없느냐?"하시며 "나도 너를 정죄하지 아니하노니 가서 다시는 죄를 범치 말라"고 하셨습니다. 이것이 구원의 말씀이 아니고 무엇이겠습니까? 저는 지금까지 이런 인격의 소유자를 다른 그 어떤 곳에서도 보지 못했습니다. 그 죄를 대신 짊어지실 각오를 하지 않고서는, 다시 말해 하나님의 의를 성취하실 결심을 하지 않으시고는 결코 이러한 발언을 할 수 없었다고 믿습니다. 예수님께서 친히 말씀하시기를 "나는 길이요 진리요 생명이라"고 하셨는데 우리는 그의 인격에서 그 말씀의 성취를 깨달을 수 있습니다. 일찍이 아버지 하나님을 본 사람이 없었습니다. 그러나 우리는 예수님의 인격을 통해 하나님의 의와 사랑을 체험할 수 있습니다. 그 생生을 통해 예수님께서 진리 그 자체이심을 발견할 수 있습니다. 예수님의 사랑에 감격하여 그와 같이 이웃을 사랑하고, 이웃을 위해 희생함으로써 우리는 또한 영생에 들어가는 것을 체험할 수 있습니다.

사도 바울의 증언

예수님의 인격이 진리 그 자체이신 것은 세 번째로 사도 바울 선생의 증언을 통해서도 알 수 있습니다. 사도 바울 선생은 예수님께서 모든 일을 "예"로 성취하시는 즉, 영원 긍정의 인격자이심을 고린도후서 1장 19-20절에 다음과 같이 밝히 드러내었습니다. "너희 가운데 전파된 하나님의 아들 예수 그리스도는 예하고 아니라 함이 되지 아니하였으니 저에게는 예만 되었느니라 하나님의 약속은 얼마든지 그리스도 안에서 예가 되니 그런즉 그로 말미암아 우리가 아멘 하여 하나님께 영광을 돌리게 되느니라"고후 1:19-20

진리란 하나님께서 인류에게 하신 약속을 성취하시는 것을 뜻합니다. 하나님께서 일찍이 아브라함에게 너의 자손을 하늘의 별과 같이, 바닷가의 모래와 같이 많아지게 하겠다고 하신 약속, 즉 예수 그리스도를 통해 이루어 주겠다고 하신 그 약속을 예수님께서 이미 다 성취하셨습니다. 그것은 예수님께서 구원의 주님으로 오시고, 또 만민이 그 예수님을 믿음으로써 구원받는 것을 뜻합니다. 모든 사람의 죄를 대신 짊어지시고, 우리의 모든 죄를 사하여 주신 예수님은 그 어떠한 흉악한 죄인도 다 긍정적으로 받아들여 구원해 주시는 주님이십니다. 그러므로 하나님께서 아브라함에게 약속하신 모든 것을 예수님께서 친히 다 완성하심으로써 하나님의 진실, 곧 그 진리의 인격을 드러내셨던 것입니다. 따라서 우리도 그 주님 안에 있으면 그와 같은 인격을 닮을 수 있을 것입니다.

예수님은 우리 믿는 자들에게 말씀하시기를 "아버지께서 나를 사랑하신 것 같이 나도 너희를 사랑하였으니 나의 사랑 안에 거하라 내가 아버지의 계명을 지켜 그의 사랑 안에 거하는 것 같이 너희도 내 계명을 지키면 내 사랑 안에 거하리라"요 15:9-10고 하셨습니다. 즉 주님께서 우리를 사랑하셨듯이 우리가 서로 사랑하면 우리는 주님의 제자가 되어 주님을 닮는 인격자가 되는 것입니다.

그러므로 인격 완성의 길은 자기 죄를 깨달아 회개하고 예수님을 그리스도로 영접하여 그의 계명을 지킴으로써, 서로 희생적 사랑의 삶을 살아서 예수님의 인격을 닮게 되는 데 있습니다. 이 일은 우리의 노력으로는 할 수 없지만, 예수 그리스도의 영, 곧 성령께서 우리와 함께하심으로 이루어 주시는 것입니다. 더 확실히 말한다면 우리가 육체를 벗은 후 영체를 입고 영생하여, 또는 하나님의 나라가 임하실 때에 완성되는 것이라고 믿습니다.

<부산모임> 17권 1호(1984. 2)

3. 기도의 사람 예수

예수님은 기도의 사람이셨습니다. 그분은 때때로 고요한 곳에 나아가시거나 혹은 산에서 홀로 기도하셨습니다. 하룻밤을 기도로 지내시는 때도 잦았습니다.

예수님의 생애에서 일어난 사건들은 모두 다 기도의 결과로 이루어진 것이라고 말해도 지나치지 않습니다. 누가복음에는 예수님의 기도에 대한 중요한 기록이 많이 있습니다. 예를 들면, 예수님께서 요단강에 들어가 세례를 받으신 때에 기도하고 계셨습니다. 그때 하늘이 열리고, 성령이 비둘기 모양으로 내려 그 위에 임하시면서 하늘로부터 "너는 내 사랑하는 아들이라 내가 너를 기뻐하노라"는 소리가 들렸는데 이 소리는 예수님의 기도에 대한 응답이었습니다눅 3:22. 12사도를 택하시던 전날 밤에도 예수님은 산에서 기도하시면서 그 밤을 밝히셨습니다. 즉 사도는 기도의 결과였던 것입니다눅 6:12. 또 빌립보 가이사랴 지방에서 제자들에게 "너희는 저를 누구라고 생각하는가?"하고 물으신 때, 베드로로 하여금 "당신은 그리스도시요, 살아계신 하나님의 아들이십니다"라고 고백을 하게 하신 것도 여러 사람을 떠나 기도하시고 계시던 때에 된 일이었습니다눅 9:18. 헤르몬 산에 올라가 그 모습이 변화되서서, 그 옷이 희기가 흰빛과 같아진 것도, 그러한 영광 가운데 모세와 엘리야 두 사람이 나타나 예수님과 말씀을 나눈 것도 기도하는 때였습니다 눅 9:29. 나사로를 다시 살게 하신 것도 기도의 결과였으며, 그 밖에도 예수님의 마지막 설교 후 기도, 겟세마네 동산에서의 기도, 또 십자가 위에서의 기도와 같은 것은 성경을 읽고 들은 사람들은 다 잘 알고 있는 사실입니다.

다만 이러한 중대한 위기에서만이 아니고, 일이 있을 때마다 기도하셨습니다. 가장 가까운 마을에 가서 전도하려고 하실 때에도 예수님은 아침이 아직 밝기 전에 일찍이 일어나, 고요한 곳에 가서서 거기에서도 기도하셨습니다 막 1:35. 어떠한 거리에서 한 한센병자를 낫게 하시고 "삼가 아무에게도 말하지 말라."고 엄히 경계하셨는데도 그 나음을 받은 사람이 나아가 예수께서 낫게 하셨다고 전해서, 많은 사람이 예수님께로 모여들었을 때에도 예수님은 이 사람들을 피해 성 밖의 고요한 곳에 나아가 기도하셨습니다 막 1:45, 눅 5:16.

70인의 제자들이 맨 처음 전도여행을 마치고 돌아올 때, 예수님은 기쁨에 넘쳐서 뜻깊은 감사의 기도를 드렸습니다 눅 10:21. 세례 요한의 사망 소식이 들려온 때에도 사람들을 피해 배를 타시고 한적한 곳으로 가려고 하셨습니다. 그러나 그때 많은 무리가 성으로 걸어서 자기를 따라오는 것을 보시고 이것을 민망히 여기사 먼저 저들의 병을 고쳐주시고 그들의 주림을 채워주셨습니다. 그 뒤에 바로 제자들을 배에 타게 해서 저편 언덕에 가게 하시고는 자기는 친히 무리를 떠나 기도하러 그윽이 산에 올라가서 저녁에 홀로 거기 계시면서 밤 네 시까지 계속 기도하셨습니다마 14:13-25. 이 세상을 떠나게 되셨을 때 몇 사람의 헬라인이 예수님에게 보이려고 할 때에도 감개무량하셔서 겟세마네 동산에서의 기도와 비슷한 기도를 하셨습니다요 12:27-28.

또 어느 날 예수님께서 기도를 마치시매 제자 중 하나가 말하기를 "주여 우리에게 기도를 가르쳐 주옵소서"눅 11:1라고 하였습니다. 기도는 예수님의 습관이었습니다. 즉 예수님께서 기도하실 때마다 제자들은 말로 다 할 수 없는 엄숙함과 아름다움을 느꼈던 것입니다. 그래서 스스로 그 은혜에 참여하고 싶어서 그와 같은 기도를 가르쳐 달라고 소원한 것입니다.

또 예수님께서는 자기의 일에 대하여 다음과 같이 말씀하셨습니다. "진실로 진실로 너희에게 이르노니 아들이 아버지의 하시는 일을 보지 않고는 아무것도 스스로 할 수 없나니"요 5:19 그리고 "우리는 본 것을 증거하노라"요 3:11라고 하여, 주님은 항상 기도하는 가운데 아버지 하나님의 인격에 접하고 또 그의 뜻대로 행하신 것입니다.

예수님의 기도에는 아무 형식이 없었습니다. 그것은 그의 행동에서 보는 바와 같이 완전히 자유로우셨습니다. 그는 대체로 눈을 들어 하늘을 우러러보시는 모양으로 기도하셨던 것 같습니다요 17:1; 11:41. 그것은 아마도 하늘에 계신 아버지에게 말하는 영혼의 자연스러운 자세라고 생각합니다. 형식이라고 볼 것이 아닙니다. 그는 또한 말로 다 할 수 없는 탄식을 할 때에도 그와 같은 자세를 취하기도 하셨습니다막 7:34. 그는 또한 '아버지여' 또는 '아바, 아버지여', '나의 아버지여', '천지의 주재이신 아버지여'라며 기도를 시작하셨습니다요 17:1, 눅 10:21, 막 14:36, 마 26:39; 11:25. 그것

또한 아버지 하나님께 대한 자연스러운 부름이어서 어떤 형식으로 하신 것이 아닙니다. 이러한 부름으로 시작하여 계속되는 기도의 말씀들은 모두 다 그때그때 그의 마음 그대로를 드러내어서 아무 장식이나 기탄이 없었습니다. 어둠이 그를 덮쳐서 마치 지옥으로 들어가는 것과 같은 느낌이셨을 때에는, 저 다윗이 미친 듯이 말한 그대로 "나의 하나님, 나의 하나님, 왜 저를 버리시나이까"라고까지 외치셨습니다.

또 어떤 때 헬라인 몇이 예수님에게 보이려고 왔을 때에 하신 기도의 말씀은 예수님의 사람다움을 가장 유감없이 나타내셨다고 할 수 있습니다. 즉 그때 처음에는 마음이 설레서서 어떻게 기도해야 할지를 모르겠다고 기록되어 있습니다. 거진 혼잣말처럼 "지금 내 마음이 민망하니 무슨 말을 하리요"요 12:27라고 하셨는데, 이는 바울 선생이 "우리가 마땅히 빌 바를 알지 못하나"롬 8:26라고 말한 경우와 비슷한 것입니다. 그러나 곧 예수님은 기도의 말씀을 찾아내셨습니다. "아버지여 나를 구원하여 이때를 면하게 하여 주옵소서"요 12:27 그것은 확실한 기도입니다. 그러나 그것은 아직도 사람다운 자연의 기도에 지나지 않았습니다. 그것은 스스로 죽음의 길을 택해 나아가고 있으면서도, 아직 죽음에서 구원받고자 하는 소원이 마음 한구석 어딘가에 도사리고 있음을 부정할 수 없는 상태의 기도였던 것입니다. 예수님은 그러한 마음을 솔직하게 드러내셨습니다. 물론 그 자연의 욕망이 그 기도의 마지막은 아니었습니다. 곧 영성이 자연성을 누르고 일어났습니다. 그 기도는 바로 최후의 단계에까지 나아갔던 것입니다. 즉 "그러나 내가 이를 위하여 이때에 왔나이다 아버지여 아버지의 이름을 영광스럽게 하옵소서"요 12:27-28라고 하셨습니다. 이는 '아버지 하나님의 영광을 나타내기 위해서라면 어떻게 되어도 좋사오니 당신의 뜻을 이루소서'라는 심사心事, 생각입니다. 이것이 예수님의 기도의 근본정신이었습니다. 예수님은 언제나 그 사람다움을 감추지 아니하시고 있는 그대로를 나타내셨습니다. 그러나 마지막에는 결국 이러한 절대 신뢰의 상태에 이르신 것입니다. 겟세마네 동산의 기도에서도 우리는 그와 같은 것을 확실히 볼 수 있습니다. "내 마음이 심히 고민하여 죽게 되었으니", "아바 아버지여 아버지께는 모든 것이 가능하오니 이 잔을 내게서 옮기시옵소서 그러나 나의 원대로 마옵시고 아버지의 원대로 하옵소서"막 14:34-36

이 최후의 한마디는 예수님의 모든 기도에 다 통하여 있었다고 보아야 할 것입니다. 하나님의 뜻대로 이루어 주실 것을 원하는 것보다 더 나은 기도는 없습니다. 우리 자신의 뜻은 이루어지지 않아도 좋습니다. 하나님의 뜻이 이루어지기만 한다면 그때 우리를 위하여 가장 좋은 일이 이루어지는 것입니다. 예수님께서는 항상 이 마음을 가지고 기도하셨습니다. 예수님의 생애는 절대 신뢰의 생애였습니다. 우리도 예수님과 같이 절대 신뢰의 생애를 살며 기도하는 인격자가 되어야 하겠습니다.

<부산모임> 2권 2호(1969.3,4,5)

4. 한센인과 예수님^{마 8:1-4, 눅 17:11-19}

한센인의 첫 기사는 모세의 누이동생 미리암이었습니다^{민 12:10}. 그리고 한센병[4]의 진단 및 치료, 완치 판정 등을 내릴 수 있는 권한은 제사장에게 위임되어 있었습니다^{레 13, 14장}. 구약에서 한센인으로 진단되었던 사람들은 위의 미리암을 비롯해서 아람 왕의 군대 장관 나아만과 엘리사의 사환 게하시^{왕하 5:1,27}, 그리고 이스라엘의 여로보암 왕 때에 유다 왕 아사랴가 정직했으나 산당을 헐지 아니하여 우상숭배를 근절하지 못하였으므로 여호와께서 치시매 죽는 날까지 한센병자가 되었습니다^{왕하 15:1-5}. 또 유다 왕 웃시야가 교만하여 여호와의 전에 들어가 분향하려 하다가 제사장에게 노를 발하여 그 이마에 한센병이 발함으로 죽기까지 한센병자로 지냈습니다. 이처럼 한센병은 하나님의 진노로 말미암아 저주받은 결과라고 생각하게 되었고, 또 그 비참한 경과와 전염성 때문에 금고^{禁錮}되거나 성 밖으로 추방되었습니다^{레 13, 14장}. 그래서 유대의 랍비들도 한센인을 만나면 "부정하다, 부정하다."고 하면서 멀리 피해 가고 또 한센인이 사는 동네에서 팔러오는 달걀은

---

4. 이전에 통용되던 문둥병, 또 그 환자를 일컫는 문둥이라는 용어는 인권 침해의 요소가 있으므로 더 이상 사용하지 않고 한센병Hansen's disease 혹은 나병leprosy으로 부른다.

사 먹지도 않았다고 합니다. 즉 구약시대에 한센병은 저주받은 병이요, 죄로 말미암은 하나님의 징벌이라고 여겨졌습니다.

이형섭 교수의 연구에 따르면, 팔만대장경의 기록에서도 한센병은 죄의 벌, 곧 저주로 인정되었다고 합니다. 현재에도 일반 사람들은 한센병을 싫어하고 피하려고 합니다.

그러나 예수님은 친히 손을 내밀어 만지시면서 "내가 원하노니 깨끗함을 받으라"고 말씀하셨고, 그러자 곧 한센병이 물러가고 병자는 나음을 얻었습니다. 그리고 나음을 받은 사마리아 사람, 한센병자였던 그 사람은 예수님께 와서 큰소리로 하나님에게 영광을 돌리고 감사했습니다눅 17:15. 지금도 한센병은 예수님을 믿는 나라에서는 치료와 예방이 잘 되고 있는데, 그것은 믿는 의료인들이 예수님의 사랑을 가지고 이 병을 다스리는 데 기인한다고 믿습니다.

구약시대에 한센병은 하나님의 진노 때문에 저주로 임한 것이라고 보았으나, 신약시대에 예수님께서는 한센병자를 사랑의 대상으로 여기시고 손을 내밀어 친히 상처를 어루만져 치료해주셨습니다. 그러므로 한센인이 병에서 고침 받고 하나님에게 영광을 돌릴 수 있었던 것입니다눅 17:15. 현대 의학으로는 스웨덴의 의사 한센 Hansen G. H. Armauer(1841-1912)이 한센병균을 발견한 후 전염병임을 확인하였고, DDS라고 하는 치료약이 발견되어 지금은 치료만 하면 거의 완치되는 것으로 보고 있습니다. 한센병은 그 종처腫處(부스럼이 난 자리)로 보아 크게 두 가지로 나누게 되는데 나종성癩腫性 한센병은 치유가 더디 되어 몇 년간 계속 DDS를 복용해야 하며, 또 개중에는 다 나은 것 같다가도 수년 후에 재발하는 경우도 있습니다. 그러나 결핵성結核性 한센병은 DDS에 잘 반응하여 수년 내에 완치되며 재발하지 않습니다. 그리고 후자의 경우엔 자연히 나을 수도 있습니다.

그러므로 한센병 전문의 중에서는 그 병을 사람들이 싫어하기 때문에, 일찍 진단받기를 꺼리고 오히려 숨기는 일이 잦아 예방과 치료에 지장이 있으므로, 각기 자기 집에 있으면서 치료를 받게 하자고 강조하는 학자까지 있습니다. 그러나 나종성 한센병의 경우엔 때로 재발하는 경우도 있어 우리나라에서는 지금도 오히려 집단부락의 형태로 사회에 복귀를 시켜 일반 생업을 영위하도록 하고 있습니다.

요컨대 한센병은 콧물과 창액創液, 혈액 등으로 전염되는 병이지만 사람들이 대부분 면역 상태에 있고, 또 면역을 얻게 해 예방할 수 있게 되었습니다. 그래서 오래지 않아 한센병은 근절될 것이라고 우리나라 나병 전문가 유준 교수는 말하고 있습니다. 나도 그렇게 될 것을 바라며 예수 그리스도의 사랑으로 이 병을 물리치도록 힘쓰면 더 좋은 결과를 얻게 될 것이라고 믿습니다.

그런데 예수님은 한센병자를 낫게 하신 다음에 한센병자가 기뻐서 그 소식을 선전하려고 하는 기색을 보이자 엄격한 태도로 그것을 금지하셨습니다. 다만 구약에 명한 대로 제사장에게 네 몸을 보이고 예물을 드려 완치 진단서를 받아서 사회에 복귀하고, 예수님을 병 고치는 기적을 행하는 자로는 선전하지 말라고 엄명하셨습니다. 이것은 왜 그랬을까요?

생각건대, 예수님은 사랑과 진실을 겸비한 인격자이심으로, 한편 사랑으로는 한센병자의 상처를 손으로 어루만져 낫게 하셨지만, 다른 한편으로는 그의 진실하신 인격 때문에 선전을 엄금하셨던 것입니다. 현재 소위 기도로 신유의 기적을 행한다고 선전하는 부흥사들과 현저히 다른 점이 여기에 있다고 생각합니다. 아마도 병이 나은 사람은 그 기사를 선전하는 것을 그 은혜의 보답으로 생각했는지 모르겠으나, 오히려 그 말씀에 순종하는 것이 주님의 기뻐하시는 바임을 알았어야 했을 것입니다. 우리도 흔히 자기선전을 하게 되며 그것으로 하나님에게 영광을 돌린다고 생각하지만, 예수님의 진실하신 인격에 감격하여 두려움으로 하나님을 섬기며, 마음으로 주님의 말씀에 순종하여야 할 것입니다. 이것이 주님의 진실에 대한 진실의 응답이라고 믿는 바입니다. 누가복음 17장에 나타난 기사에는 나음을 얻은 한센병자 열 명 중에서 사마리아 사람 한 명만이 예수님에게 돌아와 감사하고 하나님께 영광을 돌렸습니다. 나머지 아홉 명의 유대인은 어디 가서, 어떻게 하고 있는지 기사가 없어 알 수 없거니와, 하나님께 영광을 돌리지 않고 대제사장이신 예수님께 예물을 드리지 아니한 것만은 확실합니다. 다시 말하면 예수님께서 대제사장으로 임하신 것을 모르는 만큼 불행하였다고 생각합니다. 사마리아 사람은 과거 앗수르가 북방 이스라엘을 쳐들어왔을 때 그들과 잡혼 해서 자손을 보았기 때문에, 남방 유대 사람의 눈으로 보면 순수한 이스라엘 혈통을 지키지 못하고 더러워진 사람들이라고 여겨져 천하게 생각되었습니다. 그런데 천민 사마리아 사람은 홀로 예수님께 돌아와 예물을 드리고 소리를 높여 여호와의 영광을 찬송했습니다. 우리도 우리 인격이 죄악에 파탄이 되어 한센병과 같이 되었었는데 지금은 예수님의 피로 말미암아 하나님께 돌아와 구원을 받고 하나님의 자녀가 되었습니다. 그러므로 우리는 이 은혜를 인하여 매일 감사 찬송을 드리며 하나님께 영광을 돌려야 합니다.

<부산모임> 10권 1호(1977.4)

5. 예수님의 고난과 부활 (1)

겟세마네 동산에서의 기도

예수님은 유월절 전에 이미 자신이 잡혀 죽임을 당할 때가 온 것을 아셨습니다요 13:1. 예수님은 언제나 기도로 모든 일을 시작하셨으므로, 십자가를 지실 일에 대하여서도 특별한 기도가 없을 수 없었습니다. 예루살렘 동편 감람산 산허리에 구획된 동산이 있어서 때때로 제자들과 같이 모이던 곳이 있었습니다. 그 이름이 겟세마네입니다. 예수님은 열한 제자를 데리고, 기드론 골짜기에 흐르고 있는 시내를 건너 조금 산으로 올라가셔서 겟세마네 동산으로 들어가셨습니다. 동산에 들어서자 제자들은 그곳에 머물러 있게 하시고 베드로와 요한과 야고보만을 데리고 조금 더 깊이 나아가셨습니다. 그때 예수님은 "나의 마음이 심히 근심하여 죽게 되었다."라고 비애에 가득 찬 발언을 하셨습니다. 예수님의 마음이 설레고 불안해지며 낙망하는 것 같은 상태였다는 것입니다. 성경은 진실하며 조금도 숨김이 없습니다. 예수님은 이러한 고백 후에 "너희는 여기에 머물러 나와 같이 있으라." 말씀하시고 돌 던질 만큼의 거리를 더 나아가 무릎을 꿇고 땅에 엎드려 보통 때와는 달리 침통한 목소리로 기도하셨습니다. 아마도 세 제자의 귀에 들릴 만큼 큰 소리로 "아바 아버지여 아버지께서는 모든 것이 가능하오니 이 잔을 내게서 옮기시옵소서 그러나 나의 원대로 마옵시고 아버지의 원대로 하옵소서"막 14:36, "내 아버지여 만일 할만하시거든 이 잔을 내게서 지나가게 하옵소서 그러나 나의 원대로 마옵시고 아버지의 원대로 하옵소서"마 26:39, 또는 "아버지여 만일 아버지의 뜻이어든 이 잔을 내게서 옮기시옵소서 그러나 내 원대로 마옵시고 아버지의 원대로 되기를 원하나이다"눅 22:42라고 기도하셨습니다. 이때 땀이 핏방울처럼 되어 땅에 떨어졌다고 기록되어 있습니다. 이때에 하늘에서 한 천사가 내려와 힘을 더하여 주었다고도 전합니다. 어떠하든 겟세마네 동산에서의 예수님의 고민은 아주 간절한 것이었으며, 사람이 측량할 수 없을 만한 경험이었습니다. 예수님의 이와 같은 경험을 어떻게 설명해야 옳을지 모르겠습니다.

  예수님은 과거에도 몇 번씩이나 자신의 죽음을 예언하지 않으셨던가요. 또 베드로가 "주여 그리 마옵소서 이 일이 결코 주에게 미치지 아니하리이다"마 16:22라고 간할 때, 돌아보며 말씀하시기를 "사단아 내 뒤로 물러가라 너는 나를 넘어지게 하는 자로다 네가 하나님의 일을 생각지 아니하고 도리어 사람의 일을 생각하는도다"마 16:23라고 하시며 꾸짖지 않으셨던가요. 또 제자들에게 마지막 결별의 말씀에서는 "너희는 마음에 근심하지 말라 하나님을 믿으니 또 나를 믿으라 내 아버지 집에 거할 곳이 많도다 그렇지 않으면 너희에게 일렀으리라 내가 너희를 위하여 처소를 예비하러 가노니 가서 너희를 위하여 처소를 예비하면 내가 다시 와서 너희를 내게로 영접하여 나 있는 곳에 너희도 있게 하리라"요 14:1-3고 위로해 주지 않으셨습니까. 그런데 겟세마네 동산에서의 기도는 왜 그렇게도 번뇌가 심했겠습니까. 생각건대, 이 세상 죄의 중한 짐과 죽음의 두려움이 순수한 사람 예수님에게 급박하게 다가올 때 그러한 절박함이 그대로 표현된 것이 아니었던가 생각됩니다.

그리스도는 육체에 계실 때 큰 부르짖음과 눈물로 자기를 죽음에서 구해주실 기도를 드렸다고 하였습니다히 5:7. 이 말씀은 엄밀히 겟세마네 동산의 경험에만 국한된 것은 아니었겠지만, 주로 그것을 뜻하고 있다고 믿어집니다. 예수님께는 죽음의 비애가 있었습니다. 그것은 그의 거룩을 손상하는 사실입니까? 죽음은 슬퍼하지 않을 수 없는 것입니까? 하나님께서 사람을 창조하실 때 죽음을 당연한 운명으로 기대하셨습니까? 아닙니다. 죄의 값으로 일어난 죽음이야말로 인생에는 있을 수 없는 것입니다. 자연 중에서 이보다도 더 이지러진 것이 또 무엇이 있겠습니까? 그 누구보다 죽음을 슬퍼하실 이는 창조주 자신이 아니겠습니까? 죽음을 슬퍼하는 것은 사람의 본성입니다. 이것을 부끄러워할 이유는 없습니다. 예수님은 베다니의 나사로가 죽었을 때에도 그 자리에서 마르다와 마리아의 슬픔을 동정하며 눈물을 흘리셨습니다. 동일한 마음으로 자신의 죽음에 임해서도 그는 심히 근심하며 피와 같은 땀을 흘리시면서 기도하셨습니다. 참으로 사람다운 사람은 예수뿐이십니다. 보통 자연성에는 두 가지가 있습니다. 하나는 하나님이 심어주신 본래의 자연이 있고, 다른 하나는 사람의 타락에 의한 거짓의 자연이 있습니다. 둘은 그 성질과 가치를 거꾸로 합니다. 전자가 깨끗하고 살리는 것인데 반해, 후자는 더럽고 죽이는 것입니다. 왜냐하면 전자는 사람의 사람된 본성인데 반해 후자는 사람의 사람됨을 해하는 악인 까닭입니다. 예수님은 사람의 아들, 즉 인자이었습니다. 그러므로 그는 모든 거짓과 싸웠으며 또한 모든 본래의 자연을 육성했습니다. 예수님은 사람이 느낄 수 있는 것을 다 느꼈습니다. 그는 무한한 삶을 사모하고 죽음을 슬퍼하셨습니다. 그럼에도 불구하고 그는 쓴잔을 마시지 않으면 안 되게 되었습니다. 여기에 예수님의 맹렬한 고투(몹시 어렵고 힘든 싸움)가 있었습니다. 피땀을 흘리실 정도의 고투 끝에 "그러나 나의 원대로 마옵시고 아버지의 원대로 하옵소서"마 26:39, 막 14:36라고 기도하실 수 있었을 때, 비로소 그의 승리가 이루어졌습니다. 주 안에서 승리자는 고투 끝의 승리자입니다.

사도 바울은 도덕적 생활의 원칙을 보이면서 말하기를 "그러므로 형제들아 내가 하나님의 모든 자비하심으로 너희를 권하노니 너희 몸을 하나님이 기뻐하시는 거룩한 산 제사로 드리라 이는 너희의 드릴 영적 예배니라"롬 12:1라고 했습니다. 즉, 도덕적 생활은 영적 예배와 다름이 없습니다. 사람은 스스로 그 몸을 산 제물로 하나님께 드릴 때에 비로소 도덕적 존재자의 생활을 실현하게 되는 것입니다. 산 제물은 곧 희생입니다. 그리고 희생은 반드시 고투의 관념을 포함하고 있습니다. 땅과 같이 낮은 나의 뜻을 하늘과 같이 높고 거룩하신 뜻에 바쳐 복종하는 일, 이것이 참 제물이요 희생입니다. 내 뜻이 없는데 제물은 필요없습니다. 사람으로서 사람다운 성정이 없다면 도덕적 생활도 있을 수 없습니다. 이러므로 겟세마네 동산에서의 예수님의 비애와 고투는 결단코 그의 거룩하심을 손상하는 이유가 안 됩니다. 반대로 이것이 있어서 비로소 우리는 그의 승리를 귀하다고 이해합니다. 예수님은 누구보다 죽음을 슬퍼하셨고 반발하셨으며 무조건 항거하셨습니다. 이것이 곧 그의 "내 원"[내 뜻]이란 것입니다. 이러한 맹렬한 내 뜻을 품고 고투하시다가 드디어 이것을 손수 아버지의 제단에 드릴 수 있었습니다. 마침내 반복해서 "아버지의 원대로 하옵소서"마 26:39, 막 14:36라고 말씀하셨던 것입니다. 이것은 최대의 희생이며 지상의 봉헌입니다.

예수님의 고난의 목적론적 고찰

"만물이 인하고 만물이 말미암은 자에게는 많은 아들을 이끌어 영광에 들어가게 하시는 일에 저희 구원의 주를 고난으로 말미암아 온전케 하심이 합당하도다"히 2:10

만물[물질]은 우연[자연]히 생기지 않았습니다. 또 그 역사도 아무 목적 없이 진행되는 것이 아닙니다. 우주에는 큰 중심이 있습니다. 원인이 되며 목적이 되는 중심적 존재자는 곧 하나님이십니다. 신앙의 눈으로 볼 때 우리는 하나님께서 만물 발생의 원인이시며 발달의 목적으로서 실존하시고 계심을 압니다. "만물이 주에게서 나오고 주로 말미암고 주에게로 돌아감이라 영광이 그에게 세세에 있으리로다 아멘"롬 11:36, "그러나 우리에게는 한 하나님 곧 아버지가 계시니 만물이 그에게서 났고 우리도 그를 위하며 또한 한 주 예수 그리스도께서 계시니 만물이 그로 말미암고 우리도 그로 말미암았느니라"고전 8:6라고 기록된 그대로입니다.

이 하나님의 경륜 중에서 예수님의 고난의 지위가 어떠한 것인가를 생각해 보면 "만물이 인하고 만물이 말미암은 자에게는 … 저희 구원의 주를 고난으로 말미암아 온전케 하심이 합당하도다"히 2:10라고 했습니다. 이 "합당"한 것이라고 하는 뜻은 그 일에서 하나님께 가장 하나님답게 보이셨다는 뜻입니다. 즉 우주의 중심적 존재자로서의 하나님의 자태가 가장 명백히 나타났다는 뜻입니다. 모든 것이 다 그의 거룩하신 뜻에 의합니다. 그러나 모든 것이 다 그에게 합당하지는 않습니다. 예수님의 고난에서 하나님의 자태는 유감없이 나타나셨습니다. 우리는 여기에 가장 높은 의와 사랑 그리고 무한한 지혜와 능력을 가지고 영원의 목적을 향하여 온 인류를 인도하시는 하나님의 자태를 밝히 봅니다. 참으로 겟세마네의 기도에 계속되는 골고다 언덕 위의 십자가 상의 예수님에게 하나님께서는 가장 하나님답게 나타나셨습니다. 예수님의 고난은 그렇게도 중요한 일이었습니다.

목적론적 측면에서 볼 때 예수님의 고난은 첫째로 예수님 자신의 인격 완성을 위한 것이었습니다. 예수님의 인격은 때가 찰 때까지 미완성이었습니다. 그는 하나님의 사람으로서 원시 아담의 입장에 내려오셨던 것입니다. 다시 말해서, 아담과 같이 백지의 인격으로 출발하셨다고 볼 수 있습니다. 아담과 같이 새 사유를 가지고 그는 지상의 생애를 시작하셨습니다. 그리고 그가 인자로 하나님에 대한 자유로서의 복종을 성취하는 때에 비로소 그의 인격은 완성되는 것입니다. 그때까지는 아직 미완성이라고 할 수 있습니다. 그러므로 어떤 때 한 청년이 "선한 선생님이여"막 10:17, 눅 18:18라고 부를 때 "네가 어찌하여 나를 선하다 일컫느냐 하나님 한 분 외에는 선한 이가 없느니라"^{막 10:18, 눅 18:19}고 대답하셨는데 생각건대 선한 이는 벌써 완성된 이를 말함이 아닐까 합니다. 하나님에 대한 복종을 성취하여 완전한 순종을 체득한 사람이 이상의 사람입니다. 예수님은 이러한 이상의 사람이 되시려고 고난의 시련을 경험하셨습니다. 고난에 의해 사람은 순종을 배웁니다. 십자가는 무엇보다도 먼저 예수님의 인격 완성을 위해 필요한 시련이었습니다. "그리스도가 이런 고난을 받고 자기의 영광에 들어가야 할 것이 아니냐 하시고"^{눅 24:26}라고 기록되어 있습니다.

예수님은 훌륭히 이 시련을 통과하셨습니다. 그는 자기를 낮추시고 십자가에 죽기까지 복종하셨습니다^{빌 2:8}. 그는 아들이시라도 받으신 고난으로 순종을 배우셨습니다^{히 5:8}. 이리하여 그는 완성되었습니다^{히 5:9}. 세계는 창조 이래 비로소 완성된 완전한 한 사람을 본 것입니다. 예수님이야말로 하나님의 창조의 이상이신 인물이 되었습니다. 이 까닭에 하나님은 그를 높이 올리사 모든 이름 위에 뛰어난 이름을 주셨습니다. 하늘에 있는 것, 땅에 있는 것, 땅속에 있는 것들이 다 예수의 이름에 무릎을 꿇게 하기 위해서입니다^{빌 2:9-10}. 예수님은 인자로서 완전히 되사 인자의 영광으로 들어가셨습니다. 우리는 다만 예수님께서 죽음의 고난을 받음으로써 영광과 존귀의 관을 쓰심을 확신합니다^{히 2:9}. 그러나 이처럼 예수님이 고난으로 완전히 된 것은 그 자신을 위해서가 아닙니다. "그것은 많은 아들을 이끌어 영광으로 들어가게 하시는 일"^{히 2:10}에 있었습니다. 예수님과 전 인류는 특별한 관계가 있습니다. 예수님은 인자인 동시에 많은 아들의 구원의 주님이십니다. 주님이란 수령, 임금 즉 인류의 완전한 대표자란 뜻입니다. 하나님은 온 인류를 구원하시기 위하여 저들 위에 예수를 임금으로 세우셨습니다. 많은 아들을 각각 완성케 해서 이들에게 영관(영광의 관)을 씌우려 하시는 대신에 먼저 오직 한 분이신 인자 예수를 완전케 하여 그에게 영광의 관을 씌우시고, 그 후 모든 인자를 그에게 결부시킴으로써 예수님의 인격이 그대로 저들의 인격이 되게 하셔서 예수님의 영관이 그대로 저들의 영관이 되게 하시는 방법을 취하셨습니다. 왜 그랬겠습니까? 이는 모든 사람이 죄를 범했기 때문에 하나님의 영광을 받기에 부족했기 때문입니다롬 3:23. 우리는 자신에 대해 실감하게 됩니다. 우리는 하나님 앞에 설 수 없는 자, 죄로 인하여 저주받고 소망 없이 죽은 자였습니다. 도저히 인자의 영광에 참여할 가치가 없는 자입니다. 그런데 예수님은 제2의 아담이 되셔서 완전하신 순종으로 인자의 광영의 관 씌움을 받고 범죄한 아담의 아들들을 자기에게 결부시키심으로 구원의 주님이 되신 것입니다. 이렇게 하여 인류에게 구원의 길이 열렸습니다. 우리는 그리스도와 같이 영광의 후사가 되었습니다롬 8:17. 참으로 인류의 영광을 위하여 그 임금을 고난에 의하여 완전케 하심은 만물의 목적이며 원인이 되신 이에게 합당하신 일이었음을 알 수 있습니다.

예수님의 죽음의 의미

십자가의 신앙적 의미는 지금까지 두 가지 견해가 있습니다. 하나는 우리의 살고 죽는 일의 모범으로서의 완전한 사랑과 순종을 거기에서 보는 것이며, 다른 하나는 우리의 속죄를 인정하는 것입니다. 어느 것이나 예수님의 십자가로써 하나님의 무한한 사랑을 보는 것이지만, 전자는 죄의 문제를 관련시키지 않고 보는 것이며, 후자는 인간의 죄악의 문제의 중요성을 강조하는 것입니다.

예수님은 사람들을 사랑하신 나머지 이 세상의 권력자들과 충돌하여 드디어 십자가에 달리셨습니다. 예수님은 십자가의 죽음을 아버지 하나님에 대한 완전한 순종으로 받으셨습니다. 그는 받으신바 고난에 의해 순종을 배워 죽기까지 복종하셨습니다. 그래서 아버지 하나님에게 기뻐하시는 자로 인자의 영광을 얻으시고 그를 신종信從하는 자들을 위하여 영원한 구속의 근원이 되셨습니다. 즉 예수님이 십자가에서 죽으신 것은 그처럼 사람을 사랑하시고 또 하나님에게 복종하신 결과로, 예수님의 십자가를 우러러보는 사람들 또한 사람을 사랑하고 하나님에게 순종하는 마음을 전승받게 하기 위함입니다. 이 예수님의 사랑과 순종의 신비적 전승이 인간 구원의 실체라고 보는 크리스천들이 있습니다. 이들은 주로 성경 베드로전서 2장 21절에 "이를 위하여 너희가 부르심을 입었으니 그리스도도 너희를 위하여 고난을 받으사 너희에게 본을 끼쳐 그 자취를 따라오게 하려 하셨느니라"의 말씀을 따르고 있는 줄 믿습니다. 우리 한국의 성도들은 이 말씀을 명심할 필요가 있다고 봅니다.

그런데 성경에는 예수님의 십자가를 대속의 증거로 말씀하신 데가 훨씬 더 많습니다. 예수님은 "세상 죄를 지고 가는 하나님의 어린 양"요 1:29이시며, 친히 "인자가 온 것은 섬김을 받으려 함이 아니라 도리어 섬기려 하고 자기 목숨을 많은 사람의 대속물로 주려 함이니라"마 20:28, 막 10:45고 말씀하셨습니다. 또 "우리가 그 피를 인하여 의롭다 하심을 얻었은즉"롬 5:9, "그 아들의 죽으심으로 말미암아 하나님으로 더불어 화목되었은즉"롬 5:10, "그리스도 예수 안에 있는 생명의 성령의 법이 죄와 사망의 법에서 너를 해방하였음이라"롬 8:2, "하나님이 죄를 알지도 못하신 자로 우리를 대신하여 죄를 삼으신 것은 우리로 하여금 저의 안에서 하나님의 의가 되게 하려 하심이나라"고후 5:21, "그 아들 안에서 우리가 구속 곧 죄 사함을 얻었도다"골 1:14, "그의 십자가의 피로 화평을 이루사 만물 곧 땅에 있는 것들이나 하늘에 있는 것들을 그로 말미암아 자기와 화목케 되기를 기뻐하심이라"골 1:20, "그리스도께서 우리를 위하여 저주를 받은바 되사 율법의 저주에서 우리를 속량하셨으니 기록된바 나무에 달린 자마다 저주 아래 있는 자라 하였음이라"갈 3:13, "그리스도께서 … 염소와 송아지의 피로 아니하고 오직 자기 피로 영원한 속죄를 이루사 단번에 성소에 들어가셨느니라"히 9:11-12, "이와 같이 그리스도도 많은 사람의 죄를 담당하시려고 단번에 드리신 바 되셨고 …"히 9:28라고 기록되어 있습니다. 그 밖에도 하나하나 다 들기 어려울 정도로 많습니다. 이들은 다 하나님과 사람 사이에 죄가 가로 놓여 있어서 이것 때문에 불화가 계속된다고 보며 이 죄의 속박으로부터 사람을 해방하여 하나님과의 사이에 화평을 얻게 하려고 예수님이 십자가를 지신 것으로 보는 것입니다. 그리고 구약성경의 율법과 예언에 기록되어 있는 것은 예수에 의하여 사실로 될 일의 상징이며 예표라고 하는 것입니다.

구약성경에는 다른 사람의 손에 넘어갔던 상속재산을 되사는 것을 '가알'이라고 하고 그 되사는 권리가 있는 사람을 '고엘'이라고 하였습니다. 즉 룻의 외삼촌 보아스가 룻의 '고엘'이었습니다룻 2:20; 3:9-12; 4:1-8. 노예 상태에서 대가를 지불하고 구출하는 것을 '가알'이라고 하며, 더 나아가 압제, 포로, 죄, 병, 죽음들로부터 구출하는 것을 '가알'이라고 하게 되었습니다. 한편 구약성경에는 또한 사람이 하나님 앞에 나아가려고 하면 하나님과 사람 사이에 화평을 이루는 일이 필요하다는 사상이 있었습니다. 그 또한 '가알', 즉 속죄라고 하였는데 '하나로 한다'(일체가 된다)는 뜻입니다. 이 사상의 바탕에는 하나님의 거룩이라는 관념이 있습니다. 하나님은 거룩하심으로 하나님의 본질상 죄에 대해서는 단연코 분노하신다는 것입니다. 그러므로 하나님 앞에 나아가려면 속죄함을 받지 않고는 불가능하다는 생각이 지배적이었습니다. 그래서 모세는 시내산에서 율법을 받은 뒤에 바로 희생 제물을 잡아 하나님께 드리는 의식을 행하도록 명령받았습니다. 즉 레위기 16장에 기록된 속죄 날의 제도가 바로 그것입니다. 희생의 가축이 사람을 죄의 속박으로부터 구출하기 위해 지불되는 '가알'로 여겨진 것입니다. 죄의 값은 죽음이므로, 사람이 죽어서 피를 흘리지 아니하면 죄의 속박으로부터 해방되지 못합니다. 그래서 그것을 자기가 치르는 대신 희생의 가축을 대신 내세워 그 죽음과 피로써 속죄하였던 것입니다. 이로써 하나님께 가까이 나아갈 수 있는 길을 연 것이 레위기의 '속죄 제도'이며, 그 가운데 죄인에 대한 하나님의 크신 사랑과 긍휼이 나타나 있는 것입니다.

그 밖에 희생의 피를 성소와 성단과 성 기구에 부은 것은 이것들에 붙어 있다고 생각되는 죄와 더러움을 씻기 위한 것이었습니다. 이것도 피에 생명이 들어 있다고 하는 사상에서 나온 것입니다. 이렇게 하여 사람에게서 죄가 제거되고 하나님과의 사이에 화평이 성립되어야 하나님께 나아갈 수 있다고 생각했으며, 그렇게 제거된 죄는 '아사셀의 산양'에게 지워져 멀리 광야로 보냄으로써 거기에 있는 아사셀에게 넘겨지는 것으로 안심하게 되었던 것입니다.

구약성경의 속죄 사상이 신약에서는 그리스도께서 속죄 주님으로서 피를 흘린 어린 양이시며, 하나님께 대속물을 드려 기도하는 대제사장이시며, 죄를 지고 광야로 내보낸 아사셀의 산양도 된다고 봅니다. 이렇듯 속죄에 관한 구약의 모든 제도와 사상은 그리스도의 몸에서 완전히 다 표현되었습니다. 이제 그리스도의 십자가 죽음으로 속죄받았음을 믿는 자들은 죄에서 온전히 해방되어 즉, 하나님의 분노가 해소되어 화평을 얻음으로 아무 두려움 없이 "아바 아버지여"라고 부르며 하나님께 가까이 나아갈 수 있게 되었습니다. 이것이 신약의 복음입니다

이상을 요약하면 예수님의 십자가의 죽음은 죄인에 대한 단순한 사랑의 표현으로서가 아니고 사죄의 효력을 가진 '대속'이라고 믿는 것이 성경의 가르침이요, 또 우리의 신앙적 체험입니다. 대속을 위해 자기 피를 흘리신 그 사건이야말로 예수님의 사랑의 극치입니다. 다시 말해 대속의 죽음인 고로 지극한 사랑의 죽음이라고 말할 수 있는 것입니다.

예수님의 부활 고전 15장

예수님의 부활은 성경에 기록된 대로 된 것입니다. 십자가에

돌아가셨던 것도 이사야서 53장에 기록된 대로 고난을 당하신 것이며, 또 "내 영혼을 음부에 버리지 아니하시며 주의 거룩한 자로 썩지 않게 하실 것이라"시 16:10; 49:9고 성경에 기록된 대로 부활하셨습니다. 부활하신 새벽에 막달라 마리아에게 나타나 보이시고요 20:15-18 그날에 엠마오로 가는 두 제자에게 나타나사 성경에 기록된바 자신에 관한 것을 자세히 설명해 주셨습니다눅 24:13-35. 그날 저녁에는 또한 여러 제자들에게 나타나사(도마는 없었음) "너희에게 평강이 있을지어다 성령을 받으라." 말씀하셨으며요 20:19-24, 일주일 후에 도마가 같이 있을 때에 또 나타나사 "너희에게 평강이 있을지어다." 하시며 도마에게도 확신을 주셨습니다. 또 디베랴 바다에서 제자에게 나타나 떡과 생선을 주시며 베드로에게 "내 양을 먹이라." 세 번 부탁하셨고, 그 후에 승천하실 때에도 500여 형제에게, 또 야고보와 바울에게 나타나셨습니다. 이들은 모두 진실한 사람들입니다. 이들보다 더 순수한 사람들은 찾아보기 어렵습니다.

예수님은 부활하셔서 자기의 사명을 완수하셨습니다. 예수님이 이 세상에 오심은 악마의 두 가지 큰 업적인 죄와 사망을 소멸하기 위한 것이었습니다. 십자가에서 죄를 대속하시고 부활하심으로 사망의 권세를 완전히 파하셨습니다. 그리스도 안에 있는 사람은 결코 정죄할 수 없습니다. 사망으로 위협할 수 없습니다. 생명의 성령의 법으로 죄와 사망의 법에서 해방된 까닭입니다. 예수님께서 혈육지신血肉之身으로 이 세상에 오셨던 것은 "자녀들은 혈육에 함께 속하였으매 그도 또한 한 모양으로 혈육에 함께 속하심은 사망으로 말미암아 사망의 세력을 잡은 자 곧 마귀를 없이 하시며 또 죽기를 무서워하므로 일생에 매여 종노릇하는 모든 자들을 놓아주려 하심이니"히 2:14-15라는 말씀을 성취하기 위하였던 것입니다. 과연 예수님은 죽은 자 가운데서 부활하셔서 하나님의 아들 된 것을 권능으로 나타내셨습니다.

예수님은 부활하셔서 은혜의 하나님에 대한 인류의 신앙을 수립했습니다. 인류는 오랫동안 죄로 인해 울면서 은혜의 봄을 구했습니다. 어떻게 해야 의롭다 여김을 받아 하나님 앞에 설 수 있을까 하는 것이 인류의 기원이었습니다. 이 심각한 눈물과 기원은 드디어 채워졌습니다. 아담의 모든 자손을 위하여 거룩하신 인자 예수님께서 그 피를 흘리시기에 이르러 마침내 인생의 겨울은 지나갔습니다. 속죄의 길이 열렸습니다. 죄인인 그대로 의로 여김을 받는 은혜의 봄이 왔습니다. 그러면 그 증거는 어디 있습니까? 바로 이 부활에 있습니다. 부활하셔서 "너희에게 평강이 있을지어다."라고 하시면서 그 영광의 자태를 나타내심에 있습니다. "가라사대 내가 은혜 베풀 때에 너를 듣고 구원의 날에 너를 도왔다 하셨으니 보라 지금은 은혜받을만한 때요 보라 지금은 구원의 날이로다"고후 6:2. 하나님은 죄인을 영접하시려고 두 손을 벌려 기다리고 계십니다. 이 일은 예수님이 부활하신 까닭에 확증되었습니다.

예수님의 부활은 사람에게 새 생명과 참사랑을 실현해 주셨습니다. 저는 믿음으로 거듭나게 된 때에 새 생명이 바로 예수님에게서 온 것임을 깨달았습니다. 저의 새 생명에는 틀림없이 예수님의 인격의 그 모습이 조금 나타나는 것을 느꼈습니다. 제가 받은 영은 확실히 한번 사람으로서 연약함을 친히 체험하신 이의 영이심을 압니다. 때때로 저는 약해져서 어떻게 기도할 바를 알지 못합니다. 그러나 저의 마음속에 계신 성령이 말로 다 할 수 없는 탄식으로 저를 위해 친히 기도해 주시는 것을 믿습니다. 제가 순수한 마음으로 사람을 사랑할 수 있을 때 그 마음은 인자이신 예수님의 사랑의 반영입니다. 무릇 나에게 선한 것이 있다면 그것은 다 그의 것입니다. 그리고 저는 조금씩이나마 천천히 그의 형상을 닮아가는 것을 믿습니다. "그리스도께서 내 안에 계셔서 사시는 것이다"갈 2:20라고 한 바울 선생의 말이 또한 저의 말이 되기를 원합니다.

예수님 이외에 누가 저를 지도할 분이 있겠습니까? 예수님은 지금도 그 특별하신 능력으로 우리를 인도하시고 계심을 저는 믿습니다.

부활 승천은 예수님의 생애에 큰 비약이었습니다. 이로 인해 그는 겸손에서 영광으로, 무력에서 능력으로 옮기셨습니다. 부활하신 예수님만이 능히 부활의 생명으로 들어가게 하실 수 있습니다. 그리스도교와 이것에 의해 일어나는 모든 선은 다 예수님의 부활에서 시작합니다. 하나님 본위의 생활과 영의 자유로서 기뻐서 하나님의 뜻, 그분의 선을 이루게 되는 것은 부활의 도덕입니다.

내세의 소망이 확실해졌습니다. 어떤 종교든지 신의 관념과 더불어 내세의 관념이 있습니다. 또 사람의 생명이 그 육체와 같이 썩지 않을 것이라고 하는 암시는 사람 성질의 구성 그것에도 나타나 있습니다. 그러나 하나님의 계시에 의하지 않은 내세의 관념이 저열하고도 애매하며 박약하다는 것은 역사와 문학이 잘 증명하고 있습니다. 크리스천 이외에 무덤 저편의 행복한 희망을 바라보면서 이 세상을 떠난 자가 어디 있습니까? 구약의 성도들은 가련하게도 이러한 경험에서 풍부하지 못했습니다.

사람의 생명은 영과 육으로 되어 있습니다. 사람은 자연 발달의 머리인 동시에 또한 하나님의 형상대로 지어졌습니다. 사람은 하나님과 자연과의 연쇄連鎖5입니다. 이 본래의 지위는 영구히 변함이 없습니다. 따라서 사람에게 내세 생활이 있다면 그것은 영혼과 더불어 또한 몸을 갖추어야 할 것입니다. 예수님은 부활하심으로 이것을 사실로 증명하셨습니다. 그분은 한번 죽어 음부에까지 내려갔었지만 다시 영화된 몸으로써 당당히 부활하셨습니다. "곧 산 자라 내가 전에 죽었었노라 볼찌어다 이제 세세토록 살아 있어 사망과 음부의 열쇠를 가졌노니"계 1: 18라고 친히 말씀하셨습니다.

부활하신 예수님에 의해 보이지 않는 세계가 열렸습니다. 죽음과 음부의 공포가 모두 사라졌습니다. 그는 과연 생명이요, 부활이십니다. 그러므로 그와 결합한 자는 반드시 그와 같이 부활할 수 있습니다. "무릇 살아서 나를 믿는 자는 영원히 죽지 아니하리니 이것을 네가 믿느냐"요 11:26. 예수님의 부활은 인류의 내세 생활의 근원이요, 보증인 것입니다.

우리의 소망은 베드로 사도가 말한바 소위 '산 소망'이어서 "찬송하리로다 우리 주 예수 그리스도의 아버지 하나님이 그 많

---

5. 여러 개가 한 데 어울리어 통일체統一體가 되게 맞물림

으신 긍휼대로 예수 그리스도의 죽은 자 가운데서 부활하심으로 말미암아 우리를 거듭나게 하사 산 소망이 있게 하시며"^{벧전 1:3}라고 하신 그 경륜에서 성취된 것입니다.

 예수님의 부활은 제게 있어 최대의 영감입니다. 이를 묵상할 때 저의 속에는 말로 다할 수 없는 빛나는 생각이 넘칩니다. 이러한 생각은 부활절에 자연의 찬미와 합하여 최고조에 달하게 됩니다. 그것은 너무나 고상하고도 아름다운 경험이어서 입과 붓으로는 차마 다 표현할 수가 없습니다. 우리는 때때로 한 떨기의 풀이나 꽃 또는 한 곡조의 음악에 무한의 기쁨을 느끼며 아무에게나 그 실감을 말로 표현할 수 없을 때를 경험합니다. 이러한 종류의 경험 중에서도 가장 이상적인 것이 곧 예수님의 부활에서 제가 받은 영감이라고 할 수 있습니다. 새 포도주는 새 부대에 넣어야 합니다. 부활의 영감 또한 불완전한 육신의 상태에서 온전히 표현한다는 것이 그 성질상 불가능하다 할 것입니다. 부활에 합당한 적절한 찬미는 인류의 부활 이후에야 나오게 될 것입니다.

<부산모임> 4권 1호(1971. 3. 4)

6. 예수님의 고난과 부활(2)

예수님의 고난 주간

예수님의 생애는 전반적으로 고난으로 점철된 생활이셨습니다. 특히 십자가에 달리시기 전 일주일간은 더욱 심하셨다고 생각됩니다.

예수님은 자신의 사명을 다시 확인하시고, 이것을 제자들에게 알리시기 위해 산수와 경관이 좋은 가이사랴 빌립보 지방으로 가셨습니다. 그곳에서 처음으로 인자가 장로들과 대제사장들과 서기관들에게 버림을 받고 십자가에 못 박혀 죽었다가 사흘 만에 부활하실 것을 가르치셨습니다. 이것은 그런 일을 당할 때 제자들로 하여금 놀라지 않고 낙망하지 않게 하려고 미리 가르쳐 주신 것입니다막 8:30, 마 16:21, 눅 9:22.

자기의 사명 수행을 알리시던 인자 예수님은 얼마나 괴로우셨을까요? 과연 그 제자들은 이 말씀을 이해할 수 있었을까요? 아닙니다. 베드로는 "주여 그리 마옵소서"마 16:22라고 권했습니다. 그러나 주님은 곧 "사단아 내 뒤로 물러가라 너는 나를 넘어지게 하는 자로다 네가 하나님의 일을 생각지 아니하고 도리어 사람의 일을 생각하는도다"마 16:23라고 하셨습니다. 이때 '주님의 마음은 얼마나 괴로웠을까?' 생각하게 됩니다.

주님은 거기서부터 갈릴리 지방을 다녀오실 때 이 말씀을 다시 제자들에게 하셨습니다마 17:22-23. 이 말씀에는 제자들에게 경각심을 일으키려는 뜻과 아울러 여러 가지 고민이 내포되어 있었다고 생각합니다. 그리고 주님은 제자들과 함께 마지막으로 예루살렘에 올라가시면서도 이 말씀을 세 번째로 다시 되풀이하셨는데, 이것이 바로 예수님의 고난과 부활에 관한 예언들이었습니다.

예수님의 고난은 예수님의 도전으로 시작되었습니다. 회개할 줄 모르는 당시의 유대교 지도자들, 즉 대제사장들과 서기관들과 바리새인들에게 먼저 비유로서 저들은 포도원 주인, 즉 여호와 하나님을 반역하는 농부들이라고 말씀하셨습니다마 21:33-46, 막 12:1-12, 눅 20:9-19. 그다음 "화 있을찐저 외식하는 서기관들과 바리새인들이여" 하시면서 일곱 번이나 회개를 촉구하셨습니다마 23:23-36, 눅 11: 42-52. 이 말씀은 예수님의 애족愛族하시는 마음과 인류에 대한 뜨거운 사랑에서 하신 것인데 서기관과 바리새인들은 더욱더 교만해지고 완고해질 뿐이었습니다.

그리고 또 제자들이 예루살렘 성전 건물을 보고 자만했을 때에는, 이 건물들이 "돌 하나도 돌 위에 남지 않고 다 무너뜨리우리라"마 24:2고 경고하시며, 또 예루살렘의 멸망과 예수님의 재림에 관한 예언을 하시고 "깨어 있으라"마 24:42; 25:13고 일러주셨습니다. 그리고 계속해서 열 처녀의 비유로 깨어 있을 것을 강조하셨습니다마 25:1-13. 그다음에는 달란트 비유마 25:14-30와 양과 염소 비유마 25:31-46, 그리고 열 므나 비유눅 19:11-27로써 믿음과 복음은 썩혀 두면 안 된다고 교훈하셨습니다.

이처럼 말세에 대한 경고와 함께 항상 깨어있어서 새 시대를 맞이할 준비를 하고 열심히 전도할 것을 가르치신 후, 예수님은 제자들과 여리고를 지나 예루살렘으로 올라가셨습니다. 이 길을 가시면서 예수님은 십자가를 지실 각오를 하고 계셨고, 그의 제자들과 따르는 무리는 예수님께서 예루살렘에 올라가시면 정변이라도 일어나서 유대 나라가 독립되고, 세계를 제패하게 되리라고 하는 막연한 꿈을 가지고 따라갔습니다. 그러나 예수님은 조금도 동요치 아니하시고, 오히려 그때그때 일어나는 일들을 옳게 처리하시는 데만 힘쓰셨습니다. 즉 여리고를 지나실 때는 소경 바디매오의 눈을 뜨게 해주셨고막 10:46-52, 마 20:29-34, 눅 18:35-43, 세리장 삭개오의 집에 들르셔서는 삭개오와 그 집을 구원하셨습니다눅 19:1-10. 즉 사랑과 믿음의 소유자이신 주님은 어떤 고난이 자기를 기다리고 있다 해도 소경을 그대로 버려둘 수 없으셨고, 또 민족의 반역자라고 일컫던 소외당한 사람일지라도 구원하시지 않고는 그냥 지나치실 수 없으셨던 것입니다. 여리고에서 예루살렘까지 60리나 되는 언덕길을 맨 앞서 늠름하게 주님께서 일행과 함께 걸어가셨습니다.

벳바게와 베다니에 가까이 오셨을 때에는마 21:1, 막 11:1, 눅 19:29 제자 중 둘을 보내시며 맞은 편 마을에 가서 나귀 새끼를 풀어오라고 하셨습니다. 제자들은 말씀대로 나귀 새끼를 끌고 와서 자기들의 옷을 나귀의 잔등과 길에 펴고 예수님으로 하여금 나귀 새끼를 타게 하신 후 종려나무 가지들을 길에 펴면서 그 위로 인도하였습니다. 이것은 스가랴 9장 9절의 말씀을 이루려 하심이어서 "시온의 딸아 크게 기뻐할찌어다 예루살렘의 딸아 즐거이 부를찌어다 보라 네 왕이 네게 임하나니 그는 공의로우며 구원을 베풀며 겸손하여서 나귀를 타나니 나귀의 작은 것 곧 나귀 새끼니라"라는 말씀이 응하신 것입니다. 과연 감람산 기슭을 서남쪽으로 돌아와 예루살렘 성이 바라보이는 곳에 이르니 무리는 소리높여 외쳐 "가로되 찬송하리로다 주의 이름으로 오시는 왕이여 하늘에는 평화요 가장 높은 곳에는 영광이로다"눅 19:38라고 하며 하나님께 찬양을 드렸습니다. 그리하니까 어떤 바리새인들은 그 찬양이 자기들의 마음에 들지 아니하고 또 소란죄로 고발이 될까 하여 예수님에게 그치도록 해 달라고 청했습니다. 그러나 주님은 말할 수 있는 특권을 가진 사람들이 찬송하지 아니하면 이 돌들이 소리 지를 것이라고 응수하셨습니다. 과연 예수님의 이 예루살렘 입성은 평화의 왕으로서 하나님의 의와 사랑을 이루시기 위하여 십자가를 지려고 들어가시는 것이어서, 인류의 죄를 대속하시고 온 인류를 하나님의 자녀로 회복하게 하시는 하나님의 구원 성취를 뜻하는 것이었습니다. 이 찬양은 온 인류와 자연, 즉 대우주의 찬양을 대표하는 것입니다. 아! 바리새인들은 왜 믿지 못하는지 답답함을 금할 수 없습니다.

예수님은 제자들과 무리의 찬양을 받으셨으나, 바리새인들의 불신에 대해서는 우셨습니다. 즉 예루살렘 성 안에 있는 유대교 지도자들의 불신을 생각하고 우신 것입니다. 오늘날이라도 이 종교지도자들이 평화에 관한 일을 생각하고 메시야인 예수님을 영접하기만 하면 이 성의 멸망은 면할 수 있을 텐데, 저희들에게 숨겨져 있으니 어찌하리요. 저희들은 외식과 형식으로 율법을 지키고 교만해져서 예수님을 영접하지 않았습니다. 그래서 예수님은 예루살렘의 멸망을 소상하게 예언하시고, 이어 예루살렘 성전으로 들어가셨습니다. 예루살렘성은 주후 70년에 로마장군 티투스Titus F. Vespasianus(39-81)에 의하여 완전히 파괴되고 황폐되었습니다. 그 이방인의 뜰, 즉 밖의 뜰에는 비둘기 파는 사람, 돈 바꾸는 사람들로 인하여 장사터가 되어있었습니다. 예수님은 저희들을 내어 쫓으시며 이르시기를 "내 집은 기도하는 집이 되리라 하였거늘 너희는 강도의 굴혈을 만들었도다"눅 19:46, 마 21:13, 막 11:17라며 책망하셨습니다. 즉 평화에 관한 일은 종교를 혁신하는데 있음을 시사하신 것입니다.

그날 저녁은 베다니에 가서 쉬게 되었는데 마리아는 준비했던 향유를 예수님의 발에 붓고 머리털로 씻어 자기도 모르게 예수님의 장례를 준비하는 예식을 행함으로써 주님을 위로했습니다.

가룟 유다는 그 뜻도 모르고 마리아의 사랑을 꾸짖었습니다. 마음이 바르지 못하면 아무리 좋은 이론을 가지고 판단한다고 해도 하나님의 뜻에 위배된다는 사실을 배우게 됩니다.

그 다음 날 예수님께서 예루살렘 성전에 들어 오시니 대제사장과 장로들과 서기관들이 "무슨 권세로 성전 숙청을 감행했는가?"하고 대들었습니다. 예수님께서는 요한의 세례가 하늘로서냐 사람에게서냐 하고 반문하셨습니다. 저희들이 대답하되 "알지 못한다." 하므로 예수님께서도 무슨 권세로 이런 일을 하는지 이르지 아니하리라고 하셨습니다. 이와 같이 종교 지도자들과 강경히 싸우시고 저녁에는 제자들의 발을 씻기시고 본을 보여 주시면서 새 계명을 주셨습니다. 즉 "새 계명을 너희에게 주노니 서로 사랑하라 내가 너희를 사랑한 것 같이 너희도 서로 사랑하라"요 13:34고 교훈하셨습니다. 또 "너희는 마음에 근심하지 말라 하나님을 믿으니 또 나를 믿으라 … 내가 곧 길이요 진리요 생명이니 나로 말미암지 않고는 아버지께로 올 자가 없느니라"요 14:1-6고 위로하시며 교훈하셨습니다.

또 다음날 성전에 들어가시니 서기관과 바리새인의 정탐들이 와서 "우리에게 이르소서 가이사에게 세를 바치는 것이 가하니이까 불가하니이까"마 22:17, 막 12:14, 눅 20:22하고 물었습니다. 예수님은 그 간계를 아시고 데나리온 하나를 가져오라 하시고 누구의 화상과 글이 여기 있느냐 반문하시면서 가이사의 것은 가이사에게 하나님의 것은 하나님에게 바치라고 대답하셨습니다.

또 부활이 없다고 주장하는 사두개인들의 질문에 대하여는 부활함을 얻기에 합당히 여김을 입은 자들은 천사와 같이 하나님의 자녀로 부활하므로 이 세상 사람들처럼 혼인하는 일이 없다고 가르치셨습니다. 그래서 서기관들도 그 대답이 옳다고 했습니다.

저녁에는 제자들에게 "나는 포도나무요 너희는 가지니 저가 내 안에, 내가 저 안에 있으면 이 사람은 과실을 많이 맺나니 나를 떠나서는 너희가 아무것도 할 수 없음이라"요 15:5고 가르치셨고, 또한 자신이 세상을 떠나 아버지께로 가면 또 다른 보혜사를 보내주시겠다고 약속하시며, 그가 와서 죄에 대하여, 의에 대하여, 심판에 대하여 세상을 책망하시리라고 하셨습니다. 또 진리의 영인 성령께서 오시면 그가 너희를 모든 진리 가운데로 인도하시리라고 하셨습니다요 16:13. 이것은 제자들을 끝까지 사랑하시고 위로하신 말씀입니다.

유월절이 가까이 왔을 때 서기관과 대제사장들은 가룟 유다와 약속하기를, 무리가 없을 때에 예수를 넘겨주도록 의논했습니다. 한편 예수님께서는 베드로와 요한에게 유월절을 마련하여 함께 모여 먹을 것을 준비하도록 명하셨습니다. 목요일 저녁에 큰 다락방(아마도 마가 요한의 다락방)에 유월절 잔치가 예비되었고 예수께서 사도들과 함께 앉으사 제자들의 보전과 합일을 위하여 기도하시고요 17장, 떡을 가져 축사하시고 떼어 주시며 하시는 말씀이 "이것은 너희를 위하여 주는 내 몸이라 너희가 이를 행하여 나를 기념하라 하시고"눅 22:19 또 잔을 들어 축사하시고 돌리시면서 하시는 말씀이 "이 잔은 내 피로 세우는 새 언약이니 곧 너희를 위하여 붓는 것이라"눅 22:20고 하시면서 제자들을 끝까지 사랑하셨습니다. 가룟 유다의 마음도 변화시켜 보려고 사랑의 표현을 다 하셨습니다. 그러나 마귀에게 사로잡혔던 유다는 대제사장들과 서기관에게로 가서 자신의 선생님인 예수를 팔았습니다.

예수님과 다른 제자들은 전날과 같이 기드론 시내를 건너 감람산 기슭 겟세마네 동산으로 들어갔습니다. 여기에서 예수님은 피와 같은 땀을 흘리시면서 세 번씩이나 이 잔을 면케 하여 주시기를 빌었으나 나중에는 "그러나 내 원대로 마옵시고 아버지의 원대로 되기를 원하나이다"눅 22:42라고 기도하셨습니다. 이것은 최고로 고통스런 기도였고, 또 이 기도로 최고의 고통을 이겨내고 승리하셨습니다.

이때에 가롯 유다는 군관들과 같이 예수님을 잡으러 왔습니다. 예수님은 제자들이 무사히 돌아가도록 저들에게 손을 대지 못하도록 하셨습니다. 성급한 베드로는 말고의 귀를 환도(環刀)로 내리쳐서 땅에 떨어뜨렸습니다. 예수님은 베드로에게 환도를 집에 꽂으라 하시고 말고의 귀를 제자리에 붙여 주셨습니다. 예수님은 저들이 인도하는 대로 안나스에게로, 가야바의 집 뜰로, 빌라도의 관정에로, 헤롯에게로 끌려갔다가 다시 빌라도에게 돌아오셔서 재판을 받으셨습니다. 빌라도는 무죄를 인정하면서도 유대 종교 지도자들의 강요에 못 이겨 예수님을 십자가에 못 박히시도록 내어 주었습니다. 가련한 빌라도는 큰 죄를 범했던 것입니다. 이후 예수님은 하나님의 어린 양으로서 세상 죄를 다 짊어지시고 십자가의 고난을 당하셨습니다. 가롯 유다와 같이 반역하는 자의 죄, 빌라도와 같이 연약하여 범죄하는 우리의 죄까지도 다 담당해 주셨습니다. 이처럼 무한히 크신 하나님의 의와 사랑을 다시 짓밟아서야 되겠습니까? 우리는 마땅히 우리의 가슴을 치며 통곡하고 회개하지 아니하면 안 됩니다. 다시는 연약해서 반역하는 죄를 지어서는 안 되겠습니다. 진정 저는 오늘로 저의 육의 탐심과 정욕은 완전히 죽어 없어지기를 간절히 기도하며 저의 전 인격을 가지고 결심합니다. 다시는 주님을 떠나지 않기로, 다시는 이 세상에 흥미를 갖지 않기로 내 마음에 다짐합니다. 죄는 이처럼 심각한 것입니다. 하나님 자신이 십자가에 달려 죽지 않으셨으면 안되리만치 심각한 것이 죄입니다. 그러니 우리가 어찌 다시 죄에 빠질 수 있겠습니까.

우리는 완전히 죽어야 다시 삽니다. 다시 살아야 다시는 죄를 범하지 않게 됩니다. 육체로 다시 사는 것이 아니고 영의 몸으로 부활하신 주님과 같이 다시 살아야 하겠습니다.

예수님은 부활하셨다

예수님께서 십자가에 달려 돌아가시기 전 그 일주일 어간의 거룩하신 삶을 생각할 때, 그 생명은 육이 죽음으로써 없어질 것이라고는 도저히 생각할 수가 없습니다. 시편에 예언한 대로 거룩한 자로 썩는데 이르지 않게 하시므로 부활하게 되셨습니다 시 16:10.

예수님이 부활하셔서 40일간 제자들에게 여러 번 나타나셔서 너희에게 "평강이 있을지어다." 축복하여 주시고 또 "내 양을 먹이라." 분부하셨습니다. 또 승천하실 때는 5백여 제자가 보았습니다.

그 후 바울에게는 다메섹 도상에서, 요한에게는 밧모 섬에서 나타나 보이셨으며, 또 그 후에 많은 성도가 환난과 핍박을 당할 때에 부활하신 주님 안에서 믿음으로 승리하였던 것을 우리는 잘 압니다. 저도 성경 말씀을 통하여 부활하신 예수님을 믿고 이 세상 사회에서 버림을 당했을 때 예수님과 교통함으로써 낙망하지 않고 저의 책임에 충실할 수가 있었습니다. 그 후에 영원한 생명 곧 사랑과 내세를 경험하게 되었습니다.

그러면 부활의 원리가 이 세상에도 나타나 있습니까? 그것은 이 자연계에서 얼마든지 찾아볼 수 있습니다. 밀알이 땅에 떨어져 죽으면 즉시로 움이 트고 자라서 많은 열매를 맺게 됩니다. 겨울이 지나고 꽃이 땅 위에 만발하는 것은 부활의 영광을 드러내는 것입니다. 또한, 혈육의 사람이 자신의 혈기로 말미암아 남과 자기를 해하며 괴로워하던 삶에서 돌이켜 예수님을 구주로 영접하여 새로 거듭난 이후에는 하나님 본위로 살게 되고, 기뻐 선을 행하게 되는 것은 부활 신앙으로 다시 살게 되는 증거입니다.

사도 바울 선생은 부활하신 주님을 만나기 전에는 율법을 지킴으로써 의를 얻으려고 하다가 "오호라 나는 곤고한 사람이로다 이 사망의 몸에서 누가 나를 건져내랴"롬 7:24 탄식하였는데, 다메섹으로 내려가던 길에서 부활의 주님을 만난 후에는 "우리 주 예수 그리스도로 말미암아 하나님께 감사하리로다 그런즉 내 자신이 마음으로는 하나님의 법을, 육신으로는 죄의 법을 섬기노라"롬 7:25고 했습니다. 즉 거듭나기 전에는 그리스도를 핍박하다가, 거듭난 후에는 종으로서 그리스도의 십자가와 부활을 증거하는 일에 전심하게 되었습니다. 만삭 되지 못하여 난 자 같은 우리도 이 세상 지혜에서는 이 세상 사람 같지 못하지만 예수 그리스도만으로 만족하고 사랑과 기쁨과 평화의 삶을 살 수 있게 되는 것은 부활신앙 곧 영적 생활을 살게 될 증거입니다.

예수님은 부활하심으로 사단의 두 가지 업적을 소멸하셨습니다. 사단은 항상 인간 세상에서 인류를 유혹하여 죄와 사망으로 인도하고 있습니다. 그래서 예수님은 그 사단의 역사를 파괴하려고 오셨던 것입니다. 만일 예수님이 부활하시지 못했더라면 예수님의 사명은 실패했을 것입니다. 그러나 예수님께서 부활하셔서 죄와 사망의 권세자 사단의 머리를 깨뜨려 사람들을 그 속박에서 해방해 주셨습니다. 그리고 예수님은 부활하셔서 내세의 소망을 주시고 또한 믿고 따르는 사람들에게 승리의 생활, 성결의 생활을 하도록 인도해 주셨습니다. 그러므로 우리는 부활하신 주님과 함께 인류를 사단의 피해로부터 구출하는 일에 전심전력하는 자가 됩시다. 주님의 고난에 감격하여, 그의 발자취를 기뻐 따라감으로써 부활 체험에 이르게 되시기를 바랍니다.

<부산모임> 11권 2호(1978. 4)

7. 부활절과 예수님의 인격

부산 교도소의 교무과장으로부터 1984년 3월 22일 오전 9시 30분에 교도소로 와서 좋은 말씀을 전해 달라는 부탁을 받았습니다. 이날은 부활주일로 기념, 축하하는 날이었습니다. 저는 부활하신 예수 그리스도를 전함으로써 듣는 이들이 부활하신 예수를 믿을 수 있기를 바라는 심정으로 이 말씀을 준비하기로 했습니다.

"주의 성령이 내게 임하셨으니 이는 가난한 자에게 복음을 전하게 하시려고 내게 기름을 부으시고 나를 보내사 포로된 자에게 자유를, 눈먼 자에게 다시 보게 함을 전파하며 눌린 자를 자유케 하고 주의 은혜의 해를 전파하게 하려 하심이라 하였더라"
눅 4:18-19

이 말씀은 구약 이사야 61장 1-2절의 예언이 예수님에게서 이루어진 것을 예수님께서 스스로 느끼시고 회당에서 읽으셨던 것입니다. 예수님의 인격은 진실하셔서 하나님의 말씀 그대로 성취하셨습니다. 예수님의 생각은 성령의 인도 하심으로 하나님의 생각과 같았습니다. 그래서 가난한 자에게 복음을 전하셨습니다. 심령이 가난한 자가 복이 있나니 하나님의 나라가 너희들의 것이라고 선언하셨습니다. 예수님은 육적으로, 또 심적으로 가난하여 비어 있는 분이셨습니다. 교도소에 계신 여러분은 예수님과 같이 육과 심령으로 가난한 분들이어서 여러분을 위하여 십자가에 매달려 돌아가신 예수님을 우러러보실 때에, "오늘 네가 나와 함께 낙원에 있으리라"눅 23:43 하시는 음성을 들으시게 될 것입니다.

예수님의 인격은 포로된 자에게 자유를 주십니다. 인간은 누구나 본능적으로 욕구를 가지고 있습니다. 욕구 그 자체는 결코 죄가 아닙니다. 그러나 이러한 욕망에 사탄이 틈을 타고 들어와서, 우리의 인격을 지배하게 되면 우리 자연인으로서는 이것을 이길 능력이 없습니다. 우리는 사탄에게 포로가 되어 자유하지 못합니다. 불의에 속하여 사탄의 유혹에 빠지는 우리를 자유케 하려고 예수님은 십자가를 지셨습니다. 그리고 부활하셔서 온 인류를 사탄의 포로 상태에서 해방케 하여 자유케 하셨습니다.

예수님은 눈먼 자에게 다시 보게 함을 전파하셨습니다. 사람은 육의 눈으로 보고 무엇을 깨닫는다고 자처하나 죄로 말미암아 심판받게 될 것을 알지 못하며 살고 있습니다. 즉 암흑 가운데 갈 길을 바로 보지 못하고 세상의 사조를 따라 살고 있습니다. 예수님이 십자가를 지심으로 우리도 자기를 이기고, 자기 십자가를 지고 주님을 따라가야 할 것을 배웠습니다. 남에게 영원한 생명을 전달하기 위하여 자기를 희생하는 사랑이 사람의 도리임을 알게 되었습니다. 이것은 예수님의 부활하심으로 성령이 우리에게 임하셔서 우리로 하여금 인생의 살길을 밝혀보고 따라가게 하신 것입니다.

예수님은 눌린 자를 자유케 하셨습니다. 친히 십자가를 지심으로 악령의 압제하에 신음하는 인류를 자유케 하셨습니다. 그리고 부활하심으로써 죄악에 얽매인 우리를 자유케 하셨습니다. 사망 권세를 이기고 부활하신 그 능력을 온 인류에게 주신 것입니다.

예수님은 주님의 은혜의 해, 곧 주님의 나라가 우리의 손과 마음에 임하여 있음을 전파하셨습니다. 주님의 나라가 하늘에서 준비되어 있다가 하늘로부터 내려오고 있음을 전파하게 하신 것입니다.

예수님의 인격은 진실하셔서 그의 십자가와 부활을 통하여 나타난 그의 인격을 우러러보게 될 때에 우리의 인격은 갑자기 변화되어 주의 은혜의 해를 전파하게 될 것입니다. 예수님의 십자가와 부활은 예수님의 인격의 힘이 나타난 것으로 하나님께서 그것을 성취하심으로 인류 구원의 보장을 삼으신 것입니다.

예수님의 인격은 세상 죄를 지고 십자가에 달리셨고, 예수님의 부활은 예수님의 신격을 보여 주시고 사람으로 하여금 영생을 얻을 것을 보여 주셨습니다. 예수님의 부활을 체험한 사람은 이 세상에서 죄악에 침륜되지 않습니다. 그 사람의 심령은 완전히 자유합니다.

<부산모임> 17권 2호(1984. 4)

8. 이 세대를 구원하시는 주 예수 그리스도

여러분의 오심을 환영합니다. 특히 멀리 일본에서 오신 여러분을 감사한 마음으로 환영합니다.

이번 주제를 "이 세대를 구원하시는 주 예수 그리스도"라고 정하게 된 것은 작년의 칼KAL기 피격사건과 랑군(양곤)에서의 폭발 사건을 접하고서 이 세대가 이렇게도 험악한가, 어떻게 하면 이 세대를 구원할 수 있을까를 생각하다가 다만 주 예수 그리스도의 능력만이 이 악한 세대를 구원할 수 있겠다고 생각되어 이 주제를 선택하게 되었습니다.

예수님은 1984년 전 이 땅에 오셔서 하나님 나라의 복음을 전파하시고 인류의 죄를 십자가 위에서 대속하여 주시고 한 번 무덤에까지 내려가셨다가 3일 만에 부활하셔서 인류의 구령사업을 완성하셨습니다. 그 후 예수님을 구주로 믿는 제자들의 전도와 신앙 생활을 통하여 주님의 교훈은 전달되어 왔습니다. 그 역사는 많은 변천을 거쳐 지금까지 이르고 있습니다마는 초대교회에서는 많은 고난과 핍박에도 불구하고 그 신앙만큼은 견지되어 왔다고 할 수 있습니다.

기원후 300년경 콘스탄티누스Flavius V. Constantinus 대제가 기독교를 국교로 삼은 이후 기독교의 외세는 융성해진 것같이 보였으나, 내부는 부패 타락하여 로마 제국은 동과 서로 분열되었습니다. 그리고 로마 제국의 붕괴와 더불어 중세기 기독교는 소위 암흑시대로 접어들게 된 것입니다.

그 후 문예 부흥시대에 이르러서는 눈에 보이지 않는 하나님은 실제로도 존재하지 않는다는 생각이 널리 통용되어, 사람의 오감으로써 느낄 수 있는 것만을 진실한 것으로 추구하게 되었습니다. 그래서 사람은 자기의 지식과 생산물만을 가지고도 충분히 사람답게 살 수 있다고 자만해서는 하나님으로부터 멀어지게 된 것입니다.

16세기에 마틴 루터에 의해 종교개혁이 단행되어 속죄론은 확실히 정립된 것으로 생각되지만, 그 시대의 인생철학과 물질문명은 인간 본위로 된 것입니다. 특히 18세기 산업혁명 이후 영국에서는 벤담·스튜어트 밀 등에 의하여 공리주의功利主義: 자기 사랑에서 행복을 찾는 것을 도덕의 근본으로 함가 일어나고 불란서에서는 생시몽과 콩트 등에 의하여 실증주의實證主義가 선행되고, 미국에서는 제임스와 듀이 등에 의하여 실용주의實用主義 철학이 강조되어서 어느 것이나, 현실적 물질주의가 과학주의와 더불어 인간 생활을 지도하게 되었습니다. 한국에 있는 기독신도들도 이상의 현실적 물질주의에 현혹되어 기독교의 인격적 이상주의에서 떠나 버리고 말았습니다.

최근 한국에서 일어나고 있는 부조리, 부정, 부패는 이상의 것을 논증하는 것이라고 생각합니다. 즉 청소년의 비행은 세계적 경향이라고 하지마는 그 범행의 악랄함, 폭력에 의한 살인·강도·난륜亂倫 등은 증가 일로에 있습니다. 또 여인들의 허영심에 의한 범죄, 예를 들면 장영자의 큰손, 중매인으로서의 마담뚜, 비밀남창이라고 하는 제비족, 재벌의 부동산 매점, 정치인들의 부정 축재, 대구에서의 어떤 사립중고등학교 이사장의 거액의 부정사건, 종교인들의 교권 다툼, 이름있는 목사의 달러 반출의 기도企圖등은 참으로 한심함을 금할 길이 없습니다. 이뿐만 아닙니다. 한국에서는 적그리스도의 징후가 일어났습니다. 문○○과 박○○은 자기들이 그리스도라고 자칭하고 있습니다.

중동에서는 이란과 이라크의 전쟁이 그치지 않고 있고 소련과 미국은 무장 경쟁을 계속 진행하고 있습니다. 평화의 소리는 극히 미약할 따름입니다. 이때에 우리는 스스로를 반성하고 회개할 길 밖에 다른 도리가 없습니다.

저는 여기서 다윗의 회개의 시를 소개하려고 합니다. 즉 우리가 잘 알고 있는 시편 51편입니다.

1. 하나님이여 주의 인자를 좇아 나를 긍휼히 여기시며 주의 많은 자비를 좇아 내 죄과를 도말하소서
2. 나의 죄악을 말갛게 씻기시며 나의 죄를 깨끗이 제하소서
4. 내가 주께만 범죄하여 주의 목전에 악을 행하였사오니 주께서 말씀하실 때에 의로우시다 하고 판단하실 때에 순전하시다 하리이다
7. 우슬초로 나를 정결케 하소서 내가 정하리이다 나를 씻기소서 내가 눈보다 희리이다
9. 주의 얼굴을 내 죄에서 돌이키시고 내 모든 죄악을 도말하소서

10. 하나님이여 내 속에 정한 마음을 창조하시고 내 안에 정직한 영을 새롭게 하소서
11. 나를 주 앞에서 쫓아내지 마시며 주의 성신을 내게서 거두지 마소서
12. 주의 구원의 즐거움을 내게 회복시키시고 자원하는 심령을 주사 나를 붙드소서 …
17. 하나님의 구하시는 제사는 상한 심령이라 하나님이여 상하고 통회하는 마음을 주께서 멸시치 아니하시리이다

저는 현실의 우리나라의 죄악을 생각할 때에 니느웨 성의 회개를 생각하게 됩니다. 즉 요나는 하나님의 명령을 니느웨 성에 가서 전했습니다. "사십일이 지나면 니느웨가 무너지리라"욘 3:4 라고 외쳤습니다. 그랬더니 니느웨 사람들은 하나님을 믿고 단식을 명하고 큰 자로부터 작은 자에 이르기까지 베옷을 입었습니다. 이 소문이 니느웨 왕에게 들리니 왕은 왕좌에서 일어나 조복을 벗고 베옷을 입고 재 중에 앉아서 왕과 대신들의 포고를 가지고 니느웨 온 도성에 이것을 반포하게 했습니다. 즉 "… 각기 악한 길과 손으로 행한 강포에서 떠날 것이라 하나님이 혹시 뜻을 돌이키시고 그 진노를 그치사 우리로 멸망치 않게 하시리라 그렇지 않을 줄을 누가 알겠느냐 한지라"욘 3:8-9 "하나님이 그들의 행한 것 곧 그 악한 길에서 돌이켜 떠난 것을 감찰하시고 뜻을 돌이키사 그들에게 내리리라 말씀하신 재앙을 내리지 아니하시니라"욘 3:10

현재 우리에게 이와 같은 회개가 바람직합니다. 그런데 무신론자는 물론 하나님과 그리스도를 믿는다고 하는 사람들까지도

마음과 입으로는 그렇게 말하면서도 회개의 행동과 생활의 징후가 보이지 아니하니 답답할 뿐입니다. 현대의 기독교 지도자들은 예수님 당시의 유대교 지도자들 못지않은 위선자가 되어 있습니다.

"화 있을찐저 외식하는 서기관들과 바리새인들이여 너희가 박하와 회향과 근채의 십일조를 드리되 율법의 더 중한바 의와 인과 신은 버렸도다… 소경된 인도자여 하루살이는 걸러내고 약대는 삼키는도다"마 23:23-24 이것이 현 기독교의 목사들과 장로들에게 적당한 책망의 말씀이 아니겠습니까?

현 위정자들의 부정부패, 경제인들의 탐욕, 교육계의 쇠퇴, 기독교계의 4분 5열 모두 다 우리 그리스도인의 책임입니다. 즉 이기주의적 탐심과 우상숭배의 결과입니다. 우리는 역사를 통해 이를 몇 번이나 되풀이하여 배우고 경험하였지 않습니까? 이러고서도 어찌 멸망하지 않을 수 있겠습니까? 마치 예레미야 때와 마찬가지로 모세, 사무엘과 같은 기도의 용장들이 합심기도 한다고 해도 듣지 아니하시겠다고 말씀하시지 않겠습니까? 렘 15:1-10 이상의 모든 죄악의 결국은 사람의 탐심, 정욕 및 소유욕에 사단이 틈타고 들어와 우리의 인격을 포로로 해서 활동한 결과임에 틀림이 없는 것입니다.

예수 그리스도께서는 이러한 근본 죄악을 모두 소멸해 주셨는데 우리 신도들은 어찌하여 이와 같이 타락해 있는지 도무지 모를 일이어서 한심할 뿐입니다. 그렇다고 우리가 낙망하고 좌절할 것이겠습니까? 아닙니다. 오늘 우리와 같은 조그마한 그룹이 매일 회개하며 그리스도의 구원을 바라고 정진하고 있습니다.

언제나 바알에게 무릎을 꿇지 않은 7천 인이 있었습니다.

저는 여기서 예수님께서 제자들에게 결별 유훈으로 주신 말씀을 요약해서 교훈을 삼고자 합니다. 요한복음 14장 이하를 보면 1절에 "너희는 마음에 근심하지 말라 하나님을 믿으니 또 나를 믿으라" 또 7절에는 "너희가 나를 알았더면 내 아버지도 알았으리로다 이제부터는 너희가 그를 알았고 또 보았느니라"고 선언했습니다. 이때 제자 빌립은 예수님에게 "주여 아버지를 우리에게 보여 주옵소서 그리하면 족하겠나이다"요 14:8하고 말했습니다. 예수께서 대답하시기를 "빌립아 내가 이렇게 오래 너희와 함께 있으되 네가 나를 알지 못하느냐 나를 본 자는 아버지를 보았거늘 어찌하여 아버지를 보이라 하느냐 나는 아버지 안에 있고 아버지는 내 안에 계신 것을 네가 믿지 아니하느냐 내가 너희에게 이르는 말이 스스로 하는 것이 아니라 아버지께서 내 안에 계셔 그의 일을 하시는 것이라 내가 아버지 안에 있고 아버지께서 내 안에 계심을 믿으라 그렇지 못하겠거든 행하는 그 일을 인하여 나를 믿으라"요 14:9-11고 말씀하셨습니다. 여기서 믿으라고 하신 것은 생명을 같이 한다는 뜻입니다. 우리가 예수님을 구주로 영접할 때 우리의 심령은 그리스도의 심령과 하나가 됩니다. 그렇게 되면 우리의 언행심사가 성령의 활동으로 행해지는 고로 주의 이름으로 원하는 바는 무엇이든지 아버지 뜻에 적합하게 되는 것입니다. 그러므로 예수님의 이름으로 구하면 다 이루어지게 됩니다. 이것은 예수님이 아버지의 뜻 곧 속죄 구령을 이뤄 아버지로 하여금 아들 예수로 인하여 영광을 얻으시게 하려

함입니다. "내 이름으로 무엇이든지 내게 구하면 내가 시행하리라"요 14:14

그리스도의 십자가는 하나님의 의와 사랑을 나타내고 있습니다. 그래서 제자들과 예수님이 하나로 된 증거는 제자들이 예수님의 계명을 지키는 것으로 나타나게 될 것입니다. 다시 말하면 제자들이 주님의 사랑을 체험해서 그와 같은 사랑으로 서로 사랑하는 일입니다. 예수님의 사랑은 원수까지 사랑하는 희생적 사랑이므로 자연인으로서는 불가능하지마는 예수를 믿게 되면 성령께서 이 사랑의 실천을 도와주시게 됩니다. 그래서 예수님은 "내가 아버지께 구하겠으니 그가 또 다른 보혜사[도와주는 주님]를 너희에게 주사 영원토록 너희와 함께 있게 하시리니 저는 진리의 영이라"요 14:16-17고 말씀하셨습니다. 그리고 이것에 덧붙여서 "보혜사 곧 아버지께서 내 이름으로 보내실 성령 그가 너희에게 모든 것을 가르치시고 내가 너희에게 말한 모든 것을 생각나게 하시리라"요 14:26고 하셨습니다. 그리고 이 성령을 받는 날에는 "내가 아버지 안에, 너희가 내 안에, 내가 너희 안에 있는 것을 너희가 알리라"요 14:20고 하셨고 계속해서 "나의 계명을 가지고 지키는 자라야 나를 사랑하는 자니 나를 사랑하는 자는 내 아버지께 사랑을 받을 것이요 나도 그를 사랑하여 그에게 나를 나타내리라"요 14:21고 말씀하셨습니다. 이 말씀은 아버지 하나님과 그 아들 예수 그리스도와 또한 그를 믿는 제자들이 내면일체內面一體가 되는 것을 밝히신 것입니다.

그다음에는 예수님과 제자들이 하나가 되어 열매를 맺는 일에 대해서, 포도나무와 그 가지와의 관계로써 설명해 주셨습니다.

"사람이 내 안에 거하지 아니하면 가지처럼 밖에 버리워 말라지나니 사람들이 이것을 모아다가 불에 던져 사르느니라"요 15:6고 가르쳐 주셨습니다. "너희가 과실을 많이 맺으면 내 아버지께서 영광을 받으실 것이요 너희가 내 제자가 되리라 아버지께서 나를 사랑하신 것같이 나도 너희를 사랑하였으니 나의 사랑 안에 거하라"요 15:8-9고 하시며 계속해서 "내가 아버지의 계명을 지켜 그의 사랑 안에 거하는 것같이 너희도 내 계명을 지키면 내 사랑 안에 거하리라"요 15:10고 내면일체를 다시 강조하셨습니다. 사랑하는 자는 계명을 지키게 되며 계명을 지키는 자는 곧 사랑 안에 거하는 자이므로 내면일체가 되어 열매가 많이 맺게 된다는 것입니다.

다음에는 수난 공동체受難 共同體에 관해서 말씀하셨습니다. 즉 "너희가 세상에 속하였으면 세상이 자기의 것을 사랑할 터이나 너희는 세상에 속한 자가 아니요 도리어 세상에서 나의 택함을 입은 자인 고로 세상이 너희를 미워하느니라… 나를 미워하는 자는 또 내 아버지를 미워하느니라"요 15:19,23. 실제로 예수님의 제자들은 주님의 말씀을 지키고 성령의 인도로 아버지와 아들이신 예수님과 하나로서의 공동생활을 하게 됨으로써 사단에게 속한 세상 사람들로부터 미움과 핍박을 받게 되는 것입니다. 이러한 사실이 그의 제자가 된 우리가 예수님과 하나가 된 제일의 증거입니다. 교회에서도 예수님의 교훈을 지키고 실행하는 때에는 교권자들에 의하여 출교를 당하고 제명이 되는 것입니다. 또한 죽임을 당하게 될 것입니다. 그리고 죽이는 자가 도리어 하나님을 위해서 일한다고 생각하는 것입니다. 마치 그리스도께서 유대의 율법학자와 바리새인들에게 잡혀 죽임을 당하신 것과 같습니다. "그러하나 진리의 성령이 오시면 그가 너희를 모든 진리 가운데로 인도하시리니 그가 자의로 말하지 않고 오직 듣는 것을 말하시며 장래 일을 너희에게 알리시리라 그가 내 영광을 나타내리니 내 것을 가지고 너희에게 알리겠음이니라"요 16:13-14

수난 공동체는 오래지 아니하여 영광 공동체榮光 共同體로 있는 것을 알게 될 것입니다. 사도 바울 선생은 "생각건대 현재의 고난은 장차 우리에게 나타날 영광과 족히 비교할 수 없도다"롬 8:18라고 말했습니다. 지금도 영광 공동체를 바라보고 수난 공동체의 생활을 하게 되면 성령의 인도 하심을 따라 현재의 고통도, 근심도 변하여 마음의 기쁨이 될 것입니다. 이와 같은 기쁨은 빼앗을 자가 없습니다. 왜냐하면 그날에는 우리가 그리스도의 성품을 가지고 아버지에게 구하게 될 것이므로 소원대로 다 이루어질 것인 까닭입니다. 즉 원수도 사랑하게 되고 또 원수를 위하여 기도하면 원수도 회개하고 돌아와 구원을 얻게 될 것입니다. 저는 이 소망을 늘 가지고 기도합니다. 주님께서 제자들에게 "내가 진실로 진실로 너희에게 이르노니 나를 믿는 자는 나의 하는 일을 저도 할 것이요"요 14:12라고 하셨는데, 저는 이러한 뜻이 아닌가 하고 생각해 봅니다.

현재 우리가 간절히 바라는 것은 무신론자와 위정자들이 하나님의 뜻을 깨닫고 폭력으로 통일하려는 생각을 버리는 일입니다. 즉 재력, 권력, 폭력을 가지고 생각하는 것은 모두 다 사람을 자유하는 인격자로 할 수 없으며 따라서 이 사회를 자유, 평등, 평화로 할 수 없는 것입니다. 오직 예수 그리스도의 은혜와 사랑을 기대할 도리밖에 없다고 믿는 바입니다.

마지막으로 예수님의 기도에 주의하고자 합니다.
(1) 영광 공동체
"아버지여 때가 이르렀사오니 아들을 영화롭게 하사 아들로 아버지를 영화롭게 하게 하옵소서 아버지께서 아들에게 주신 모든 자에게 영생을 주게 하시려고 만민을 다스리는 권세를 아들에게 주셨음이로소이다 영생은 곧 유일하신 참 하나님과 그의 보내신 자 예수 그리스도를 아는 것이니이다 아버지께서 내게 하라고 주신 일을 내가 이루어 아버지를 이 세상에서 영화롭게 하였사오니 아버지여 창세 전에 내가 아버지와 함께 가졌던 영화로써 지금도 아버지와 함께 나를 영화롭게 하옵소서 세상 중에서 내게 주신 사람들에게 내가 아버지의 이름을 나타내었나이다 저희는 아버지의 것이었는데 내게 주셨으며 저희는 아버지의 말씀을 지키었나이다… 나는 아버지께서 내게 주신 말씀들을 저희에게 주었사오며 저희는 이것을 받고 내가 아버지께로부터 나온 줄을 참으로 아오며 아버지께서 나를 보내신 줄도 믿었사옵나이다… 저희는 아버지의 것이로소이다 내 것은 다 아버지의 것이요 아버지의 것은 내 것이온데 내가 저희로 말미암아 영광을 받았나이다" 요 17:1-10

(2) 진리 공동체
"저희를 보전하사 우리와 같이 저희도 하나가 되게 하옵소서… 내가 아버지의 말씀을 저희에게 주었사오매 세상이 저희를 미워하였사오니 이는 내가 세상에 속하지 아니함같이 저희도 세상에 속하지 아니함을 인함이니이다 내가 비옵는 것은 저희를 세상에서 데려가시기를 위함이 아니요 오직 악에 빠지지 않게 보전하시기를 위함이니이다… 저희를 진리로 거룩하게 하옵소서 아버지의 말씀은 진리니이다… 또 저희를 위하여 내가 나를 거룩하게 하오니 이는 저희도 진리로 거룩함을 얻게 하려 함이니이다"요 17:11-19

(3) 생명 공동체

"내가 비옵는 것은 이 사람들만 위함이 아니요 또 저희 말을 인하여 나를 믿는 사람들도 위함이니 아버지께서 내 안에, 내가 아버지 안에 있는 것같이 저희도 다 하나가 되어 우리 안에 있게 하사 세상으로 아버지께서 나를 보내신 것을 믿게 하옵소서 내게 주신 영광을 내가 저희[제자들의 전도로 예수를 구주로 믿게 된 신도]에게 주었사오니 이는 우리가 하나가 된 것같이 저희도 하나가 되게 하려 함이니이다… 아버지여 내게 주신 자도 나 있는 곳에 나와 함께 있어 아버지께서 창세 전부터 나를 사랑하시므로 내게 주신 나의 영광을 저희로 보게 하시기를 원하옵나이다… 이는 나를 사랑하신 사랑이 저희 안에 있고 나도 저희 안에 있게 하려 함이니이다"요 17:20-26

위의 기도는 아버지와 아들과 그의 제자들과 또 제자들의 전도를 듣고 예수를 구주로 믿는 모든 성도가 생명과 진리의 공동체가 되어서, 현실에서는 환난 공동체의 경과를 취하고, 장래 또는 영적으로는 영광 공동체로서 생명이 충일充溢한 생활로 사단의 궤계를 타파하는 것을 사명으로 삼고 있는 것입니다.

사도 바울 선생은 에베소인에게 보내는 편지에서 다음과 같이 말하고 있습니다. "종말로 너희가 주 안에서와 그 힘의 능력으로 강건하여지고 마귀의 궤계를 능히 대적하기 위하여 하나님의 전신갑주를 입으라 우리의 씨름은 혈과 육에 대한 것이 아니요 정사와 권세와 이 어두움의 세상 주관자들과 하늘에 있는 악의 영들에게 대함이라 그러므로 하나님의 전신갑주를 취하라 이는 악한 날에 너희가 능히 대적하고 모든 일을 행한 후에 서기 위함이라"엡 6:10-13 이 전신갑주는 '진리로 허리띠를 띠고 의의 흉배를 붙이고 평안의 복음의 예비한 것으로 신을 신고 모든 것 위에 믿음의 방패를 가지고 이로써 능히 악한 자의 모든 화전을 소멸하고 구원의 투구와 성령의 검 곧 하나님의 말씀'을 가지고 싸우는 것을 의미합니다엡 6:14-17. 그리고 항상 성령 안에서 기도하고 깨어 구하기를 힘쓰며 성도들을 위하여 구하라고 격려해 주셨습니다. 즉 사단의 군대를 이기기 위해서는 진리의 허리띠, 의의 흉배, 복음의 신, 믿음의 방패, 구원의 투구, 성령의 검[하나님의 말씀], 성령 안에서 기도로서 싸워야 할 것입니다.

결국, 이 세상의 싸움은 계시록에서 보는 대로 사단과 용, 짐승[거짓 예언자]의 집단과, 한편은 하나님, 그리스도, 예언자, 성도들의 집단과의 결전입니다. 사단의 집단이 현실에서 일시적으로 성도들의 집단을 괴롭히고 육의 생명을 빼앗을 수 있을지라도, 부활하신 그리스도는 성령으로 찾아오셔서 예언자와 성도들을 도와 거짓 예언자와 용과 사단을 멸망시키시고 지옥에 던져 넣으실 것입니다. 우리는 그리스도의 신도들이므로 성령의 역사로 최후 승리를 향해 전진할 것입니다. 이 모임이 예수 그리스도를 중심으로 아버지와 아들 그리스도와 성령과 일체를 이루어 사단의 궤계를 능히 타파하고 승리하게 되기를 바랍니다.

<부산모임> 17권 4호(1984. 8)

9. 성령론

지난 성탄절에 성탄은 성령으로 잉태되어 육으로 탄생하신 예수 그리스도의 탄생을 기념하는 절기임을 생각했습니다. 성령으로 예언되었던 대로 메시야가 탄생하신 것입니다.

예수님의 생애는 성령 충만한 생애였으며, 그의 교훈과 업적에서 우리는 그 사실을 확인할 수 있습니다. 예수님은 이 세상을 떠나 하늘로 가실 때 남겨둔 제자들에게 "내가 가면 너희를 위하여 보혜사 성령을 보내주겠다."고 약속하셨습니다.

인격자이신 성령

성령은 하나님의 영이시고, 예수 그리스도의 영이십니다. 성령은 하나님이 태초에 천지를 창조하실 때 같이 참여하셨습니다창 1:2. 또 죄인들과 다투셨습니다창 6:7. 또 브살렐에게는 지혜, 총명, 지식과 재주를 주셨습니다출 31:3. 또 삼손에게는 완력을 주셨습니다삿 14:6. 그리고 많은 족장과 예언자들에게는 예언하는 지혜와 능력을 주셨습니다. 또 성령님은 예수님을 처녀에게 잉태케 하셨습니다. 또한 예수님이 세례를 받으시고 물에서 올라오실 때에 성령이 비둘기같이 그 위에 임하셨습니다. 이와 같이 성령님은 인격자로서 이 세상에 임하시고 활동하셨습니다.

예수님은 이 세상에 계실 때 제자들을 늘 격려하시고 가르치셨습니다. 그런데 예수님이 세상을 떠나려 하시던 전날 그 제자들에게 이상한 약속을 하셨습니다. "내가 아버지께 구하겠으니 그가 또 다른 보혜사파라클레이토스를 너희에게 주사 영원토록 너희와 함께 있게 하시리니 저는 진리의 영이라 세상은 능히 저를 받지 못하나니 이는 저를 보지도 못하고 알지도 못함이라 그러나 너희는 저를 아나니 저는 너희와 함께 거하심이요 또 너희 속에 계시겠음이라 내가 너희를 고아와 같이 버려두지 아니하고 너희에게로 오리라"요 14:16-18

하지만 보혜사는 이처럼 예수님을 대신하실 뿐만 아니라 제자들에게 있어서 예수님보다 더 나은 분이라고 하셨습니다. "그러하나 내가 너희에게 실상을 말하노니 내가 떠나가는 것이 너희에게 유익이라 내가 떠나가지 아니하면 보혜사가 너희에게로 오시지 아니할 것이요 가면 내가 그를 너희에게로 보내리니"요 16:7 이때 제자들에게는 예수님을 잃는 것보다 더한 손실은 없었습니다. 예수님 없는 제자들은 부모 없는 고아와 다름이 없었던 것입니다. 그런데 예수님은 "내가 너희를 고아와 같이 버려두지 아니하고 너희에게로 오리라"요 14:18하셨고, 그 대신 보다 더 나은 보혜사를 보내주시겠다고 약속하셨습니다. '파라클레이토스'는 '파라칼레오' 즉, '옆에서 부른다'고 하는 동사에서 나온 말이어서 원조, 지도 또는 안위를 위하여 어떤 사람의 옆에서 부른다는 뜻입니다. 법률상의 용어로는 법정의 친우로서 무보수의 변호사를 가리켜 말한다고 합니다. 예수님께서 계시는 동안에는 예수님이 친히 제자들의 파라클레이토스로서 계셨습니다. 예수님은 그의 제자들에게 "내 친구 너희에게"눅 12:4라고 부르셨고, "너희를 친구라 하였노니"요 15:15라고 하실 정도로 진정한 파라클레이토스가 되어주셨습니다. 그래서 요한은 말하기를 "만일 누가 죄를 범하면 아버지 앞에서 우리에게 대언자[파라클레이토스]가 있으니 곧 의로우신 예수 그리스도시라"요일 2:1고 했습니다.

또 다른 보혜사라고 하는 것은 예수님과 다른 분[heteros]이 아니라 또 하나의[allos] 보혜사를 보내신다는 뜻입니다. 새로이 오시는 보혜사는 이미 계셨던 예수님과 다른 별개의 인격자가 아니고, 똑같은 다른 하나[another self]의 인격자이십니다. 그러므로 예수님께서는 "내가 너희를 고아와 같이 버려두지 아니하고"요 14:18라고 말씀하시며, 이어서 또 "너희에게로 오리라"요 14:18고 하심으로, 오실 이가 바로 자기 자신인 것 같이 말씀하셨던 것입니다.

이 성령이신 인격자가 언제, 어떠한 형태로 임하셨습니까? "오순절 날이 이미 이르매 저희가 다 같이 한 곳에 모였더니 홀연히 하늘로부터 급하고 강한 바람 같은 소리가 있어 저희 앉은 온 집에 가득하며 불의 혀같이 갈라지는 것이 저희에게 보여 각 사람 위에 임하여 있더니 저희가 다 성령의 충만함을 받고 성령이 말하게 하심을 따라 다른 방언으로 말하기를 시작하니라"행 2:1-4 위와 같이 환영으로 임하신 것입니다. 그 후로 제자 중에 약한 자는 강하게, 어리석었던 자는 지혜롭게 되었으며, 아무도 두려워하지 않는 용기, 많은 사람을 감동케 하는 힘, 모든 문제를 판단하는 지혜들이 추가되었던 것입니다. 예를 들어 사도행전의 기사를 보면 아나니아 부부가 자기들의 땅을 판 값의 절반을 감추고 나서 오히려 그것을 전부라고 거짓을 말하며 헌금으로 바칠 때에 베드로가 말하기를 "네가 성령을 속이고 땅 값 얼마를 감추었느냐"행 5:3, 또 "너희가 어찌 함께 꾀하여 주의 영을 시험하려 하느냐"행 5:9고 한 것이든지, 또 "우리는 이 일에 증인이요 하나님이 자기를 순종하는 사람들에게 주신 성령도 그러하니라"행 5:32고 한 말씀과, "너희가 항상 성령을 거스려"행 7:51라고 한 것이든지, "베드로가 그 환상에 대하여 생각할 때에 성령께서 저더러 말씀하시되"행 10:19, 또 "성령이 가라사대"행 13:2, "두 사람이 성령의 보내심을 받아"행 13:4, 또는 "성령과 우리는 이 요긴한 것들 외에 아무 짐도 너희에게 지우지 아니하는 것이 가한 줄 알았노니"행 15:28, "성령이 아시아에서 말씀을 전하지 못하게 하시거늘"행 16:6, "오직 성령이 각 성에서 내게 증거하여"행 20:23 등 적어도 성령의 역사가 가장 많이 기록된 사도행전에는 성령께서 인격자로 나타나 있습니다.

　성령은 그리스도의 영이십니다롬 8:9, 갈 4:6, 벧전 1:11, 행 16:7. 이 영은 그리스도께서 세상에 계실 때 같이 계셨을 뿐 아니라마 1:18;3:16;4:1;12:28, 막 1:10, 눅 1:15;4:1,14;10:21, 요 1:32,33;3:34, 행 1:2, 그리스도께서 육으로 오시기 전부터 하나님과 함께 영원 전부터 그리스도와 본질을 같이 하시고, 그의 영으로서 존재하고 계셨던 것입니다. 따라서 성령은 또한 하나님의 영이십니다롬 8:9,14, 고전 2:11;7:40;12:3, 고후 3:3, 벧전 4:14, 요일 4:2. 왜냐하면 그리스도는 하나님의 아들이신 까닭입니다. 무릇 아들의 것은 다 아버지에게서 나온 것입니다. "아버지께서 자기 속에 생명이 있음같이 아들에게도 생명을 주어 그 속에 있게 하셨고"요 5:26, "지금 저희는 아버지께서 내게 주신 것이 다 아버지께로서 온 것인 줄 알았나이다"요 17:7, "내 것은 다 아버지의 것이요"요 17:10. 그래서 아들의 영은 아버지의 영입니다. 여기서 성부, 성자, 성령은 삼위일체이십니다.

성령의 역사

삼위일체 하나님이신 그리스도께서 육으로 오신 것은 특별한 사명에서였습니다. 그리스도께서 그 사명을 마치시고 승천하신 후에 삼위의 일위이신 성령께서 오셔서 우리 가운데 거하시게 된 것도 특별한 역사를 목적으로 한 것입니다. 예수님의 사명은 그의 이름에 잘 나타나 있습니다. 즉 자기 백성을 저희 죄에서 구속하기 위한 것이었습니다마 1:21. 예수님은 구주이십니다. 소망이 없는 인류에게 구원의 길을 열어주시는 것이 그 사명이셨습니다. 그와 같이 성령의 일도 그의 이름 파라클레이토스가 보여 주는 대로 예수님에 의해 열린 구원의 길을 현실적으로 실천할 인류를 도와주는 것이 그분의 사명입니다. 구원의 길을 여는 일은 하나님의 영광을 나타내는 것에 의하여 성취되었습니다. 즉 하나님을 하나님으로 계시함과 동시에 그의 거룩하심에 대한 존경을 다 받쳐드려서 이루셨습니다. 그리스도의 성업은 철두철미 하나님의 영광을 드러내는 데 있었습니다. 이 열린 구원의 길로 나아가 사람을 돕는 일은 어떻게 성취될까요? 그것은 그리스도의 영광을 나타내는 데 있습니다. 즉 그리스도께서 성취하신 모든 일을 보이시고, 이것을 사람에게 주는 일입니다. 다시 말하면 그리스도 자신의 생명을 사람의 생명에 실현케 하는 일입니다. 이러한 연유로 성령께서 오셨습니다. 그러므로 "그가 내 영광을 나타내리니 내 것을 가지고 너희에게 알리겠음이니라"요 16:14고 말씀하신 것입니다. 그리스도의 것을 받아 우리에게 보여줄 뿐만 아니라 실로 그리스도 자신을 우리 안에 살게 하십니다. "그 날에는 내가 아버지 안에, 너희가 내 안에, 내가 너희 안에 있는 것을 너희가 알리라"요 14:20. 그리스도와 우리의 결합이라고 하는 인생 최대의 행복한 경험은 전혀 성령에 의한 것입니다. 성령을 모신 이가 그리스도를 모십니다. 그리고 이와 같이 그리스도를 우리에게, 우리를 그리스도에게 있게 해 그리스도의 생명을 마치 우리의 것으로 삼게 하시는 데에 성령님의 사명이 있습니다. "내가 곧 길이요 진리요 생명이니"요14:6라고 예수님은 말씀하셨습니다. 그는 아버지의 집으로 가는 길이요, 진리 자체이시며, 생명 그 자체이십니다. 그리고 그 길로 인도하시는 이, 진리를 우리에게 증거하시는 이, 이 생명을 우리에게 주시는 이가 성령님이십니다. 그러므로 "진리의 영"요 14:17이라고, 또는 "생명의 성령"롬 8:2이라고 합니다. 성령님은 우리를 예수님의 길로 인도하십니다. 그리고 예수님은 진리이시며, 생명이시므로 성령님은 진리의 영으로, 생명의 영으로 우리를 인도하십니다.

첫째로 그는 진리를 보이시는 영입니다. 예수님은 여러 번 이것을 말씀 하셨습니다요 14:17;15:26;16:13. 이사야는 예수님에게 머무시는 영에 대하여 설명할 때에도 먼저 "여호와의 신 곧 지혜와 총명의 신이요"사 11:2라고 했습니다. 가장 귀한 것은 진리입니다. 또 이것을 식별하는 능력이 지혜입니다. 성령은 예수님에 대하여 생각나게 하시고, 그것을 기초로 해서 모든 것을 가르치시고 생각나게 하십니다. "그가 너희에게 모든 것을 가르치시고 내가 너희에게 말한 모든 것을 생각나게 하시리라"요 14:26

참으로 우리는 성경과 성령을 통해서 그리스도로 말미암아 죄 사함을 받고 하나님의 자녀가 되어 살아감으로 영생하는 일을 믿고 배운 것입니다. 마치 엠마오로 가는 두 제자에게 부활하신 예수께서 동행하시며 가르쳐 주셨던 것처럼 성령이 지금도 그렇게 가르쳐 주십니다. 그러므로 바울 선생은 "오직 비밀한 가운데 있는 하나님의 지혜를 말하는 것이니… 하나님이 자기를 사랑하는 자들을 위하여 예비하신 모든 것은 눈으로 보지 못하고 귀로도 듣지 못하고 사람의 마음으로도 생각지 못하였다 함과 같으니라"고전 2:7-9라고 하셨습니다. 다만 원대한 구원의 지혜만이 아니라 매일의 실제 생활에서의 도덕적 판단도 그렇습니다. 우리는 성령에게 배워서 선과 악을 식별합니다. 양심으로만은 믿을 수 없습니다. 성령을 떠난 양심은 쇠약해지고 죽습니다. 양심을 살리시는 이가 성령이십니다. 양심 없이, 선악을 식별하는 능력이 없이 무슨 도덕이 있겠습니까?

예수님 자신은 진리이셨습니다. "말씀이 육신이 되어 우리 가운데 거하시매 우리가 그 영광을 보니 아버지의 독생자의 영광이요 은혜와 진리가 충만하더라"요 1:14. 성령은 지혜의 영이십니다. 지혜와 총명의 영이십니다.

둘째로, 성령은 생명을 주시는 영이십니다. 이때 생명이라고 함은 자연적, 육적 생명이라기보다는 영적 생명을 의미합니다. 오직 하나의 생명다운 생명을 사신 분은 예수님뿐이십니다. 그도 우리와 같은 육을 입고 유혹을 받으셨습니다. 그러나 그분은 결국 모든 유혹을 이기시고 하나님의 선을 이루셨고, 무덤을 깨치시고 개선하셨습니다. 즉 썩을 것이 썩지 아니할 것으로 영화되셨습니다. 그에게 있어서 인생은 영원한 것으로 완성되셨습니다. "사망아 너의 이기는 것이 어디 있느냐 사망아 너의 쏘는 것이 어디 있느냐"고전 15:55

예수님이야말로 진실히 사셨습니다. 그리고 지금도 살고 계십니다. 그분이야말로 참 생명이십니다. 성령이 주시고자 하는 생명은 곧 예수님이십니다. 그는 예수님을 우리 가운데 살게 하십니다. 예수님께서 친히 성령으로 "우리가 저에게 와서 거처를 저와 함께하리라"요 14:23고 하십니다. 예수께서 또 말씀하시기를 "그 날에는 내가 아버지 안에, 너희가 내 안에, 내가 너희 안에 있는 것을 너희가 알리라"요 14:20고 하셨습니다. 또 "주와 합하는 자는 한 영이니라" 고전 6:17고 하셨습니다. 예수님과 우리는 부부의 관계와 같이 마음과 뜻이 같은 한 일체입니다. 우리는 돌 감람나무였으나 스스로 잘려서 예수님이신 참 감람나무에 접붙여집니다. 예수님은 포도나무요, 우리는 그의 가지입니다. 우리가 그 안에 있고, 그가 우리 안에 계시면 많은 열매를 맺을 것입니다요 15:5. 우리가 주님 안에서 살면 사랑과 희락과 화평과, 인내와 자비와 양선과, 충성과 온유와 절제의 성령의 열매를 맺을 것입니다.

성령의 충만함

오순절에 성령님이 강림하신 이후 예수를 그리스도로 믿는 사람 중 성령을 받지 아니한 자는 하나도 없었습니다. "누구든지 그리스도의 영이 없으면 그리스도의 사람이 아니라"롬 8:9, "너희는 다시 무서워하는 종의 영을 받지 아니하였고 양자의 영을 받았으므로 아바 아버지라 부르짖느니라"롬 8:15. 바울 선생은 우리에게 "너희 몸은 너희가 하나님께로부터 받은바 너희 가운데 계신 성령의 전인 줄을 알지 못하느냐" 고전 6:19, 또 "우리가… 다 한 성령으로 세례를 받아 한 몸이 되었고 또 다 한 성령을 마시게 하셨느니라"고전 12:13고 했습니다. 무릇 그리스도 안에 있는 자의 몸은 성령의 전입니다. 무릇 믿는 자는 곧 그를 영접하여 새 생명으로 들어갑니다. 성령을 모시고 있지 않는 자는 그리스도의 사람이 아닙니다. 예수를 믿는 자는 진리의 영, 생명의 영을 가지고 있습니다. 그러므로 성령의 역사는 그의 속에서 시작하는 것입니다. 그러나 이를 완성하기 위하여는 더욱 성령에 충만하지 않으면 아니 됩니다. "술 취하지 말라 이는 방탕한 것이니 오직 성령의 충만을 받으라 시와 찬미와 신령한 노래들로 서로 화답하며 너희의 마음으로 주께 노래하며 찬송하며"엡 5:18-19. 충만하다고 하는 것은 단순히 받아들인다는 것만이 아닙니다. 완전히 저를 점령케 해 버리도록 하는 것입니다. 그렇습니다. 저의 언행 심사가 다 그리스도의 것이 되어 그리스도의 향기와 영광을 나타내지 않고는 만족하지 못합니다. 지주나 종이나 남녀 노유를 막론하고 누구든지 주의 이름을 부르는 자는 항상 그의 영으로 충만하지 않으면 안 됩니다. 그리스도를 영접하고 그의 성령을 받을 뿐 아니라, 충만하지 않으면 안 됩니다. 즉 자신을 온전히 바쳐 드리지 아니하면 안 됩니다. 사람들은 대개 예수님을 믿을 때 성령을 받고 충만함을 느낍니다. 그러나 슬픈 것은 후에 "처음 사랑"에서 떠나게 됩니다. 신앙생활의 경로를 살필 때, 한번 십자가에 죽었던 자기가 언젠가 다시 살아 남아있는 것을 깨닫게 되는 슬픔을 경험하지 않는 사람이 몇이나 될까요? 여기에서 우리는 성령의 충만을 간구하지 않으면 안 됩니다. 어떻게 충만을 얻겠습니까? 완전히 자신을 비우는 것밖에 다른 도리가 없습니다. "그러므로 형제들아 내가 하나님의 모든 자비하심으로 너희를 권하노니 너희 몸을 하나님이 기뻐하시는 거룩한 산 제사로 드리라 이는 너희의 드릴 영적 예배니라"롬 12:1, "또한 너희 지체를 불의의 병기로 죄에게 드리지 말고 오직 너희 자신을 죽은 자 가운데서 다시 산 자같이 하나님께 드리며 너희 지체를 의의 병기로 하나님께 드리라"롬 6:13. '드리라'의 원어는 '파리스타네인'이라고 하는 낱말인데, 다른 사람의 자유에 넘겨 버린다는 단어입니다. 남김없이 주님에게 자신을 넘기고 항복하십시오. 아무 노력도 필요 없습니다. 우리는 다만 기도합니다.

원컨대 저를 완전히 점령해주시옵소서. 저의 모든 것을 다 당신의 손에 부탁하나이다. 원컨대 이 몸을 당신의 의의 병기로 써주시옵소서, 아멘.

<부산모임> 15권 1호(1982.2)

사랑은 오래참고 사랑은 온유하며 투기하는자가 되지아니하며 사랑은 자랑하지아니하며 교 만하지아니하며 무례히 행지아니하며 자기의 유익을 구치아니하며 성내지아니하며 악한것을 생각지아니하며 불의를 기뻐하지아니하며 진리와함께기뻐하고 모든것을 참으며 모든것을 밋으며 모든것을 바라며 모든것을 견디느니라

一九六六年二月一日 박영식전도인을 위하여

장기려씀

제3부

평화, 사랑, 생명

죄 문제의 해결이야말로 평화 회복의 길이요 열쇠이다.

사랑은 죽음을 요구한다.
버리는 것이 우리 생애의 목적이다.
이것이 예수님의 길이며, 참되게 산 사람들의 길이었다.

1. 우리들

'주기도'를 공부하는 가운데 제1부의 '하늘에 계신 우리 아버지여 이름이 거룩히 여김을 받으시오며 당신의 나라가 임하옵소서.'라고 하는 부분은 별로 이의異義가 없이 수긍하였습니다.

그런데 '우리 아버지 하나님의 이름'이라고 하는 데는 한 번 더 주의하여야 할 것입니다.

하나님은 저 개인을 사랑하셔서 구원하셨지만, 저를 구원하여 주신 것은 인류 전체의 구원을 위한 것입니다. 또한 구원된 자 전부의 아버지이시므로 '우리 아버지의 이름'이라고 부름이 합당합니다.

제2부에서 인간의 현실적 문제에 대한 기도에서도 '우리의 일용할 양식을 매일 주옵시고'라고 가르쳐주셨습니다.

우리의 일용할 양식이라고 말은 하면서도, 저는 자기 개인을 위하여 생각하면서 기도하였음을 고백하지 않을 수 없습니다.

또 그다음 '우리가 우리에게 죄지은 자를 사하여 준 것과 같이 우리의 죄를 사하여 주옵소서'라고 기도할 때에도 저는 저에게 나쁘게 한 자를 사하여 주었는가 반성하면서 기도를 했고, 우리가 우리에게 죄지은 자에 대해서는 별로 생각도 못 했고 반성하지도 아니하였음을 고백합니다.

그렇게 생각하니 저의 믿음은 개인주의적 신앙이었음을 인정하지 않을 수 없습니다.

그리고 저는 저에게 잘못한 이웃의 죄를 용서해 줄 수 있겠지만, 이웃이 이웃에게 감행한 죄, 특히 간음하는 죄와 우상 숭배의 죄는 제가 용서할 수도 없고, '어떤 의미에서는 저와는 관계가 없는 것이 아닌가' 하고 생각할 때도 있었습니다.

이와 같이 생각한 것은 '주기도'의 정신에서 먼 것이 아닌가 하고 반성하게 되었습니다.

어떤 분들은 이 부분에 이르러서는 그만 그치고 다음 기도로 넘어가는 신도들도 있는 줄 알고 있습니다.

양심에 정직하다고 할지 모르나 주님의 가르치심에 순종하는 마음은 아닙니다.

그다음 인간을 위한 기도에는 '우리를 시험에 들지 않게 하여 주옵시고, 악에서 구하여 주옵소서.' 이렇게 기도하라고 하셨는데, 여기서도 저 개인을 위한 기도로 생각하고 외웠던 것이 사실입니다.

아! 우리는 얼마나 자기중심적인지 모릅니다.

주님은 주기도에서, 하나님은 구원을 받은 인류 전체의 아버지이심을 깨달아야 하고, 그의 이름이 거룩히 여김을 받아야 하며, 존귀히 여김을 받도록 신령과 진실로 예배드려야 할 것을 가르쳐 주셨습니다.

그리고 주님의 나라가 임하셔서 주님의 통치를 기다리는 것이 인생 최상의 기도임을 알게 하셨습니다.

하나님은 인류를 창조하실 때에 우리[성부·성자·성령]의 형상을 따라 우리 모양대로 우리가 사람을 만들자고 하셨고[창 1:26], 또 전도자를 파견하려고 하실 때에도 "누가 우리를 위하여 갈꼬"[사 6:8]라고 하셨습니다.

요한복음 14장에서 17장까지에는 하나님 아버지와 아들이신 예수 그리스도와 성령님이 삼위일체이심을 말씀하시고, 또 제자들이 예수 그리스도와 하나가 되고, 또 제자들의 증언을 통하여 예수를 그리스도로 영접하는 자들도 다 하나가 되기를 위하여 기도하셨습니다.

이제 우리는 예수님과 더불어 환난 공동체, 생명 공동체, 영광 공동체로서 하나가 된 우리임을 확신하고 '주기도'를 드립시다!

<부산모임>19권 6호(1986. 12)

2. 화목하게 하는 자

  화목하게 하는 자는 복이 있나니 저희가 하나님의 아들이라 일컬음을 받을 것이라 하였습니다.
  사람과 사람 사이에 왜 분쟁이 있으며 불화가 조성됩니까? 그들의 인격이 진리에서 떠났기 때문입니다. 진리 안에서 모든 인격은 유기체가 되어 조화를 이루고 서로 협동하는 것이지만, 진리에서 떠나면 모든 인격은 자기주장만을 하게 되며 서로 알력軋轢이 생기게 됩니다. 불화와 분쟁은 상대적이며 쌍방에 책임이 있는 것입니다. 어느 한 편이 절대로 옳고 선하면, 불화는 성립되지 않을 것입니다. 절대선은 화목하게 하시는 까닭입니다. 그런데 현실에서 분쟁의 원인을 살펴보면 인식의 잘못에 기인하는 것이 거의 전부가 아닐까 생각합니다. 우리가 사물을 보고 판단할 때 하나님께서 주관하고 계신다고 하는 것을 잊을 때가 거의 전부 아닙니까? 또 모든 것이 하나님의 것인데, 하나님의 것을 제 마음대로 비판하고 판단하는 잘못에 기인하는 것이 대다수인 줄 압니다. 또 자기의 생각과 판단은 진리에 속해 있는지 반성하지 않을 때가 많습니다. 그래서 차별의식을 갖게 되고 그것으로 판단하니 생각이 불공평하고, 불의로우며, 불법적입니다. 상대방의 의견은 이기적이요, 탐욕적이요, 편견이요, 고집이라고 하여 '네가 그러하면 나도 그러한다.'는 식으로 하게 됩니다. 그래서 냉전이 계속되고 열전으로 변하게 됩니다. 교회 안에서도 파당의 싸움은 다 이런 순서를 밟아 일어나는 것입니다.

그렇다 하여 저는 정의의 싸움을 부정하는 것은 아닙니다. 예수님이 말씀하시기를 "내가 온 것은 불을 땅에 던지러 오셨다."고도 하셨고 집안사람이 서로 불화하여 딸이 어미와, 며느리가 시어머니와, 아들이 아버지와 불화케 하시겠다고도 하셨습니다마 10: 34-36. 이것은 진리에 대한 말씀으로서 사도 바울도 그리스도와 벨리알(보통 명사로 불량자, 비류 등으로 쓰이고 신약에서는 바울이 사탄과 같은 뜻으로 이 말을 사용했습니다.)이 어떻게 조화되겠는가 하여 완전히 갈라져야 할 것을 주장했습니다고후 6:14-16. 우리는 진리와 공의에 대하여는 자기의 신념을 굽힐 수 없으며 타협할 수 없습니다. 이것은 진리이신 예수 그리스도를 위주로 하여 살아야 한다는 교훈입니다. 자기를 주장하여 싸우라는 말씀은 아닙니다. 그런데 현실에서 분쟁이나 불화는 자기주장에 기인하는 것입니다.

잠언에는 다툼을 멀리하라는 교훈이 많습니다.
1. 다투는 여인과 함께 큰 집에서 사는 것보다 움막에서 혼자 사는 것이 나으니라잠 21:9
2. 다툼을 멀리하는 것이 사람에게 영광이어늘 미련한 자마다 다툼을 일으키니라잠 20:3
3. 노하기를 더디 하는 것이 사람의 슬기요 허물을 용서하는 것이 자기 영광이니라잠 19:11
4. 사람의 행위가 여호와를 기쁘시게 하면 그 사람의 원수라

도 그로 더불어 화목하게 하느니라 잠 16:7
5. 노엽게 한 형제와 화목하기가 견고한 성을 취하기보다 어려운즉, 이러한 다툼은 산성문의 빗장 같으니라 잠 18:19
6. 마음의 화평은 육신의 생명이나 시기는 뼈의 썩음이니라 잠 14:30

위의 말씀을 보면 화평케 하는 일은 쉬운 것이 아님을 알 수 있습니다. 노엽게 한 형제의 감정을 유화케 하는 일은 견고한 산성을 빼앗기보다 어렵다고 합니다. 성령의 능력이 아니고는 상한 자의 마음을 고쳐줄 수 없다고 생각합니다. 성령의 능력과 감화도 사람의 마음과 인격을 통하여 이루어지는 것을 우리는 매일의 생활에서 경험하게 됩니다. 어떠한 사람의 마음과 인격을 통하여 이루시는가 하면, 불화가 자기의 책임, 즉 자기 죄 때문인 것을 깨닫고 회개하는 자, 그의 생활이 그리스도 안에서 진지하여 사단의 궤계를 쳐부수고 승리의 생활을 하는 자의 인격을 통하여 성취하시는 것으로 저는 믿습니다. 이러한 행위는 여호와께서 기뻐하시고, 그 원수라도 그로 더불어 화목하게 하는 것입니다. 가정의 평화, 한민족과 사회의 평화, 온 세계 평화의 기본은 각 개인이 그리스도로 말미암아 하나님과 유화하는 데 있습니다. 자기 죄를 깨달아 회개한 사람들만이 세계 평화의 체계와 기구를 이룩하게 될 것을 믿습니다. 자아를 진리에 완전히 봉헌할 때, 그 인격이 평화의 소유자가 되어 세계 평화에 이바지하게 될 것입니다.

<부산모임> 5권 3호(1972. 6)

3. 평화에 관한 일

　평화는 저 개인뿐 아니라 저의 가정, 우리 사회, 우리 민족, 온 세계 인류에게 또한 현실에서 절실한 문제입니다.
　평화의 근원은 무엇이며 누가 주관하고 있습니까? 평화는 왜 이룩되지 못합니까? 평화는 어떻게 하면 이룩될 것인가에 대하여 생각해 봅시다.
　이에 앞서 평화의 정의를 시도해 보면, 평화란 각 개인이 가정과 사회생활에서 상부상조하여 만족감을 가지고 각기 사명을 수행하는 상태입니다. 이러한 상태가 사회의 각 계층, 각 민족, 각 나라 사이에서 진행되는 상태를 말한다고 제 나름대로 정의해 보았습니다.
　그러면 평화의 근원과 주관자는 누구이십니까? 저는 성경 말씀에서 공부한 바를 소개하고자 합니다.
　하나님은 사랑과 희락과 화평이십니다. 갈라디아 5장 22절에는 '성령의 열매'라고 기록되어 있는데, 하나님의 성품이라고 이해해도 잘못이 아니라고 믿습니다. 하나님은 사랑이어서 사랑은 실존을 낳는 원리에서 만물이 창조되었습니다. 하나님은 희락이시어서 창조의 단계마다 만족을 느끼시고 기뻐하셨습니다^{창1:4,10,12,18,21,25,31}. 그리고 하나님은 화평이셔서 제7단계에서는 안식하시면서 에덴동산에서 아담과 이브와 만물을 화평으로 인도하십니다.

다음에는 그 누가, 그 무엇이 이 화평을 깨뜨렸습니까?

창세기 3장 이하에서 보면 천사 중에서 하나님을 배반한 천사[사탄이라고 하고 옛 뱀이라고도 합니다.]가 아담과 이브를 꾀어 하나님의 금령, 즉 선악과를 따 먹게 한 데서 기인한 것입니다. 즉 하나님의 명령을 어긴 죄입니다. 하나님께서 사람에게 자유하는 영을 주셨는데, 하나님의 영과 교제하며 그의 진리를 순종해야 할 사람이 악령에게 순종하여 하나님을 반역한 죄 때문에 하나님과 화평할 수 없게 된 것입니다. 그 첫 열매가 아담의 아들 가인과 아벨 사이에 나타난 것입니다.

형인 가인이 동생 아벨을 미워하여 죽인 것이 하나님과의 불화의 첫 증상이었고 첫 열매였습니다. 진리이신 하나님을 반역한 죄가 인류에게 들어 온 후로는 그 결과로 심판을 받지 않을 수 없게 되었습니다. 즉 노아 때에 죄악이 관영貫盈하여, 노아를 통해 하나님의 심판을 예고하면서 회개를 촉구했으나 사람들이 청종하지 아니함으로써 물로 심판을 내리셨습니다^{창 6-8장}. 다음에는 소돔과 고모라의 사람들이 하나님을 떠나 살아서 하나님께서 천사를 보내어 아브라함과 롯에게 그 뜻을 전하고 경계했음에도 불구하고 소돔과 고모라 사람들이 회개하지 아니하여 불의 심판을 받았습니다^{창 18-19장}.

그다음 이스라엘 역사는 하나님을 떠나 육체를 중심으로 살 때 전쟁에 패하여 압제와 곤욕을 당하게 되고, 회개하고 하나님에게로 돌아오면 평안을 누리게 되었다는 것을 보여주고 있습니다. 하나님께서는 계명과 양심을 통하여 메시야가 오셔서 이스라엘과 온 인류를 구원하실 것을 예고하셨습니다. 하나님께서는 아브라함에게 약속하신 것, 곧 인류 구원을 실천하시기 위하여 기약이 차매 그 품에 계시던 이 예수를 이 땅에 보내셨습니다.

예수님께서 이 세상에 오셔서 하나님의 긍휼과 정의를 가지고 복음을 전하시면서 많은 병인을 고쳐 주시고 기적으로 무리를 먹여 주셨습니다. 그러나 무리들은 현실만 생각하고, 또 종교지도자들 즉 바리새인과 서기관, 장로들은 자기들이 율법의 정신대로 살지 못하면서 다른 사람들에게 율법의 준수를 강요하면서 사람들의 인격을 죽이고 있는 것을 예수께서 보시고 탄식하셨습니다.

그리고 전도하던 갈릴리 지방을 떠나 지중해의 연안에 있는 두로와 시돈을 지나 갈릴리 북방에 있는 헤르몬 산에 올라가셔서 모양을 변화하시고 베드로와 요한과 야고보에게 하늘나라의 모습을 잠깐 보이셨습니다. 그리고 데가볼리 지방, 벳세다까지 내려오셨습니다. 다시 산수가 화려한 가이사랴 빌립보에 가셔서 두 번 제자들에게 십자가에 달려 돌아가실 것을 미리 말씀하시고 그 일을 당할 때 당황하지 말도록 준비시켜 주셨습니다. 그리고 제자들을 데리시고 베뢰아 지방으로 내려오셔서 요단강을 다시 건너시고 여리고성에 들어 오셨습니다. 여리고에서 나오실 때 세리장 삭개오의 집에 들러 삭개오 가정의 구원을 선포하시고 나오셨습니다. 해발보다 200척 낮은 여리고에서 해발 800척에 위치한 예루살렘으로 올라가는 길은 비탈로 길이 고불고불하고 울퉁불퉁해서 몹시 힘했습니다.

평화를 위하여 제자들이 하여야 할 일의 비유 눅 19:11-27

인류의 역사는 하나님의 인류 구원사로 읽을 때 더욱 뜻이 깊습니다. 예수님께서 이 세상에 오신 사명이 인류의 구원에 있었으므로 이 마음을 굳혀서 여리고를 지나 예루살렘으로 올라가시는 길이었습니다.

예루살렘에 가까이 오셨을 때에는 하나님의 나라가 당장에 나타날 줄로 생각하고 있던 제자들에게 한 비유를 말씀하셨습니다.

즉, 어떤 귀인이 왕권을 받기 위하여 먼 나라에 갈 때에 그 종 열 명을 불러 은 열 므나를 주면서 내가 돌아오기까지 장사하라고 했습니다. 이것은 십자가에 달려 돌아가신 그리스도께서 부활하여 승천하셨다가 심판하는 권세를 받아서 하늘나라의 왕으로 재림하실 것을 비유로 하신 것입니다. 므나는 신앙 또는 신앙을 증거하는 복음으로 이해됩니다. 장사하라고 하신 것은 신앙을 생활에 실천하라는 뜻입니다. 마태복음 25장에는 달란트의 비유가 있는데 그 비유에는 능력의 차이와 활동량의 차이는 있어도 보상의 차이는 없습니다. 그런데 이 므나의 비유에는 신앙과 복음이 같은 그리스도를 구주로 믿는 일이어서 다 같이 하나님의 즐거움에 참여하게 되지만, 신앙의 능력이 큰 자가 하나님 나라에서도 신앙의 힘을 크게 발휘할 것이라고 하셨습니다. 이 두 가지 비유는 신앙의 활용과 그것에 대한 천국의 보상에 대하여 아름다운 교훈을 주신 것입니다. 즉, 우리가 하나님을 믿고 하나님을 사랑해서 한 행위는 심판을 두려워하지 않고 맞이할 수 있다고 믿습니다. 이 비유는 예수님의 재림을 기다리는 제자들에게 격려로 주신 말씀입니다. 하나님 나라가 임하기 전에 예수님은 한 번 죽어 장사 되었다가 부활하셔서 심판 자리에 앉으실 것입니다. 심판을 지나지 않고서는 하나님 나라가 실현되지 않는다는 교훈은 예수께서 십자가를 지시기 직전에 제자들의 마음 준비를 위하여 주신 비유입니다. 참된 평화는 심판을 지나 이루어집니다.

평화의 왕 눅 19:28-40

이 비유를 말씀하시고 두 제자를 불러 맞은 편 벳바게에 가서 나귀 새끼 하나를 풀어 오라고 하시면서 "누가 어찌하여 푸느냐 묻거든 주님이 쓰시겠다 하라 그러면 허락할 것이다."라고 하셨습니다. 아마도 유월절 축제에 예수님이 예루살렘으로 올라가실 것이라고 친지가 기대했을 것입니다. 그래서 두 제자는 그 말씀하신 대로 일찍이 아무 사람도 타보지 않은 나귀 새끼를 끌어다가 그 위에 자기들의 겉옷을 걸쳐 놓고 예수님을 타시게 했습니다. 무리는 자기의 겉옷을 길에 펴고 종려나무 가지를 꺾어 손에 들고 예수님을 따라갔습니다.

감람산 산록을 돌아 예루살렘으로 내려가는 비탈길에 가까이 왔을 때 따라오던 무리와 제자들 사이에 아무도 선동하는 일이 없었는데도 불구하고 마치 개선장군이나 임금이 예루살렘성으로 들어가는 것과 같은 열광적 흥분이 일어났습니다. 이것은 군중심리의 기대로부터 일어난 것이어서 무리와 제자들은 "찬송하리로다 주의 이름으로 오시는 왕이시여 하늘에는 평화 지극히 높은 곳에서는 영광이 있을찌어다"눅 19:38라고 외치는 것이었습니다.

무리 중에 어떤 바리새인들은 예수님을 향하여 "선생님이시여 당신의 제자들을 금하소서."라고 말했습니다. 이것은 단순한 소동이라기보다는 무리와 제자들이 예수님을 가르쳐 "주의 이름으로 오시는 왕"이라고 외치는 말에 들을 수 없는 모독을 느꼈던 까닭이라고 생각됩니다. 그런데 예수님은 이 말에 대답하시기를 "내가 너희에게 이르노니 이들의 무리가 잠잠하면 돌이 소리 지르리라."고 하셨습니다. 즉, 예수님은 무리와 제자들의 찬송을 내용적으로 시인하시고 외치는 대로 외치게 했습니다눅 19:39,40.

이 말씀은 네 복음서에 나타나 있습니다. 즉, 누가복음 19장 38절, 마태복음 21장 9절, 마가복음 11장 9-10절, 요한복음 12장 13절인데 그 내용이 조금씩 다릅니다. 그러나 공통된 것은 "주 이름으로 오시는 왕(임금)이여"하는 것입니다. 제자들과 무리는 이와 같이 외치고 주님은 그것을 시인하셨지만, 그 이해하는 내용은 천지의 차이입니다. 무리와 제자들은 예수님께서 예루살렘에 입성하면 로마 총독의 정부가 뒤집어지고 하나님의 나라가 곧 나타나서 지상에서의 정치적 혁명이 성취될 것이라고 생각했습니다. 이와 반대로 예수님의 나라는 이 세상의 것이 아니요, 하늘의 영원한 생명의 나라였습니다. 이때 예수님께서 염두에 두신 말씀은 스가랴 9장 9절의 예언이었습니다. "시온의 여자들아 크게 기뻐하라 예루살렘의 여자들아 외치라 보라 너의 왕이 너에게 오신다 그는 정의로써 구원을 베푸시며, 온유하셔서 나귀를 타시니 곧 나귀 새끼를 타셨도다". 용맹하여 군마를 타는 자는 이 세상 나라의 왕이십니다. 온유하여 나귀를 타시는 이는 하늘 나라의 왕이십니다.

로마 총독의 정치를 뒤엎고 유대 나라의 정치적 독립을 꾀한 자는 저 마카비 집의 유다였습니다.[6] 그는 용맹스럽게 군마를 타고 입성했으나 예수님은 사람을 죄에서 해방시켜 영원한 생명, 자유하는 인격을 가지게 하려고 하셨습니다. 이것이 진정한 정치적 자유요 독립이라고 믿으셨습니다. 예수님은 사람을 죄로 속박하는 사단을 부수고 영의 나라를 세우려 하신 것입니다. 그래서 예수님은 그것을 암시하기 위하여 나귀를 타셨습니다.

다음에 무리와 제자들이 외친 찬미에는 "하늘에는 평화 지극히 높은 곳에는 영광"이라고 했는데, 이것은 예수님이 베들레헴에서 탄생했을 때, 천군 천사들이 하나님을 찬송한 노래 "지극히 높은 곳에서는 하나님께 영광이요 땅에는 주의 기뻐하심을 입은 자들에게 평화"라고 한 것을 연상케 합니다. 예수님께서 지상 생활을 마치고 하늘로 개선하려고 함에 있어 그를 믿고 따르던 제자들과 무리가 주님이 가시는 하늘에 평화라고 외친 것은 천군 천사가 예수님이 땅에 탄생하실 때 "땅에는 평화"라고 외친 것과 서로 대조가 되는 환희의 노래입니다. 땅에서는 여호와의 기뻐하심을 입은 자들, 즉 회개의 심령을 가지고 예수님을 구주로 영접하는 자들에게 하늘의 평화가 임합니다. "하늘의 평화"라고

---

6. 유다Judas는 그의 부친 제사장 마따띠아Mattathisas와 자신의 형제들과 더불어 마카비 전쟁167-164 B.C.을 일으킨 인물이며, 망치를 뜻하는 '마카비'Maccabee는 그의 별명이다. 당시 팔레스타인을 다스리고 있었던 시리아의 셀룩시드Seleucid 제국이 헬라화 정책을 통해서 유대의 종교를 혼합주의적으로 바꾸려고 하자, 율법 준수와 종교적 자유를 표방하는 이들이 전쟁을 일으켜 팔레스타인에 하스모니안Hasmonean 왕조164-63 B.C.를 세우고 시리아로부터 일시적인 정치, 종교적 자유를 쟁취하였다.

한 것은 골로새서 1장 16-20절에 "만물이 그리스도로 말미암아 창조되었습니다. 하늘에 있는 것, 땅에 있는 것, 보이는 것, 보이지 않는 것, 혹은 보좌들이나 주관들이나 정사들이나 권세들이나 만물이 다 그로 말미암고 그를 위하여 창조되었고 …… 하나님은 모든 충만으로 예수 안에 거하게 하시고 그의 십자가의 피로 화평을 이루사 만물 곧 땅에 있는 것들이나, 하늘에 있는 것들을 그의 피로 말미암아 화목하게 되기를 기뻐하심이라."고 한 것과 통합니다. 여기에 보좌, 주관, 정사, 권세들이라고 한 것은 공중의 권세 잡은 사단을 뜻하는 것으로, 예수님의 십자가의 속죄는 인류의 죄뿐 아니라 사단이 하나님을 배반한 죄까지도 속죄하시려는 크신 뜻이었음을 생각하게 합니다. 사단도 예수 그리스도의 속죄를 믿고 구원받을 수 있음을 뜻하는 것이어서 야고보서 2장 19절에 "사단도 또한 믿고 떠느니라"고 했습니다.

예수님은 이렇게 해서 "주의 이름으로 오는 왕"으로서 사단의 권위를 짓밟고, 십자가의 피로 사람을 죄의 속박에서 해방하셨습니다. 그리하여 하늘에는 평화가 있게 되고 지극히 높은 곳에서는 하나님께 영광이 되는 것입니다. 예수님께서 계신 곳에 평화가 있습니다. 예수님은 평화의 왕이십니다.

이 예수님이 예루살렘으로 입성하시는데 만일 말할 수 있도록 창조된 사람이 잠잠하다면 여기 있는 돌들이 천사와 사람과 모든 피조물을 대표하여 소리 지를 것입니다.

이 호산나를 외치는 무리와 고요히 나귀 새끼를 타시고 가시는 온유하신 주님과는 어떠한 외관상의 모순인지요? 이 모순 중에 그리스도의 복음의 근본적 비밀이 있습니다. 제자들도 이 비밀을 깨달은 것은 예수님께서 부활하셔서 영광을 받은 다음이었습니다. 예수님이 부활 승천하신 후 하늘에는 평화, 예수님이 재림하신 후에는 땅에 평화가 있을 것입니다. 그때까지 우리는 이 모순을 모순으로 느끼지 않고 믿음으로 나아 갈 것입니다.

평화에 관한 일 눅 19:41-48

(1) 심판의 예언

예수님 일행은 감람산 산록 동남쪽을 돌아 예루살렘 성내가 내려다보이는 곳에 이르렀습니다. 성내 동편 끝에 우뚝 솟은 건물은 헤롯 대왕이 세운 굉장한 성전입니다. 예수님은 아마도 이 도성을 보시고 소리내어 우시면서 말씀하셨습니다.

"너도 오늘날 평화에 관한 일을 알았더면 좋을 뻔하였거니와 지금 네 눈에 숨기웠도다 날이 이를찌라 네 원수들이 토성을 쌓고 너를 둘러 사면으로 가두고 또 너와 및 그 가운데 있는 네 자식을 땅에 메어치며 돌 하나도 돌 위에 남기지 아니하리니 이는 권고 받는 날을 네가 알지 못함을 인함이니라 하시니라" 눅 19:42-44

평화에 관한 일이란 이 도성이 멸망하지 않고 평화를 즐기기 위해서는 어떻게 하면 될까 하는 일을 말합니다. 여기서 상기되는 것은 세례요한이 요단강에서 세례를 베풀 때 그에게 나오는 무리에게 한 말입니다. "독사의 자식들아 누가 너희에게 장차 올 진노를 피하라 하더냐 회개에 합당한 열매를 맺고……." 그리고 요한은 "우리는 무엇을 하리이까?"하고 묻는 사람들에게 "두 벌 옷 있는 자는 없는 자에게 나누어 주고, 먹을 것이 있는 자도 그렇게 하라 또 세리들에게는 정한 세 외에는 더 빼앗아 받지 말라."고 말했습니다. 또 병졸들에게는 사람을 협박하지 말고 무소誣訴하지 말며 받는 봉급으로 족한 줄 알라고 했습니다. 즉, 긍휼과 정의를 실행하는 것이 장차 임할 멸망에서 구원되는 길이라 했습니다눅 3:7-14.

그런데 예수님은 이보다 더 깊이 사람에게 주어진 근본적 구원의 길을 보여 주셨습니다. 그 길이란 예수님을 "가난한 자에게 복음을 전하고 갇힌 자에게 놓임을, 소경에게 보게 하고 눌린 자는 해방시켜 자유케 하며 주의 기뻐하시는 해를 선전하기 위하여 보내심을 받은 자", 곧 그리스도로 믿는 믿음을 말하는 것입니다. 예수를 그리스도, 즉 구주로 믿기만 하면 사람과 나라와 세계는 구원될 것입니다. 예수 그리스도를 믿는 신앙에 의하여 하나님과 사람 사이에 평화가 이뤄지고 그것을 기초로 해서 국민과 국민 사이에 평화가 형성됩니다. 이것이 평화의 길입니다.

하나님은 죄를 심판하실 때 반드시 예언자를 통하여 경고하시고, 진노의 물과 불을 내리셨습니다. 노아의 홍수, 소돔과 고모라의 불의 심판 때와 같이 슬픈 것은 국민들이 이 예언자의 경고를 듣지 않는 상태, 즉 죽은 상태였기 때문입니다. 예수님은 세례 요한의 뒤를 이어 이 예루살렘을 멸망에서 구하려고 예언하고 있으나, 종교 지도자들과 시민들은 여전히 형식적 종교의식에 전념하고 위선에 가득 차서 회개할 줄 모르고 하나님의 긍휼과 자비를 배척하고 있으니 어떻게 그 진노를 피할 수 있겠습니까?

누가복음 13장 34절에서 "아! 예루살렘아! 예루살렘아! 예언자들을 죽이고 보낸 사람들을 돌로 치는 자들이여 암탉이 자기 병아리를 날개 아래 품으려고 하는 것 같이 내가 너희들의 자녀들을 품으려 한 것이 몇 번이었던가? 그러나 너희가 싫어했느니라."하신 주님이 지금은 그 심정으로 우시면서 예언을 하시는 것입니다.

아! 여러분이 이날에도 평화에 관한 일을 알았더라면……. 이날이 마지막 기회입니다. 우리는 오늘 일을 내일로 미루는 연약한 인간들입니다. 이날에 참 예수 그리스도의 제자가 되고, 예수 그리스도에게 자신을 전적으로 드려서 그와 동일체가 되는 이런 사람이 열 명만 있어도 구원받겠는데 열 명도 없다는 말입니까. 누가복음 13장 34절에는 "너희가 좋아하지 않았도다."라고 했다가 여기에서는 하나님의 경륜이라고 하는 객관적 입장에서 "너의 눈에 감추었느니라."고 하셨습니다.

예루살렘의 멸망은 예수님 시계視界에 있으나, 예수님의 본질은 예루살렘 시민들의 눈에는 감추어져 있는 것입니다. 이것은 하나님의 경륜에 있는 때의 순서여서 완고한 마음, 비겁한 마음은 장차 예수를 십자가에 못 박고 자멸하게 될 것입니다. 슬픈 일이요 두려운 일입니다. 이것이 하나님이 정하신 것이라고 이해하기가 참으로 어렵습니다.

그날에는 원수가 여러분을 둘러싸고 성을 공격하려고 보루를 세우고 여러분을 사방으로 공격하여, 드디어 성벽을 파하고 성에 들어가 참살할 것입니다. 돌 하나도 돌 위에 남지 아니하고 폐허가 될 것입니다.

여러분이 '은혜'의 때 '평화'에 관한 일을 알지 못하고 어떻게 멸망을 피할 수 있겠습니까? 이날이라도 회개하고 복음을 믿으면 죄 사함 받고 구원을 얻을 터인데 여러분 눈에 그것이 감추어져 있습니다. 그 결과 예수는 십자가에서 죽지 않으면 안 되는 것입니다.

예수님께서 이 예언을 하신 것은 십자가에 못 박히기 수일 전이어서 기원후 30년 전후일 것입니다. 그 후 10년, 곧 기원후 40년경에는 로마 황제 가이우스 칼리굴라Gaius Caligula가 자기의 우상을 예루살렘 성전에 세우려 했으나 당시 총독이 하지 못하게 하여 그만 두었습니다. 그러나 총독 알비누스Lucceins Albinus(62-64)와 총독 플로루스Gessius Florus(64-66)의 정치는 가혹했고 압제가 심했기 때문에 드디어 66년 봄에 예루살렘 민중의 반란이 폭발하여 플로루스는 교외로 도주했습니다. 수리아 주재의 로마 총독 케스츄스, 가르스가 군을 끌고 구원하러 왔었으나 뜻을 이루지 못하고 66년 11월에 물러갔습니다. 그 틈에 예루살렘에 살고 있던 그리스도인들은 요단강 저편으로 도피했습니다. 예루살렘은 열심당의 지배에 들어갔고, 파쇼적인 과격정치가 행해져서 열심당과 온건파와의 사이에 내분이 끊이지 않고 계속되었습니다. 67년 로마 본국으로부터 티투스가 대군을 끌고 와서 예루살렘 주위에 큰 보루를 쌓고 70년까지 3년간 공략해서 드디어 이것을 함락시키어 성전을 불태우고 시가 전부를 파괴했으며 대량 학살을 자행했습니다.

(2)성전 숙청눅 19:45-46

감람산록에서 예루살렘을 내려다보시고 비통한 애국의 정을 말씀하신 예수님은 발걸음을 예루살렘 성전 구내로 옮기셨습니다.

거기 '이방인의 뜰'이라고 하는 밖의 뜰에는 많은 상인이 책상을 벌이고 어떤 자는 제물용의 비둘기를 팔고 있었고, 어떤 자는 연보 드리는 돈을 바꾸며 떠들고 있었습니다. 그 모양을 보신 예수님은 거룩한 분노를 발하시고 "내 집은 기도하는 집이거늘 너희는 이것을 강도의 소굴로 만들었구나."하고 말씀하시면서 상인들을 내쫓으셨습니다.

이 소위 성전 숙청의 기사는 누가복음뿐 아니라 마태복음마 21:12-13과 마가복음막 11:15-17, 요한복음요 2:13-17에도 있습니다. 이때의 예수님의 격심한 행동은 제자들에게 "너희의 집을 사모하는 열심이 나를 삼키리라."고 하는 시편 69편 9절의 말씀을 상기케 했습니다요 2:17 참조.

지금까지 예수님의 마음이 찢어질 정도로 감동이 연속되었습니다. 이렇게 예루살렘에 대한 그의 사랑이 절정에 달한 때, 예루살렘에서의 그의 죽음도 또한 결정적으로 되려고 합니다.

예수님은 성전의 구내를 떠나 감람산 뒤에 있는 베다니 촌에 돌아가서 아마도 마르다, 마리아의 집에 유숙하셨을 것입니다. 그래서 아침에는 예루살렘에서, 저녁에는 베다니로 돌아가시면서 매일 성전에서 사람들을 가르치셨습니다. 최후의 한순간에라도 예수를 구주로 영접하여 구원을 얻을까 하고 심혈을 기울였습니다. 만일 믿지 아니하면 멸망을 자초한다 할지라도 예수님은 자기의 사명을 다 하지 않으면 안 된다고 생각하셔서 끝까지 사람들과 제자들을 사랑하셨습니다.

제사장, 서기관, 장로들이 예수를 잡아 죽이려 했으나 민중들이 예수님의 교훈에 귀를 기울이고 있었으므로 잡을 수 없었습니다눅 19:47-48. 제사장이 예수님을 잡아 죽이려는 데 참여하게 된 것은 이 성전 숙청과 관계가 있었습니다. 즉, 그들의 이권이 침해되었다고 생각했던 까닭이었을 것입니다. 처음에는 바리새인들이 예수님을 대적하여 죽이려 하였고, 그와 교리를 달리하던 사두개인인 제사장들은 냉정한 태도였습니다. 그런데 자기들의 이권이 빼앗겼다고 생각이 되어 바리새인과 더불어 예수를 죽이려고 했습니다.

예수님께서 이렇게 제사장들도 적으로 해서 스스로 죽을 곳을 택하시듯 성전 숙청을 감행하신 것은 거기에 '평화에 관한' 근본 문제를 보신 까닭입니다. 정치의 부패도, 경제의 부패도, 교육의 부패도 그 근본은 하나님에 대한 태도의 부패에 있습니다. 성전, 즉 종교가 부패하니 국민 생활의 전부가 부패하지 않을 수 없습니다. 참 하나님을 하나님으로 예배하지 않고, 혹은 하나님을 간판으로 해서 이익을 탐하거나, 또는 하나님이 아닌 것을 하나님으로 섬기는 모든 우상숭배는 정치, 경제, 교육과 문화의 부패, 타락의 근본이어서 그 근원을 밝히지 아니하면 국민은 멸망할 수밖에 없습니다. 여기에 '평화에 관한 일'의 근본이 있는 것입니다.

"화평케 하는 자는 복이 있나니 저희를 하나님의 아들이라 일컬을 것이다"마5:9라고 했습니다. 그는 하나님의 아들 예수님에게 속한 자입니다. 즉 화목하게 하는 자야말로 그리스도 신자입니다. 평화주의자, 평화운동가의 모범은 예수님에게 있습니다. 그는 '평화에 관한 일'의 근본이 어디 있는 것을 예민하게 알고 계셨습니다. 그리고 그것을 무시하고 멸시하는 국민은 장차 올 하나님의 진노를 면할 수 없음을 고하시고, 이날에라도, 이 순간에라도 회개하고 주 예수를 믿으라고 우시면서 자기를 내어 주셨습니다. 이 길을 알 때 구원을 얻게 되고 이 길을 무시할 때 멸망하게 됩니다. 이 길이란 무엇입니까? 평화에 관한 근본이란 무엇입니까? 그것은 종교 숙청입니다. 진정으로 하나님을 예배하는 일입니다. 하나님이 보내신 자 예수 그리스도를 믿고 그와 하나를 이루는 일입니다. 이것 없이는 개인도, 국민도, 세계도 참 영구적 평화는 없습니다.

이사야 6장 9-12절 말씀을 읽고 예수님께서 예루살렘을 향하여 우시면서 예언하신 말씀을 되새겨 봅시다. 예수님을 믿는 자는 누구든지 그 그릇에 따라 성령을 받습니다. 성령의 인도 하심을 소멸치 말고, 전부를 그리스도에게 바치고 연합합시다. 평화를 이룩할 것입니다. 아멘.

우리는 다시 생각해 봅시다. 우리 마음에는 비둘기 팔고 돈 바꾸는 자들과 같은 탐심은 없습니까? 현실 교권에 눌려 타협하고 있지는 않습니까? 너희 몸은 성령이 거하실 성전이라고 했는데, 정욕을 피하고 성결한 생활을 하고 있습니까? 과연 주님을 모시고 살고 있습니까? 전적으로 하나님의 아들로서 살 때에 개인의 평화가 이루어지고, 가정 안에 주님이 계실 때 그 가정이 화평함 같이 믿는 무리의 사회와 나라는 평화를 누릴 것입니다.

<부산모임>12권 4호(1979. 8)

4. 구원, 평화, 믿음

 우리 인격의 가장 깊은 소원은 인격의 평강과 인류의 평화입니다. 간디는 인도인의 독립과 세계의 평화를 위하여 싸웠고, 마틴 루터 킹은 흑인의 자유와 세계 평화를 염원하여 생명을 바치었습니다. 토인비[7]는 역사에 나타난 하나님의 섭리를 통하여 인류의 평화를 추구하였습니다. 현재 세계 평화의 필요성에 관하여는 일반 지성인에게는 널리 알려진 것이어서 더 말할 필요조차 느끼지 않습니다. 그리고 그중에서 선각자들은 세계 평화 체계를 세워보려고 세계 평화 체계 연구기구를 조직했으며 일본에서는 이 일을 연구하는 간담회가 조직되었습니다.

 저는 평화를 얻는 원리에 대하여 성경에서 찾아보려고 합니다. 사람의 인격이 평화를 추구하는 것은 사람의 생명이 영생을 바라는 것과 같이 본능적인 것입니다. 그리고 사람의 육적 생명이 현실에서 죽는 까닭에 그 인격이 불안과 공포에 떨면서 살고 있으며, 또 그 원인이 탐욕과 정욕을 제어할 수 없는 데 있다는

---

[7]. 아놀드 토인비Arnold J. Toynbee: 1889-1975는 영국의 역사학자로서 문명이 발생, 성장, 해체의 과정을 주기적으로 되풀이하는 것으로 보았다. 그 과정에서 종교의 힘이 있어야 '서구 문명'의 구원이 이루어질 수 있다고 주장하였다.

것도 쉽게 느낄 수 있습니다.

그러면 이제 이 평화의 본체와 평화를 얻는 일에 관하여 잠깐 생각해 보기로 합시다. 평화의 본체는 진리라고 믿습니다. 진리는 자유와 평화를 수반합니다. 평화는 진리의 상징입니다.

인류 역사가 시작한 후 참된 평화의 소유자는 누구였습니까? 예수 그리스도밖에 없었다고 저는 단정하고 싶습니다. 왜냐하면 사람이란 사람은 다 하나님을 떠나 각각 제 길로 나갔기 때문에 진리를 떠난 것이 공포와 불안의 원인이 되었습니다. 이와 같은 사실은 성경이 가르쳐 주는 것이며, 또한 우리의 양심이 수긍하는 바입니다. 그러므로 평화의 본체는 진리이신 하나님이시며, 평화의 소유자는 그의 아들 예수 그리스도이심을 알 수 있습니다.

예수가 탄생하실 때, "지극히 높은 곳에서는 하나님께 영광이요 땅에서는 기뻐하심을 입은 사람들 중에 평화로다"눅 2:14라고 천군 천사가 하나님께 찬양을 돌렸습니다. 예수님께서 마지막 유월절 전에 예루살렘에 올라가실 때 "가까이 오사 성을 보시고 우시며 말씀하시기를 너도 오늘날 평화에 관한 일을 알았더면 좋을 뻔하였거니와 지금은 너희에게 숨기웠도다"눅 19:41-42라고 탄식하셨습니다. 이 말씀은 현대의 종교 지도자들이 듣고 반성해야 할 것이라고 깊이 느낍니다.

또 예수께서 십자가에 달려 돌아가셨다가 사흘 만에 부활하신 후 불안과 공포에 싸여있는 제자들에게 찾아오셔서 "너희에게 평강이 있을지어다."라고 세 번이나 말씀하셨습니다요 20:19,21,26. 예수님은 진리 자체이신 분이어서 평화의 주님이십니다.

불안과 공포, 그리고 전쟁의 원인은 어디 있을까요? 그것은 사람이 하나님을 떠나 진리를 반역한 데 기인한다고 말했습니다. 즉, 죄가 사람의 인격에 불안과 공포를 일으키며 그 결과로 전쟁이 일어납니다. 하나님과의 약속을 저버린 인격은 평화를 저버렸으며, 따라서 불안과 공포에 떨게 되었습니다. 아담이 하나님과의 약속을 어기고 선악과를 따먹을 때, 나뭇잎으로 하체를 가리고 나무 뒤에 숨어서 찾아오시는 하나님의 음성을 듣고 떨었습니다. 현재의 전쟁도 인류의 죄의 결과이며 하나님의 심판인 것입니다. 하나님을 하나님으로 공경하지 아니하고 의에 대한 양심을 버렸으니, 하나님께서도 그대로 내버려 두신 것입니다. 이것이 곧 심판입니다. 그러므로 전쟁과 학살과 모든 죄악의 실천으로 나타납니다. 양심 있는 사람이라면 어찌 두려워하지 않겠습니까?

그런데 사람은 간사한 자입니다. 어느 전쟁치고 정의와 평화의 아름다운 이름을 빼놓고 일으킨 것이 있었습니까? 지금도 해방 전쟁이라고 하며 눌리고 압박당하는 자들을 자유케 해서 평화를 이룩해 주겠다는 이름으로 전쟁을 일으키고 있습니다. 하나님을 떠난 자들은 불안과 공포를 가지게 되며, 그것을 예방하려고 소위 예방전쟁을 일으키게 됩니다. 불안과 공포, 눌림과 압박, 방종과 부자유는 다 죄의 현상이며 그 결과입니다.

이 죄 문제의 해결이야말로 평화 회복의 길이요 열쇠입니다. 이 죄의 문제는 어떻게 해결될 것입니까? 하나님을 떠난 인격은 스스로 하나님에게 돌아와 하나님의 아름다운 인격으로 될 수 있을 것입니다. 그렇게만 될 수 있다면 얼마나 좋을까요? 우리의 인정은 그러한 길을 긍정하려고 할는지 모릅니다. 그러나 하나님의 진실은 그 반역의 죄를 죄 아니라고, 또는 죄인을 죄 없다고 무시하거나 묵인하시지 못하십니다. 곧 거룩한 분노를 발하십니다. 공의의 하나님의 성격에 합당한 발로發怒인 것입니다. 하나님의 성품은 무엇보다도 진리요 공의인 까닭입니다. 그러나 그것은 그 인격의 한쪽 면일 뿐입니다. 그 반대쪽 면은 사랑이십니다. 자기를 반역한 자를 구해주시지 않을 수 없습니다. 친히 사람이 되어 오셔서 십자가에서 피를 흘려 속죄하시고, 사람을 다시 하나님에게 돌아오게 하셨습니다. 곧, 예수 그리스도는 죄인을 하나님과 화친케 하시는 화목제물이 되셨습니다. 이 예수님의 십자가는 사람을 하나님과 화친케 했을 뿐 아니라, 사람과 사람 사이의 불신과 불안 및 공포를 소멸하시고 둘로 하나를 만들어 화평케 하는 일을 이루셨습니다엡 2장. 이것이 구원입니다. 구원받지 않고는 평안을 누릴 수 없습니다. 화목하게 하는 자는 그리스도이며 하나님의 아들이십니다. 이제 그리스도 예수로 말미암아 구원받은 자는 또한 하나님의 아들이라고 일컬음을 얻게 되며, 그는 화목게 하는 자가 될 수 있습니다.

그러면 이 하나님의 구원을 어떻게, 어떤 사람이 받는 것입니까? 그것은 그리스도를 믿음으로 된다고 합니다. 즉, 자기의 죄를 깨달아 회개하고 예수님을 구주로 영접하는 일에 의하여 구원을 받습니다. 세례요한이 광야에서 외치기를 "때가 찼으니 회개하고 복음을 믿으라."고 했습니다. 예수님께서도 "기약이 이르렀으니 회개하고 복음을 믿으라."고 하셨습니다. 하나님께서는 사람의 인격을 존중하십니다. 기계적으로 구원하시지 않으십니다. 사람이 인격으로 돌아오기를 기다리십니다.

예수를 믿는다고 하는 것은 예수님의 속죄를 믿는 것이어서, 자기의 진리, 곧 하나님을 반역한 죄를 진리이신 예수께서 십자가에서 대속해 주셨다는 사실을 믿고, 자기의 인격을 예수님에게 바쳐 예수님과 인격적으로 결합하여 하나를 이루는 것을 의미합니다. 즉, 자기의 의사^{意思} 또는 의지로써 진리를 거부한 것을 깨닫고, 그 죄가 속해지지 않는다면 하나님 앞에 설 수 없음을 절실히 느끼며, 또 그 죄가 예수 그리스도로 말미암아 대속되었다는 사실을 받아들이게 됩니다. 그래서 감사와 감격으로 자기의 인격을 전폭적으로 그리스도에게 내어 맡기고, 또 바쳐 드리는 것을 통하여 그리스도의 인격과 결합하게 됩니다. 이것은 예수를 구주로 영접하게 될 때의 심리적 사실입니다. 이것을 믿음이라고 합니다. 소위 바울이 말한 바와 같이 크리스천은 예수를 믿게 될 때, 자기의 육의 정욕과 탐욕을 예수 그리스도의 십자가에 못 박아 자기를 장사 지내고, 부활하신 주님과 같이 전적으로 하나님의 뜻에 순응하여 의의 병기로서 살며, 또 영의 자유함을 얻어 기쁨과 즐거움으로 하나님의 뜻을 이루는 열매를 맺게 됩니다. 이 열매는 사랑과 평화와 기쁨입니다.

이 믿음의 생활은 평화를 얻는 길이며 이룩하는 길입니다. 그러므로 바울은 데살로니가 교회에 편지할 때에 주목해 말하기를 "평강의 하나님이 친히 너희로 온전히 거룩하게 하시고 또 너희 온 영과 혼과 몸이 우리 주 예수 그리스도 강림하실 때에 흠없게 보전되기를 원하노라 너희를 부르시는 이는 미쁘시니 그가 또한 이루시리라"^{살전 5: 23-24}고 축원하셨습니다.

우리 인격이 가장 사모하는 것은 평강의 하나님이시어서 무엇보다도 평화를 구하고 있습니다. 이 평화를 이룩해 주시는 이는 평강의 하나님이시며, 또 우리를 온전히 거룩하게 하심으로 이루어 주십니다. 그리고 우리의 영Spirit과 혼Soul과 몸Body을 우리 주 예수 그리스도께서 강림하실 때까지 흠없이 보전되기를 기원하셨습니다. 즉, 우리의 인격이 이 세상 풍조에 휩쓸리지 않고, 또 자기 교만이나 과학 만능 물질문명에 의존하는 현실주의로부터 흠없이 보전되기를 저는 바울 선생의 마음으로 기원하는 바입니다. 우리 인격의 완성과 믿음생활은 우리의 노력으로 이루어지는 것이 아니고, 우리를 부르신 이는 미쁘셔서 성령으로 이루어 주신다고 말씀하셨습니다.

저는 믿습니다. 저와 우리가 십자가에서 그리스도와 같이 한 번에 죽고, 부활하신 주님과 같이 연합하여 하나님에게만 감응하여 의의 병기로 살고, 또 자유하는 영으로 진리에 순응하며 기뻐 선을 성취하게 될 때, 개인의 구원과 평화를 얻고, 우리 사회에 평화의 세계가 이루어질 것입니다. 이처럼 평화의 세계에서 사는 자들은 그 진리에 순응하는 것이 자기의 공로로 된다고 생각하지 않고, 다만 주님의 구원을 감사할 뿐입니다. 이러한 믿음과 마음의 소유자들을 통하여 이루어지는 연구·조직·협조는 자유하는 영의 활동이어서 진리 중심의 계획과 실천으로 인하여 물이 바다를 덮음과 같이 평화의 세계가 될 것입니다. 하늘 이편에서 저편까지 그리스도의 군림을 깨달을 것입니다. 우리는 지금도 어린양의 혼인 잔치에서 느끼는 평화를 맛보면서, 믿는 자들을 부르고 있습니다. 우리는 다 한 형제자매입니다. 주 안에서 구원받은 평화를 믿음으로 누리는 열매를 나눕시다.

<부산모임>3권 2호(1970. 2.3)

5. 유물론자에게 전하고 싶은 요한의 사랑의 철학

사도 요한은 요한 1서에서 진리이신 하나님을 세 가지로 표현했습니다.

첫째, 하나님은 빛입니다. [1:1]

둘째, 하나님은 사랑입니다. [4:8]

셋째, 하나님은 생명입니다. [5:11]

그리고 신자의 생활원리로 세 가지 법칙을 강조하고 있습니다.

첫째, 교제 [1:3, 7]

둘째, 계속 항구적 동거생활 [2:27, 28; 3:24]

셋째, 엄격한 구별 [1:5; 3:6, 14]

하나님은 빛입니다

빛, 아! 얼마나 청명한 빛인지! 가을 아침 신선한 공기가 우리의 얼굴을 스치고 햇빛이 우리의 마음과 정신을 비출 때, 우리 인격의 상쾌함은 말할 바를 모르며 무한한 감사로 가득 차게 됩니다. 만물을 창조하시던 처음에 빛이 있으라 하신 그 하나님은 빛 자체이십니다. 빛은 하나님의 본질입니다. 빛이 있으라 하심은 그 본질을 우주와 인류에게 향하여 하나님의 뜻을 나타내시는 하나님의 행동이십니다. 그리고 빛은 만물을 육성하고, 만물에게 생명을 주며, 만물에게 사는 도리를 인도하는 것이 그 성질입니다. 일점의 어두움이나 일호의 불순한 것도 허용하지 않는 공명정대함과 질서를 확립하는 것은 하나님의 의이며, 모든 것을 비추어서 위로하고 넘어지게 하는 차질을 제거하여 생명의 길을 걸어가게 하는 것이 하나님의 사랑입니다. "하나님은 빛으로서 조금도 어두움이 없다"요일1:5라고 하신 것은 이 하나님의 의와 사랑의 본질을 말씀한 것입니다. "하나님은 빛 가운데 거하신다"요일 1:7라고 하신 것은 하나님의 생활원리를 말씀한 것입니다. 사람으로서 하나님의 공명정대의 의와 생명을 주는 사랑을 실천하신 분은 예수님이십니다. 예수님은 사람의 인격을 통찰하셨습니다. 그는 나다나엘을 처음 본 때에 "보라 이 사람은 참 이스라엘사람이라 그 속에 간사한 것이 없다."라고 말씀하셨습니다 그는 세례 요한이 의심을 받게 된 때에도 오히려 그를 변호해서 말씀하시기를 "그렇다. 너희에게 말하노니 예언자보다 나은 자이다 진실로 너희에게 말하노니 여인이 낳은 자 중에 그보다 큰 자는 일어나지 않았다."라고 하셨습니다. 또 그는 영성이 격렬했던 베드로에 대해서 "나는 또한 너에게 이르노니 너는 베드로이다."라고 말씀하셨습니다. 그는 반석이었고, 예언자들보다 나은 자이며, 참 이스라엘 사람이었습니다. 예수께서 이 사람들을 뚫어 보신 것은 저들을 진실로 사랑하셨던 까닭이었습니다. 사랑의 눈에 비치는 모양은 하나님의 눈에 띄는 것과 가장 비슷할 것입니다. 우리가 사랑하는 때에 사람을 보는 것처럼 하나님은 항상 우리를 보십니다. 하나님은 만인을 하나하나 그 이상의 인격에서 사람을 식별하십니다.

생각하건대 예수님의 공명정대하신 인격은 하나님으로부터 나온 빛입니다. 예수님은 그 빛을 우리에게 전달해 주셨습니다. 그러므로 사랑을 가지고 사람의 인격이나 자연을 비추어 볼 때, 하나님께서 보시는 자태와 비슷한 자태에서 우리도 볼 수 있다고 생각합니다. 무릇 하나님 자신이 빛으로 나타나시는 자태를 요한은 진리라고 했습니다. 사랑은 즉, 진리의 계시자입니다. 사랑으로 본 인생은 건전합니다. 사랑으로 본 우주는 진실합니다. "그 형제를 사랑하는 자는 빛에 거하여 넘어짐이 그 속에 없느니라"요일 2:10. 사랑으로서 형제에게 대하는 자는 항상 그 이상의 인격을 보게 되므로 우러러 사모하되 질투하지 아니하며, 칭찬과 관용, 용서는 있으나, 오만하거나 이기적이 되거나 복수하는 일은 없습니다. 요컨대 사랑의 세계에는 형제에 대하여 죄를 범할 원인이 없습니다. 사랑하는 자는 빛 가운데 다니므로 넘어지지 않습니다. "형제를 미워하는 자는 어두움에 있어 어두운 길을 걸음으로 갈 바를 알지 못하나니 이는 어두움이 그의 눈을 몽롱하게 한 까닭이다"요일 2:11. 사랑이 없을 때 우리의 판단은 미혹됩니다. 특히 영계에 있어서는 더욱 그렇습니다. 미움이 이성을 흔들어 혼란하게 합니다. 우리 속에 사랑이 없을 때에는 사람에 대한 미점美點, 장점은 보이지 않고 결점과 단점만이 보입니다. 그렇지 않은 자는 자기만 옳다 하고 다른 자는 다 부정합니다. 근대에 이르러 발광이 많아진 것은 이 자기중심적 인생관 때문이 아니겠습니까? 사람은 본래 사랑에 살도록 지어졌습니다. 생활의 중심을 자기 이외의 인격자에게 두는 것으로 정해졌던 것입니다. 이것을 자기에게로 옮겨 놓으면서 발광이 시작되었습니다. 왜냐하면 중심의 위치가 틀려짐에 반드시 전 생활이 미치게 되지 않을 수 없습니다. 인생의 화는 자기 중심사상에서 왔습니다. 우리 그리스도인은 이 자기 중심사상과 더불어 싸워 승리함으로써 그리스도의 빛을 비추고, 또 사랑이 없어 갈 바를 모르고 헤매는 '유물론자'들에게 인생 본연의 사랑의 삶을 보여주어야 하겠습니다.

하나님은 사랑입니다

'하나님은 사랑이다.'라고 하는 이 말에서 우리는 사랑의 본체를 발견합니다. 사랑은 확실히 인생의 가장 높은 선입니다. 사랑에서 율법은 완성됩니다. 도덕의 도덕, 생명 중 생명은 사랑입니다. '하나님은 참으로 사랑이다.'라는 진리를 배우기 위하여 인류는 긴 세월을 보냈습니다. 이 진리는 스스로 명백하고 보편적인 진리이며, 참으로 기독교 최초의 발견에 속합니다. 사람은 능력의 신, 진리의 신, 또는 정의의 신은 알고 있었습니다.

그러나 다만 사랑의 하나님은 알지 못했습니다. 이 하나님을 발견해서 도덕의 왕좌에 올려놓은 것은 인류 최대의 진보라고 말할 수 있습니다. 그러나 현대인은 과연 사랑을 알고 있습니까? 그 본체를 알고 이해하고 있습니까? 사랑이란 무엇입니까? 현대인은 그 가치를 안다고 하면서도 그 본체를 모릅니다. 그래서 사이비한 것을 가지고 찬양하며 도취하고 있습니다. 누추한 것을 가지고 고귀한 것처럼 문예인들은 날뛰고 있습니다. 사랑의 발견은 어디 있었습니까? "주는 우리를 위하여 생명을 버리셨으니 우리가 이로써 사랑을 알았도다"요일 3:16. 즉, 예수의 죽음으로 인류는 사랑이라고 하는 것을 알게 되었습니다. 그때까지 그와 비슷한 것은 있었습니다. 그러나 사랑, 그것은 어디나 없었습니다. 예수님의 죽음으로 나타난 사랑은 독특합니다. 이것은 그 이외의 것과는 완전히 그 성질이 다릅니다.

예수님의 죽음에서 나타난 사랑의 본체는 어떠한 것입니까? "하나님의 사랑이 우리에게 나타나셨도다 하나님은 그의 독생자를 세상에 보내사 우리로 하여금 그로 말미암아 생명을 얻게 하려 하심이니라"요일 4:9라고 하셨습니다. 즉 사랑의 본체를 세 가지로 설명합니다.

그 첫 번째는 "하나님의 사랑이 우리에게 나타나셨다."는 말에서, 사랑이란 나타난 사실 배후에 있는 어떠한 성격임을 알 수 있습니다. 예수님께서 이 세상에 오셔서 이룩하신 역사적 사실들은 그 하나의 사랑의 발현에 지나지 않습니다. "사랑은 주로 하나님의 성향이어서 의사意思의 영구적 품성이며 도덕성의 고유한 경향이다."라고 로바트로는 말했습니다. 속에 이러한 경향이 없으면, 밖으로 사랑의 꽃이 필 수 없고 열매도 맺을 수 없습니다. 사랑을 행위의 일로 보는 것은 천박한 태도입니다. 둘째는 "독생자를 보내서"라고 하신 것으로 보아 사랑이란 하나의 희생임을 알 수 있습니다. 희생은 주려고 하는 충동의 가장 이상적인 것입니다. 사랑하는 자는 주려고 합니다. 보내신 이가 "독생자"라고 함에 의하여 최대의 희생임을 알 수 있습니다. 독생자에게는 하나님의 전 성질, 전 존재가 들어 있습니다. 사랑은 실로 자기 자신의 그것을 보내주십니다. 셋째로 "우리로 하여금 그로 말미암아 생명을 얻게 하심이라."라고 합니다. 이것에 의하면 사랑은 사랑하는 자의 영원한 생명을 목적으로 하고 있음을 알 수 있습니다. 즉, 참 생명, 곧 영원한 생명에 들어가기를 바라서 자기를 버리는 데 사랑이 있습니다.

이러므로 사랑이란 상대방의 영원한 생명을 위하여 자기를 다 바쳐드리고자 하는 의사의 영구적 품성임을 알 수 있습니다. 그런데 이러한 사랑은 예수님의 죽음이 아니고도 나타날 때가 있습니다. 즉, 아들을 품은 어머니의 가슴에, 친구를 생각하는 벗의 마음에, 또한 깨끗한 연애를 하는 남녀의 마음에도 이러한 사랑은 머물러 있을 수 있습니다. 그러나 사도 요한이 "이에 의하여 사랑이란 것을 알았다."라고 고백한 말에는 그 독특한 성질이 지적되어 있음을 알아야 합니다. 즉, 그 특성이 무엇인가 하면 "하나님은 독생자를 이 세상에 보내셨다."고 한 '이 세상'에 주의해야 합니다.

이 세상은 장소만을 뜻하지 않습니다. 인류 총체를 말합니다. 하나님을 대적하는 전 인류를 말합니다. 하나님은 이 반역한 인류에게 영원한 생명을 주시기 위하여 독생자를 보내셨습니다. 예수님은 자기를 미워하고 배척하고 자기를 죽이려고 하는 자들을 위하여 기쁘게 그 생명을 바쳤습니다. 이 같은 사랑이 인류 역사 중 어디에 나타났습니까? 그러므로 요한이 첨가해서 말하기를 "사랑이라 함은 우리가 하나님을 사랑한 것이 아니요 하나님이 우리를 사랑하사 우리 죄를 위하여 화목제물로 하신 일 이것이다"요일 4:10라고 했습니다.

사랑의 본령本領은 하나님이 우리를 사랑하신 것에 있습니다. 즉, 주체가 하나님이시고 객체가 우리인 것에 사랑의 오묘한 비밀이 있습니다. 그 거룩하신 하나님이 죄의 골짜기에서 헤매는 인류를 위하여 그 아들을 보내사 우리의 죄 때문에 화목제물로 삼으신 이 일에 사랑의 깊은 비밀이 있습니다. 무릇 인간애는 다 수동적입니다. 상대자의 어떤 성질에 마음이 끌리어 일어나는 충동에 지나지 않습니다. 즉, 그 인격에, 그 기질에, 그 외모에 좋아져서 사랑하는 것이어서 조건적 사랑에 지나지 않습니다. 남녀의 사랑, 친구의 사랑, 골육의 사랑까지도 다 그런 것입니다. 그러므로 인간애는 그 조건의 변화에 따라 변화합니다. 또 자기 평가의 변화에 따라 변화합니다.

이에 반하여 예수님의 죽음에 나타난 하나님의 사랑은 완전히 자발적입니다. 사랑하려고 하시는 하나님 자신의 뜻 이외에 아무 조건이 없습니다. 사랑은 양심과 지성으로 인도되는 자유의사입니다. 따라서 영구적입니다. 참사랑은 상대방이 어떻게 변해도 자기는 변하지 않습니다. 예수님의 죽음에서 나타난 사랑은 이러한 것입니다. 곧 아가페입니다. 즉 자기를 책하는 자를 위해 빌고, 자기를 적으로 하는 자에게 생명을 주는 아가페입니다. 이처럼 사랑은 사람 속에서 자연히 우러나오지 못합니다. "사랑은 하나님에게서 나온다"요일 4:7라고 합니다. 사랑의 유일한 원천은 하나님이십니다. 그러므로 하나님을 알지 못하고 또 하나님과 결부되지 않고서는 사람은 결국 사랑할 줄 알지 못합니다.

그런데 한번 깊이 생각할 바가 있습니다. 즉, 하나님에 대한 사랑만 있다면 사람에 대한 사랑은 자연히 그것으로부터 일어나리라고 말하며 사람에 대한 사랑의 부족을 변호하려고 합니다. 그러나 하나님의 우리에 대한 사랑의 반향은 우리의 하나님에 대한 사랑보다도 차라리 형제들에 대한 사랑으로 나타나지 않으면 안 됩니다.

그러므로 사도 요한은 "사랑하는 자들아 이와 같이 하나님이 우리를 사랑하셨으니 우리도 또한 서로 사랑하자"요일 4:11라고 했습니다. 왜냐하면 보이는 형제를 사랑하지 않는 자는 보이지 않는 하나님을 사랑할 수 없는 까닭입니다요일 4:20. "아직 하나님을 본 자는 없다 우리가 서로 사랑하면 하나님이 우리 중에 거하시고 그 사랑이 또한 우리에게 완전케 되나니"요일 4:12. 그대로입니다. 하나님께서는 영광과 능력, 존귀와 권위 모든 것이 충만합니다. 그런데 형제는 우리 주위에서 우리와 같이 번민하고 넘어집니다. 만일 우리 속에 하나님의 사랑과 같은 자발적인 사랑이 일어난다면 그것은 먼저 이웃, 곧 형제에게로 향하지 아니할 수 없습니다. 우리의 하나님에 대한 사랑이 참사랑인가 아닌가는 자기를 사랑하지 않는 사람을 사랑하고 있는가 어떤가에 의하여 시험받습니다. 만일 이러한 사랑이 우리 속에서 자기를 미워하는 공산주의자들을 위하여 생명을 버린다면, 하나님은 확실히 우리 안에 계셔서 조국도 통일되고 하나님의 사랑이 우리나라에 완성될 것입니다. 그런데 우리가 스스로 반성해 봅시다. 하나님을 사랑한다고 말은 하면서도 사람에게는 얼마나 냉정하게 대하고 있는지요. 부끄럽고 두려움을 금할 수 없습니다. "사람이 만일 하나님을 사랑한다고 말하고 그 형제를 미워하면 이는 거짓말하는 자이다"요일 4:20. 원컨대 우리는 오늘 이러한 위선자의 죄에 빠지지 않기를 바랍니다. "주는 것은 받는 것보다 복이 있다."라고 예수님은 말씀하셨습니다. 참으로 사랑하는 자는 사랑을 받는 자보다 낫습니다. 자기를 미워하고 배반하는 자를 사랑할 수 있는 때의 복은 경험하지 않고는 알 수 없습니다. 사랑은 생명의 확장입니다. 자신의 세계는 자신이 사랑하는 곳에 있습니다. 그것은 자신의 영원한 왕국입니다. 아무도 빼앗지 못합니다. 인생의 승리는 사랑하는 자에게 있습니다. 사랑받지 못한다고 슬퍼하지 마십시오. 우리는 자진해서 사랑합시다. 그러면 사랑을 받는 자보다 더 나은 환희로 충만하게 될 것입니다.

하나님은 생명입니다

영원한 생명이란 무엇입니까? 그것은 사랑입니다. 왜냐하면 생명은 하나님에게 있고, 하나님의 본질은 사랑인 까닭입니다. "우리가 형제를 사랑함으로 죽음에서 생명으로 옮겨진 것을 알거니와 사랑하지 않는 자는 사망에 거하느니라"요일 3:14. 우리에게 생명이 있는지 없는지 또한 사랑을 통하여 시험할 수 있습니다. 형제를 사랑하는 자만이 참으로 살고 있는 것입니다. 사랑하지 않는 자에게는 무엇이 있다 해도 생명만은 없는 것입니다. 가령 어떠한 선행, 어떠한 능력, 어떠한 성경 지식, 어떠한 전도 사업, 또는 신앙적 열심이 있을지라도 생명만은 없습니다.

우리가 가령 아침부터 저녁까지 하나님의 이름을 불러 땀을 흘리며 기도를 계속해도 만일 우리의 기도 제목이 저를 중심한 것이라면 우리에게는 결단코 생명은 없습니다. 생명은 사랑이라고 했습니다. 그러면 생명의 사랑이란 어떠한 것입니까?

"주는 우리를 위하여 목숨을 버리셨도다 이로써 사랑이란 것을 알았다"요일 3:16. 인류 역사상 단 한 번 사랑이 그 본체를 드러내었습니다. 그리스도의 십자가에서의 죽음, 바로 이것입니다. 즉, 사랑이란 다른 사람을 위하여 목숨을 버리는 일입니다. 여기에서 생명이란 목숨이어서, 곧 생물의 생활 원리에 대한 말입니다. 다시 말하면 우리의 육의 생활 원리를 다른 사람을 위하여 희생적으로 한다는 말입니다.

사랑은 다른 사람을 위한 죽음입니다. 그리고 영원한 생명은 사랑입니다. 그러므로 참 생명은 죽음에 있다고 하는 것을 알 수 있습니다. 죽음을 두려워하거나 목숨을 아끼는 자에게는 생명이 없습니다. 잘 죽는 자가 잘사는 자입니다. 다른 사람을 위해서 자기의 목숨을 버리는 자만이 영원한 생명을 소유한 사람입니다. 다시 말하면 생명은 죽음에 있습니다. 사랑의 죽음은 생명을 얻는 유일의 길입니다. 그래서 사도 요한의 이 사랑의 철학은 실로 생명철학의 일대 혁명입니다. 이제부터는 다시는 죽음을 두려워하지 아니할 것입니다. 도리어 열심히 이 죽음의 길을 찾을 것입니다. "우리도 또한 형제를 위하여 목숨을 버릴 것이니라"요일 3:16

독자들이여 이 짧은 한 구절의 말씀, 즉 "주는 우리를 위하여 생명을 버리셨도다 이로써 사랑을 알게 되었으니 우리도 또한 형제를 위하여 목숨을 버릴지니라."를 되풀이해서 외우도록 합시다. 그러면 "그렇다, 그렇다. 아멘."의 소리가 속에서 솟아나는 것을 느끼게 될 것입니다. 우리는 사랑하기 위하여 이 세상에 보내심을 받은 자들입니다. 그런데 사랑은 죽음을 요구합니다. 버리는 것이 우리 생애의 목적입니다. 참으로 우리 각 개인은 다 사랑을 위해서 죽어야 합니다. 이것이 예수님의 길이며, 참되게 산 사람들의 길이었습니다. 단, 목숨을 버린다고 하는 것은 반드시 순교자와 같이 최후를 마쳐야 한다는 뜻은 아닙니다. 우리는 최후에 죽을 뿐 아니라 매일 죽을 수 있습니다. 그렇습니다. 매일 죽지 않으면 안 됩니다. 인류에 대한 사랑을 위하여 자기의 행복과 재물을 다 희생하여 죽지 않으면 안 됩니다.

"세상의 제물과 보화를 가지고 형제의 궁핍을 보고도 도리어 긍휼의 마음을 막는 자는 어떻게 하나님의 사랑이 그 마음속에 거할까보냐"요일 3:17. 우리는 형제를 위하여 목숨을 버려야 합니다. 그런데 목숨은커녕 이 세상의 재물도 버리는 것을 아껴서 눈앞에서 형제의 궁핍을 보면서도 긍휼의 마음을 막는 것과 같은 것은 어떠한 죄인지요? 현세와 같이 자기 중심주의, 이기주의로 되어 많은 재물을 가지고 있으면서도 궁핍한 형제를 돌보지 않는 큰 죄악을 우리는 반성하여 회개해야 합니다.

회개하지 않는 자에게는 야고보서 5장 1-3절까지를 읽고 회개하라고 권하고 싶습니다. "부자여 들으라 너희들 위에 임한 가난을 위하여 울어라 너희들의 재물은 썩었고 너희들의 옷은 좀 먹었으며 너희들의 금은은 녹슬었도다 이 녹슨 것이 너희를 향하여 증거하며 또한 불과 같이 너희의 육을 좀먹나니 너희가 이 말세에 재물을 쌓았도다"약 5:1-3. 저는 무신론, 사회주의를 찬성하지 않습니다. 그러나 부자계급에 대한 가난한 자들의 외침은 실로 인류의 여론입니다. 부자들이 고통을 당할 때가 올 것입니다.

이 문제는 다만 부자 계급만의 일이 아닙니다. 부족하다고 해도 우리는 어느 정도 재물을 가지고 있습니다. 그런데 형제의 궁핍을 보고도 도와줄 마음을 막는 일은 없습니까? 아, 크리스천이 믿음의 형제의 궁핍을 보고도 단순한 동정심을 일으키지 않고 조금의 기부금도 내는 사람이 적은 것은 얼마나 저주받은 사회인지요. 물질적 원조일지라도 순수한 마음으로 자유롭게 행하지 않는 사회에 어떻게 하나님의 사랑이 그 속에 있겠습니까?

"젊은 자들아 우리는 말과 혀로만 서로 사랑하지 말고 행위와 진실로써 서로 사랑할지니라"요일 3:18. 이것은 비꼬아 하는 말이 아니라 진실한 말입니다. 이 말씀을 듣고 부끄러워하지 않을 사람이 몇이나 있겠습니까? 우리 전도자들에게 힘든 말씀 같으나 하나님은 많이 말하게 하는 자에게 또한 많이 실행케 하십니다. 저를 택하신 하나님은 나로 하여금 형제를 위하여 목숨을 버리게 하신 것입니다. 저는 이제부터 이것을 위하여 기도하려고 합니다.

<부산모임>7권 4호(1974. 8)

6. 너희 원수를 사랑하며
   너희를 핍박하는 자를 위하여 기도하라

지금으로부터 약 10여 년 전에 대구에서 한일 우화회友和會가 모였을 때에 일본 우화회원 한 분이 우리 한국이 남·북으로 분단되어 괴로워하는 것을 동정해서 말하기를 '원수를 사랑하라.'는 원리가 문제를 해결하는 실마리가 될 수 있다고 강조했습니다.

저는 그때에 이북에 있는 가족을 그리워하고 있었습니다. 그래서 아직 이북에는 부모님과 아내 그리고 다섯 자녀가 있는 것을 생각하며 이북에 있는 사람들은 원수가 아니고 동포라고 말했습니다. 그리고 주님의 사랑을 가지고 기도해야 할 것이라고 응답했습니다. 그 후 저는 부모님과 처자들 그리고 하나님의 택한 백성들을 위하여 매일 아침 가정기도회 때에 하나님의 보호를 구하며 계속 기도하였습니다.

그러나 김일성 부자와 그 도당을 위해서는 기도하지 못했습니다. 아마도 한국동란動亂의 책임을 김일성이 지게 될 때 한국의 평화 통일은 시작될 것이라고 생각하고 있었기 때문입니다.

그런데 금년에도 평화에 관한 남북회담은 열리지 못했을 뿐 아니라, 10월 9일에는 버마 랑군에서 북한 정권의 계획으로 남한 정권자와 그 각료들을 살해하기 위한 큰 폭발 사고가 일어나 16명의 각료가 죽는 만행이 자행되었습니다. 이 사건으로 남한은 유능한 행정인들을 잃었으나, 이분들의 희생으로 전 세계의 민주주의 국가들로부터 큰 동정을 얻게 되었고, 북한은 테러 집단이라는 낙인이 찍히게 되었습니다. 이 사건은 하나님의 존재를 부인하고 파괴력을 가지고 세계를 제패하려는 공산주의자들이 수단을 가리지 않고 테러 행위를 자행하는 것을 세계 사람들에게 확인시켜 주었습니다. 그래서 북한은 고립되었고 앞으로 더욱 심악한 파괴를 속행하리라 보입니다. 저는 그리스도를 구주로 믿는 한 사람으로서 날벼락을 만난 각료들과 저를 동일화하여 생각해 보게 되고, 또 이 일을 저지른 사람들이 내 동포라고 생각할 때에 그 만행을 감행한 자들의 죄책도 나와 관련지어 생각해 보게 됩니다. 저는 '왜 공산주의자들을 위해서는 긍휼히 여기는 마음으로 기도하지 아니했던가?'라는 회개하는 마음이 일어 났습니다.

올해 9월 1일 일어난 칼KAL기의 피격사건[8]에 관해서 생각해 보아도 하나님을 떠난 공산주의자는 미사일로 비무장 여객기를 격추하고도 회개의 태도를 보이지 않고 있습니다. 그래서 민주주의 진영에서도 무장을 준비하여 맞서려고 하고 있습니다. 이와 같이 진행되면 전쟁은 불가피할 것으로 생각되며, 이번에 전쟁이 일어나서 제3차 세계대전이 진행되면, 처음에는 원자무기를

---

8. 대한항공기KAL피격사건은 1983년 9월 1일 뉴욕을 떠나서 앵커리지를 경유하고 서울로 향하던 대한항공 보잉 747 점보여객기가 사할린 부근 상공에서 소련 전투기의 미사일 공격을 받고 추락한 사건이다.

사용하지 아니하려고 하겠지만, 나중에는 원자무기 사용이 불가피하리라고 생각합니다. 그렇게 되어도 '나는 살아 남겠지.'라는 생각은 잘못이라고 하지 않을 수 없습니다.

그러나 살아남기를 원하는 사람은 계시록 말씀에 의하여 네 천사에게 인 맞은 14만 4천 명, 또는 사단에게서 표나 이마에 인 맞지 아니한 자, 즉 생명책에 기록된 자계 21:27하들이 남아 있을 것으로 믿고 있습니다. 그런데 이것을 강조하면서 계시록을 해설하는 사람 중에는 육체로 살아남아서 천국 왕국에서 왕 노릇할 것을 원하고 있는 것 같은데, 육체로 생각하는 사람은 육체에서 떠나지 못하고 있으므로 이 계시록의 말씀을 올바르게 해석하지 못하는 것이라 할 수 있습니다. 그렇게 설명된다고 할지라도 최후의 심판이 가까이 왔다고 생각하는 것은 믿을 수 있습니다. 그래서 예레미야와 같이 자기 동포의 거짓된 죄를 자기의 죄로 느끼고 회개하여야 합니다렘 14:19-21.

우리는 예레미야와 같이 하나님의 부정적 응답을 듣게 될는지 모릅니다. "여호와께서 내게 이르시기를 모세와 사무엘이 내 앞에 설지라도 내 마음은 이 백성을 향할 수 없으니 저희를 내 앞에서 쫓아 나가게 하라"렘 15:1-2. 그래도 우리는 예레미야와 같이 "여호와여 우리 죄가 우리를 송사하여 증거할지라도 …… 원컨대 당신의 이름을 위하여 일하소서 우리의 타락함이 많으나이다 우리가 주께 범죄하였나이다 …… 여호와여 주는 오히려 우리 중에 계시고 우리는 주의 이름으로 일컬음을 받는 자이오니 우리를 버리지 마옵소서"렘 14:7-9, 또 "우리가 하나님을 떠나 어디로 가오리이까"하고 기도하여도, 하나님은 여전히 냉담하게 "무얼,

어디로, 각각 그 정한 대로 갈 수밖에 없지 죽음에 정한 자는 죽음에로 포로가 될 자는 포로에로"렘 15:2라고 하시면서 "나는 긍휼에 싫증이 났다"렘 15:6고 하십니다. 이것은 계시록 13장 9-10절에도 나타나 있습니다.

우리가 심판대 앞에 설 때에 의지하여야 할 것은 하나님의 긍휼과 그 자비뿐입니다. 예수 그리스도의 공로를 힘입는 길밖에 없습니다. 그의 의와 은혜를 의지하고 바라는 사람은 현실에서 우리를 핍박하는 공산주의자들을 위하여 기도하여야 할 것입니다. 하나님은 올해에도 긍휼을 베풀어 주셔서 이산가족 만여 명을 서로 만나게 해주셔서 아직도 남한에는 인도주의가 살아 있음을 보여 주셨습니다. 우리는 이 인도주의도 참으로 귀한 은혜로 생각하지만, 보다 더 초월하여 원수를 위해서도 복을 빌고 핍박하는 자를 위하여 기도합시다.

<부산모임>16권 6호(1983. 12)

7. 생명을 얻음

"빛이 어두움에 비춰되 어두움이 깨닫지 못하더라" 요 1:5

이것은 새로운 위대한 제창입니다. 어둠의 실재, 빛의 출연, 빛에 대한 어둠의 세력, 그리고 빛의 최후의 승리. 이들 네 개의 귀중한 사실은 짧은 두 마디 구절 중에 잘 나타나 있습니다. 만일 누구든지 우리에게 기독교적 인생관을 묻는다면 우리는 바로 이 말로 대답합시다. 빛이 어둠에 비춰었습니다. 어둠이 깨닫지 못하고 누르려 했습니다. 그러나 어둠이 이기지 못했다는 말씀입니다. 이 말씀은 모든 복음의 축소입니다.

빛의 출현에 앞서 어둠이 실재합니다. 어둠이란 사람의 영적 어둠을 말합니다. 곧 죄를 뜻합니다. 다시 말해서 반역입니다. 그 맨 처음은 아담에게서 시작했습니다. 아담 이후 오늘까지 온 인류는 다 하나님을 배반했습니다. 인류는 귀한 영적 생명의 실현으로 하나님의 영광을 찬미하도록 창조되었으나, 도리어 스스로 희망을 버리고 어둠이 되어 버리고 말았습니다. 얼마나 통탄할 일입니까? 죄의 실재는 인생의 중한 사실입니다. 사람은 하나님을 배반했습니다. 그러나 하나님의 사랑은 변치 않았습니다.

'말씀'은 자기의 생명을 모든 사람, 곧 죄인들에게 주어서 그것으로 저들을 어둠에서 빛으로, 죽음에서 생명으로 옮기려고 하셨습니다. 이에 말씀하시기를 "빛이 어둠에 비치다."라고 하셨습니다. 영원의 사랑인 생명은 확실히 우리에게 주어졌습니다. 즉, '말씀'은 어떠한 형태를 갖추시고 죄인과 직접 교섭하게 되었습니다.

그러면 빛의 출현과 더불어 인류는 그 죄를 버렸습니까? 즉, 어둠은 바로 빛을 받아들였습니까? 아닙니다. 어둠은 이것을 받아들이지 않고 도리어 이것을 누르려고 하였습니다. 무릇 빛이 나타날 때 어떻게 해서든지 이것을 누르려고 하는 것은 영적 어둠의 특성입니다. 진리를 반대하고, 복음을 박해하는 것, 이것은 인류의 비애입니다. 그러나 인생의 대사실입니다.

어둠에 대한 빛의 싸움, 여기에 우리의 인생이 있습니다. 어둠이 이기겠습니까? 빛이 지겠습니까? 만일 그렇다면 인생은 절망일 것입니다. 유대인과 이방인들로 하여금 인자를 십자가에 못박게 하십시오. 그러나 예수님은 부활하실 것입니다. 모든 기독교 국가들과 이교 국가들을 타락케 하십시오. 그러나 드디어 나중에는 사랑의 생명으로 가득 차서 넘치는 천국을 실현케 할 것입니다. 사도 요한은 말하기를 빛이 어둠에 비취었을 때, 어둠은 이것을 누르지 못했습니다. 여기에 희망이 있습니다. 인생의 기조는 희망입니다. 사랑으로 시작한 하나님의 세계는 또한 반드시 사랑으로 끝나지 않으면 안 됩니다.

그리고 빛의 출현과 더불어 없어서는 안 될 것은 증거였습니다. 왜냐하면 빛은 그 본래의 자태로 나타나지 않고 어둠과 비슷하게 나타나려고 하는 까닭입니다. 이 빛의 증거를 위하여 세례

요한이 보내심을 받았습니다. 증거 없이 어둠은 빛을 받을 수 없습니다. 빛은 원래 하나님의 일, 증거는 사람의 일입니다. 그럼에도 불구하고 증거 없이는 빛은 그 목적을 달하지 못합니다. 증거가 없으면 신앙도 없습니다. 그러므로 하나님은 어느 세대든지 반드시 누군가를 선택하여 빛을 위한 증인으로 삼으십니다. 행복한 것은 이처럼 선택함을 입은 자입니다. 그는 어둠에 대한 빛의 소개자, 죄에 번민하는 자에 대한 아름다운 소식의 전달자입니다. 사람이 만일 하나님을 위하여 도구로 쓰이는 일이 있다면, 빛을 위한 증거가 가장 좋을 것입니다. 이것은 최고의 사명입니다. 의무입니다. "선한 것을 고하는 자의 발이 어찌 아름다운지 기쁜 소식을 전하고 평화를 고하며 선한 소식을 전하고 구원을 고하며 시온을 향하여 너의 하나님은 통치하신다고 말하는 자의 발은 산 위에서 어찌 아름다운지"사 52:7. 그리고 우리도 또한 이 축복에 참여할 것입니다. "기쁜 소식을 시온에 전하는 자여 너는 소리 높여 외쳐라. 두려워 말고 소리 높여라"사 40:9

행복한 것은 빛을 위한 증거입니다. 그런데 빛을 받아들이는 자는 소수입니다. 어둠의 실체는 항상 빛의 억압자, 그 배척자들입니다. 무릇 참된 증인은 다 백성의 마음을 둔하게 하고 그 귀를 멀게 하고 그 눈을 가리는 것입니다. 왜냐하면 빛이 오는데도 불구하고 어둠이 이것을 받아들이지 않으면 어둠은 더 깊어지고 진해질 수 밖에 없기 때문입니다. 증거에 동반하는 비애는 참으로 여기에 있습니다. 예언자 중 세례 요한의 증거의 결과는 최대의 비애였습니다.

요한이 증거한 이는 누구입니까? 목수의 아들입니까? 아닙니다. 그는 모든 사람을 비추는 참 빛이십니다. 만인을 비추어 사랑의 생명을 주려고 하시는 참 구주이십니다. 인류가 그 수가 많다 할지라도 그의 구원에 참여할 자는 적습니다. 그는 실로 만민의 구주이십니다. 그리고 지금 그는 어두운 세상에 오셨습니다.

그는 만민을 비추시는 참 빛이십니다. 그의 구체적 출현은 이때에 실현되었다 할지라도 실은 '말씀'으로 그는 오래 전부터 세상에 계셨습니다. 이스라엘 백성이 모세를 따라 광야에서 '영의 샘물'을 마셨을 때, 이것을 준 '영의 바위'는 곧 그 '말씀'이었습니다고전 10:4. 그는 또한 이 세상을 지으셨습니다. 그의 아버지에 대한 무한한 사랑을 나타내려고 지으신 것이 곧 하늘과 땅과 사람이었습니다. 세상의 내재적 지지자이시며, 그 창조자 그리고 만인의 구주로 임하셨습니다.

그가 세상에 오신 것입니다. 세상은 어떻게 그를 영접했습니까? 세상은 그를 알지 못했습니다. 그를 인정하지 않았고 받아들이지 않았으며, 도리어 그를 십자가에 못 박았습니다. 특별히 유대, 이스라엘은 그를 전 세계에 소개하기 위하여 선택된 백성이 아니었습니까? 그가 자기 나라에 오셨는데, 자기 백성은 이것을 받아들이지 않았습니다. 요한은 눈물 없이 이것을 쓸 수 없었을 것입니다.

그러나 감사한 것은 "어둠은 이를 누를 수 없었다."입니다. 이스라엘 국민은 그를 받아들이지 않았으나, 가난하고 주린 영은 안으로 밖으로 적지 않았습니다. 저들은 어둠에 있으면서 빛을 우러러 바랐습니다. 죽음에 있으면서 생명을 추구했습니다. 참 빛이 되신 '말씀'이신 예수님은 거룩하신 사랑의 생명을 가지고 그것을 주려고 오셨습니다. 저들은 그에게 나아가 믿었습니다.

그러나 그를 믿는 것만이 다가 아닙니다. 그를 어떠한 분으로 믿는가가 문제입니다. 사람으로서가 아니고, 사람 중에서 가장 위대한 자로서가 아니고 하나님의 독생자로서, '말씀'으로 믿어야 합니다. '말씀'이야 말로 그의 올바른 이름입니다.

무릇 본질을 밖에 표현한 것을 '이름'이라고 합니다. 하나님을 여호와라고 하며, 예수를 그리스도라고 합니다. 예수를 믿는다는 것은 예수를 그리스도로 믿는다는 뜻입니다. 곧 말씀으로서의 예수, 하나님의 독생자로서의 예수 그 이름을 믿는 자만이 참 '그를 받은 자'입니다.

우리가 예수님의 이름을 부를 때에 그 이름을 망령되이 일컫게 될까봐 염려합니다. 왜냐하면 이름이 귀한 것은 그 실질에 맞는 뜻을 가지고 있을 뿐 아니라 또한 그것에 맞는 힘을 가지고 있는 까닭입니다. 그러므로 우리가 여호와를 부를 때에는 현재 계시는 분이라는 의식을 가지고 불러야 합니다. 그리스도를 믿는다면, 예수는 영원 전부터 계셔서 우리를 창조하신 하나님의 독생자이시며 현재도 계시다는 것을 느끼면서, 그를 믿는데 적당한 마음의 태도를 나타내어야 합니다. 생각하면 이 얼마나 엄숙한 사실입니까? 믿음이란 전 인격적 일입니다.

그 이름을 믿는다는 것은 단순히 우리의 이성을 가지고 그가 어떠한 분이신가를 승인하는 것이 아닙니다. 그를 '받아들인다' 또는 '영접한다'라고 하는 것은 단순히 의지와 감정으로 호의를 표한다는 것이 아니고, 완전히 자기를 남김없이 그에게 바쳐드려 그에게 점령당하는 일을 말합니다. 그가 누구이심을 실감한다면 우리는 이러한 태도를 취하지 않을 수 없습니다. 그런데 우리는 사람을 향해서는 이러한 태도를 취할 수도 없고 또 취해서도 안 됩니다. 그러나 그리스도에게 대해서만은 완전히 자기를 바치어 드리는 태도 이외에는 그를 영접할 방법이 없습니다. 이것 없이는 믿음이 아닙니다.

빛은 어둠에 비취고 어둠은 이것을 누르려고 하였습니다. 지금도 누르려고 하고 있습니다. 그러나 결국 누를 수가 없었습니다. 죄에 번민하는 많은 심령은 옛날부터 지금까지 여기서 저기서 속속히 자기를 그리스도에게 드리고 있습니다. 저들은 큰 빛에 비취어 스스로 빛의 아들이 되고 있습니다. 그렇습니다. 저들은 하나님의 독생자에게 자기를 넘겨주어 스스로 '하나님의 아들이라는 권세'를 받고 있습니다. 권세란 가능성이 아니고 권위입니다. 하나님의 아들이 되는 일이 곧 권위입니다. 즉, 저들은 믿는 동시에 권위를 얻어 바로 하나님의 아들이 됩니다.

하나님의 아들, 하나님을 내 아버지라고 부를 수 있는 자, 하나님과 그 성질을 같이 하는 자, 사랑이신 하나님과 같이 거룩하고 영원한 사랑에 사는 자, 곧 진정한 생명으로 충만한 자가 된다는 말입니다. 무슨 말입니까? 이 더러운 것, 자기만을 사랑하던 것, 이 썩을 것이 오직 믿음으로 하나님의 아들이 된다니 이 얼마나 놀라운 소식입니까? 기적입니다. 이것 없이 인생은 의미가 없습니다. 모든 죄의 아들이 하나님의 아들이 되고, 전 세계가 화해하여 사랑의 나라로 되는데 인생의 깊은 뜻이 있습니다. 희망이 있습니다.

죄의 아들로부터 하나님의 아들로, 죽음에서 생명으로, 이것은 원래 옛 생명의 개조가 아니라 새 생명의 창조입니다. 신생입니다. 왜냐하면 옛 생명은 실은 진정한 생명이 아닌 까닭입니다.

그러므로 사람은 한 번 신생하지 않고는 절대로 사랑의 생명에 들어갈 수 없습니다. 우리의 옛 생명, 즉 자연의 출생 원인은 사람에게 있습니다. 즉, 그 생명의 근거는 피에 있습니다. 그 출생의 동기에 사람의 의사가 들어있습니다. 그리고 대부분 육에 기인되는 의사, 즉 정욕에 있습니다. 이처럼 죄인의 의사와 그 피를 원인으로 하여 출생한 생명이 진정한 생명이 될 수 없는 것은 당연합니다. 그러면 어떻게 새로 날 수 있습니까? 육체의 혈통을 받지 않고 하나님의 영을 받아 새로 거듭나야 합니다. 육의 소욕에 의하지 않고 '말씀'의 소원, 즉 하나님의 독생자가 우리를 구원하시려고 하시는 그 소원에 의하여 거듭나야 합니다. 사람의 의사에 의하지 않고 거룩하신 사랑의 하나님의 의사에 의하여 거듭나야 합니다. 요약하면 이것이 하나님을 유일의 원인으로 하는 탄생입니다. 하나님을 원인으로 하는 까닭에 그 생명도 또한 본질상 하나님을 닮을 수밖에 없습니다. 그리고 사람은 믿음으로 확실히 이 탄생을 경험합니다.

복됩니다. 영적 선생, 물론 이렇게 신생한 후라 할지라도 그의 생활의 모양은 갑자기 달라지지 못할 것입니다. 그러나 그리스도의 영이 벌써 그에게 임하여 새 생명은 확실히 그의 중심에서 움텄습니다. 그러므로 그것은 성령의 육성 아래에 매일 발달하여 성장할 것입니다.

마치 사람의 아들이 갓 태어날 때에는 동물의 새끼와 같이 아무것도 모르지만 자라서 사람의 구실을 하는 것처럼, 영적 생명으로 거듭난 신자도 불신자와 다름이 없는 삶을 사는 것 같아도 그 영적 생명은 자라서 하나님의 아들을 닮고 맙니다.

<부산모임> 2권5호(1969. 10,11)

제4부

참 기독교, 참 기독교인

예수님은 이 세상에서 천히 여기는 사람의 인격을
더 귀히 여기시고 거룩하게 하셔서 구원하셨다.
이것이 기독교이다.
거룩하게 하셔서 차별하지 않는 것,
차별하지 않도록 자기를 바치어 거룩하게 하는 일이
기독교의 일이다.

1. 건전한 종교

이사야 1장 2절에서 이사야는 "하늘이여 들으라 땅이여 귀를 기울이라."라고 하늘과 땅을 향하여 말합니다. 이것은 사람들에게 "귀있는 자는 들을지어다." 하는 태도로 말하는 것과 같습니다. 아니, 이사야는 도리어 그 백성의 귀를 어둡게 하려고 부름받았습니다. 사람들이 듣게 되면 그로서는 실패하는 것이며, 그가 배척당하는 것이 성공하는 것입니다. 왜냐하면, 그가 사람이 좋아하지 않는 것을 말하는 까닭입니다. 그가 만일 사람을 기쁘게 하는 것을 구하였더라면 인기 있는 설교자가 되었을 것입니다. 그러나 사람을 기쁘게 하면 그리스도의 종이 아닙니다갈 1:10. 하나님을 기쁘시게 하는 이사야의 예언은 자연히 사람에게 배척을 받았으며, 다만 후세의 소수자가 그 말씀을 이해했습니다. 그러므로 그는 당시로써는 사람에게 기대할 수 없어, 사람보다 훨씬 신뢰할 만한 자연을 향하여 말합니다. 무릇 자연을 사랑하는 자는 잘 알고 있습니다. 자연은 무생도 무심도 아니니, 자연에는 비탄이 있고 요구가 있고 사모함이 있습니다. 피조물은 성령과 같이 사람을 위하여 탄식하며, 참 크리스천, 곧 하나님의 뭇 아들이 나타나 그 영광에 참여하기를 기다리고 있습니다. 사람이 하나님을 잊은 때에도 모든 하늘은 하나님의 영광을 드러내고 있습니다. 사람이 복음에 잠잠할 때에도 이날이 말씀을 저 날에 전하며 이 밤이 지식을 저 밤에 전하여, 말하지 않아도 그 소리가 온 땅에 퍼지고 그 말씀은 땅끝까지 미치는 법입니다. 또 욥기 38장 7절 이하에는 "사람의 거할 땅의 기초가 처음으로 선 때에는 하늘의 모든 별은 천사와 같이 기뻐하여 노래하였다."라고 합니다. 자연은 사람을 이해합니다. 믿지 않는 자들이 예언자의 말을 듣지 않는 때에 하늘과 땅은 이것을 이해하고 기억하여 좋은 증인의 지위에 서줍니다. 예언자의 고독에 대하여 동정의 눈물을 금할 길이 없습니다. 그러나 그와 동시에 저들의 넓은 세계를 생각하고 위로와 격려를 받게 됩니다.

종교가 사람의 손으로 지은 회당에서만 있고, 사람의 의식에만 치중하고, 또 신앙 개조만을 고조하고, 음악과 예술적 표현 및 통계만을 들어 평가하게 될 때에 그 종교는 불건전합니다. 병적입니다. 맑은 하늘, 높은 봉우리, 맑은 시내, 공중의 새, 들의 백합화와 같이 하나님의 위대한 지혜와 능력과 질서의 아름다움과 사랑의 표현인 자연과 같이 있을 때 그 신앙은 건전합니다.

보라이안토가 '삼림은 하나님의 최초의 전당이었다.'라고 한 것은 옳게 보고 느낀 말입니다. 모세, 예레미야, 세례 요한 및 예수님과 같이 이사야도 또한 광야에서 외치는 소리였습니다. 한편 하나님은 인격자이십니다. 그러므로 가장 사람에 가깝습니다. 하나님을 알려 하여 우리는 태양이나 신이나 구름이나 불을 보지 않습니다. 사람을 봅니다. 사람 중의 사람, 예수 그리스도에게서 하나님을 봅니다. 이사야서에 나타난 하나님이 얼마나 예수님과 같은 인격자이신지 우리는 읽을 수 있습니다. 여기에 여호와 하나님은 예수님과 같이 탄식하며 책망하시고 용서하며 위로하십니다. 열정, 열성의 하나님이십니다. 구원에도 심판에도 뜨겁지 아니한 것은 없습니다. 한마디로 말하면 이사야의 하나님은 인격자 중에 가장 생생한 분이십니다.

종교는 인격자와 인격자와의 교통입니다. 그리고 인격자 간의 관계는 진실을 토대로 합니다. 진실이 없이는 인격의 사귐이 성립되지 못합니다. 만일 우리의 헌물에 허위가 있다면 하나님은 단연 그것을 거절하십니다. "여호와께서 말씀하시되 너희의 무수한 제물이 내게 무엇이 유익하뇨 나는 숫양의 번제와 살찐 짐승의 기름에 배불렀고 나는 수송아지나 어린 양이나 숫염소의 피를 기뻐하지 아니하노라 너희가 내 앞에 보이러 오니 그것을 누가 너희에게 요구하였느뇨 내 마당만 밟을 뿐이니라 헛된 제물을 다시 가져오지 말라 분향은 나의 가증히 여기는 바요 월삭과 안식일과 대회로 모이는 것도 그러하니 성회와 아울러 악을 행하는 것을 내가 견디지 못하겠노라 내 마음이 너희의 월삭과 정한 절기를 싫어하나니 그것이 내게 무거운 짐이라 내가 지기에 곤비하였느니라 너희가 손을 펼 때에 내가 눈을 가리우고 너희가 많이 기도할지라도 내가 듣지 아니하리니 이는 너희의 손에 피가 가득함이니라"사 1:11-15

진실을 귀히 여기고 허위를 미워하는 하나님은 인격자에게 결코 고압적이지 않습니다. 고압 하에는 위선이 생깁니다. 하나님은 마음으로부터 우러나는 복종, 즉 자유의 복종을 요구하십니다. 그러므로 사람의 감정에 호소합니다. "하늘이여 들으라 땅이여 귀를 기울이라 여호와께서 말씀하시기를 내가 자식을 양육하였거늘 그들이 나를 거역하였도다 소는 그 임자를 알고 나귀는 주인의 구유를 알건만 이스라엘은 알지 못하고 나의 백성은 깨닫지 못하는도다 하셨도다"사 1:2-3. 이것은 반역 당한 아버지의 비통한 고백이 아니고 무엇입니까? 이사야는 견딜 수 없는 자와 같이 그 뒤를 이어 말하기를 "아, 슬프다! 범죄한 나라요 행위가 부패한 자식이로다"사 1:4라고 운운하였습니다.

하나님은 다음으로 사람의 의사에 호소하며 "너희는 스스로 씻으며 스스로 깨끗하게 하여 내 목전에서 너희 악업을 버리며 악행을 그치고 선행을 배우며 공의를 구하며 학대받는 자를 도와주며 고아를 위하여 신원하며 과부를 위하여 변호하라 하셨느니라"사 1:16-17라고 하셨습니다. 이는 당당하게 양심에 육박하는 권고입니다. 누가 감히 이것을 거역할 수 있겠습니까? 최후로 하나님은 사람의 이성에 호소합니다. "오라 우리가 서로 변론하자 너희 죄가 주홍 같을지라도 눈과 같이 희어질 것이요 진홍같이 붉을지라도 양털같이 되리라"사 1:18라고 말씀하시며 하나님은 우리를 도리의 법정으로 불러내어 토론하려 하십니다. 이 어떠한 공명, 겸양, 인격 존중의 말씀인지요. 하나님은 결코 독단적인 교리Dogma를 가지고 도리에 배반되는 것을 강요하지 않으십니다. 하나님은 이성을 사도로 하고 과학을 예언자로 하십니다. 진실한 과학과 철학은 신앙을 증명할지라도 신앙을 방해하지 않습니다. 이처럼 하나님과 사람과의 교통의 방법은 어디까지나 상식적입니다. 그러나 그 내용은 전혀 다릅니다. 하나님이 사람에게 주시고자 하며, 또 사람에게 요구하는 것은 무엇입니까? 그것은 어느 것이나 상식을 초월합니다. "너희 죄가 주홍같이 붉을지라도 눈과 같이 희어지리라." 놀랄 만한 소식입니다. 절대적 은혜입니다. 이 큰 은혜에 대하여 우리에게 요구되는 것은 도덕도 수양도 아닙니다. 하나님은 만일 네가 즐겨 순종하면 살고, 네가 거역하여 배반하면 죽으리라고 말씀하셨습니다. 순종하는 일, 배반하지 않는 일, 이것이 신앙이며 구원입니다.

하나님의 은혜는 절대적입니다. 우리의 죄가 주홍 같을지라도 눈과 같이 희어집니다. 그러나 그것은 하나님이 죄를 간과해서가 아닙니다. 죄의 처분은 가장 큰 문제입니다. 죄인은 값없이 구원받는 것이 아닙니다. 다만 그 값을 죄인에게 지불하게 하지 않고 하나님께서 친히 지불하시는 것뿐입니다. 하나님은 "시온은 공평으로 구속이 되고 그 돌아온 자는 의로 구속이 되리라"사 1:27고 하십니다. 대속의 대가는 심판입니다. 정의입니다. 누가 이것을 지불하지 않고 대속할 수 있겠습니까? 예수 그리스도께서 이것을 지불하셨습니다. 심판을 지나 구원으로, 십자가를 지나 부활로, 죽음을 지나 생명으로, 이것이 그리스도교의 공식입니다. 이것이 유일무이唯一無二한 건전한 종교입니다.

<부산모임> 2권 3호(1969. 6,7)

2. 삶과 종교

　삶이라고 하는 것은 인간의 생활이라고 이해하고 싶습니다. 인간의 삶, 즉 생활은 '생물학적 생활'과 도덕적이고 윤리적인 '사회적 생활', 그리고 정신적, 다시 말하면 '영혼의 생활'이 있습니다. 또 인간의 인격은 '감정'과 '지성'과 '의지'로 이루어져 있어서 인간이 인간 된 도리를 수행하기 위해서는 위의 세 가지 요소가 진리이신 인격자에게 맞춰지는 조화를 이루어야 합니다. 사람이 사람다운 삶을 살고자 하면 생물학적 삶의 원리가 사회학적 삶의 원리에 종속되어야 하고, 또 이 사회적 삶의 원리는 영적 생명의 생활에 종속되어야 합니다. 다시 말하면 사람의 생명은 위의 세 가지로 구성되어 있어서 각각 독립적으로 간주할 수 있다고 할지라도 생물학적 생명은 사회적 생명을 위하여 있는 것이고, 사회적 생명은 영적 생명을 위하여 있는 것입니다. 이 생물학적 생명은 우리 육체로 영위하는 것으로서, 사람들이 가장 현실적, 실질적으로 느끼게 되는 것이므로, 사람들은 그것을 풍부하게 하려고 전적으로 그것을 중심에 두고 행복을 추구하고 있습니다. 사람들이 육의 행복만을 추구하려다가 도덕적 생명이 여지없이 떨어지는 것을 종종 보게 됩니다. 즉, 물질을 탐내다가

참 기독교, 참 기독교인 ◆ 239

그 물질에 인격이 파멸에 이르는 것을 종종 경험하게 됩니다. 그의 육의 생명은 살아 있다고 할지라도 그의 도덕적 생명 또는 윤리적 생명은 죽은 것입니다.

일본에서 여러 심리학자가 소학교 학생들에게 그 심리상태가 어떠한지 알기 위하여 앙케트를 내어 조사해 보았습니다. 그 결과 자기 동료를 생각해서 학과의 진도를 천천히 하자고 하는 학생이 거의 없었고, 90% 이상이 진도를 빨리하자고 했다고 합니다. 그러므로 심리학적으로 검토한다면 지금의 소학교 아동들은 다 죽어있다는 결론에 도달하게 됩니다. 참으로 현세대에 사는 사람들은 행복을 추구하는 동시에 자기 중심주의로 살고 있습니다.

동양의 윤리와 도덕은 인격 완성에 그 목표를 두고, 그것을 강조하고 실천하려고 노력해왔습니다. 그래서 유교에서는 인·의·예·덕과 삼강오륜을 논했고, 또 불교에서는 자비를 사람의 최고 덕으로 말하면서 살생하지 말 것, 도둑질하지 말 것, 간음하지 말 것, 술 취하지 말 것, 속이지 말 것 및 거짓 증거하지 말 것 등의 계율을 논하고 있습니다. 이와 같이해서 개인이 사람답게 살고 사회가 도덕과 질서를 지키자고 교훈하고 있습니다.

서양에서는 산업혁명 이후 공리주의, 실증주의, 실용주의 철학사상이 풍미해서 행복 추구를 그 도덕의 목표로 지향해 왔습니다. 즉, 영국의 벤담Jeremy Bentham과 밀John S. Mill 등은 도덕적 행위의 최고 목적은 공리功利 또는 유용有用에 있다고 했습니다. 다시 말해서 인간 생활에 유익한 것이 도덕의 궁극 목표이어서 이것을 실현하는 행위가 선이라고 했습니다. 공리와 유익에 치중하는 것은 인생의 목적이 쾌락에 있다는 것입니다. 벤담에 의하면 인류는 자기의 쾌락을 목적으로 하는 생물입니다. 그는 '가장 사람다운 사람은 최대의 쾌락과 최대의 행복을 얻는 사람이다.'라고 했습니다. 무엇이 진리인가가 문제가 아닙니다. 어떻게 쾌락을 더할 수 있을까, 어떻게 자기 생활에 행복을 더할까가 문제입니다. 즉, 도덕의 근본은 자기에 있다는 것이어서 여기에서 공리주의가 나왔습니다. 따라서 벤담에 의하면 사람이 향유하는 쾌락은 주로 분량적으로 계산되며, 쾌락의 우열은 그 질의 고하에 있는 것이 아니라 양의 다과에 있습니다. 최대량의, 최대다수의 최대행복의 설을 제창했습니다.

벤담의 공리설을 계승한 사람이 밀입니다. 밀은 도덕의 근본은 자기애이며, 자기의 쾌락을 구하는 마음만이 인간 고유의 자연감정이라고 했습니다. 그리고 밀은 양적 쾌락보다도 질적 쾌락에 비중을 두어야 할 것을 주장했습니다. 보통 영국 윤리철학은 17세기 세계 사상 조류에 나타난 하나의 생활 원리의 표상이어서, 최초부터 공리주의적 색채가 농후하였습니다. 홉스Thomas Hobbes, 로크John Locke, 흄David Hume, 아담 스미스Adam Smith 등은 다 이 파에 속합니다. 저들의 기초는 현실의 실제 생활을 개조해서 살기 좋은 사회로 만들겠다는 것이 목적이었습니다. 그러므로 소위 영국의 윤리철학은 실제 생활을 최고로 생각하고, 생활의 근본 원리를 공리에 구하는 인생 고찰이었습니다.

또한, 이 공리주의 윤리사상은 경험철학을 배경으로 하는 것을 알아야 합니다. 경험철학이란 모든 일체의 인식은 경험에 기초하고 있다는 것입니다. 따라서 경험이 다르면 지식도 다를 수밖에 없습니다. 바꾸어 말하면 지식은 상대적이어서 무릇 진리는 모두 다 개연적이며, 영원불변의 필연적 진리란 있을 수 없다는 것입니다. 그리고 그것으로 족하는 것입니다. 실제 생활의 확립을 위해서는 '생각건대 혹은 그러하리라' 정도의 지식으로 족하다고 저들은 말하고 있습니다. 그리고 이 경험주의의 진리론은 저 공리주의의 도덕론과 긴밀히 합체하여 영국 철학의 척추뼈를 이루고 있습니다.

프랑스에서는 실증주의 철학이 근대 세계 사조에 큰 감화를 주었습니다. 실증주의란 현실로 증명된 경험적 사실만을 근거로 하고 일체의 공상적 이상을 배척하는 철저한 현실주의 철학입니다. 생시몽Saint Simon과 콩트Auguste Comte는 그 대표적 인물입니다. 생시몽은 주로 시대의 추이에 대하여 생각하여 구시대는 신앙적 귀족시대라 했고, 신시대는 지상의 현실에서 살고자 하는 산업적 사회주의 시대라 했습니다. 이리하여 옛 시대의 신앙 또는 이상에 대하여 새 시대의 산업 또는 과학을 세워서 실제 생활의 개선을 목표로 한 것이 소위 생시몽주의입니다. 콩트는 문명의 역사적 단계를 신학 시대, 철학 시대, 실증 시대의 세 시대로 나누고, 신학 시대는 신을 본위로 하는 시대, 철학 시대는 추상적인 우주의 본체를 구하는 시대, 실증 시대는 현실적 과학적 산업적 시대라고 하면서 신학 시대와 철학 시대는 지나갔고 실증 시대가 왔다고 했습니다. 현대의 현실주의 정신은 이 운동을 바탕으로 여러 형태로 발전한 것입니다. 생각하건대 문예부흥시대로부터 시작한 현실주의의 사상이 영국의 경험주의와 결합하고, 또 계몽사조의 힘을 얻어 널리 세계에 퍼졌습니다. 프랑스의 계몽

사조에서 일체의 정신 현상은 결국 뇌수의 물질 운동에 지나지 않는다고 하는 유물론과 일체의 정신 현상은 모두가 밖에서 들어오는 감각으로 이루어진다고 하는 감각론이 나왔습니다. 현실주의도 여기에 이르러 끝장이 났습니다. 즉 현실주의자의 도덕관도 여기에서 끝난 것입니다. 이것은 인간을 하나의 기계로 보려고 하는 생각입니다.

이처럼 프랑스의 현실주의 사조는 루소Jean J. Rousseau의 힘센 반항을 받았으나, 19세기에 들어와 자연과학의 발달과 더불어 둘이 긴밀히 결합함으로써 재래의 현실주의 사조의 과학화가 이루어진 셈입니다. 근대에 가장 널리 퍼져있는 철학이 바로 이것입니다. 실로 실증주의의 세력은 크며, 이것은 근대인의 세계관을 구성하고 있는 최대 요소라고 할 수 있습니다.

미국의 실용주의 철학은 주로 제임스W. James와 듀이J. Dewey의 제창으로 알려졌습니다. 이 철학의 본령은 실행을 본위에 두는 데에 있습니다. 사람은 실행을 본위에 둡니다. 사람은 실행하기 위하여 살고 있습니다. 그리고 실행의 목적하는 바는 물론 그 결과에 있습니다. 동기와 방법에 대하여는 묻지 않습니다. 성공이 있는 곳에 행복이 있고, 실패가 있는 곳에 불행이 있습니다. 성공하여 행복을 얻는 일, 이것이 인생의 궁극적 목적입니다. 즉, 이 철학의 도덕적 중심은 행복에 있다는 것입니다. 저들은 종래의 공리주의를 따라서 도덕의 최고 목적이 사회생활 개선에 기여하는 것이라면 다 도덕적 선이라고 합니다. 즉, 건강도, 부도, 학문도, 정직도, 근면도, 극기도, 정의도 다 선이라고 합니다. 이들은 진리의 표준이 다만 그 결과에 있다고 말합니다. 실용적 결과, 즉 인류사회 생활을 위하여 실제 유익한 결과를 가져오는 것이 진리이어서, 그렇지 못한 것은 진리가 될 수 없다고 주장합니다. 이것은 철저한 공리주의에 지나지 않습니다.

이들의 공리주의 철학에 철저히 대항하여 흔들리지 않고 우뚝 서서 있는 것은 칸트Immanuel Kant의 철학입니다. 칸트는 행복 또는 쾌락을 목적으로 하는 행위가 결코 선이 아닌 까닭을 명백히 밝혔습니다. 그리고 결과를 고려하는 심술이 결코 진실이 아닌 것을 가르쳐 주었습니다. 다만 도덕의 대법大法에 대한 한 줄기 존경에서 실천하는 행위만이 참 도덕임을 밝혔습니다. 칸트는 그의 《순수이성비판》에서 사람의 지적 이성은 한계가 있어서 우리의 오성, 곧 깨닫는 성질은 자연계에 한하고 있음을 명백히 했습니다. 즉 현상 외의 실체의 세계, 초자연의 도덕계, 영혼과 내세와 같은 하나님의 문제에 대해서 우리들의 오성은 어떠한 지식도 형성할 수 없음을 명백히 했습니다. 그리고 《실천이성비판》에서 사람의 의사는 실체의 세계, 도덕의 왕국에서 그것을 개척하기 위한 별개의 능력임을 명백히 했습니다.

칸트는 이것을 '실천이성'이라고 했습니다. 이것은 지식의 법칙을 세우기 위한 것입니다. 왜냐하면 초자연적 실제는 지식의 논리로 증명할 수 있는 것이 아니고, 도덕상의 요구에 의하여 필연 승인되어야 할 것이기 때문입니다. 그래서 칸트는 자연과 도덕을 이원적으로 대치시켜서 이원 철학을 주장한 것입니다. 그리고 칸트는 이 모순을 조화시키기 위하여 미美를 선정했습니다.

즉, 미적 판단력에 비춰 보아 자연계 또한 도덕적 목적에 의하여 통일되어 있다고 했습니다. 이것이 칸트 철학의 《판단력비판》이라고 하는 제3단계의 것입니다. 그래서 칸트는 '나의 위에는 성신[별]의 하늘, 내 속에는 도덕의 법'이라고 하는 유명한 결론에 도달한 것입니다.

성경에서 보면 이보다 2천 년 전에 유대의 시인 다윗이 "하늘이 하나님의 영광을 선포하고 궁창이 그 손으로 하신 일을 나타내는도다 …… 여호와의 율법은 완전하여 영혼을 소성케 하고 여호와의 증거는 확실하여 우둔한 자로 지혜롭게 하며"시 19:1,7라고 영에 감동되어 시를 읊었는데, 다윗은 칸트보다도 더 여호와의 영광과 그의 말씀에 조화9를 구했습니다.

사람이 사람답게 살려면 '자연인의 도덕과 종교적 도덕 중 어느 것을 추구하여야 하느냐?'하는 문제가 일어납니다. 나는 위에서 서양의 도덕관념은 현실적이며 물질적이요, 또 과학적으로 산물을 많이 생산하여 최대다수의 최대행복을 추구하는 데 있다고 했습니다. 오직 칸트만이 도덕은 도덕 자체가 절대 지상 명령이므로 도덕을 순수하게 지킬 것을 강조했다고 말했습니다. 그런데 동양의 성현들은 도덕의 목표는 인격 완성에 있다고 보았습니다. 공자님은 인·의·예·지와 덕을 강조하셨습니다. 불교에서는 5개의 계율을 말하고 있는데 살생하지 말 것, 간음하지 말 것, 도둑질하지 말 것, 술 취하지 말 것, 탐내지 말 것이라고 했습니다. 유교에서 인륜에 대하여 가장 현실적인 교훈을 주어서, 우리가 잘 알고 있는 삼강오륜을 우리에게 교훈으로 주었고, 또 이조

---

9. 조화造化는 만물을 창조하고 유지하는 대자연의 이치를 의미한다.

500년간 그것을 숭상했으나 결국은 퇴폐문화를 낳고 말았습니다. 물론 그것은 교훈에 잘못이 있어서가 아니었고, 사람이 교훈을 형식으로 지켰기 때문이었습니다. 또 서양적 도덕 사조로 물질은 풍부해졌고 삶은 편해졌으나 빈부의 차는 여전하고, 또 사회주의, 공산주의 사회에서도 사람을 의심하고, 소수 권력자가 사람의 자유를 억압하고 인권을 짓밟고 있습니다. 즉, 사람이 사람답게 살고 있지 못합니다.

사람이 사람답게 살려면 사람답게 산 사람을 보아야 합니다. 그 사람은 바로 예수 그리스도이십니다. 예수님은 종교적이면서 현실적이었습니다. 현실을 쌓아 올려 이상에 이르려고 하지 않고, 이상에서 살면서 현실을 지도하신 분이십니다. 그러므로 하나님과 같이 사셨고, 또 사람답게 사셨습니다. 그는 자유롭게 도덕을 완성하셨습니다. 그는 하나님의 뜻에 순종하는 것을 최고의 가치로 여기셨습니다. 그는 이 세상을 떠나 하늘로 가실 때 그의 영, 곧 성령을 보내서서 진리를 알게 하시고, 또 실천하도록 도와주셨습니다. 그래서 자연인으로서는 완성할 수 없는 도덕과 윤리를 성취하도록 사람의 의사를 굳게 하여주셨습니다. 즉, 믿음을 통해서 자기의 자유를 가지고 순수하게 하나님의 뜻에 순종케 하십니다. 여기에서 도덕은 도덕 연고로 실천케 되고, 윤리는 윤리 연고로 지키게 됩니다. 즉, 마음에서 순수하게 실천하는 것이 기독교 도덕의 특색이라 하겠습니다.

어떤 날 유대교의 율법사가 예수님에게 나아와 시험해 말하기를 "어떻게 하여야 영생을 얻으리이까?" 하고 물었습니다. 예수님이 그 율법사더러 "네가 율법에서 어떻게 읽었느냐?" 하고 반문하셨습니다. 율법사는 "네 마음을 다하고 네 뜻을 다하고 네 성품을 다하고 네 힘을 다하여 주 너의 하나님을 사랑하고 또 네 이웃을 네 몸과 같이 사랑하라."고 대답했습니다. 그러자 예수님이 말씀하시기를 "네 대답이 옳도다. 네가 이를 행하면 사람답게 영원히 살리라."라고 하셨습니다[눅 10:25-28]. 지금 우리도 이 계명을 실천하여야 하겠습니다. 우리 기독교인은 현실의 물질적 사조에 휘말려 들어가 입으로는 예수님을 구주로 믿는다고 말하면서 실생활에서는 불신자와 별 차이가 없습니다. 불신자가 도리어 도덕면에서 신자들을 비난하는 소리가 높지 않습니까? 우리는 이때에 다시 반성하여 회개하고 예수 그리스도를 본받아 우리의 사명, 즉 도덕을 완수합시다. "인자가 온 것은 섬김을 받으려 함이 아니요 도리어 섬기려 하고 자기 목숨을 많은 사람의 대속물로 주려 함이니"[마 20:28, 막 10:45]라고 하신 예수 그리스도께서 이 윤리와 도덕을 완수하셨고, 또 많은 사람으로 하여금 성취하게 하시리라 믿는 바입니다.

<부산모임> 15권 2호(1982. 4)

3. 기독교 이상주의

 만일 누가 나에게 삶의 목적을 묻는다면 나는 서슴지 않고 기독교 이상주의자로 살고 싶다고 대답하겠습니다. 현실은 너무도 가혹하고, 사회는 진실과 사랑이 없으며, 인생들은 무엇을 목적하고 사는지 다들 혼돈 상태에 놓여 있는 것 같이 보입니다.

 현대의 지식과 교양이 풍부한 사람들은 인간적 이상주의를 주창하며, 대다수 서적도 인간적 이상주의를 말합니다. 그러나 기독교 이상주의를 강조하면서 사는 이는 적습니다.

 인간적 이상주의란 인간의 지식과 덕성을 발전시켜 이상에 도달하겠다는 것인데, 이 논리는 이상의 실재와 실현성이 극히 박약하여, 결국 이상은 도달하거나 성취할 수 없다는 결론에 이르게 됩니다. 이것에 반하여 기독교 이상주의란, 하나님께서 예수 그리스도의 의를 통하여 사람을 하나님의 자녀로 회복시켜 주심과 믿는 이들에게 그리스도의 하늘나라를 이루어 주심을 믿는 삶입니다. 믿음의 선배들은 이렇게 믿고 승리하는 생활을 하였습니다.

믿음과 이상

야나이하라 선생은 이상과 믿음에 관한 정의를 다음의 세 가지로 말하였습니다.

1. 이상이란 하나님에게 있어서 벌써 실현된 뜻이지만, 땅 위에서는 그 실현이 완성된 것이 아니다. 이상은 하나님에게 있어서 벌써 성립된 경륜이며, 땅에서는 그 성취가 진행 중이다.
2. 이상은 사물의 본질이다. 따라서 그것은 현상 저편에 있다. 그러나 그것은 현상과 유리된 허공적 환상이 아니다. 도리어 현상의 기초가 되어 있으며 현상 중에 상징화된 본질이다.
3. 이상은 역사의 장래이다. 따라서 현재 저편에 있다. 그러나 그것은 현재와 관계없는 공상이 아니다. 차라리 현재의 밑을 흐르고 있고, 현재를 역사의 종국으로 나아가게 하는 힘이다.

이와 같은 정의는 믿음에 기초하고 있습니다. 즉, 위에 정의한 이상을 인식하고 파악하여 표현하는 능력이 곧 믿음입니다. 다시 말하면 믿음은 역사의 맨 마지막을 현재로 하고, 사물의 본질을 현실로 하며, 하늘나라와 그 국민, 곧 하나님의 자녀를 지향하여 살게 하는 능력입니다.

사람이 장래에 가지는 소망의 내용은 하나님의 뜻에서 벌써 실현되어 있습니다. 즉, 인류의 영화, 사회의 완성, 개인의 구원, 다시 말하면 하나님 나라와 하나님의 의의 성취는 예수 그리스도를 통하여 실현되어 실재하고 있기 때문에 이것이 소망으로 비친 것입니다.

우리는 현상계에서 우리의 감각기관, 즉 오관을 통하여 사물을 인식한다고 합니다만 그것으로 사물의 본질을 파악하였다고 할 수 있을까요? 사람이 현실에 대하여 올바른 인식을 가지려면 하나님의 뜻에 의하며 실재하는 그 뜻을 뚫어 보고 이해해야 합니다. 사물의 본질은 인간의 감각으로 알 수 없고 파악할 수도 없습니다. 인간 및 우주의 본질이 감각 세계에 속하지 않는 것은 사람의 인격적 자각이 벌써 이것을 증명하고 있습니다.

사람은 사물이 어떻게 존재하는가를 알고자 할 뿐 아니라, 왜 존재하는가를 이해하여 그 참된 뜻을 표현하려고 소망합니다. 즉, 기독교의 기본적 진리가 되는 사죄함을 받아 하나님의 자녀가 되고, 하늘나라를 이룬다고 하는 이상을 어떻게 확증할 수 있겠습니까? 그것은 하나님이 성취하셔서 현실로 실재하는 까닭에 사람도 이것을 자각할 수 있기 때문입니다. 사람이 마음대로 또는 감정적으로 환상을 한 것이 아니라 하나님에게 있어서 실재하는 까닭에 사람의 지각에 비친 것입니다. 그러므로 히브리서 기자는 "믿음은 바라는 것들의 실상이요 보이지 않는 것들의 증거"히 11:1라고 말씀하셨습니다.

이상과 현실

우리는 현실을 존중합니다. 왜냐하면 예민한 현실의 감각이 공상과 독단, 그리고 맹종을 배격할 수 있기 때문입니다. 그러나 현실에 의하여 현실을 보는 사람은 소경이 소경을 인도하는 것과 같습니다. 현실에서 진실을 보는 힘이 학문입니다. 학문은 현실에서 법칙을 식별하고, 그 참된 뜻과 동향을 파악하는 것입니다. 여기에 학문의 권위가 있습니다. 따라서 학문은 정치, 실업, 경제, 기타 모든 부분에서 당면한 실제적인 정책에 대하여 자기의 권위를 주장하지 않으면 안 됩니다. 학문은 현실 정책을 비판하고 지도함으로써 그 현실적 사명을 다하는 것입니다.

그런데 현실의 법칙을 파악하고도 이것을 발표하지 않는다면, 그것은 학문의 지도적 임무를 하지 못하는 것입니다. 세상에는 권력과 이익에 꼬리를 흔들며 영합하는 방관적 학자, 또는 시국을 이용하여 동료학자에게 사사로운 원한을 품는 학자, 또는 탐욕적인 정책에 대하여 근심하고 개탄하는 학자는 있어도 정책을 비판하고 바르게 지도하는 학자는 드뭅니다. 현실의 법칙을 파악하는 것은 학문이지만, 법칙을 인격적으로 파악하는 것이 아니라면 신학문의 임무를 다하지 못하는 것입니다. 이 법칙의 인격적 파악은 믿음의 힘입니다. 현실에 대하여 학문의 권위가 있는 것처럼 학문에 대하여 신앙의 권위가 있습니다. 신앙의 권위는 인격의 권위이며 의사意思의 권위입니다. 또한 실행의 권위입니다. 옛날부터 예언자는 현실에서 사건을 이상에 비추어 사물의 진상을 궁구하고 시국의 동향을 잘 살펴서 경고의 소리를 발했습니다. 저들은 옳은 것은 옳다 하고 아닌 것은 아니라고 분명히 말했습니다. 세상은 저들을 버리고 죽였습니다. 그러나 역사가 지나간 뒤에 진실을 살펴보는 때가 오면 신앙으로 산 사람은 영예를 얻습니다. 히브리서 기자는 "옛 사람은 믿음으로 확증되었느니라"히 11:2라고 하였습니다.

세계관과 신앙

사람은 우주 창조를 보지 못했습니다. 우주의 창조는 사람보다 먼저 있었고, 하나님은 우주 창조보다 앞서 계십니다. 이것은 믿음으로 아는 바입니다. 우주의 삼라만상은 무엇에 기초하여 있습니까? 하나님의 실재가 사물 존재의 기초입니다. 여호와 하나님은 영원 자존자, 계시려고 하여 계시는 이십니다. 즉, 실재의 근원이시며 실재 자체이십니다. 이 하나님이 계심으로 인하여 비로소 우주가 존재할 수 있습니다. 우주와 자연은 하나님에 의하여 창조된 것이며, 하나님의 뜻을 상징하는 데 지나지 않습니다. 자연은 하나님의 뜻이라는 터 위에, 하나님의 목적을 위하여 창조된 것입니다. 그래서 자연의 목적은 사람에게 생활 환경을 지어주는 것입니다. 따라서 자연의 이상은 하늘나라의 물적 환경을 주는 데 있습니다. 자연에는 인격이나 의사가 없지만, 바울은 마치 자연에 영이 있는 것처럼 의인화擬人化하여 말하기를 "지금까지 만물이 탄식하며, 하나님의 뭇 아들이 나타나기를 기다린다."라고 하였습니다. 이처럼 사람의 생활과 자연환경은 분리할 수 없습니다. 사람의 구원 없이 자연의 영화도 없고, 자연의 영화 없이는 하늘나라의 완성도 없습니다. 사람이 이 이상을 아는 것은 믿음에 의합니다.

인생관과 신앙

이상 세계인 하늘나라의 주체는 하나님과 주님과 인간이어서 자연은 환경이며 소재素材에 지나지 않습니다. 인간은 인격적 존재자이며 하나님의 형상과 상징입니다. 그래서 하나님의 온전하심과 같이 온전하게 되는 일이 인간 개인의 이상이며, 하늘나라의 국민이 되어 하늘나라를 실현하는 일이 인간 사회의 이상입니다. 이러한 인생의 의의와 목적을 깨닫는 능력이 신앙입니다. 또한 이러한 목적을 향하여 생활 태도를 취하게 하는 힘도 신앙입니다. 옛사람 중에서 아벨은 믿음으로 살고, 믿음으로 하나님 앞에 예물을 드렸기 때문에 그 형 가인보다 나은 제사를 드렸습니다. 그의 생활 태도가 현실에서 이상을 향한 것이 아니고, 이상에서 현실을 보고 산 까닭입니다. 그의 인생관이 자기의 뜻대로 자기를 위하여 산 것이 아니고, 하나님 뜻대로 하나님을 위하여 산 까닭입니다. 아벨이 드린 제물은 왜 의롭다고 하여 영원한 예물이 되었습니까? 믿음으로 드린 것은 현실을 쌓아 올려 이상에 접근하려고 하는 '사람의 의'가 아니고, 하나님이 이루신 '그리스도의 의'인 까닭입니다. 즉, '율법의 의'가 아니고 '믿음의 의'인 까닭입니다. 그는 믿음으로 일생을 드렸습니다. 그는 죽었으나 오히려 지금도 말하고 있습니다. 그는 믿음으로 현실을 격려하고 있습니다. 그의 영의 힘은 지금도 현실로 나타나 이상으로 산 생명의 영원한 현재를 증명하고 있습니다. 그는 부활의 이상에 기초하여 살았고, 또한 부활의 완성을 예표하고 있습니다.

우리나라에도 이와 같은 믿음의 사람들이 나타났습니다. 일정시대에 주기철 목사와 공산군이 왔을 때에 손양원 목사와 같은 이들은 '옛사람' 중의 한 사람이며, '바라는 것을 확신하고, 보이지 않는 것을 진실로 하는' 믿음에 의하여 증거된 사람들입니다. 이들은 하나님이 성취하신 예수 그리스도의 의로 말미암아 믿음의 제물을 하나님께 드렸습니다. 이들은 현실에 의하여 이상을 삭감하려는 타협적 태도를 버리고, 이상에서 현실을 내려다보고 현실을 비판하고 규정하는 태도를 취했습니다. 이들이 '진실한 믿음'을 강조한 것은 이상에서 사는 생활 태도를 가지고 있었기 때문입니다. 이들은 믿음으로 이상에서 산 까닭에 영원히 사는 것입니다.

지금은 '현실'이라고 물거품처럼 터트리다가 발자국 소리만 들어도 구멍으로 기어들어가는 게와 같은 인간들이 횡행하고 있습니다. 그래서 우리 국민이 요구하는 것은 하늘 높은 이상의 소리입니다. 이상, 신앙, 지도정신의 결핍, 이것이 현대 우리나라와 세계의 근본적 결함이 아닐까요? 온 세계 인류는 이러한 이상의 사람, 믿음의 사람을 간절히 요구하고 있습니다. 믿음의 삶을 사는 것이 곧 하나님의 자녀로서 하늘나라를 이루는 데 참여하는 것입니다.

<부산모임> 2권 1호(1969. 1. 2)

4. 성별聖別의 사상과 차별하지 않는 기독교

사람을 차별하는 것은 그 인격에 손상을 주는 일입니다. 기독교는 차별하지 않는 것이 그 특징입니다. 사도 바울은 말하기를 "그리스도인은 유대인이나 헬라인이나 종이나 자유인이나 남자나 여자나 다 그리스도 예수 안에서 하나이다"갈 3:28라고 했습니다. 또 골로새서 3장 10-11절에는 그리스도로 말미암아 새사람으로 된 교회 안에는 헬라인이나 유대인이나 할례당이나 무할례당이나 야만인이나 스구디아인이나 종이나 자유인이 분별이 있을 수 없다고 했습니다. 그런데 이 그리스도를 신봉하는 나라와 사회에서 왜 그렇게도 사람을 차별하는지 이것은 다시 한 번 생각해 볼 필요가 있습니다.

유대교에서는 구약의 성경말씀을 잘못 이해해서 몹시도 차별하는 사상이 있었습니다. 그것은 하나님에게 바치고자 하는 예물은 흠 없고 깨끗한 것이어야 한다는 사상에서 나온 것입니다. 레위기 21장 16절 이하에는 "여호와께서 모세에게 일러 가라사대 아론에게 고하여 이르라 무릇 너희 대대 자손 중 육체에 흠이 있는 자는 그 하나님의 식물을 드리려고 가까이 못 할 것이니라 무릇 흠 있는 자는 가까이 못 할지니 곧 소경이나 절뚝발이나 코가 불완전한 자나 지체가 더한 자나 발 부러진 자나 손 부러진 자나 곱사등이나 난쟁이나 눈에 백막이 있는 자나 괴혈병이나 버짐이 있는 자나 불알 상한 자나 제사장 아론의 자손 중에 흠이 있는 자는 나아와 여호와의 화제를 드리지 못할지니 그는 흠이 있은즉 나아와 하나님의 식물을 드리지 못하느니라"라고 했습니다. 이것은 하나님께서 거룩하시므로 조금이라도 온전치 못한 것은 용납하시지 않는다는 사상에서 나온 것이라고 생각합니다.

참으로 하나님은 우주와 만물 그리고 사람을 창조하신 이로써, 그분의 거룩하신 성격은 이사야서에 잘 나타나 있습니다. 이사야는 성전에서 여호와의 영광을 보고 "화로다 나여 망하게 되었도다 나는 입술이 부정한 사람이요 입술이 부정한 백성 중에 거하면서 만군의 여호와이신 왕을 뵈었음이로다"사 6:5라고 말하였습니다. 그리고 여호와께 드리는 재물과 그 드리는 일을 맡은 제사장, 거기서 섬기는 레위 족속 및 모든 기구까지도 성별 되었습니다. 이 성별의 사상은 이교異教에도 있었습니다. 이교에서는 심지어 그 종교의식을 행하는 여인들이 성적 타락으로 음녀의 생활을 해도 그들까지도 성녀聖女라고 불렀습니다. 그러므로 이 성별의 사상은 어디까지나 관념적인 것이었습니다.

그런데 기독교에서 거룩의 사상은 그리스도로 말미암아 거룩하여지고 변화된 새로운 성격에 접하게 됩니다. 예를 들면 예수님은 "저희를 진리로 거룩하게 하옵소서"요 17:17라고 기도하셨으며, 서신서의 "예수 안에서 거룩하여지고 성도라 부르심을 입은 자들"고전 1:2, "남편이 아내로 인하여 아내는 남편으로 인하여 거룩하여 지나니"고전 7:14, "말씀으로 깨끗하게 하사 거룩하게 하시고"엡 5:26, "거룩한 행실과 경건함으로"벧후 3:11 등과 같은 말씀은 우리 인격의 실질적 변화를 뜻합니다.

예수님께서는 자기 자신을 "아버지께서 거룩하게 하사 세상에 보내셨다"요 10:36고 하셨고, 또 "내가 나를 거룩하게 하오니"요 17:19라고 해서 자기 인격의 거룩하심을 표현하시고 자처하셨습니다. 그러나 그럼에도 예수님은 아무도 차별하지 않으셨습니다. 예수님은 백부장의 믿음을 보시고 제자들에게 말씀하시기를 "이스라엘 중 아무에게도 이만한 믿음을 만나 보지 못하였노라"마 8:10고 하셨고, "인자는 와서 먹고 마시매 말하기를 보라 먹기를 탐하고 포도주를 즐기는 사람이요 세리와 죄인의 친구로다"마 11:19라고 하였습니다. 또 예수께서 두로와 시돈 지방으로 가실 때 가나안 여인이 자기 딸의 정신병을 고쳐달라고 소리 지를 때에, 처음에는 자녀의 떡을 취하여 개들에게 던짐이 마땅치 않다고 그 믿음을 시험해 보셨으나, 그 여자의 대답이 "주여 옳소이다만 개들도 제 주인의 상에서 떨어지는 부스러기를 먹나이다."라고 말할 때, "네 믿음이 크도다 네 소원대로 되리라." 하시며 이스라엘에서 이러한 믿음을 도무지 보지 못했다고 하여 그 여인의 믿음을 극구 찬양했습니다마 15:21-28. 그뿐입니까? 하루는 사마리아 수가 성을 지나가실 때에 수가 성의 창녀에게 물을 좀 달라고 말씀을 시작하셔서 나중에는 예배의 대상과 그 실질을 가르치시고 또 자기가 메시야이심을 나타내시는 등 사람을 조금도 차별하지 않으셨습니다. 도리어 이 세상에서 천히 여기는 사람의 인격을 더 귀히 여기시고 거룩하게 하셔서 구원하셨습니다. 이것이 기독교입니다. 거룩하게 하셔서 차별하지 않는 것, 차별하지 않도록 자기를 바치어 거룩하게 하는 일이 기독교의 일입니다.

그런데 현실 기독교인들은 어떠합니까? 사람들을 차별하지 않습니까? 백인은 흑인을 동포와 같이 사랑합니까? 친형제와 같이 귀히 여깁니까? 미국 안에서의 흑백문제의 원인은 흑인의 나태와 절제할 줄 모르는 방종에 기인함이 많을까요, 백인의 우월감, 곧 차별 의식에 관계함이 클까요? 둘 다 책임이 있겠지만 먼저 그리스도의 사명을 받은 편의 책임이 더 크다고 나는 말하고 싶습니다. 예수님의 사랑을 모르는 자의 과실은 도리어 적게 평가될 것이지만, 예수님의 인격을 깨닫고도 그대로 따르지 않는다면 그 책임을 더 중하게 묻게 될 것입니다. 소위 문명국, 선진국이라고 하는 나라가 저개발국, 후진국이라는 나라를 경히 여기는 일이 있다면 이것은 큰 잘못입니다. 각 나라와 민족은 하나님 앞에 사명을 받고 있습니다. 다 하나가 되어 하나님 뜻에 순종하라는 것입니다. 곧 신용으로 하나님의 사랑을 실현하라는 것입니다. 그런데 여기에 불공평과 거짓으로 어떤 지배 의식을 갖는다면 하나님의 뜻을 배반하는 것이 됩니다. 그런데 봅시다. 중동의 전란은 왜 멎을 줄 모릅니까? 유대인의 차별 의식이 그 원인이라고 할 수는 없을까요? 유대인은 아직도 자기들의 선민의식에 사로잡혀 세계 제패를 꿈꾸고 있는 것은 아닙니까? 무릇 어떤 주의, 어떤 사상이든지 자기 민족, 자기주의가 세계를 제패하고 자기와 동일하지 않으면 안 된다는 생각은 차별 의식에서 시작한 것이라 해도 과언이 아닐 것입니다.

하나님은 인류에게 있어서 민족을 차별하지 않으십니다. 다 같이 보십니다. 한 형제로 취급하십니다. 그리스도인은 그리스도 안에서 한 지체입니다. 차별하는 자는 누구입니까? 그 이상을 모르는 자입니다. 실존을 인식하지 못하는 가련한 인간입니다. "이제 배부른 자여, 이제 세력을 유지하려는 자여, 너희들은 화가 있으리로다. 하나님의 공평의 처리가 이루어질 때, 너희들은 부끄러움을 당하리로다. 이제 차별하려고 하는 자는 그때에 차별을 당하여 슬피 울고 이를 가는 자리로 전락할 것이다. 이제 자기를 희생하여 인류를, 이웃을 거룩하게 하여 주 안에서 한 형제를 이루려고 힘쓰는 자들은 지금 그 마음속에 만족의 신념으로 사는 그대로 그때에 하나님의 아들이라는 칭호를 받고 평화의 상을 받을 것이다." 이것이 곧 신도들의 면류관입니다. 지금도 가정에서 그리스도의 사랑을 이루고 그 평화와 기쁨을 얻는 자는, 현실에서 사랑과 평화와 기쁨을 사회에 나누어 주는 생활을 합니다. 이것이 영생하는 세계에서 주님에게 영광을 돌리는 생활의 전주곡입니다.

누가복음 19장 11-27절에는 어떤 귀인이 왕위를 받아서 오려고 먼 나라로 갈 때에 은 한 므나씩을 종에게 주어 돌아오기까지 장사하라 하였다는 비유가 있습니다. 누가는 각 사람에게 공평하게 나누어 주신 것을 뜻하였다고 할 것입니다. 곧 인간의 기본적 생리, 생활, 종교, 윤리, 도덕심은 다 같이 나누어 주셨다고 보아야 할 것입니다. 다시 말하면 영혼의 욕구와 필요성과 가능성은 다 같습니다. 양심의 예민도나 도덕의 표준은 거의 다 같다고 볼 수 있으며, 따라서 인격의 존엄성은 다 같습니다. 인격의 배후에는 하나님의 뜻이 실존합니다. 그러므로 차별해서는 안 됩니다.

기독교는 유대교와는 달라 관념적 성별의 사상에서 나아가, 자기를 희생함으로써 인류를 거룩히 하여 그 인격을 존경하는 종교입니다. 그러므로 모든 차별을 반대합니다. 크리스천은 어떤 전쟁이든지 반대하며 평화를 환영하는 일에 책임을 느끼는 것이 옳다고 주장합니다.

<부산모임> 3권 4호(1970. 7.8)

5. 하나님이 요구하시는 선^善

   진리를 추구하시는 동지 여러분, 하나님이 요구하시는 선이 어떠한 것인지 깊이 생각하신 일이 있을 줄 압니다. 미가 예언자는 "사람아 주께서 선한 것이 무엇임을 네게 보이셨나니 여호와께서 네게 구하시는 것은 오직 공의를 행하며 긍휼히 여기기를 좋아하며 겸손히 네 하나님과 함께 행하는 것이 아니냐"미 6:8라고 했습니다. 미가는 이사야와 같은 시대의 예언자로서 블레셋 도시 '가드'Gath에 가까운 '모레셋'Moresheth이라고 하는 농촌에서 나서 자라며 예언한 사람입니다. 미가의 위대한 업적은 히스기야왕을 격려해서 우상들을 제거하게 한 것입니다. 덕분에 히스기야왕의 종교개혁은 훌륭히 성공했습니다.

   미가의 성격을 살펴보면, 미가는 첫째로 정의의 사람이었습니다. "백성들아 너희는 다 들을지어다 땅과 거기 있는 모든 것들아 자세히 들을지어다 주 여호와께서 너희에게 대하여 증거하시되 곧 주께서 성전에서 그리하실 것이니라 여호와께서 그 처소에서 나오시고 강림하사 땅의 높은 곳을 밟으실 것이라 그 아래서 산들이 녹고 골짜기들이 갈라지기를 불 앞의 밀 같고 비탈로 쏟아지는 물 같은 것이니"미 1:2-4, "내가 또 이르노니 야곱의 두령들과 이스라엘 족속의 치리자들아 청컨대 들으라 공의는 너희의 알 것이 아니냐 너희가 선을 미워하고 악을 좋아하여 내 백성의 가죽을 벗기고 그 뼈에서 살을 뜯어 그들의 살을 먹으며 그 가죽을 벗기며 그 뼈를 꺾어 다지기를 냄비와 솥 가운데 담을 고기처럼 하는도다"미 3:1-3. 위와 같이 미가는 국민을 학대하고 탈취하는 지배계급을 규탄했는데 그것은 미가가 의를 뜨겁게 사랑했던 까닭입니다.

미가는 둘째로 긍휼의 사람이었습니다. 그는 특히 학대당하는 사람을 동정했습니다. 그가 불과 같이 의분을 발하게 된 것은 약자에 대한 강자의 압제 때문이었습니다. 미가는 "밭들을 탐하여 빼앗고 집들을 탐하여 취하니 그들이 사람과 그 집 사람과 그 산업을 학대하도다"미 2:2라고 하며 소농을 약탈하는 부농가를 꾸짖고, 뇌물을 받고 공평하게 재판하지 않는 법관들에 대하여 무정함을 규탄했습니다. "그 군장과 재판장은 뇌물을 구하며 대인은 마음에 악한 사욕을 발하여 서로 연락을 취하니"미 7:3

셋째로 미가는 겸손의 사람이었습니다. 미가는 공의를 사랑하여 부자와 권력자들에게 의분을 발했을 뿐 아니라, 친히 죄인의 입장에 내려가 자기 백성의 죄를 자기의 죄로 느끼었습니다. 즉, 그는 말하기를 "오직 나는 여호와를 우러러보며 나를 구원하시는 하나님을 바라보나니 나의 하나님이 나를 들으시리로다 나의 대적이여 나로 인하여 기뻐하지 말지어다 나는 엎드러질지라도 일어날 것이요 어두운 데 앉을지라도 여호와께서 나의 빛이 되실 것임이로다 내가 여호와께 범죄하였으니 주께서 나를 위하여 심판하사 신원하시기까지는 그의 노를 당하러니와 주께서 나를 인도하사 광명에 이르게 하시리니 내가 그의 의를 보리로다"^미가 7:7-9. 이것은 여호와 앞에서 자기의 죄를 인정하고 그의 징계를 참고 받으며, 어디까지나 그를 신뢰하여 드디어 광명에 이르러 그의 정의를 바라보는 자의 기도입니다. 이렇게 기도하는 자는 죄인이 아닌 예언자 자신입니다. 이상한 사랑입니다. 사랑에 기인한 동화同化, 곧 겸손을 실현한 '미가'입니다.

예언자 미가는 이러한 사람이었습니다. 정의는 그의 이상이었고, 긍휼은 그의 기뻐하는 바이었으며, 그에게 있어서 특별한 정신은 겸손이었습니다. 즉, 그의 심령은 죄인의 자리에 서서 국민의 중한 짐을 친히 지지 않을 수 없었던 것입니다.

여호와께서는 수천의 숫양이나 만만의 강물 같은 기름의 제사도 기뻐하지 않으십니다. 하나님은 다만 사람이 사람된 도리를 행하는 것을 원하십니다. 과부의 송사를 들어주고 고아에게 공평으로 대접하는 것을 구하십니다. 죄인답게 깨어진 심령으로 하나님 앞에 나아오는 것을 구하십니다. 그렇지 않고 아무리 자기 죄 때문에 자기의 전 재산을 다 바치고 자기 영혼의 죄 때문에 장자를 제물로 불사른다 하여도 가증한 것뿐입니다.

미가의 이러한 성격은 예언 기조를 이루고 있는데, 그는 하나님을 섬기는 가운데 하나님의 성격을 그와 같이 이해하여 순종하였습니다. 즉, 미가는 정의의 하나님, 긍휼의 하나님, 겸손의 하나님을 믿었습니다. 하나님은 정의이시기 때문에 심판하십니다. 하나님은 긍휼이 풍성하시므로 구원하십니다. 그러나 어떻게 구원을 이룩하십니까? 하나님은 스스로 높은 데 계시면서 죄의 골짜기에 빠진 인류를 끌어 올려서 구원하십니까? 아닙니다. 하나님은 먼저 높은 지위를 버리시고, 낮은 사람의 골짜기까지 내려오셔서, 사람의 죄를 다 짊어지고 십자가에 달려 돌아가심으로 구원을 성취하십니다. 사람을 구원하기 위하여 먼저 내려오셔서 그가 친히 사람이 되셨습니다. 강림하신 하나님, 즉 도가 사람의 몸을 입으시고 나타나신 이가 메시야이십니다.

미가는 메시야의 출현을 예언했습니다^{미 5:2-5}. 현재 이 나라, 이 사회에서 하나님은 어떠한 사람들을 요구하시고 계실까요? 우리는 무엇을 해서 하나님의 기뻐하시는 선을 이루어 드릴까요? 먼저 공의를 일삼는 자들이 되어야 하겠습니다. 불의와 일절 타협하지 않는 인격을 가져야 합니다. 긍휼히 여기기를 좋아하여야 하겠습니다. 이 사회에서 가난하고 헐벗고 눌리어 있는 사람들을 위하여 만강滿腔 : 마음 속에 가득 참의 동정을 표하고 공평한 대접을 해 주도록 힘써야 합니다. 무엇보다도 우리 크리스천은 겸손하게 주님을 섬기며 따라가야 하겠습니다. 내 동족의 죄를 내 죄로 삼고 애통하며 회개하고, 주님 의를 힘입고 우리가 서로 하나가 되어야 합니다. 민족의 총화는 오직 이 겸손의 인격에서만 이루어집니다.

<부산모임> 8권 4호(1975. 8)

6. 그리스도인의 생활윤리

 1978년 10월 부산 서대신교회, 서광교회 청년들에게 위의 제목으로 말한 바가 있는데 그것을 발표하려고 합니다. 제가 가톨릭의대 외과 교수로 있을 때 학생들에게 "너희 부모님은 너희에게 어떠한 기대를 가지고 지켜보고 있는지 생각한 일이 있는가?" 하고 물어보았습니다. 대답은 학생에 따라 서로 다르지만, 부귀, 영화, 권력, 명예의 지위에서 살기를 기대할 것이라는 내용이었습니다. 아마도 이 대답은 본인과 부모가 다 같이 바라고 기대하는 바라고 생각합니다. 그런데 나는 내 자식에게 바라는 것이 사람답게 살아 주는것이라고 말했습니다. 여기에 그리스도인과 비기독교인과의 차이가 있는 것이 아닌가 합니다.
 그리스도인에게 인생의 목적을 묻는다면, 그것은 하나님을 기쁘시게 하고 영광을 돌리는 일이라고 대답할 것입니다. 어떻게 사는 것이 하나님을 기쁘시게 하는 일이냐고 물으면, 추상적인 것 같이 느껴지고 머뭇머뭇하게 됩니다. 즉, 생활윤리는 추상론에 머물지 않고 땅 위에서의 현실적 실재론으로 표현되어야 할 것입니다.
 바울은 고원高遠한 구원론을 말할 때에도 실천윤리의 교훈을 강조하고 있습니다. 그리고 그 특징은 율법적인 방식으로 두렵게 실천하라고 명령하는 것이 아니고, 사랑과 기쁨으로 도덕을 실천할 것을 권합니다. 그리스도의 복음은 도덕의 실천을 기쁨으로 하게 하는 힘이 있습니다.

비근(卑近)한 매일 생활의 실천 도덕이라 할지라도 깊은 인격적, 영적 체험에서 용솟음쳐나오는 권면이 아니라면 감화를 줄 수 없습니다. 즉, 샘이 얕으면 우리들의 소위 매일 생활의 도덕이라고 하는 것은 천박한 위선에 지나지 않아 사회를 맑힐 힘이 없습니다.

생활의 목표와 태도를 180도 돌리다 롬 12:1-2

"그러므로 형제들아 내가 하나님의 모든 자비하심으로 너희를 권하노니 너희 몸을 하나님의 기뻐하시는 거룩한 산 제물로 드리라 이것이 너희의 영적 예배니라" 롬 12:1

처음의 "그러므로"는 로마서 11장까지의 말을 받습니다. 즉, 하나님께서 그리스도의 복음으로 우리를 부르시고 의로 여기어 주셨으며 또한 깨끗케 하여 주셨기에, 그의 광대하신 은혜와 자비를 근거로 해서 우리에게 권한다는 말입니다. 형벌로 위협하거나, 율법으로 명하는 것이 아닙니다. 우리는 일찍이 정욕과 탐심을 따라 부귀, 영화, 권세, 지위, 명예를 추구하고 살았습니다. 그래서 하나님의 진노의 자식이었습니다. 우리의 불의, 즉 부도덕과 하나님에 대한 불경건으로 인해 하나님의 진노가 나타나서, 우리는 사망의 길에서 살던 자들이었습니다. 그런데 지금은 하나님의 은혜로 말미암아 그리스도의 복음으로 구원되어 하나님의 양자가 되었습니다. 그러므로 우리의 몸도 마음도, 즉 생애 전부를 다 하나님께서 기뻐하시는 산 제물로 하나님에게 바쳐 드려야 합니다. 사람은 동물적인 육욕의 생활을 해서는 안 되고, 이성에 맞는 영적 생활을 해야 합니다. 우리 그리스도인의 이성적, 영적 예배는 소나 양의 희생제물로 드릴 것이 아니요, 또 선禪에서 하듯이 영적 생각에 도취해 있을 것이 아니요, 자기의 몸과 마음을 하나님이 기뻐하시는 생애, 즉 성결의 도덕적 생활을 하여야 합니다. 이것이 참된 이성적 예배이어서, 밀의교密議敎나 스토아 철학자들이 말하는 이성적 예배보다 훨씬 높은 뜻이 들어 있습니다. 바울은 한편으로는 그리스도인의 윤리를 불신자들의 죄의 정욕 생활에 대비해 보고, 또 다른 한편으로는 철학자들의 이성적 예배론에 대비해서, 그리스도인의 실천도덕의 근본 뜻을 밝혔습니다.

"너희는 이 세대를 본받지 말고 오직 마음을 새롭게 함으로 변화를 받아 하나님의 선하시고 기뻐하시고 온전하신 뜻이 무엇인지 분별하도록 하라" 롬 12:2

위에서 세대라는 말은 코스모스, 즉 세상World이 아니고 아이온[10], 즉 시대Age이어서 지나가는 악한 세대란 뜻입니다. '본받는다'는 낱말 '수스케마티조마이'συσχηματίζομαι는 '스케마'σχῆμα, 곧 외형을 같이한다는 뜻이어서 외형을 본받는다는 말입니다. 즉, 유행을 따라 사는 것이어서 본질과 내용은 변하지 않고 외형만

---

10. 코스모스Cosmos는 질서와 조화를 지니고 있는 세계 또는 우주를 말하며, 아이온Aion은 시간의 계속, 곧 영원 또는 시대를 의미한다.

변하게 한다는 뜻입니다. 다음에 "마음을 새롭게 함으로 변화를 받아"에서 '메타모르포마이'μεταμορφοῦμαι라는 단어의 뜻은 '모르페'μορφη 즉 본질의 변화를 받으라는 말입니다.

이 세대는 지나갑니다. 그 사상도 생활도 일시적 유행에 지나지 않습니다. 영원의 가치를 가진 것이 아닙니다. 이 시대의 사상이나 생활을 본받지 말고 오직 마음을 새롭게 하고 온전히 변화하여 새 생활의 목표와 태도를 보이지 않으면 안 됩니다.

마치 곤충이 유충으로부터 번데기가 되었다가 나비가 되는 것과 같이, 이 세대인으로 살았던 우리는 지금은 그리스도와 같이 죽었다가 그리스도와 다시 산 자가 되었으므로, 이 세대인과는 완전히 다른 생활 목표와 생활 태도를 취해야 합니다. 그렇게 하면 우리는 하나님의 선하신 뜻(사람에 대한 도덕적 선), 기뻐하시는 뜻(하나님에 대한 경건), 온전하신 뜻(도덕과 경건의 윤리)을 분별하게 될 것입니다. 분별하여 안다고 하는 것은 실험, 곧 체험을 통하여 안다는 의미입니다. 인생의 목적은 이러한 온전한 선을 아는 데 있고, 이것을 아는 것이 사람의 참 행복입니다.

그런데 이러한 선은, 이 세상 사상에서 발견하지 못하며, 이러한 행복은 이 세상의 육적 생활에는 없습니다. 그것은 하나님의 뜻 가운데 있습니다. 그 뜻을 순종하는 생활 중에서 발견됩니다. 우리는 하나님의 뜻을 따르는 생활을 실천할 때 그것을 실험적으로 압니다. 실천 생활 없이는 확실한 지식이 없습니다. 그리고 스스로 하나님 뜻에 순종하려는 생활 태도가 아니면 어떠한 윤리, 도덕의 교훈도 소용이 없습니다.

즉, 새로운 생활 목적과 생활 태도를 가지는 180도 전환이 바울의 실천 도덕론의 근본이며, 이것이 각 교훈의 전제가 되어 있습니다.

겸손과 사랑 롬 12:3-21

(1) 신자들 사이의 윤리 롬 12:3-13

"나에게 주신 은혜로 너희들에게 말하노니 마땅히 생각할 그 이상의 생각을 품지 말고 오직 하나님께서 각 사람에게 나눠주신 믿음의 분량대로 지혜롭게 생각하라" 롬 12:3

'생각'은 프로네인φρονεῖν, '그 이상의 생각' 즉, 지나친 생각은 휘페프로네인ὑπερφρονεῖν이며 '지혜롭게 생각한다'는 쏘프로네인 σωφρονεῖν입니다.

"우리가 한몸에 많은 지체를 가졌으나 모든 지체가 같은 직분을 가진 것이 아니니 고전12:12-31, 엡 4:15, 골 1:18 참조 이와 같이 우리 많은 사람이 그리스도 안에서 한 몸이 되어 서로 지체가 되었느니라" 롬 12:4-5

우리는 그리스도와 연합하여 그리스도의 지체가 되었습니다. 우리의 몸은 혈육을 지배했던 죄의 지체, 창기의 지체가 아닙니다. 우리는 깨끗하고 흠이 없는 그리스도의 지체가 되었으므로, 하나님이 기뻐하시는 산 제물로 우리 자신을 바쳐 드려야 하겠습니다. 우리는 그리스도의 지체로서 한 몸인 교회ecclesia를 이루고 있으므로, 이제부터는 자기 본위의 생활을 버리고 서로 연합하여 전체의 덕을 세우는 자로서의 생활을 하지 아니하면 안 됩니다.

하나님께서는 우리에게 여러 가지 은혜를 각각 다르게 내려

주셨습니다. 신앙의 분량도 은사의 능력도 각각 다르게 내려 주셨습니다. 그것은 하나님께서 나눠주셨으므로 나에게 이러한 능력이 있다고 자랑하는 것은 오만입니다. 또 이러한 능력밖에 없다고 탄식하거나 낮게 생각하는 것도 옳지 않습니다. 물론 자기를 높이고 형제를 경멸하는 것은 크게 잘못된 것입니다.

"우리에게 주신 은혜대로 받은 은사가 각각 다르니 혹 예언이면 믿음의 분수대로, 혹 섬기는 일이면 섬기는 일로, 혹 가르치는 자는 가르치는 일로, 혹 권위하는 자는 권위하는 일로, 구제하는 자는 성실함으로, 다스리는 자는 부지런함으로, 긍휼을 베푸는 자는 즐거움으로 할 것이니라"롬 12:6-8

하나님께서 각자에게 나눠주신 은사는 양적으로나 질적으로 다릅니다. 그러나 그것은 결코 불공평이 아닙니다. 하나님의 은혜는 신자 각자에게 잔에 넘치도록 주어졌습니다. 집에는 큰 그릇도 있고 작은 그릇도 있습니다. 귀한 금 그릇도 있고 천한 자기 그릇도 있으며, 못에는 작은 못, 큰 못이 있어 각 용도가 다릅니다. 그것들은 서로 대용할 수 없습니다.

즉, 영감을 받고 역사철학을 깨달아 하나님 뜻의 깊은 것을 예언하는 사람들은 하나님의 뜻을 숨김없이, 남김없이 말해야 하며, 의식주와 그 밖의 생활 문제를 가지고 봉사 생활하는 사회사업가들은 자기의 전부를 바쳐 성심껏 봉사해야 합니다. 어느 것이 높고, 어느 것이 낮은 것이 아닙니다. 어느 것이 위대하고 귀하고, 어느 것이 작고 천하다는 구별이 있는 것이 아닙니다. 어느 것이나 다 하나님 나라에 없어서는 안 됩니다. 이처럼 은사가 질적으로나 양적으로 다른 것은, 각자 지위의 우열이나 고하의 차등을 두기 위해서가 아니요, 하나님 나라의 도덕적 아름다움을 드러내기 위해서 입니다. 지체인 신자들 사이에 덕의 열매와 사랑의 꽃이 피게 하기 위해서 입니다. 은사의 대소나 종류의 여하를 묻지 않고, 신자는 다 각각 100% 하나님의 아들들이며 에클레시아[거룩한 공회]의 지체들입니다. 전체가 균형이 잡히어, 신자 각자가 다른 사람이 대신할 수 없는 절대적 지위에 서서 적절하게 역할을 하는 것입니다. 우리는 각자가 받은 은사를 과하게 지나치게 생각하거나[휘페프로네인], 또한 반대로 지나치게 낮게 생각해서는 안 됩니다. 전체의 균형 가운데서 우리에게 나눠주신 은혜의 분량대로 성실하게, 단순하게, 열심히, 기쁨으로 마음을 다해야 합니다. 이것이 지혜롭게 생각[쏘프로네인]하는 것입니다. 즉, 겸손하면서 동시에 자신을 가지고 사랑으로 섬기는 마음입니다. 그것을 한 말로 표현하면 "사랑"입니다.

"사랑에는 거짓이 없나니 악을 미워하고 선에 속하라" 롬 12:9
사랑에 거짓이 없으려고 하면, 악을 미워해야 합니다. 그리고 선을 깊이 좋아하여야 합니다. 즉, 도덕적 판단을 예민히 하고, 선과 악을 엄격하게 구별하여야 합니다. 선악의 도덕적 판단으로 행해지지 않을 때, 사랑은 거짓 사랑이 됩니다.

"형제를 사랑하여 서로 우애하고 존경하기를 서로 먼저 하며" 롬 12:10
이것은 하늘나라의 음악의 시입니다. 먼저 존경하면 사랑이라 할 수 있습니다. 먼저 존경하는 사람은 평화의 사람입니다. 교회

내에서 사랑의 사람은 평화를 가져오게 하는 사람입니다.

"부지런하여 게으르지 말고 열심을 품고 주를 섬기라 소망 중에 즐거워하며 환난 중에 참으며 기도에 항상 힘쓰며 성도들의 쓸 것을 공급하며 손 대접하기를 힘쓰라"롬 12:11-13

이것은 사랑하는 마음의 발로입니다. 사랑의 마음이 있으면 주님을 바라고 기도하며, 환난 중에 더욱 열심히 즐거워하며 부지런히 주님을 증거하며, 또 성도들의 필요를 공급해 주게 됩니다. 또 나그네로 온 손님을 자기 가족과 같이 기뻐 영접하여, 예수님께서 믿는 자에게 냉수 한 그릇을 대접한 자에게 그 상급이 결코 없지 아니하리라고 하신 말씀을 실현하게 됩니다.

근면과 열심과 봉사, 그리고 희망과 인내와 기도는 사랑의 자연스러운 표현인 동시에 사랑의 고갈을 예방하는 힘이 됩니다.

(2) 아직 믿지 않는 자들과의 사이에서의 생활윤리롬 12:14

"너희를 핍박하는 자를 축복하라 축복하고 저주하지 말라"롬 12:14

그리스도인은 이 세대를 살 때에 핍박받기 쉽습니다. 그 생활목적과 태도가 다른 까닭입니다.

무릇 경건하게 살고자 하는 자는 핍박을 받게 됩니다. 그것은 우리 주님이 핍박을 받으신 까닭입니다. 그런데 주님은 한 번도 핍박하는 자를 저주하시지 아니하셨습니다. 도리어 축복하라고 명하셨습니다.

우리는 예수를 믿고 친교 하는 형제자매들과 나그네들을 사랑할 뿐만 아니라 우리를 핍박하는 자들까지도 사랑할 수 있어야 합니다. 그래야 그것이 참사랑이 됩니다. 그리고 이 참사랑은 그리스도인의 독특한 사랑입니다.

"즐거워하는 자들로 함께 즐거워하고 우는 자들로 함께 울라 서로 마음을 같이하며 높은 데 마음을 두지 말고 도리어 낮은 데 처하며 지혜 있는 체 말라"롬 12:15,16

이 말씀은 이웃사람들을 동정하여 동고동락하고, 또 겸손으로 사람들을 대하라는 교훈입니다.

"악으로 악을 갚지 말고 모든 사람 앞에서 선한 일을 도모하라 할 수 있거든 너희로서는 모든 사람으로 더불어 평화하라 내 사랑하는 자들아 너희가 친히 원수를 갚지 말고 진노하심에 맡기라 기록되었으되 원수 갚는 것이 내게 있으니 내가 갚으리라 주께서 말씀하시니라"롬 12: 17-19[신 32:35 ; 시 94:1 참조]

"네 원수가 주리거든 먹이고 목마르거든 마시우라 그리하므로 네가 숯불을 그 머리에 쌓아 놓으리라"롬 12:20[잠 25:21,22 참조]

"악에게 지지 말고 선으로써 악을 이기라"롬 12:21

바울 자신이 박해 중에 있었고, 로마 신자들도 세상으로부터 조소와 핍박을 받고 있었습니다. 그런데 그가 박해자에게 하는 도덕의 말이 이렇게도 부드럽고 조용하며 여유 만만합니다. 조금이라도 자기 신앙을 조소하거나 꾸짖는 자에게 성을 내거나 비분강개하는 말을 하지 않았습니다. 우리는 모든 사람으로 더불어 평화하여야 합니다.

저희를 사랑해서 내 형제와 같이 그들의 인격을 존중해 주고 인정해 주어야 합니다. 비겁해서 옳지 못한 것을 충고도 해주지 않고 겉으로 친한 척하는 것은 위선이요, 둘이 망하는 징조입니다. 저희의 책임을 내가 짊어질 생각으로 진리를 밝혀 주어야 합니다. 다만 그 태도가 사랑에 차고, 그들의 인격을 존중하는 표현으로 하여야 참 평화를 이룩하게 됩니다. 악으로 악을 갚는다면 악에 지게 됩니다. 즉, 자기의 도덕 표준이 이 세상 사람의 도덕 표준으로 떨어지게 됩니다. 악에 지지 말고 선으로써 악을 이겨야 합니다. "무릇 모든 일에 있어 우리를 사랑하시는 이로 말미암아 이기고도 남음이 있느니라"롬 8:37는 신앙의 승리가 우리 그리스도인의 생활 원리이며, 그 실천이 바로 우리의 윤리입니다.

<부산모임> 11권 5호(1978. 11)

7. 하나님이냐 맘몬이냐

"한 사람이 두 주인을 섬기지 못할 것이니 혹 이를 미워하며 저를 사랑하거나 혹 이를 중히 여기며 저를 경히 여김이라 너희가 하나님과 재물을 겸하여 섬기지 못하느니라"^{마 6:24}

이 말씀은 우리가 잘 알고 있으면서도 실제에서 그대로 잘 실천하고 있는지 반성할 필요가 있습니다. 나는 우리 복음병원이 겉모양은 보기 훌륭하게 위용을 갖추었으나, 속 살림은 경제적으로 어려운 형편에 처하게 된 데서 위의 제목이 머리에 떠올랐습니다. 복음병원은 전재민戰災民과 가난한 환자들의 치료를 위하여 출발하였습니다. 1951년 7월에 천막 셋과 직원 7명으로 시작하였는데, 지금은 건평 약 2,111평의 4층 건물과 직원 210명의 큰 병원이 되었습니다. 겉모양은 근사하지만 나는 현실에 도저히 만족할 수 없습니다. 그것은 처음에 충만하였던 긍휼히 여기는 자비심이 사라지고, 자기 중심주의로 되는 경향이 많아지는 것을 느끼는 까닭입니다. 또한, 건물과 규모가 커짐에 따라 유지비가 많이 필요해져서 수입을 올려야만 하게 되었습니다. 수입을 올리기 위해서 병원이 기업적으로 되고, 그로 인해 큰 건물과 시설을 갖추도록 힘쓰게 되었습니다. 그래서 시대의 요구에 부응하고 환자들을 끄는 병원의 모양은 하고 있으나, 실속은 수입을 위주로 하는 병원과 큰 차이가 없게 되었습니다. 이것이 나의 슬퍼하며, 염려하는 바입니다.

밀턴John Milton의 《실낙원》(1667)을 읽어 보면, 맘몬은 고층 건물을 잘 짓고, 물질세계의 발전을 잘 일으키는 재능을 가진 마귀로 묘사되었습니다. 이것을 읽은 뒤부터는 나는 고층 건물을 보면 맘몬의 힘을 연상하게 됩니다. 하늘을 찌를 듯한 고식古式의 예배당은 사람의 예술품이 될지라도, 나는 그것을 보면 하나님의 영광이 느껴지지 아니하고, 맘몬의 재주인 듯한 느낌이 듭니다.

또 우리는 이 세상에서 권세와 지위와 명예, 그리고 사업의 번영을 하나님의 축복이라고 생각하고 축하합니다. 그러나 그것들이 과연 하나님의 영광을 사모하는 사람들에게 내려 주시는 선물인가요? 자기도 모르는 사이에 맘몬과 타협해서 산 결과로 된 것은 아닌지 반성할 필요가 있습니다. 이처럼 생각해 볼 때에 현실의 노름은 확실히 공중의 권세를 잡은 자의 노름과 같이 생각됩니다. 하나님의 공의는 짓밟히고, 하나님의 긍휼은 파문히게 됩니다. 이 세상의 지위와 명예, 권세와 능력, 부귀와 영화는 자기 중심주의의 사람들의 분깃처럼 보입니다. 그들은 뜬구름과 같은 이것들에 도취되어 삽니다. 맘몬의 종이 되지 않고서야 어찌 자기의 인격을 그런 것들에게 넘겨줄 수 있겠습니까? 나는 믿지 않는 사람에게 이 말을 하는 것이 아니고, 믿는다고 하는 이들에게 반성을 촉구하기 위하여 말합니다.

사업확장은 과연 하나님의 축복입니까? 맘몬의 장난입니까? 우리는 자기의 신앙생활을 반성해야 합니다. 나는 우리 복음병원의 발전과 한국 기독교의 외모를 보고서 나 스스로 반성해 봅니다. 나도 알지 못하는 사이에 맘몬과 타협한 것이 아닌가 하여 회개하는 바입니다.

나도 한국의 기독교는 자본주의 기독교라고 해서 혹독히 비평했습니다. 그러면서 자기 자신이 맘몬과 타협하고 보조를 같이하고 있음을 깨닫지 못했고 회개하지도 않았습니다. 그래서 하나님은 치시고 회개케 하셨습니다. 우리 예수를 구주로 믿는 사람들이여, 우리는 과연 어디에 속해 있는 자입니까? 하나님입니까, 맘몬입니까?

<부산모임> 8권 5호(1975. 10)

8. 우리가 버려야 할 세 가지 마음

패망의 선봉인 교만

밀턴의 《실낙원》(1667)에서 보면 피조자被造者인 천사 중에서 가장 고위의 천사들이 창조주 하나님과 같이 되려고 하여 하나님을 반역한 자가 사탄이 되었다고 했습니다. 이 사탄의 꼬임을 받아 인류의 조상인 아담과 하와는 하나님의 명령을 배반하고 죄인이 되었다고 했습니다. 아담과 하와에게서 난 장자 가인은 그의 아우 아벨을 죽였고, 예수님의 제자인 가룟 유다는 자기의 선생이신 예수님을 은 30에 팔았습니다.

이 사탄은 오늘 이 시대에도 나를 시험하고 있습니다. 제가 청십자 의료보험협동조합을 창설했다고 해서 국민훈장 동백장, 막사이사이 사회봉사상, 대한적십자 인도상, 라이언스 사회봉사상, 부산시 문화상 등을 받았다고 생각합니다. 내가 만일 이 시험에서 낙제해서 자기의 분수에 넘치는 일을 도모했더라면 패망의 선봉인 교만 죄에 걸렸을 것으로 생각합니다.

우리들의 주님이신 예수님은 근본이 하나님의 본체이시면서도 하나님과 동등 될 것으로 여기시지 아니하시고 우리와 같은 종의 형상으로 육체를 입고 내려오셔서 인류의 죄를 대속하시기 위하여 십자가를 지시기까지 복종하셨습니다. 우리는 그의 겸손과 자비로 영원한 생명을 얻게 되었습니다.

"교만은 패망의 선봉이요 거만한 마음은 넘어짐의 앞잡이니라"잠 16:18고 하신 말씀과 "서로 마음을 같이 하며 높은 데 마음을 두지 말고 도리어 낮은 데 처하며 스스로 지혜 있는 체 말라"롬 12:16는 말씀을 우리는 기억합시다.

저주받을 거짓

하나님은 빛이요, 예수님과 성령님은 진리이십니다. 거짓과 어둠은 악령의 삶입니다. 그런데 우리 생활을 돌아보면 얼마나 거짓이 많은지 자기 양심에 비추어 보면 "오! 주여 나는 죄인이로소이다."하고 자복하지 아니할 수 없습니다. 특히 유대의 종교 지도자들에게 "화 있으리로다 외식하는 바리새인과 서기관들이여" 하고 외치신 주님의 말씀은 우리의 귀에 쟁쟁합니다. 주님은 외식을 가장 미워하셨는데, 그것은 그 회개하지 아니함을 책망하신 것입니다. 우리도 살아 있는 양심으로 회개해야 합니다. 우리나라와 온 인류의 사는 길은 거짓을 회개하는 데 있습니다. 양심이 맑기 위해서는 우리들의 인격이 예수 그리스도 안에 머물러 있어야 합니다. 지금도 늦지 않았으니 우리가 주 안에서 생활하고 있는가를 늘 반성합시다.

"모든 거짓말하는 자들은 불과 유황으로 타는 못에 들어가리니 이것이 둘째 사망이라"계 21:8

사망을 낳는 욕심

"욕심이 잉태한즉 죄를 낳고 죄가 장성한즉 사망을 낳느니라"약 1:15
고 하셨습니다. 인생에 욕망이 없을 수 없습니다. 나면서부터 타고나는 식욕, 성욕, 지식욕, 사업욕 등은 인생 발전의 기본이 되는 본능입니다. 이 본능은 죄가 아닙니다. 사망을 낳는 욕심이란 지나친 욕심, 즉 과욕을 말합니다. 우리 본능의 욕심은 필요하지만 멎을 곳(때)에 멎어야 합니다. 지나치게 많이 먹으면 체하거나 급성 위장염을 일으킵니다. 성욕도 부부간에만 허용됩니다. 절제가 없는 성행위는 성병, 즉 임질, 매독, 최근의 에이즈AIDS와 같은 무서운 병을 일으켜 사람을 죽게 합니다. 지식욕, 명예욕, 사업욕 등은 다 필요하지만, 그것을 사용하는 인간들이 인간답지 못하면 멸망을 스스로 불러일으키게 됩니다. 아인슈타인Albert Einstein이 상대성 원리와 원자탄을 연구해낸 것은 죄가 아니지만, 그 기술과 무기가 히틀러Adolf Hitler 같은 사람에게 맡겨졌으면 연합군이 멸망하였을지도 모를 일이었습니다. 그래서 하이젠베르크Werner Heisenberg는 독일에서 그것을 만들지 못하도록 학문을 연구했다고 합니다. 트루만Harry S. Truman이 그것을 히로시마廣島와 나가사키長崎에서 사용하도록 한 것은 군략적으로는 인정을 받는지 모르나, 우리는 그것으로 인종이 멸망할 수도 있다는 경고로 받아야 합니다.

우리 모두 교만과 거짓, 그리고 욕심을 버리고, 오직 예수 그리스도의 겸손과 진실과 이웃 사랑의 삶을 살아가도록 합시다.

<청십자 소식> 327호(1988. 7. 4)

9. 예수님과 함께 사는 사람

　예수님을 모르는 사람은 아마 없을 것입니다. 그러나 예수님을 올바르게 이해하는 사람은 많지 않습니다. 예수님을 하나의 역사적 인물로 아는 사람은 많지만, 하나님의 품속에 계시던 독생자로 믿는 사람은 적지 않을까 생각합니다. 그 어느 한편에 치우쳐 인정하는 사람은 예수님을 올바로 이해하지 못하고 살아가는 사람입니다.

　예수님을 다만 역사적 인물로만 생각하는 사람은 그의 도덕성에 감화되어 그를 선생으로만 모시려고 치중하게 됩니다. 또 예수님을 신성과 구원의 주님으로 믿는 사람들은 그의 구원의 은혜와 능력에 의존한 나머지 그를 신뢰하면서도, 예수님께서 명하신 자기의 십자가를 지고 예수님을 따르는 생활을 등한시합니다. 그러므로 예수님께서는 "나더러 주여 주여 하는 자마다 천국에 다 들어갈 것이 아니요 하늘에 계신 아버지의 뜻대로 하는 자라야 들어가리라"마 7:21고 말씀하셨습니다.

　그러면 예수님과 함께 사는 사람은 어떻게 살아가는 사람일까요? 예수님은 정직, 공의, 진실을 실천하셨고, 그 마음에 진실을 말하고 정직하게 행하셨으며 공의를 일삼으셨습니다.

예수님이 제자들에게 산상에서 천국 복음을 말씀하셨을 때에 그의 가르침이 서기관과 바리새인의 교훈과 같지 아니하였고, 권세 있는 자의 교훈과 같았던 것은 그의 생활이 진실과 공의와 정직으로 가득 차 있었던 까닭입니다. 예수님의 눈은 망령된 자를 멸시했고, 여호와를 두려워하는 자를 존대했으며, 그 마음에 서원한 것은 절대로 변치 아니했습니다.

예수님은 자신을 잡아 죽이려는 헤롯 왕을 여우 같은 사람이라고 멸시했고[눅 13:31-32], 수로보니게 족속의 이방 여인이 자기의 딸을 구원해 달라고 간구 하였을 때 "내가 온 것은 이스라엘 사람을 구하려 함이요, 아들에게 주려고 하는 선물을 개에게 줄 수 없는 것이 아니냐?"하고 말씀하셨습니다. 이때 이 수로보니게 여인은 "옳소이다마는 개도 자기 집 주인의 상에 떨어지는 부스러기를 먹습니다."라고 간절히 답하니[마 15:21-28], 예수님은 "이러한 믿음을 이스라엘 사람에게서 보지 못하였다."하시고 그를 존대해서 그 종의 병을 낫게 해 주셨습니다.[11]

또 예수님께서 유대 사람들에게 복음을 전하실 때에 그들이 전혀 믿지 않는 것을 보시고, 인류의 죄가 너무도 중하여 하나님께로 올 수 없음을 깊이 깨닫고 십자가를 지실 결심을 하셨습니다. 그 일이 결코 쉬운 것이 아니었기 때문에 예수님은 "내가 이것을 지지 않고는 안 되겠습니까?"라고 겟세마네 동산에서 기도하셨습니다. 하지만 그는 결국에는 십자가 위에서 몸을 찢고 피

---

11. 예수님의 대답이 들어 있는 이 마지막 인용문과 설명은 '가나안/수로보니게 여인의 딸을 고친 이야기'(마태복음 15:21-18, 마가복음 7:24-30)가 아닌 '백부장의 하인을 고친 이야기'(마태복음 8:5-10)에서 가져온 것이다. 여기서 장기려 박사는 아마도 착각으로 이 두 가지 이야기를 섞어서 적고 있는 듯하다.

흘려 죽으심으로 우리의 죄를 속하시고, 우리 죄인을 하나님과 화목하게 하셨습니다. 예수님의 생활은 이해를 타산하지 않으며, 두 마음을 품지 않는 진실한 생활이었습니다.

우리도 이와 같은 삶을 살아야 하며, 또한 그대로 살고 싶어 합니다. 그런데 우리는 왜 그대로 실천할 수 없을까요? 아마도 우리에게는 육체의 연약함과 상습적으로 사탄의 유혹에 지는 습성이 있는 까닭이 아닐까요? 아니, 우리에게는 예수님의 인격에 전부를 내어 맡기는 진실이 부족한 것이 원인이 아닌가 생각합니다.

우리 주 예수 그리스도의 사랑과 진실을 다시 한 번 깊이 생각하고, 우리의 인격과 전 생애를 예수님에게 맡기고 주님을 사랑해 봅시다. 나 자신을 구원하여 사람답게 살고 사회를 하나님의 나라로 향하게 하는 원동력은 나 자신이 예수님과 함께 사는 사람이 되는 데 있다고 확신하는 바입니다.

<청십자소식> 310호(1988.3.7)

제5부

민족과 역사

자신이 하나님의 자녀라는 사실을 믿고 살 때에
우리 민족은 살고 사명은 성취된다.
하나님 자녀의 인격은 자기만 살 뿐 아니라 동포도 살린다.

1. 1980년을 맞이하면서

1979년을 평화로운 가운데서 보내고 80년을 맞이하게 된 것을 하나님께 감사드립니다. 79년에는 보통 사람들이 생각할 수 없는 일이 이루어져서 긴급조치로 말미암아 갇혔던 사람들이 풀려나오고, 새 대통령[최규하]과 새 각료들이 세워지고, 계엄령이 선포되어 정부와 국민 간의 믿음이 생기느냐를 지켜보는 가운데 새해를 맞게 된 것은 하나님의 축복이라고 느낍니다. 정부와 국민이 합심해서 종전의 잘못을 반성하면서 다음의 몇 가지 문제를 해결하여야 할 줄로 생각합니다.

첫째로 경제 문제에서는 경제인, 실업인, 기업인들이 국민 경제를 위하여 계획 경제를 시도할 지혜가 필요하다고 생각합니다. 마치 1930년대에 미국에서 경제공황이 일어났을 때 루즈벨트Franklin Roosevelt 대통령이 뉴딜 정책New Deal Policy으로 성공했듯이 우리나라의 재벌이 극히 미약하다고 할지라도 전 국민의 경제를 위하여 자기 책임을 완수하는 방향으로 힘써야 한다고 생각합니다.

둘째로 정치 발전에 대한 문제는 새로 제정하는 헌법이나 정부의 행정이 민주주의적으로 되어야 하겠으나, 무엇보다도 중요한 것은 국민 각자가 자유하는 인격으로서 인간의 존엄성과 자유를 주장하는 만큼 다른 사람의 인격과 자유를 인정하고 존중히 여겨야 한다고 믿습니다. 더욱이 복지사회를 건설하는 것이 우리나라의 목표일진데, 정의와 도덕을 숭상하고 물질적으로 또 정신적으로 눌림을 당하고 있는 자들을 위하여 사랑을 베풀 수 있는 제도를 강구하여야 하겠다고 믿는 바입니다.

셋째로 국방 문제는 그 책임을 맡은 국군을 신뢰하고 국민들은 정신 무장하여 폭력으로 질서를 파괴하는 폭력배들을 물리쳐야 하겠습니다.

무엇보다도 질서를 유지하고 대량생산을 이룩하여야 하는데, 이것은 각자가 자기의 책임에 충실하고, 정치인이나 기업인들이 국민과 근로자들을 자기의 가족과 같이 대우하게 될 때, 질서는 유지되고 생각은 증가되리라 믿습니다. 또 국민과 근로자들은 정치인과 공무원, 그리고 기업주와 실업인들을 자기의 친척과 같이 믿어 주고 기업체를 자기의 산업체와 같이 아껴줄 때 더 좋은 결과를 얻을 것이라 믿습니다.

강제 노동으로 대량생산을 시도하는 것이 실패였다는 것은 러시아 혁명 후 그 농업정책의 실패에서 잘 드러납니다. 민주정치를 이룩하는 데 있어서 기독인의 역할이 크다고 믿습니다. 인격의 존엄성과 자유의 고귀함은 예수 그리스도의 정신으로부터 나와야만 완전한 것을 이룬다고 봅니다. 예수 그리스도만이 인간을 참으로 귀히 여기셨습니다. 죄인도, 병인도, 가난한 자도 부자도, 여자도 남자도 다 한 하나님의 자녀로 인정해 주시고 삼아 주셨습니다. 정치인도, 교사도, 경제인도, 종교인도 다 예수 그리스도의 정의와 사랑을 실현하도록 함께 힘써야 하겠다고 믿습니다. 공중의 권세 잡은 자가 현실의 정치를 유혹하고 있다고 할지라도 역사를 지배하시는 이는 하나님이시므로, 예수님의 보혈로 구속받은 사람들이 육의 정욕과 탐심을 십자가에 못 박고 부활하신 예수님의 영을 받아들이고 그와 일체를 이루어 살면, 하나님의 의와 거룩함으로 새로 지은 바 되어 현실의 역사를 바로 인도하게 될 것입니다.

<부산모임> 13권 1호(1980. 2)

2. 삼일절

3·1절을 맞을 때면 나는 내가 아홉 살이던 1919년 봄에서부터 여름이 될 때까지 거의 매일 저녁, 동무들과 같이 내가 자라던 고향, 평북 용천군 양하면 입암동 집의 뒷동산에 올라가 '조선독립 만세'를 부르던 것이 생각납니다. 그리고 나는 1923년 개성 송도고보에 입학한 후 고종 황제가 승하하신 것을 기억하고 때때로 개성 만월대 옛터에서 조국을 생각하고 눈물 흘려 기도했는데, 특히 순종의 인산因山: 임금과 그 직계의 장례 때에 그 애절했던 것은 형언할 수 없습니다.

이제 3·1 운동의 뜻을 살펴보고자 함에 먼저 선배들의 설명을 들어 보면서 나의 낮은 소견을 첨가하려고 합니다. 백낙준 박사는 3·1 운동의 성격을 지적해서 말하기를 그전까지는 나라의 주권이 임금에게 있어서 임금과 적은 무리의 각료들이 일본의 야욕을 품은 정치가들에게 넘겨 주었던 것을, 국민이 민주 자주독립의 정신을 발휘해서 민주국가와 첫 시민권을 얻은 것이라고 하였습니다. 이것은 가장 주목할 만한 평가라고 할 수 있습니다. 1919년 3·1 운동 때에 소위 양반 계층이 참가하지 못했던 사실은 더욱 이 점을 잘 말해 준다고 보는 바입니다.

역사적으로 볼 때에 우리나라가 일본의 식민지로 합병된 것은 우리 국민의 책임도 있을 것이나, 각 나라말과 땅의 경계를 정하여 준 것은 각 민족이 진리를 더듬어 찾게 하려고 하나님께서 그렇게 하신 것인데[행 19:26], 일본의 정치가들이 야심을 품고 군사력을 가지고 협박과 공갈로 또는 무력을 행사해 우리나라의 임금으로부터 나라를 빼앗은 것입니다. 만일 일본이 하나님의 뜻을 깨닫고 무력에 호소하지 않았더라면, 우리 민족은 평화를 가지고 세계 평화에 공헌했을 것입니다. 6·25 동란을 회고하더라도 우리 민중의 자주독립 정신이 조금만 더 강했고 하나님을 믿었더라면 동족이 서로 죽이는 무력에 호소하지 않았을 것입니다. 이북에서 야욕을 품은 정치인들이 3·1 정신을 업신여기더니 결국 큰 파국을 저지르고야 말았던 것입니다. 이제라도 3·1 정신을 되찾아 오늘 지혜로 삼게 되기를 바랍니다.

백낙준 박사는 독립선언문에서 다음과 같은 몇 가지를 지적해서 3·1 운동의 뜻을 밝혔습니다.

첫째, 정치 및 경제적으로 우리의 생존권이 박탈당하고 있기 때문에 생존권을 얻고자 하는 우리 민족의 정당한 권리를 얻고자 한 것이다.

둘째, 심령상 발전의 장애에 대한 자유, 곧 종교의 자유, 신앙의 자유를 선언한 것이다.

셋째, 세계 문화에 공헌할 수 있는 자유, 곧 문화 건설의 자유를 선언한 것이다.

넷째, 민족 존영의 자유를 선언한 것이다. 곧 3·1 운동은 민족적 자유의지의 발로로 전개된 것이어서 자연 발생적 순수성을 발견하게 되는 것이다.

　다시 말하면 우리 민족의 자주독립 정신에 미국 대통령 윌슨Thomas W. Wilson의 민족자결원칙 선언이 불을 붙였다고 보아야 할 것입니다. 그래서 우리 민중은 다 한마음이 되어 움직이었던 것입니다.

　그리고 독립선언문 중에서 나의 마음을 크게 감동케 한 것은 "위력의 시대가 지나고 도의의 시대가 왔으니, 우리는 정의군과 인도의 간과干戈(방패와 창)로써 독립을 쟁취하자."는 것입니다. 즉, 자주독립의 방법은 정의와 인도로 한다는 의미입니다. 정의의 군사와 인도의 병기를 가지고 자유와 독립을 누리려고 할 때 누가 이것을 막을 수 있겠습니까? 이는 사람의 마음을 가진 자라면 결단코 막을 수 없을 것입니다. 그러나 일본의 정치인들은 공중의 권세 잡은 사단의 앞잡이들이었습니다. 우리는 아무 무력을 가지지 않고 신앙 양심에서 민주 독립을 선언했음에도 불구하고 6천여 명을 사살하고 만여 명을 잡아 가두었으며 경기도 제암교회에서는 신도들을 교회에 가두고 불을 지른 후 나오는 신도들을 마구 총살했으니 어찌 사단의 일이 아니라 할 수 있겠습니까? 1945년 해방 후에 일본의 양심 있는 기독교인들이 회개의 표로 제암동에 새 교회를 재건한 것은 불행 중 다행한 일입니다.

　이처럼 3·1 운동은 무저항주의로 전개되었는데 그 내용을 살펴보면 독립선언문에 서명한 분들의 생각은 자주독립을 선언하는 데 대화나 협상으로 할 일이지 이것을 무력에 호소하면 그것은 그 무력을 쓰는 자들의 인격이 가엾고 불쌍하다고 여겨졌다는 것입니다. 그래서 무력을 쓰는 자들에게 무력으로 대항하는 것은 다 같이 가치가 없는 일이라고 해서 무저항이라고 하기보다는 초저항으로 이 운동을 전개했다는 것입니다.

이 비폭력 저항은 인도의 간디가 창시자라고 말하는 자들이 많고, 또 10여 년 전 마틴 루터킹이 이 방법을 가지고 흑인 운동을 전개하여 노벨 평화상을 타기는 했지만, 그 실상은 3·1 운동 때에 벌써 실천된 것입니다. 간디는 이후에도 전쟁에 참여한 일이 있다고 합니다. 이 비폭력 저항은 예수 그리스도께서 몸소 실천하여 보여 주셨고, 또 독립선언문에 서명한 33인 중에 기독교인들이 16명이나 있어서 그 주체가 되었던 까닭이라고 생각합니다. 이상재 선생은 '무기를 쓰는 자는 무기로 망하느니라.' 라고 성경 말씀을 인용하여 일본의 정치인들에게 경고했다고 합니다. 나도 독립선언문을 자세히 읽어 보니까 그것에 성경 말씀의 정신과 흡사한 것이 있음을 발견하게 되었습니다. 곧 일본 정치가들의 약속 불이행과 생존권 박탈의 불신을 책하지 않고, 또 일본 사람들의 협착한 마음도 관용한다는 것이었습니다.

과연 이 3·1 운동은 진리와 사랑, 곧 정의와 인도에 서 있기 때문에 영원히 살아 있는 것입니다. 유물론자들은 그 운동이 자기들의 방법과 다르다고 해서 무시하려고 하나 3·1 정신은 기독교 신앙에 서 있기 때문에 지금도 우리 민족과 세계 평화에 공헌하는 방법인 것을 지적하고 싶습니다. 그리고 우리 민족이 다시는 서로 죽이고 빼앗는 일이 없이 세계 평화에 공헌하기 위하여 3·1 정신을 다시 한 번 되새기고 우리 민족도 일찍이 이러한 위대한 정신과 방법으로써 자주독립을 선언하여 세계 평화에 공헌하려고 하였음을 기억하고 우리 민족의 평화 통일을 이룩하도록 마

음이 하나 되기를 비는 바입니다

<부산모임> 7권 2호(1974. 4)

3. 6월, 보훈의 달에 생각한다

 6월 6일은 현충일이며, 6월 25일은 우리 민족이 잊을 수 없는 6·25입니다. 현충일은 우리나라를 위하여 희생한 순국열사들을 기념하며, 우리나라를 사랑하는 마음을 다시 한 번 불붙게 하는 날입니다. 안중근 열사를 비롯해 일본의 예속으로부터 해방되어 독립을 얻기 위하여 희생된 군경軍警과 그의 가족들을 생각하며, 또 그들의 훈공勳功에 보은하고자 하는 생각을 고취하는 데에 그 목적이 있다고 생각합니다. 현재의 상이용사와 그 가족들을 위하여 정부에서 혜택을 주는 제도는 물론이고, 우리 국민들이 의와 진리를 위하여 순직하고자 하는 생각을 다시 한 번 새롭게 하여야 할 것입니다. 고려 말엽에 선죽교에서 죽음을 당한 정몽주를 위시해서 대동아전쟁 때에 순교한 주기철 목사님, 이북 공산주의자들에게 총살당한 손양원 목사님은 그 대표적 인물입니다.
 6·25를 생각할 때에는 38선을 생각하게 됩니다. 38선은 얄타회담에서 스탈린Joseph V. Stalin이 개진한 한국을 남·북으로 가르자는 안을 루즈벨트가 동조하고 처칠Winston Churchill과 장개석蔣介石도 묵인해서 이루어진 것이라고 추측됩니다. 38선은 미국의 육군 중령 몇 사람이 모여서 제의한 것이라고 들었는데, 한국의 독

립이 우리의 실력으로 되지 못했다는 증거입니다. 38선이 타의에 의하여 분단된 것이라 할지라도 우리 민족이 독일[서독, 동독]과 같이 민족을 사랑하는 마음이 강했더라면 6·25의 동족상잔은 일어나지 않았을 것입니다. 6·25는 하나님이 우리 민족에게 내리신 심판이며, 경고라고 나는 믿습니다. 사실은 북에서 먼저 남침함으로써 동족상잔의 비극이 일어난 것인데, 공산주의자들은 공산주의 혁명은 그 내부에서 일어나게 하는 것이라고 하면서 남침을 부정하고자 하지만, 그것을 말할 때 박헌영은 말을 더듬었습니다. 1953년 휴전이 성립된 때에 박헌영은 인민봉기가 일어날 것이라는 자기의 말이 빈말이 되었기 때문에 책임을 졌다고 생각합니다. 당시 책임자였던 스티코프[12]도 좌천되고 스탈린도 죽었습니다. 나는 김일성을 그 원인의 장본인으로 알고 있는데, 그가 아직도 책임을 지지 않고 있는 것은 하나님께서 회개하고 오라며 참아 기다리시는 것이 아닌가 하고 생각합니다. 나는 그 언젠가 스탈린이 살아 있을 때에 그가 사람을 마구 죽이고 인권을 무시하는 것을 알고, 하나님 앞에 '스탈린을 왜 데려가시지 않습니까?' 하고 기도했습니다. 그러나 그때에 나는 하나님께서 '내가 참는데 네가 무엇인데 그래.'라고 반응하시는 것을 느꼈습니다. 하나님께서 38선을 예정하실 때에 너희 민족은 인애仁愛가 많은 만큼 그것으로 화목해서 세계평화에 공헌하도록 하라고 명하심이 아니었던가 하고 나는 생각합니다. 그래서 매일 김일성

---

12. 스티코프T. F. Shtykov는 소련의 극동전선군 정치위원으로서 미소군정기 때에 김일성을 내세워 북한에 친소 정부를 수립하고, 미소공동위원회의 수석 대표를 맡아 대미 협상을 주도한 것으로 알려져 있다.

과 김정일의 회개를 간구하고 있습니다. 6·25를 생각할 때에 우리 민족에 대한 심판을 생각하면서 나부터 회개할 것을 명심하고, 남쪽에 있는 신도들의 회개와 이북에 있는 정치 지도자들의 회개를 간구해 봅니다.

<부산모임> 21권 3호(1988. 6)

4. 8·15와 나

1945년 8월 15일은 하나님께서 우리 민족에게 광복의 날로 축복해 주신 기념일입니다. 우리 민족은 36년간 일본의 속국으로 지내다가 8·15를 기하여 해방을 얻게 되었습니다.

우리에게 해방을 준 8·15를 나는 다음과 같은 형편에서 맞게 되었습니다. 즉 1945년 5월 16일에 황달증으로 눕게 되었습니다. 황달증은 한 달 정도 지나 사라졌으나 수면 부족, 식욕 부진으로 계속 누워있었으며, 1945년 7월 하순에 신경쇠약증이 심해져서 평북 묘향산 부근에 있는 조그마한 약수터에 수양하러 갔습니다. 나는 거기서 8·15를 맞게 되었는데, 처음에 일본이 무조건 항복했다는 소식을 듣고 헛소문같이 생각했다가 그다음날 다시 그 소식을 듣고는 우리 민족에게 광복의 날이 임한 것이라고 느꼈습니다. 그리고 그다음날 즉 8월 17일에는 '건국建國하다가 죽어야지.'라고 하는 생각에서 3개월간의 병상 생활을 걷어치우고 일어나게 되었습니다. 8월 17일, 나는 묘향산 부근에 있는 조그마한 역에서 기차를 타고 평양으로 오는데, 기차가 개천역에 이르니까 부근에 있는 탄광에서 강제노동하고 있던 사람들이 해방되어 작업복 채로 기뻐 날뛰며 기차에 올랐습니다. 그런데 기차의 승강구가 사람으로 막히니까 창문으로 기어올라 타기도 하였습니다. 좌석에는 네 명 이상이 앉고 통로에도 사람이 들어차서 문자 그대로 입추立錐의 여지餘地가 없었습니다. 그러나 아무도 불평이나 불만을 토하는 사람이 없었습니다. 서로서로 동정하고 양보하며, 얼굴에는 기쁜 빛이 가득 찼고 무엇인가 소망의 빛이 보이는 것 같았습니다.

평양으로 나와 집에 있을 때, 나는 평남 건국준비위원회로부터 위생과장의 일을 보아 달라는 청을 받았습니다. 내가 초청받은 곳은 조만식 선생님을 위원장으로 해서 구성된 민주주의 건국 준비위원회였는데, 보건사회부장으로 추대되었던 이종헌님이 김명선 선생의 추천을 받아 나를 초청하였습니다. 나는 당시 극도의 신경쇠약으로 하루에 겨우 15분 정도 걸어 다닐 힘밖에 없다고 느끼고 있던 때였습니다. 그래서 나는 건국을 위하여 목숨을 바치겠다는 생각으로 당시 평양 대동강변의 백선행기념관에 소재한 건국 준비위원회로 나가서 위생과장의 자리를 맡고 있었습니다. 그때에는 모든 것이 혼란한 상태였음에도 시민들이 기쁨과 소망으로 충만해 있어서 그런지 특별한 유행병이나 신경 질병은 발견할 수 없었습니다. 그러나 탐심에 의한 살인사건이 일어나서 그 시체를 치우는 것이 위생과에 부과된 일감이 되었습니다.

정치 질서가 과도기로 인하여 안정되어 있지 못했으므로, 시민들은 광복의 기쁨 중에 정세를 관망하면서 자기들의 앞길을 택하는 데에 열중하고 있었습니다. 나는 교회에서 자라면서 유년 주일학교 때에 부르던 동요가 생각나서 혼자서 "나는 나는 될 터이다. 교육가[음악가, 종교가…]가 될 터이다. 옳다! 옳다! 네가 네가 교육가[음악가, 종교가…]가 될 터인가."하며, 우리 민족이 다른 세력에 휩쓸려 가지만 아니하면 지혜 있는 백성이어서 능히 서로 양보하며 협조하여 좋은 이상국을 세우리라고 기대하였습니다. 그런데 이북은 소련 군대, 이남은 미군이 점령했습니다.

현실에 집착하고 싶지 않았던 나는 교회에 나가는 일에 유의하여 일제시대에 신사참배 거부로 문을 닫았다가 해방과 동시에 다시 문을 열어 놓은 평양 산정현교회로 나아가 교인이 되었습니다. 교회는 모름지기 환난과 핍박을 당할 때에 그리스도의 믿음 위에 굳게 서서 이 세상 정치와 타협하지 않는 것이 올바른 교회라고 믿었기 때문입니다. 그런데 평양 산정현교회의 장로로 구성된 당회는 교회 합치 문제로 둘로 갈라져 분쟁이 일어났습니다. 즉, 장로님들 중 반수는 교회가 연합하여 현 공산주의 정치와 싸워야 한다고 주장하고, 다른 반수는 교회가 솔선해서 정권과 싸울 것이 아니라, 집권자가 교회를 핍박할 때에는 순교를 각오하고 믿음을 지킬 것이라고 강조하여 여러 교회의 연합체인 노회에 가입하는 일을 보류하자고 했습니다. 결국 이 싸움은 둘 다 잘못을 범한 줄 압니다.

즉, 예수께서 내 나라가 이 세상에 속한 것이 아니라고 하셨기 때문에요 18:36 교회가 연합하여 정권과 직접 싸워야 한다는 주장도 지나쳤다고 생각하며, 또 노회에 가입하는 것이 신앙에 손해가 있다고 보고 보류하자고 강조하여 양보하지 않았던 것도 잘못이었다고 생각합니다. 왜냐하면 그때 노회에 가입하기로 당회에서 결정했더라도 그때 형편으로는 가입이 불가능했습니다. 그래서 진리에 관한 문제가 아닌 것으로 싸우는 것은 결국 사람의 의견으로 싸우는 것이지 하나님의 뜻을 순종하는 것이 아니라는 것을 배웠습니다. 결국, 양측의 장로님들은 공산 정권에 의하여 순교를 당했으며, 지금은 하나님 나라에서 주님의 사랑으로 다시 만났으리라 믿습니다. 8·15 이후 교회의 분쟁에서 얻은 나의 결론은 의견을 가지고 싸우는 것은 육이요, 진리를 위하여 희생하는 것은 믿음이요, 영적생활이라는 것입니다.

8·15 이후 우리 민족이 38선으로 분단된 것은 어떠한 종교적 뜻이 있다고 생각합니다. 이 시련의 38선은 너의 민족이 하나님의 사랑을 터득하여 그 희생적 사랑으로 연합, 통일하여 세계 평화에 공헌하라는 하나님의 뜻이 있다고 나는 믿습니다. 이 민족의 통일을 독일 사람들이 하느냐, 한국 민족이 하느냐, 또는 베트남 사람들이 하느냐가 숙제입니다. 독일 사람들은 협상으로 이룩해 보겠다고 힘쓰고 있습니다. 베트남은 무력으로 국민 사이의 신의를 되찾을 수 있을까요? 한국 민족은 어떻게 통일을 할 수 있겠습니까? 무력에 의한 통일은 하나님의 뜻이 아니라는 것은 6·25의 역사가 잘 가르쳐 주고 있습니다. 그러면 독일과 같이 인간의 지혜로 가능할까요? 그러나 나는 그리스도를 통해서 이루어 주신 하나님의 뜻과 경륜에서 이루어질 것을 믿습니다. 우리는 육으로 싸우지 말고 영과 인격으로 서로 믿고 사랑하며, 인내를 가지고 하나님의 통일 원리를 실천함으로 기다리고 바랍시다. 나는 에베소서 2장 14절의 말씀이 평화통일의 원리임을 믿으며 살고 있습니다.

"예수 그리스도는 우리의 화평이신지라 둘로 하나를 만드사 중간에 막힌 담을 허시고 원수 된 것 곧 의문에 속한 계명의 율법을 자기 육체로 폐하셨으니 이는 이 둘로 자기의 안에서 한 새 사람을 지어 화평하게 하시고 또 십자가로 이 둘을 한 몸으로 하나님과 화목하게 하려 하심이라 원수 된 것을 십자가로 소멸하시고"엡 2:14-16

<부산모임> 9권 3호(1976. 7)

5. 1974년 성탄절을 맞으면서

"주의 성령이 내게 임하셨으니 이는 가난한 자에게 복음을 전하게 하시려고 내게 기름을 부으시고 나를 보내사 포로 된 자에게 자유를, 눈먼 자에게 다시 보게 함을 전파하며 눌린 자를 자유케 하고 주의 은혜의 해를 전파하게 하려 하심이라"눅 4:18-19

위의 말씀은 이사야 예언자가 그리스도의 사명에 대하여 예언했던 것인데, 예수께서 오셔서 그 말씀을 읽으시면서 그 예언이 자기에게 응하였음을 말씀하신 것입니다.

구약성경은 하나님의 창조에서 시작해서 그 창조의 이상인 사람과의 약속의 성취에 대한 예언으로 충만해 있습니다. 그 예언이 응하여 예수께서 메시야로 탄생하심을 기념해서 축하하는 일은 인류의 당연한 감사와 찬송입니다. 현실의 사람은 성탄을 축하하는 일에 있어서 현실과 관련해서 느끼고 생각하고 또한 메시야를 영접하고자 하는 마음을 가지게 됩니다.

현실은 어떠합니까? 혼란과 공황과 불안이 온 인류를 지배하고 있지 않습니까? 어느 시대에도 그러했지만, 올해는 더욱더 심각하게 느껴집니다. 더욱이 오늘은 인권옹호 주간의 끝날에 성탄을 축하하게 됩니다. UN에서 1948년 12월 10일에 인권을 선언한 것은 획기적 일입니다. 그전에는 소수의 깨달은 인사들이 인권의 고귀함과 정당성을 강조했지만 예수 그리스도와 같이 철저하게 실천하신 분은 역사상 찾아볼 수 없습니다. 인권이라고 하면 인간의 생존권, 평등권, 자유권을 의미한다고 믿는데, 이것들이 아직도 존중되지 못하고 있습니다. 올해에 어떤 잡지에서 여섯 가지 설문을 내서 우리 사회의 저명인사들에게 대답을 받아 실은 것을 보았습니다. 즉, 인권 보장, 사회정의, 언론 자유, 헌법 개정, 경제불황, 기타 학원 사태에 대한 답이었습니다. 20여 명의 인사가 거의 다 인권이 보장되어 있지 못하고, 사회정의는 추락해 있으며, 언론 자유가 필요하다는 의견을 역설하고 있습니다. 그리고 제 나름대로 해결 방안을 제시하고 있습니다만, 누구도 신념 있는 처방을 내지 못하고 있다고 보입니다. 왜냐하면 인권 보장이나 사회정의, 언론 자유와 같은 것은 우리 인격, 생명 자체에 관계되는 일이며 결코 사회제도에 관한 문제가 아니기 때문이라고 나는 믿습니다. 물론 인간의 기본적 인권, 곧 자유, 평등, 평화가 유린당하는 데 있어서 그 큰 책임은 정치인과 종교인, 그리고 교육인, 사회의 저명인사들에게 있음은 물론입니다. 하지만 인간의 권리에 대한 문제인 만큼 국민 스스로 이것을 쟁취해서 누리지 아니하면 안 됩니다. 즉, 정치적으로 또는 제도적으로 빈부귀천의 격차를 줄여야 하며, 부정부패를 없애고, 건전한 언론 자유를 주어서 그것을 진전시키고 창달하도록 하는 것이 가장 바람직한 일이라 하겠습니다. 그보다도 더 우선하여 필요한 것은 국민 개개인의 인권에 대한 이해와 인권을 존중하는 실천이라고 믿는 바입니다. 이 일에 여러 가지 이견이 있으리라고 생각되며 사람의 생존을 위한 기본권, 곧 의·식·주는 정치인이 해결해 주어야 할 것이 아닌가 하는 생각을 하게 됩니다. 가장 타당한 말이라고 믿습니다. 실제로 국민의 의·식·주 문제에 정치인들이 치중하는 것 같이 보입니다. 그러나 근본적으로 사람을 한 하늘 아버지의 아들로 믿지 않으면, 그리고 또 그것이 인정되지 않는다면, 인권의 기본권, 곧 생존권, 자유, 평등을 향유하도록 정책을 세우지 못할 것입니다. 정치인이라면 민권의 존중과 그 신장이 민주주의에 있어서 제일 중요하며, 그것을 이룩하는 것이 자기들의 책임인 줄 압니다. 하지만 그와 같은 정책을 실천하지 못하는 것은 권력 위주, 당의 이익과 같은 탐욕 때문이라고 생각합니다. 인권은 유린해서도 안 되고 유린당하여도 안 됩니다. 또 인권이 유린 되는 것을 보고 무관심해서도 안 됩니다. 이것은 인간의 생명이 고귀한 것임을 모르거나 잊어버린 까닭입니다. 이것을 모르거나 잊은 때에는 짐승과 같은 인간이 되고 맙니다. 인간이 인간성을 잃게 되면 망하게 됩니다.

인간에게 인간의 존엄성과 그 권리, 곧 인간 사회의 자유, 평등, 평화를 심어 주신 이는 예수님입니다. 그는 오셔서 친히 하나님의 아들로서의 생명을 살았습니다. 그리고 그 생명을 사람에게 부여해 주셨습니다. 예수님께서 가난한 자에게 너희는 복이 있나니 하나님의 나라가 너희 것이라고 선언한 때에 벌써 짓밟히고, 눌리고, 갇히고, 눈먼 자들에게 복음을 전파하셨습다. 이것은 예수께서 그리스도, 곧 메시야의 인격을 가지고 선언하신 것이며, 당신께서 친히 그대로 실천했고, 또 그것을 실천하는 능력을 주시기 위하여 친히 부활하셨습니다. 우리는 이 예수님의 탄생을 축하하는 것입니다. 이 예수님을 나의 구주로 영접하여 나도 남의 인권을 유린하지 않을 뿐 아니라, 자기의 인권도 유린당하지 않도록 자유하는 사람이 될 각오를 하는 것이, 과거에 오셨던 주님의 탄생일을 축하하는 것이며, 또다시 오실 주님을 기다리고 바라는 것이 되겠습니다.

<부산모임> 7권 6호(1974. 12)

6. 송년사

 1981년 초에 남북 대화의 기대가 부풀었으나 12월이 되어도 전혀 그 기미를 느낄 수 없이 지나가게 됨을 유감으로 생각하는 바입니다. 올해에는 풍년이 들었으나 농산물은 그 값이 싸서 어렵다 하며, 체신, 교통 요금은 올라서 국민들이 어려움을 부르짖고 있습니다. 그러면서도 국민들이 절약에 대하여 그렇게 예민하게 반응하지 않으니 염려스럽습니다. 사람이 떡으로만 사는 것은 아니지만, 외국의 부채가 늘어가면 우리는 허리띠를 졸라매고, 근검절약하겠다는 노력이 필요하지 않을까요?

 올해에는 교통사고가 너무도 잦았습니다. 그중에서도 11월 울산에서 부산으로 오던 트럭이 버스와 충돌하여 수십 명의 사상자를 내었고, 같은 달 부산에서 산성시내버스가 절벽에서 추락하여 34명의 사상자를 냈습니다. 큰 사고라고 하지 않을 수 없습니다. 또 12월 초에는 1년 전에 유괴되었던 이윤상 군을 죽인 범인이 잡혔는데, 그 범인이 이윤상 군의 선생이었다고 해서 그 부모의 분노와 상심은 말할 것도 없고 동무들의 격분과 우리 전 국민의 실의는 위로받을 길이 없었습니다. 그 밖에도 거의 매일 같이 일어나는 살인 사건들에 대하여 우리는 국민으로서 책임을 느끼지 않을 수 없습니다. 이윤상 군의 살해 사건에 대하여 교육계에서는 경서중학교장을 비롯하여 같은 구역에 있는 시학관과 교육감이 사표를 내고, 경서중학교 교사들이 사과문을 발표함으로써 부모님과 국민의 슬픔을 풀어주도록 힘쓴 것은 좋으나, 이와 같은 엄청난 죄에 대해서는 우리 사회의 공동 책임으로 느끼고 위로부터 아래까지 진실한 회개가 있어야 할 것으로 생각합니다. 이윤상 군 부모님의 비애와 통분과 같은 눈물이 우리 눈의 눈물이 되었으면 합니다. 예수님께서 나사로의 무덤에 가서 우신 것과 같은 통분입니다. 있을 수 없는 일이 일어난 것입니다. 살도록 보내신 사람이 죽다니, 그것도 비명에. 사랑하는 선생의 손에 살려고 하는 생명의 힘이 악마의 힘에 죽다니 이 어찌 참을 수 있겠습니까? 이 악마가 사람의 양심을 어둡게 하고 폭력으로 그런 죄악을 저지르게 한 것이 아니겠습니까? 우리는 자기도 모르는 사이에 그 악마의 활동을 저지 못 하고 수수방관하고 있었던 것입니다. 그것은 사랑이 없어서가 아니었던가요? 즉, 자기 일만 생각하고 남에 대한 생각은 전혀 잊고 있었던 상태였던 것입니다. 1981년이 위에서와 같은 큰 불행과 범죄와 함께 지나가고 있으니, 우리는 크게 반성하고, 회개하는 것만이 하나님의 성분聖憤에 옳게 응답하는 일이라 믿습니다.

한편 경제면에서 살펴보면 우리는 더욱 허리를 졸라매고 근검절약에 힘써야 하겠습니다. 최근 유가油價 상승, 철도, 체신, 요금의 상승, 여러 가지 공공요금의 상승이 불가피하게 되었습니다. 세계의 경제 불황이 그 원인이라고 합니다. 우리는 세계 안에서 살고 있습니다. 이 인플레이션과 경제 공황은 세계적인 것입니다. 문명인은 벌써 그 공황에 대처할 준비를 하고 절약에 힘쓰고 있다고 합니다. 그런데 우리 동포는 그런 지혜가 부족한 것 같습니다. 카바레에 가보면 술과 춤에 도취하는 무리가 만원을 이룬다고 하며, 도박으로 패가망신敗家亡身하는 일이 많은데, 그것을 왜 우리 동포의 힘으로 막아 내지 못합니까? 나도 15세에 1, 2년간 화투놀이에 도취했다가 학비를 보내기 어려운 아버지에게 죄를 지었다고 생각하고 철저한 회개를 하고 예수님을 구주로 믿었습니다. 저는 감히 말하겠습니다. 이 점에서 나처럼 되기를. 그리고 올해에는 동포의 상잔이 없었던 것을 감사드립니다.

<부산모임> 14권 4호(1981. 10. 12)

7. 우리 민족의 역사적 사명

우리 민족은 아시아 대륙의 동편 가장자리 가운데 즈음에 귓불 모양으로 드리워져 있는 삼천리 반도에 태어나 살고 있습니다. 이러한 우리 민족이 어떠한 사명을 가지고 세계 인류에 공헌할 것인가 하는 질문은, 의식이 있는 사람이라면 누구나 간절히 생각하는 문제인 줄로 믿습니다. 어떤 한정된 지계에서 서로 협동하여 사는 민족은 뜻을 합하여 필연적으로 어떠한 사명을 수행하게 되어 있다고 믿습니다. 과거의 역사를 다 분석할 필요도 없이 현재의 38선에 의한 분열은 우리 민족의 의사에 의한 것이 아니고 역사에 의하여 된 것인데, 이를 의심하는 자는 적을 것입니다. 그러나 민족은 인격을 가진 사람들의 특수한 단체이니만큼 인격적 요소를 갖춘 것이기 때문에 맹목적으로 사업을 수행하는 것에 만족할 수 없습니다. 역사의 뜻과 법칙, 즉 하나님의 경륜을 알고, 그의 뜻을 이루겠다는 의식으로 운동을 일으켜서 성취해야 합니다.

이스라엘 민족은 여호와 하나님의 종교를 온 세계에 전파하는 것이 그 사명이었습니다. 그리스도 예수께서 그 민족 중에 탄생하셔서 만민의 죄를 대속하시고 하나님의 의를 선포하시며 하나님 나라를 이루어 주신 것은 그 민족의 사명 성취를 위해서였습니다. 지금 이스라엘 민족은 예수 그리스도의 진리 선양과 그의 나라를 세계에 선포하는 데에 그들의 사명과 책임이 있다고 믿는 바입니다.

우리의 민족과 나라의 분단은 공산 세력과 민주 세력과의 세력 다툼 때문에 생긴 분열입니다. 그런데 우리 민족의 인격은 분열되어 있는 것을 시인하지 않고 하나가 되는 것을 원합니다. 인격이 사상과 주의를 지도하는 것이지 사상과 주의가 인격을 좌우하는 것이 아니라고 하는 사실은, 인격과 사상의 관계를 인식하는 데에 가장 중요한 기초입니다. 그런데 '우리 민족의 인격은 살아있습니까? 아니면 죽었습니까?' 이 질문에 대한 대답을 나는 우리 민족에게 듣고 싶습니다. 실상은 우리 개인의 인격이 눌리어 일어나지 못하는데, 어떻게 민족의 각성을 주장할 수 있겠습니까? 민족의 지도자들이라고 하는 종교인, 교사, 정치가, 문인들이 물질과 재물의 종이 되고 있는데, 어떻게 민족의 각성을 기대할 수 있겠습니까? 그러면 우리는 낙망해야 합니까? 현실의 껍데기를 보는 자들에게는 낙망이 앞설 것입니다. 그러나 역사를 지배하시는 이는 조금도 낙망하지 않으실 뿐 아니라 게으르지도 않으십니다. 그분은 "나는 삶을 즐겨하고 죄인이 죄에서 죽는 것을 싫어한다"겔 33:11 그리고, "너희가 진리를 알지니 진리가 너희를 자유케 하리라"요 8:32고 말씀하셨습니다. 우리 민족의 인격자들이여, 이 음성을 들으십니까? 듣는 자는 다 일어나십시오. 회개합시다. 여러분, 곧 뽑힌 자들에 의하여 민족의 사명은 성취됩니다. 전체의 자각을 기다릴 필요가 없습니다. 종교인은 종교인으로서 근본 진리로 돌아가 진리를 실천해야 합니다. 진리를 표현하면서 사세요. 교사와 문인들이여, 영감을 얻어 사세요. 사람의 생물학적 본능만이 가장 중요하다고 표현하는 것으로 만족할 수 있습니까? 정치가들이여, 모든 탐심, 정욕을 물리치세요. 마음이 캄캄하면 그 어두움이 얼마나 어둡겠어요? 공의를 일삼고 가난한 사람에게 인격적 대접을 하여야 합니다. 대중들이여, 여러분의 인격이 얼마나 귀한 것인지 다시 한 번 생각해 보세요. 스스로 중히 여기시고 스스로 사랑하세요. 하나님의 자녀인 것을 깨달으세요. 여러분이 인격적으로 결정하는 것은 나라와 민족을 살리는 터가 됩니다. 여러분이 스스로 인격을 깨뜨려 버릴 때 우리 민족은 죽게 됩니다.

여러분 자신이 하나님의 자녀라는 사실을 믿고 살 때에 우리 민족은 살고 사명은 성취됩니다. 하나님 자녀의 인격은 자기만 살 뿐 아니라 동포도 살립니다. 자기 책임만 완수할 뿐 아니라 남의 책임까지도 져줍니다. 자기 동포만 사랑할 뿐 아니라 원수까지도 사랑합니다. 원수를 위하며 목숨을 버리게 됩니다. 사상과 주의를 올바르게 하는 것은 완전한 인격입니다.

인격 완성은 그리스도로 말미암아 이루어집니다. 진리는 인격을 통하여 주의와 사상을 올바르게 하는 능력이 있습니다. 진리를 통하여 이루어진 인격자들은 벌써 통일을 이루고 있는 것입니다. 역사는 이러한 인격자들을 통하여 민족의 통일과 세계의 평화를 성취케 하는 법입니다.

<부산모임> 1권 4호(1968. 5)

8. 역사 창조의 정신

사람은 역사를 창조할 수 있는가?

역사는 공간과 시간으로 이루어진 세계에서 일어난 변화 또는 사실의 기록입니다. 우리는 역사에서 그 뜻을 배웁니다. 예를 들면 우주의 역사, 지구의 역사, 생물의 역사, 인류의 역사를 볼 수 있습니다. 그리고 인류가 사회를 형성하여 살게 된 후로는 사회과학적 법칙에 의하여 역사가 이루어져 나간다고 말합니다. 사회를 구성하는 요소들은 사람과 땅과 그 위에 있는 만물인데, 사람과 물질과의 사이에는 주종의 관계가 있어서 사람은 주인이며 만물은 그 종속물입니다.

이 관계가 삐뚤어져서 거꾸로 되면, 인류 역사는 잘못된 방향으로 진행하게 됩니다. 사람이 주인이 되는 까닭은 그 생명이 고귀하고 독특한 데에 기인합니다. 동물의 생명은 몸과 혈기적 생명으로 되어 있어서 감각, 지식, 감정, 애정, 의사가 있을지라도 이 모든 활동은 본능에 예속되어 있습니다. 그래서 선악을 판단하는 능력이 없고, 또 그 어느 것을 선택하는 자유의사가 없습니다. 그러므로 죄의식도 없습니다. 그런데 사람이 몸과 혈기적 생명으로 사는 것은 동물과 흡사하나, 그 혈기적 생명은 동물과는 달리 양심을 소유하고 있어서 육욕적 본능을 제어하고 영적 생활을 영위할 특권을 가지고 있습니다. 사람의 혈기적 생명은 하나님이 영, 곧 생기를 불어넣어 주신 것이어서 영과 마음과 몸이 삼원적으로 되었다고 봅니다살전 5:23. 즉, 영은 하나님을 사모하며 인식하고 그분께 순종하려고 하기 때문에, 하늘 아버지께서 완전하심과 같이 영도 완전히 되기를 바랍니다. 그리고 이 영적 생활도 사람의 의사 결정으로 됩니다. 사람은 먼저 육욕적 본능을 좇을 것인가, 아니면 하나님의 영의 감화에 순종할 것인가를 자신의 자유의사를 가지고 결단하지 않으면 안 됩니다. 즉, 사람은 사물을 양심에 비추어 판단하여, 악을 버리고 선, 곧 하나님의 지배에 순종하는 데에 의사의 자유가 있습니다. 이것이 사람으로서의 제2의 특권입니다.

사람이 하나님의 형상대로 창조되었다는 것은 하나님을 원형으로 해서 부어 만들었다는 뜻이어서, 하나님의 영의 지배 아래에서 살 수 있는 자라는 뜻입니다. 또는 하나님을 이상으로 해서 그를 닮을 자로 창조하셨다고 생각해도 좋습니다. 그러므로 동물은 역사를 창조할 수 없지만, 사람은 역사를 창조할 수 있는 정신을 가지고 있습니다. 이 정신은 하나님의 영의 힘으로, 사람으로 하여금 힘차게 선을 위하여 살며 또한 운동을 일으킬 수 있게 하는 힘입니다.

그런데 인류 역사는 어떻게 이루어지는 것일까요? 사회학자들은 인류 역사는 사회과학적 법칙에 의하여 이루어진다고 말합니다. 그런데 어떤 법칙이든지 그 배후에 계셔서 섭리하시는 진리의 인격자를 생각하지 않는다면, 우리의 이성은 만족하지 못하며 또 그 법칙의 방향과 목적을 알 수 없습니다. 이 법칙을 정확하게 이해할 때에 우리는 올바른 정책을 취사선택하여 적용할 수 있으며, 따라서 역사를 올바른 방향으로 발전시킬 수 있습니다. 이와 같은 것을 역사 창조라고 할 수 있습니다. 그러므로 역사를 창조케 하시는 이는 진리이신 하나님 또는 성령이시며, 역사를 창조하는 자는 사람이라고 말할 수 있습니다.

그런데 사람일지라도 어떤 결단을 내릴 때에는 혈기적 생명으로 결정하기 때문에 성령의 지배에 순종하려는 경향보다는 육욕적 본능에 따르려는 경향이 더 큽니다. 참으로 역사의 대부분은 이 혈기적 생명으로 짜여졌습니다. 그러나 불순하고 탐욕적인 영향에 의해 이루어진 역사라 할지라도, 그 속을 잘 살펴보면 순수한 공의와 헌신적 사랑에 의하여 역사가 창조되는 것을 찾아볼 수 있습니다. 역사는 이상에 서서 현실을 비판하고 지도하는 정신에 의하여 진행됩니다. 또한 탐욕으로 가득 찬 모든 세력은 금방 생겼다가 없어지는 물거품에 지나지 않습니다. 이것이 역사가 지향하는 바입니다.

성경에서는 역사를 창조하기 위하여 많은 피가 흘려졌음을 지적하고 있습니다. "의인 아벨의 피로부터 성전과 제단 사이에서 너희가 죽인 바라갸[레위의 14대손의 아들 사가랴의 피까지니라"마 23:35

누가 역사 창조의 정신을 나타냈는가?

나는 먼저 사람은 영적 지배 아래에 있어서 진리를 발견하고 실천할 수 있는 가능성을 가지고 있음을 지적했습니다.

창조의 정신이란 무엇입니까? 그것은 지금까지 뚜렷이 나타나지 않았던 진리를 찾아서 이것을 적용하는 운동을 일으키는 영의 능력이라고 말할 수 있습니다. 보통 정신이라면 형태가 없고 보이지 않아서 관념적인 것, 또는 마음이라고 생각하기 쉽지만, 사실은 정신이란 현실에서 보이지 않는 것을 나타내 보이는 운동을 일으키는 힘을 말합니다.

그러면 누가 이 역사를 창조하는 정신을 나타냈습니까? 여러 사람을 들 수 있겠으나, 나는 가장 대표적인 분은 예수 그리스도라고 믿습니다. 예수님은 "내가 율법이나 선지자나 폐하러 온 줄로 생각하지 말라 폐하러 온 것이 아니요 완전케 하려 함이라"마 5:17고 하시면서, "옛 사람에게 말한 바 살인치 말라 누구든지 살인하면 심판을 받게 되리라 하였다는 것을 너희가 들었으나 나는 너희에게 이르노니 형제에게 노하는 자마다 심판을 받게 되고 형제를 대하여 라가(히브리말의 욕설)라 하는 자는 공회에 잡히게 되고 미련한 놈이라 하는 자는 지옥불에 들어가게 되리라 그러므로 예물을 제단에 드리다가 거기서 네 형제에게 원망을 들을 만한 일이 있는 줄 생각나거든 예물을 제단 앞에 두고 먼저 형제와 화목하고 그 후에 와서 예물을 드리라"마 5:21-24고 하셨습니다. 우리는 이 교훈에서 역사 창조의 정신을 배울 수 있습니다. 형제에게 노하는 것, 욕하는 것, 미련하다고 하는 것은 다 사람의 혈기적 생명이 영적 지배를 받지 않고 나타난 것입니다. 율법과 계명은 하나님이 요구하시는 신령한 생활입니다. 즉, 예수님은 율법의 정신이 영적 생활을 요구하는 것임을 밝히시고 그대로 사셨습니다. 보이는 네 형제를 사랑하지 않으면서 하나님에게 예물을 드린다면 사랑의 하나님이 그것을 받으시겠습니까? 사람이 서로 사랑하고 화목하는 것은 하나님께서 제물보다 더 기쁘게 받으십니다.

역사가 짜여진 날줄은 하나님의 공의와 사랑이며, 씨줄은 사람의 정신, 곧 마음과 활동입니다. 이 하나님의 공의와 사랑에 맞는 씨줄로 엮는 것이 역사 창조의 정신입니다.

또 "간음하지 말라 하였다는 것을 너희가 들었으나 나는 너희에게 이르노니 여자를 보고 음욕을 품는 자마다 마음에 이미 간음하였느니라"마 5:27-28는 말씀도 율법 준수의 문제는 밖에 나타난 일만이 아니고 그보다 먼저 마음과 정신의 문제임을 밝히셨습니다. 또 예수님은 구약에서는 "눈은 눈으로 이는 이로 갚으라 하였다는 것을 너희가 들었으나 나는 너희에게 이르노니 악한 자를 대적지 말라 누구든지 네 오른편 뺨을 치거든 왼편도 돌려대며 또 너를 송사하여 속옷을 가지고자 하는 자에게 겉옷까지 가지게 하며 또 누구든지 너를 억지로 오리를 가게 하거든 그 사람과 십리를 동행하고 네게 구하는 자에게 주며 네게 꾸고자 하는 자에게 거절하지 말라 또 네 이웃을 사랑하고 네 원수를 미워하라고 하였다는 것을 너희가 들었으나 나는 너희에게 이르노니 너희 원수를 사랑하며 너희를 핍박하는 자를 위하여 기도하라 이같이 한즉 하늘에 계신 너희 아버지의 아들이 되리니 이는 하나님이 그 해를 악인과 선인에게 같이 비취게 하시며 비를 의로운 자와 불의한 자에게 내리심이니라 너희가 너희를 사랑하는 자를 사랑하면 무슨 상이 있으리요 세리도 이같이 아니하느냐 그러므로 하늘에 계신 너희 아버지의 온전하심과 같이 너희도 온전하라"마 5:38-48고 말씀하셨습니다.

하나님을 아버지라고 믿고 부를 수 있는 데에 역사 창조의 정신이 나타나 있습니다. 하늘에 계신 아버지, 즉 진리를 우리의 아버지로 확신시키시며 우리가 역사 창조 정신의 소유자임을 깨우쳐 주셨습니다. 구약 성경에서 하나님께서 이스라엘 백성을 자식들이라고 불러주시고, 그들에게 당신께서 아버지라고 가르쳐 주셨건만, 이스라엘 중에서 누가 감히 하나님을 아버지라고 불러 본 사람이 있습니까?렘 3:14, 19, 22, 사 63:16

예수님은 하나님을 아버지라고 부르셨습니다. 사람이 하나님과의 관계를 이루는 데에 이보다도 더 적절한 표현이 있을 수 있습니까? 이 정신이 없다면 하나님께서 이루게 하시는 역사를 창조할 수 있겠습니까? 예수 그리스도는 친히 그렇게 사셨을 뿐 아니라, 누구든지 그리스도와 연합하여 살면 하나님의 자녀가 되고 하나님을 아버지로 해서 역사를 창조할 수 있다고 가르치셨습니다. 그 밖에 모든 산상수훈은, 예를 들면 '구제하는 것, 기도하는 것들은 은밀히 하라. 보물은 하늘에 쌓아 두어라. 육적 생명을 위하여 무엇을 먹을까 무엇을 마실까 무엇을 입을까 염려하지 말라. 또 내일 일을 위하여 염려하지 말라. 한 날의 괴로움은 그날에 족하니라.'고 하신 말씀들은 이상 위에 서서 현실을 내려다보고 지도하는 정신으로 살라고 하는 교훈들입니다. 그래서 예수님께서 먼저 역사 창조의 정신을 가지고 사셨으며, 또 이 정신을 씨알들[13]에게 깨우쳐 살게 하려고 힘쓰셨다고 봅니다.

한편 예수님은 두 마음, 곧 위선을 가장 미워하시고 싫어하셨

---

[13]. '씨알'은 우주 생명의 씨앗으로서의 사람, 역사 창조 주체로서의 하나님의 백성의 정체성을 강조하며 유영모, 함석헌 선생이 사용한 용어이다.

습니다. "화 있을진저 외식하는 서기관들과 바리새인들이여 너희는 천국 문을 사람들 앞에서 닫고 너희도 들어가지 않고 들어가려 하는 자도 들어가지 못하게 하는도다 화 있을찐저 외식하는 서기관들과 바리새인들이여 너희는 교인 하나를 얻기 위하여 바다와 육지를 두루 다니다가 생기면 너희보다 배나 더 지옥 자식이 되게 하는도다 화 있을진저 소경된 인도자여 너희가 말하되 누구든지 성전으로 맹세하면 아무 일 없거니와 성전의 금으로 맹세하면 지킬지라 하는도다 우맹이요 소경들이여 어느 것이 크뇨 그 금이냐 금을 거룩하게 하는 성전이냐 너희가 또 이르되 누구든지 제단으로 맹세하는 자는 제단과 그 위에 있는 모든 것으로 맹세함이요 또 성전으로 맹세하는 자는 하나님의 보좌와 그 위에 앉으신 이로 맹세함이니라 화 있을진저 외식하는 서기관들과 바리새인들이여 너희가 박하와 회향과 근채의 십일조를 드리되 율법의 더 중한바 의와 인과 신은 버렸도다 그러나 이것도 행하고 저것도 버리지 말아야 할지니라 소경된 인도자여 하루살이는 걸러 내고 약대는 삼키는도다 화 있을진저 외식하는 서기관들과 바리새인들이여 잔과 대접의 겉은 깨끗이 하되 그 안에는 탐욕과 방탕으로 가득하게 하는도다 소경된 바리새인아 너는 먼저 안을 깨끗이 하라 그리하면 겉도 깨끗하리라 화 있을진저 외식하는 서기관들과 바리새인들이여 회칠한 무덤 같으니 겉으로는 아름답게 보이나 그 안에는 죽은 사람의 뼈와 모든 더러운 것이 가득하도다 이와 같이 너희도 겉으로는 사람에게 옳게 보이되 안으로는 외식과 불법이 가득하도다 화 있을진저 외식하는 서기관들과 바리새인들이여 너희는 선지자들의 무덤을 쌓고 의인들의 비석을 꾸미며 가로되 만일 우리가 조상 때에 있었더면 우리는 저희가 선지자의 피를 흘리는데 참예하지 아니하였으리라 하니 그러면 너희가 선지자를 죽인 자의 자손 됨을 스스로 증거함이로다 너희가 너희 조상의 양을 채우라 뱀들아 독사의 새끼들아 너희가 어떻게 지옥의 판결을 피하겠느냐"마 23:13-33

이처럼 예수님은 당시 종교 지도자들이 겉으로는 경건한 체하면서도 속으로는 탐심이 가득하여 과부의 가산을 삼키고, 어려운 짐을 신자들에게 지워 괴롭게 하는 것을 보시고 견딜 수 없어서, "화 있을진저 외식하는 서기관과 바리새인들이여"라고 하시면서 책망하셨습니다. 이 어찌 서기관과 바리새인들이 미워서 하셨겠습니까? 그들도 회개하고 올바른 역사 창조의 정신을 가지고 살라고 권하시는 사랑이 느껴지지 않습니까? 또 그 말씀은 당시의 서기관과 바리새인들에게만 해당하는 것이겠습니까? 현재의 지도자들에게도 해당하지 않겠습니까? 이것은 역사의 날 어느 시대든지 해당하는 진리여서, 숨어서는 혈기에 따라 생활하면서 겉으로 경건한 척하고 또 그렇게 가르치는 자들에게 하는 책망입니다.

예수님은 결국 하나님의 사랑을 저버리는 인류를 구원하시기 위하여 친히 십자가에서 피 흘려 속죄하는 길밖에 없다고 직감하셨으며, 여기에 메시야, 즉 그리스도의 사명을 발견하여 친히 실천하셨습니다. 하나님은 죄를 알지 못하는 예수에게 죄를 담당케 하시고, 십자가에서 피 흘려 속죄케 하시니 역사는 새 창조의 기원에 들어가게 되었습니다. 그것은 곧 그리스도의 부활이었습니다. 이 그리스도의 부활이야말로 역사의 새 창조입니다. 왜냐하면 혈기적 생명에서 영적 생명으로 부활하셨기 때문입니다. 예수님은 십자가에 못 박혀 죽으심으로 죄와 율법에서 해방되는 길을 열어 주셨습니다. 그리고 부활하심으로 인류로 하여금 하나님 중심으로 생활하게 하시고, 기쁨으로 하나님의 뜻에 순종하며 살게 하셨습니다. 이것이 예수님께서 역사를 창조하시는 정신으로 사신 증거입니다. 이 그리스도는 영으로 살아계셔서 그의 영적 인격이신 성령으로 지금도 우리를 인도하고 계십니다. 그러므로 우리도 역사 창조의 정신으로 살 수 있습니다.

예수를 그리스도로 믿었던 사람들은 이 역사 창조의 정신으로 살았습니다. 베드로는 예언서를 인용하여 예수께서 그리스도인 것을 증거하는 일로 자기의 사명을 삼았고, 사도 요한은 예수님의 인격에서 하나님의 독생자의 영광을 보고 하나님의 사랑이 나타나심을 증거하였습니다. 사도 바울은 다메섹 길에서 부활하신 그리스도를 만나 본 후로는 예수 그리스도와 그의 십자가에 못 박히신 것 외에는 아무것도 알지 아니하기로 작정하였다고 강조했습니다. 저들은 다 예수 그리스도께서 이방인의 구원과 만민의 구주가 되심을 증거하고 전파함으로써 새 역사 창조에 참여하는 생활을 했습니다.

그 후 기독교회가 의식화되고 속죄표를 팔아 성당을 짓는 일이 일어났기 때문에 이에 대하여 의분義憤을 발한 마틴 루터는 사람의 죄가 예수 그리스도의 피로 속량되는 것임을 밝혀 기독교의 개혁을 이룩하였습니다. 즉, 이와 같이 조직과 제도로 말미암아 가려지고 흐려지며 애매해진 진리를 다시 뚜렷하게 밝혀서 어둠을 물리치는 능력을 역사 창조의 정신이라고 말할 수 있습니다. 진리의 하나님은 우주 창조 전부터 엄연히 존재해 계셨고 지금도 사람의 심령에 고요히 속삭이며 찾아오십니다. 이 하나님의 뜻이 사람의 혈기적 생명의 탐욕 때문에 은폐되어 있을 때, 진리를 직관하여 시대 의식과 잘못을 지적하고, 하나님의 뜻을 분명히 나타내어 사람으로 하여금 이 하나님의 뜻에 따르도록 지도하는 데에 역사 창조의 정신이 있다고 봅니다.

이 역사 창조의 정신은 나중에 어떠한 결과를 초래합니까? 성경에 보면 "책을 가지시고 그 인봉을 떼기에 합당하시도다 일찍 죽임을 당하사 각 족속과 방언과 백성과 나라 가운데서 사람들을 피로 사서 하나님께 드리시고 저희로 우리 하나님 앞에서 나라와 제사장을 삼으셨으니 저희가 땅에서 왕노릇하리로다 하더라 …… 죽임을 당하신 어린양이 능력과 부와 지혜와 힘과 존귀와 영광과 찬송을 받으시기에 합당하도다 하더라 …… 보좌에 앉으신 이와 어린양에게 찬송과 존귀와 영광과 능력을 세세토록 돌릴찌어다"계 5:9-13. 우리는 이러한 새 노래를 부를 소망을 가지고 살고 있습니다.

창조의 제7일은 안식일입니다. 안식일은 하나님께서 인류에게 복을 내리시고, 인류를 거룩하게 구별하시기 위해서 제정하셨습니다. 하나님께서 인류를 성별聖別하신 것은 하나님 자신을 위해서였습니다. 이것이 우리에게는 성결하고 무한한 향락에 대한 희망을 줍니다. 그것은 필로Philo Judaeus가 말한 소위 만물의 축제입니다. 그날에는 여호와의 법궤 앞에서 몸을 드러내 춤추던 다윗과 같이 춤출 것입니다.

우리 역사에서도 앞서 간 성도들은 30년 전에 신사참배는 우상숭배의 죄라고 지적하고 외침으로써 역사 창조의 정신을 보여 주었습니다. 오늘에 와서는 '탐심은 우상숭배니라'라는 강조가 역사 창조의 정신을 고조하고 있습니다.

우리 사회에서 빨리 고쳐야 할 것은 사치 풍조와 부정, 부패, 성도덕의 문란, 곧 분란과 불안과 공포입니다. 이 부도덕이 공포의 원인입니다. 이 모든 것은 탐심에서 나왔습니다. 육의 정욕, 안목의 정욕, 이생의 자랑들. 이러한 탐심을 제거하여야 합니다. 물질의 풍부, 권력, 명예제일주의 가치관을 고쳐 가져야 합니다. 사람됨의 바탕은 자유의사를 가지고 영적 생활을 하는 데 있습니다. 혈기적 생명을 사는 데 있지 않습니다. 의·식·주 생활을 멋지게 하는 데 있는 것도 아닙니다. 그것에는 참 행복이 없습니다. 참 멋과 행복은 하나님의 의와 사랑을 실천하는 데 있습니다. 공평을 행하는 데 있습니다.

이 사회에서 억압되어 일어나지 못하는 사람들의 마음에 불을 켜서 일어서게 하는 데 있습니다. 이것은 그리스도의 사명입니다. 함석헌 선생님은 이것을 자기의 이상으로 하여야 하며, 우리가 이 역사 창조의 정신을 완전하게 나타내신 그리스도의 생명을 가졌으니 우리도 역사 창조의 정신으로 살아야 한다고 하였습니다.

그런데 각 개인은 개성이 다르고 지능이 다르고 시대가 달라서 각각 그 사명, 곧 역사 창조의 정신을 발휘하는 데도 여러 가지 형태로 나타날 수 있습니다. 물론 그 근본은 하나님의 생명이신 사랑에 근거하는 것이지만, 구체적인 사명의 표현은 다를 수 있습니다. 과학자는 진리를, 역사가는 사실의 뜻을, 정치가는 공의와 공평을, 교육자는 인간 개조를, 예술가는 진·선·미를, 종교인은 영적 생활을, 의사는 인술을 이상으로 합니다.

저는 의사로서 또는 병원을 경영하는 자로서 다음의 표어를 가지고 삽니다. 즉, '환자를 불쌍히 여길 줄 모르는 의사는 의사가 아니며 동정할 줄 모르는 병원은 병원이 아니다.' 의학은 인술仁術이라고 했습니다. 맹자는 '환자를 상하지 않도록 하는 것이 바로 인술이다'無傷也是乃仁術也라고 했습니다. 병이란 정상 조직의 손상입니다. 이 손상을 덜어 주고 정상으로 되는 것을 방해하는 인자들을 제거해 주는 것이 의사의 임무입니다. 그러므로 맹자가 말한 것은 음미할 만한 가치가 있습니다. 나는 이 말이 히포크라테스의 선서 못지않는 의사의 윤리를 보여준 진리의 직관이라고 봅니다. 이것도 또한 의학에서의 역사 창조 정신이라고 생각할 수 있지 않을까요?

결론

역사 창조의 궁극적인 목적은 하나님의 기쁨에 있습니다. 만물과 사람이 그의 영광을 나타내는 데에 있습니다. "우리 중에 누구든지 자기를 위하여 사는 자가 없고 자기를 위하여 죽는 자도 없도다 우리가 살아도 주를 위하여 살고 죽어도 주를 위하여 죽나니 그러므로 사나 죽으나 우리는 하나님의 것이로라"롬 14:7-8

<부산모임> 5권 1호(1972. 2)

9. 역사의 주님 예수 그리스도

1985년도 크리스마스를 맞이하여 소감을 쓰려고 합니다. 예수님의 탄생일은 성경에 기록이 없으니까 알 수 없으나 역사가들은 주전B.C 4년 혹은 그 이전 12년 무렵, 봄에서 가을 사이의 양을 먹이는 풀이 있을 때가 아니었겠는가 추측합니다. 12월 25일이 정확한 생일이 아니더라도, 매년 한 번씩 주님이 오신 날을 기념하는 것이 매우 뜻있는 일이라고 믿는 바입니다.

역사의 처음이신 예수 그리스도

그리스도는 역사의 처음이시어서 만물을 창조하시고 섭리하시는 주님이십니다. "태초에 말씀[로고스]이 계시니라 이 말씀이 하나님과 함께 계셨으니 이 말씀은 곧 하나님이시니라"요1:1. 여기에서 태초라고 한 것은 창세기 1장 1절에 나타난 태초보다 더 오래전인 태초라고 봅니다. 유물론자들은 태초에 물질이 있었다고 믿는 것 같습니다. 물질이 있어서 그것에서부터 발생, 발전의 법칙에 의하여 현재에 이르렀다고 생각합니다. 그러나 우리 기독신도들은 성경이 가르치는 대로 태초에 말씀이 하나님과 같이, 사랑이신 성령과 더불어 삼위일체로, 영원한 자존자自存者로 계셔서, 사랑이 실존을 내는 원리에 의하여 물질이 창조되었다고 믿는 바입니다. 다시 말하면 하나님께서 우주 만물과 인류를 지으셔서 아들에게 주시고자 하는 뜻이 있을 때, 말씀이신 아들 그리스도는 우주 만물과 사람을 지으셨습니다. 그래서 아버지 하나님께 바쳐 드리고자 하는 아들의 사랑[성령]의 동기에서 물질이 창조되었다고 믿는 바입니다. 그래서 지어진 물질은 말씀 없이는 지어진 것이 하나도 없다고 기록되어 있습니다.요 1:3

"이 말씀 안에 생명이 있었으니 이 생명은 사람들의 빛이라"요 1:4. 예수 그리스도는 생명을 소유하고 계셨고, 그 생명을 사람들에게 주시려고 빛으로 오셨습니다. 생명은 빛 가운데서 사는 것입니다. 어둠에는 생명이 없을 뿐 아니라 생명이 살지 못합니다.

"빛이 어두움에 비취되 어두움이 깨닫지 못하더라"요 1:5. 예수 그리스도께서 생명을 주시려고 이 세상에 오셨지만 이 세상 사람들은 그가 생명 자체이시며 생명의 주님이심을 깨닫지 못했습니다. 아니 어둠에 살면서 사단의 유혹에 지고 있는 사람들은 사단과 같이 이 생명인 주님을 배척했습니다. 그러나 현실적으로 육의 향락을 위하여 사는 사람들은 이 예수님을 그리스도로 영접하여 빛되신 성령 가운데 살고자 한 사람의 신앙생활을 이기지 못했습니다.

그러나 이 빛과 생명의 주님께서 육체를 입고 어둠에 사는 사람과 그 모양이 같이 되어서 오셨으므로, 그 빛을 증거하는 자가 필요했습니다. 그래서 세례 요한이 6개월 먼저 와서 이 빛에 대하여 증거했습니다. 당시에 유대 백성은 메시야를 몹시 갈급하고 있었습니다. 세례 요한이 회개하는 세례를 요단강에서 베풀고 있었는데, 백성들이 세례 요한을 보고 메시야가 아닌가 하고 생각했습니다. 그래서 세례 요한이 자기는 참 빛, 곧 메시야가 아니고, 이 빛에 대하여 증거하러 온 자라고 확언했습니다. 참 빛되신 예수 그리스도께서 세상에 와서 각 사람에게 비춰는 빛이 되셨지만, 자기 백성들이 영접하지 않았습니다.

그러나 그 이름을 믿고 인격적으로 영접하는 소수자들이 있었으니, 그들에게는 하나님의 자녀가 되는 권세를 주셨습니다. 이와 같이 그를 메시야로 영접하는 자는 혈통으로나, 육정으로나, 사람의 뜻으로 된 것이 아니고 오직 하나님께로서 난 것입니다. 이들은 오늘에도 예수 그리스도를 역사의 원점으로 받아들이고 믿고 사는 자들입니다.

말씀이 육신이 되어 그들 가운데 거하시므로, 그들이 그 영광, 곧 자연의 모습을 보았더니 하나님 아버지의 독생자의 영광이었습니다. 또한 그분에게 은혜와 진리, 곧 '무조건적 구원'과 '하나님의 약속의 성취'가 충만한 것을 그들과 사도 요한은 감명 깊이 느꼈습니다. 이렇게 그들이 다 그의 충만한 은혜를 믿음으로 받았더니, 은혜는 더욱더 충만하여지고 더 풍성하게 되었음을 사도 요한은 증거합니다. 율법은 모세로 말미암아 주신 것이요, 은혜와 진리는 예수 그리스도로 말미암아 온 것입니다. 본래 하나님을 본 사람이 없었지만, 아버지 품속에 있는 독생하신 하나님이 나타나신 것입니다. 즉, 이 예수 그리스도는 하나님과 함께 역사의 처음이십니다.

역사의 중심이신 예수 그리스도

이 예수 그리스도는 역사의 중심도 되십니다. 예수님은 이 세상에 육신을 입고 내려오셔서 약 30세가 될 때까지 육의 아버지 요셉의 목수 일을 도우셨습니다. 그리고 광야에서 사탄에게 시험을 받으셨으나 모두 다 하나님의 말씀으로 이기시고, 요단강에서 세례 요한에게 세례를 받으셨습니다. 세례 요한이 헤롯에게 잡힌 뒤에 하나님의 나라가 가까워졌으니 회개하고 복음을 믿으라 하시며 전도 생활로써 공생애에 들어가셨습니다. 먼저 열두 제자들을 택하시고, 그들에게 천국 시민의 자격과 그 의무를 가르치시고 율법의 정신을 교훈하시면서, 마귀를 내어 쫓으시고 모든 병을 고치시고 죽은 자를 살리셨습니다.

그러나 하나님의 섭리는 죄가 없으신 예수께서 죄인들을 대신해 십자가에서 피 흘려 속죄하심으로 죄인들을 구원하시고, 무덤에까지 내려가셨다가 부활하셔서 믿는 자들을 살리시도록 하신 데 있었습니다. 예수님은 하나님 아버지의 뜻에 순종하심으로 하나님의 역사를 이루셨습니다. 역사의 방향은 하나님이 자기의 뜻을 배반한 자를 살리시기 위하여 자신이 친히 희생 제물이 되셔서 인류를 살리시는 것임을 증거하셨습니다. 그래서 예수 그리스도는 역사의 중심이 되셨습니다. 4복음서는 예수님의 행적이요, 사도행전은 그 복음을 전한 성령의 역사를 나타냈고, 고린도전서부터는 사도바울과 교역자들이 각 교회에 보내는 편지인데 그리스도의 구원을 논증하고 있습니다.

역사의 끝이신 예수 그리스도

예수 그리스도는 역사의 맨 마지막으로서 하나님의 나라를 성취하시는 주님이십니다. 16세기 종교개혁 이후 루터는 묵시문학에는 예수님의 십자가와 부활, 즉 구원의 기사가 희박하기 때문에 그 가치가 적다고 보았습니다. 그런데 케제만E. Kasemann은 묵시문학이야말로 '모든 그리스도 신학의 어머니'라고 말하며 묵시문학의 중요성을 인정하였습니다.

예수 그리스도께서 죽으셨다가 부활하신 이후에는 말하는 논조가 현재 완료형으로 되어 있습니다. 바울은 "누구든지 그리스도 안에 있으면 새로운 피조물이다 옛 것은 지나갔고[완료형] 보라 새 것이 되었도다[완료형]"고후 5:17라고 하였고, 에베소서 2장 4-6절에는 "긍휼에 풍성하신 하나님이 …… 죄와 허물로 죽었던 우리를 그리스도와 같이 살리사 …… 그리스도 예수와 같이 다시 살게 하사 같이 하늘 보좌에 앉게 하신 것이다"라고 했습니다. 강조점을 찍은 데는 완료형으로 되어 있습니다. 골로새서 2장 12-13절에도 "너희는 세례를 받아 그와 같이 장사되고 동시에 그를 죽은 사람 가운데서 부활케 하셨다[완료형]"고 하는 것을 보면 그리스도의 신도들이 그리스도의 죽음에 동참해서 그와 같이 장사된 일은 명확히 완료된 것으로 말하고 있고, 그의 부활에 참여하는 일은 장래에 기대하는 목표로 되어 있습니다.

바울에게도 묵시 문학적 사상의 영향은 명백히 발견됩니다. 한 예를 들면, "죽음이 한 사람에 의하여 온 것이므로 죽은 사람의 부활도 한 사람에 의해서 오지 아니하면 안 됩니다. 아담 안에서 모든 사람이 죽은 것과 같이 그리스도 안에서 모든 사람이 살게 된 것입니다. 다만 각자가 각각 차례대로 되리니 최초는 그리스도요, 다음은 주의 강림하실 때에 그리스도에게 속한 자들, 그 후에는 종말이 되어 그때에 그리스도는 모든 임금과 모든 권위와 권력을 쳐부수시고 나라를 아버지 하나님에게 내어 드리는 것입니다"고전 15:21-24

주님의 재림으로 하나님의 지배가 최종적으로 확립한다고 하는 것은 전형적인 묵시 문학적 종말관입니다. 끝날에는 '최후의 원수인 사망'도 멸망된다고 합니다고전 15:26. 이러한 사상이 요한계시록 20장 14절에도 나타나 있습니다.

계시록은 우리들의 시대를 향하여 다음과 같이 말하고 있습니다. 계시록 12장 이하에는 메시야에 대한 악령의 반항이 대대적으로 전개되고 있는데, 19장의 대결전에서 이 세력이 홀연히 격파되어 버립니다. 그 정세를 그리는 19장 19절을 직역하면 다음과 같습니다.

그리고 나는 저 짐승과 땅의 왕들과 저희의 군대들이 말을 타고 있는 분, 곧 그리스도와 그 군대에 대하여 싸움을 돋우려고 집결하고 있음을 보았습니다. 그런즉 문득 저 짐승이 붙잡히고 그와 같이 저 거짓 예언자, 즉 그의 앞에서 징조를 행하여 짐승의 표를 받은 사람들과 그 우상 앞에서 절한 사람들, 미혹했던 자들도 붙잡혔습니다. 이 두 사람은 유황이 타고 있는 불못 가운데 산 채로 던져버렸습니다.계19:19-20

이처럼 요한은 그리스도의 권위가 절대적이며 압도적으로 우월한 것을 보았습니다. 또 계시록 20장 10절에서도 악의 삼위일체, 곧 사탄과 적그리스도와 거짓 예언자는 완전히 괴멸됩니다.

한편, 계시록 14장 1-3절에는 하나님에게 뽑혀서 속죄된 성도들, 곧 하나님과 어린양에게 속한 성도들이 우레 소리와 같이 하늘에서 나는 소리에 화답하여 새 찬미를 노래하는 장면이 있습니다. 이 144,000명의 성도는 짐승의 상에 절하고 오른손 또는 이마에 그 표를 받은 사람들계13:15-16에 대응하고 있습니다. 이 두 무리는 각각 하나님과 사탄에게 속해 있는데, 이 소속된 대상의 차이로 인해 그들이 사는 방식도 결정적으로 달라집니다. 이러한 차이로 인해서 각각 두 생명권으로 나뉘게 됩니다. 그래서 성도들의 편에는 승리의 찬송가가 울려 나오는 데 반하여, 짐승과 그 상에 절하고 이마나 손에 표를 받은 자들은 불과 유황불에서 괴로워하게 됩니다계 14:10. 그리고 "어린양"계 14:1이 신도의 구주로 나타나신 데 반하여, 이 "인자와 같은 자"계 14:14는 전 인류의 심판자로 나타나십니다. 이 둘은 같은 이가 각각 다른 기능을 행하는 것으로, 서술상에서만 따로 구별되어 있는지도 모릅니다.

계시록 19장 1-8절은 하나님의 진실하신 심판이 관철되는 것과 구주이신 어린양과 선택받은 성도와의 사랑의 결합 관계가 '어린양의 혼인'으로 완성되는 것을 서술하고 있습니다. 그리고 이 두 가지를 인류 역사의 궁극적 목표로 노래하고 있습니다. 이것에 계속해서 "또한 내가 보고 있으려니까 하늘이 열리고 보라! 거기에 흰말이 있다. 그것을 타고 계신 이는 '충실하고 진실한 자'라고 불리우시며 의로써 심판하시고 또한 싸우시는 분이시다"계19:11라고 서술되어 있습니다. 결국 천개天開의 소식이 다시 계시된 것인데, 승리의 주님이신 그리스도께서 백마를 타시고, 이기고, 이기시기 위하여 전진하십니다.

19장 12-16절에는 그리스도의 전진과 심판이 엄숙하고도 장대한 붓으로 묘사되어 있어 악의 삼위일체와의 경합관계가 점점 전개되어가고 있습니다. 그 가운데 신도들에게 요구되는 것은 먼저, 싸움과 고난 중에 끝까지 신앙을 지키는 인내입니다. 그리고 악한 세상에서 이탈할 것과 죄의 연대에서 탈출할 것을 권하고 있습니다. 그리고 그 신뢰와 대망에 응하여 새 하늘과 새 땅이 완성되는 웅대한 비전이 보이게 됩니다.

"또 내가 새 하늘과 새 땅을 보니 처음 하늘과 처음 땅이 없어졌고 바다도 다시 있지 않더라 또 내가 보매 거룩한 성 새 예루살렘이 하나님께로부터 하늘에서 내려오니 그 예비한 것이 신부가 남편을 위하여 단장한 것 같더라 내가 들으니 보좌에서 큰 음성이 나서 가로되 보라 하나님의 장막이 사람들과 함께 있으매 하나님이 저희와 함께 거하시리니 저희는 하나님의 백성이 되고 하나님은 친히 저희와 함께 계셔서 모든 눈물을 그 눈에서 씻기시매 다시 사망이 없고 애통하는 것이나 곡하는 것이나 아픈 것이 다시 있지 아니하리니 처음 것들이 다 지나갔음이러라"계 21:1-4

이 비전에서 구원의 완성이란 새로운 창조인 것을 선명하게 보여 줍니다. 인류의 역사는 하나님의 손에 의한 새 창조를 목표로 해서 위로부터 은혜의 손에 의하여 진행되고 있습니다. 이 은혜에 대한 올바른 응답이야말로 신앙생활의 가장 중요한 점이라고 믿는 바입니다.

그런데 신앙의 결단을 하지 못하고 싸움을 회피하는 비겁한 자나 믿지 않는 자, 우상 숭배자, 또 살인하는 자, 간음하는 자, 복술과 우상 숭배와 같은 종교적 죄에 침륜된 자, 그리고 전체적으로 거짓의 죄를 물 마시듯 하는 자는 새 예루살렘 성에 들어가지 못한다고 밝혔습니다.

묵시록의 역사관은 불교의 윤회사상과는 달리 역사의 순환, 곧 '만물은 돌고 돌기 때문에, 역사는 하나의 원운동을 하면서 영원히 돌아간다'는 생각을 인정하지 않습니다. 이와 반대로 유대교의 묵시문학과 계시록에 나타난 역사관은 역사가 어디까지나 단순한 순환 운동을 반복하는 것이 아니라 말하자면 직선적으로 궁극의 목적을 향하여 나아간다고 봅니다. 역사의 맨 마지막에 대한 인식은 오직 신앙에 의해서만 얻어집니다. 다시 말해서 역사의 맨 마지막은 그리스도의 십자가와 부활, 곧 벌써 성취된 구원의 사실을 통해서 볼 수 있습니다. 그러므로 이 묵시록에서도 계시 신앙의 입장을 명확하게 하고 있습니다. 단적으로 말해서, 그리스도의 재림 신앙이란 한 번 생긴 저 구원의 사실이 역사의 맨 마지막을 결정하고, 이것을 완성으로 인도한다고 하는 신앙과 다름이 없습니다.

그런데 이러한 계시 신앙의 입장과 달리해서 사람은 과학적 방법으로 역사의 맨 마지막을 연역演繹할 수 있다고 믿는 자들이 있습니다. 즉, 과거의 여러 역사적 사실, 그중에서도 경제적 생산과 분배의 여러 가지 관계에 대한 운동법칙을 상세히 관찰·기술하고, 거기에서 발견된 법칙에 따라 금후今後의 전개를 예측하고 그 연장선상에 역사의 맨 마지막이 있다고 추정하는 자들이 있습니다. 공산주의 이론에 의하면 그것은 프롤레타리아proletariat의 독재를 지나 계급이 없는 이상적 사회가 완성된다는 것입니다. 이러한 관찰과 추론을 과학적 유물변증법이라고 부르고 있지만,

거기에는 많은 잘못과 이론적 결함이 있음을 부정할 수 없습니다. 또 역사의 전도^{前途}를 엄밀히 과학적 방법으로 확정한다는 것은 원리적으로 보아도 불가능에 속합니다.

그리고 이와 같은 불확정 요인 이외에도 마르크스의 유물사관과 성서적 종말론 사이에는 큰 차이가 있습니다. 그것은 유물사관에는 이 묵시록에 명시된 것과 같은 역사의 이중구조에 대한 인식이 없다는 점입니다. 즉, 묵시록에는 하나님, 그리스도, 성령이라고 하는 삼위일체의 하나님과 악의 삼위일체인 악마가 정면으로 대립하여 싸우는 구조로 역사가 전개되고 있습니다. 이 이중구조 속에 다 설명할 수 없는 역사의 수수께끼가 들어 있습니다.

에베소서 6장 12절의 말씀대로 "우리의 씨름은 혈과 육에 대한 것이 아니요 정사와 권세와 이 어두움의 세상 주관자들과 하늘에 있는 악의 영들에게 대함이라" 함과 같습니다. 이것은 하나님의 주권의 발동과 그리스도의 영의 도움이 없이는 우리가 결코 이길 수 없는 싸움입니다. 참으로 이와 같은 사태 중에 깊은 죄의 힘이 있는 까닭입니다.

악의 삼위일체의 힘을 아는 자와 역사의 맨 마지막에 대한 신앙적 인식을 가진 자는 모두 하나의 기도를 드리지 않을 수 없습니다. 왜냐하면 역사의 맨 마지막에 대한 인식은 자신의 완전 무력에 대한 인식과 하나님의 전능에 대한 신뢰 없이는 얻을 수 없기 때문입니다. 그러므로 이 묵시록의 맨 나중은 "보라 내가 속히 오리니 이 예언의 말씀을 지키는 자는 복이 있다"^{계 22:7}, "그렇다 내가 속히 오리라 하시거늘 아멘 주 예수여 속히 오시옵소서"^{계 22:20} 하는 신도의 기도로 끝나고 있습니다. 즉, 그리스도의 재림 신앙과 '죄와 죽음의 섬멸'에 의하여 완성되는 역사의 종말에 대한 신앙입니다.

결론

예수 그리스도는 역사의 처음이 되셔서 우주 만물과 사람을 창조하시고, 십자가와 부활로 인류의 죄와 사망을 섬멸하사 역사의 중심 역할을 하셨고, 하나님의 나라를 이루어 주심으로 역사의 맨 마지막이 되신 주님이십니다.

<부산모임> 19권 1호(1986. 2)

예수의 인격을 흠모한 성산 장기려 (1911-1995)

KIATS 편집부

생애와 작품

1911년 8월 평안북도 용천에서 태어나 의성과 개성에서 어린 시절을 보낸 장기려는 1928년 경성의학전문학교에 입학하여 의사의 길을 걷기 시작했다. 1943년에는 국내에서 처음으로 간 절제수술에 성공하면서 의사로서 명성을 얻기 시작했다. 해방 이후 평양도립병원원장과 평양의과대학 교수로 일했다.

1951년 전영창, 한상동과 함께 부산에 무료진료소인 복음병원을 개설했으며, 이 병원은 1965년 고신교단으로 편입되었다. 이후 장기려는 서울대학교, 부산대학교, 서울가톨릭의대에서 가르쳤다. 1968년 채규철과 함께 설립한 청십자의료협동조합은 1985년까지 지속되며 가난한 사람들에게 치료의 길을 열어주었는데, 이는 한국의료보험의 선구자적인 역할을 했다. 1970년 간질병 환자들을 위한 봉사단체 장미회를 만들었고, 1975년 청십자병원을 설립했다.

성경공부와 성경강연에 열심이었던 그는 1956년 부산모임을 시작했으며, 이 모임에 참석한 사람들의 강연과 글을 담은 〈부산모임〉을 1957년부터 1988년까지 격월로 정기적으로 발행했다.

장기려는 1940년 김교신의 성서조선 모임에 참석하기 시작했고, 함석헌과도 평생 교류를 이어가면서 신앙과 신학의 지평을 넓혀갔다. 그렇지만 그는 평생 복음주의적 신앙원리를 지켜나갔다. 가난한 자의 친구, 예수의 인격을 흠모하고 평생 예수처럼 살기 원했던 '한국의 슈바이처' 장기려는 1979년 막사이사이상을 수상하기도 했다.

장기려는 1940년 김봉숙과 결혼해 6남매를 두었지만, 한국전쟁 때 아내와 헤어져 평생을 독신으로 살았다. 그는 1986년 북한에 남아있던 가족의 생사를 확인했고, 1991년 북한에 살아 있는 가족들의 사진을 받아보았다. 그러나 평생 그리던 가족을 만나지 못한 채, 1992년 뇌졸중으로 쓰러져 3년 후 서울에서 소천했다.

의사이자 기독교 지도자인 장기려가 남긴 작품은 크게 네 가지로 분류할 수 있다. 첫째, 의사로서 그는 간, 암, 의료제도 등 다양한 분야에 수십 편의 의학논문과 강연자료를 남겼다. 둘째, 비록 신학자나 목회자는 아니었지만, 《요한복음강의》를 집필하고 단상, 신앙적 묵상 등 매우 많은 기독교적인 글을 다양한 정기 간행물에 남겼다. 셋째, 기독교인 의사 장기려를 가장 잘 보여주는 글로 자신이 20년 이상 기고한 〈부산모임〉과 〈청십자소식〉이 있다. 공식적으로 출판한 것은 아니지만, 부산에서의 정기적인 성경공부모임을 정리한 〈부산모임〉은 장기려를 가장 잘 이해할 수 있는 방대한 1차 자료 역할을 하고 있다. 넷째, 장기려는 많은 분량의 수첩메모를 남겼다. 한글과 영어로 작성된 이 수첩메모는 자신의 일상적 삶, 의사로서의 의견, 신앙적 단상 등 다양한 주제를 담고 있다.

KIATS는 그가 남긴 자료를 검토하면서 〈부산모임〉과 활자화된 기고문을 중심으로 장기려의 삶과 신앙을 조명해볼 수 있는 글을 정리했다.

이 책의 구성, 장기려의 작품을 읽는 몇 가지 주제

이 책은 총 5부로 구성되었다. 제1부에서는 장기려가 보는 의사의 기본자세와 윤리에 대해 다루었다. 병과 죽음을 다루는 그의 자세에는 예수를 진지하게 따르고자 하는 한 신앙인의 열정이 담겨 있다. 제2부에는 예수의 인격에 대한 장기려의 글을 선별해 담았다. 예수의 인격은 '가장 사람다운 예수의 삶'을 의미하는데, 이는 참 신이 되신 예수의 본질과 사명을 제대로 이해할 때만 얻을 수 있는 것이다. 그래서 깊이 있는 성경공부와 삶을 통한 실천이 필요한 것이다. 제3부에는 평화, 사랑, 그리고 생명에 대한 장기려의 글을 모았다. 장기려가 지향한 사랑은 기독교인들이나 사회적 약자를 위한 것뿐만 아니라 유물주의자나 공산주의자와 같이 자신이 살던 시대의 반기독교적인 사조를 품으려는 노력에까지 나간다. 제4부에서는 오늘의 한국기독교가 어디로 가야 할 것인가, 참 기독교란 무엇인가를 고민했던 장기려의 글을 모았다. 제5부 마지막 장에서는 3·1절과 8·15 같은 국가 절기, 그리고 부활절과 크리스마스 같은 기독교절기에 민족을 생각하는 장기려의 생각을 모았다. 장기려는 소위 자신의 '절기 묵상'을 통해 한국민족과 역사에 대한 균형 잡힌 이해를 보여주었다.

예수의 인격

기독교인 장기려는 평생 예수를 닮아가는 삶을 살려고 노력했다. 그에게 있어서 직업, 신분, 나이, 장소는 별로 중요하지 않았다. 어떠한 상황과 위치에 있든지 자신이 평생 믿어왔던 예수를 가능한 한 많이 닮아가려는 것이 그의 인생 목적이었다. 예수의 본질과 의미를 제대로 알고 한 인간과 신앙인으로서 자신의 삶의 현장에서 예수의 인격을 따라 살고자 했던 '작은 예수'가 바로 장기려였다.

장기려는 어린 시절 아버지로부터 성경이야기를 들었지만 자신이 진지하게 예수를 받아들인 것은 고등학교 시절이었다. 그 때 장기려는 아버지의 사랑과 헌신에 부응하지 못한 죄책감을 회개하고, 이후 평생 예수의 삶과 인격을 존경하고 따라 살려고 노력했다.

장기려는 인격을 '육과 심령을 갖춘 사람이 하나님에 대하여 갖는 품격'이라 정의했다. 하나님 앞에 품격 있게 서 있을 때 예수의 인격을 제대로 깨닫게 되며, 자신이 올바로 서서 진리와 복음, 사랑과 평화의 진정한 의미를 깨닫게 된다. 예수가 갖는 신의 성품, 즉 신격神格을 제대로 알 때 인간의 격, 즉 인격人格을 올바르게 깨닫고 인격완성의 길을 갈 수 있다. 역으로, 인간이 개인의 인격을 완성하는 길은 자신의 죄를 깨닫고 예수를 영접하여 삶의 현장에서 예수의 가르침을 지켜 사랑의 삶을 사는 것이다. 이는 또한 신앙과 삶이 구별될 수 없다는 뜻이기도 하다.

의사에게 있어서 예수의 인격은 경건한 의사를 만들어 하나님께 순종하는 마음으로 환자를 보게 만든다. 죽음에 이른 사람들에게도 올바른 인생관과 세계관을 주는 힘의 원천이 되며, 영원한 생명을 맛보게 해 주는 것이다.

실천 속에 약자 사랑

예수의 가르침과 삶이 일치했듯이, 장기려 역시 자신이 믿고 따르는 것을 삶 속에서 예수처럼 실천하기를 원했다. 특히, 한국전쟁 이후 어려운 한국사회에서 사회적 약자와 이웃을 사랑하려는 장기려의 삶은 빛났다. 치료비나 입원비가 없는 환자를 빈번하게 무료로 치료해 주거나, 직원들 몰래 병원의 문을 열어두어 환자가 도망하게 도와주기도 했다. 결과적으로 병원에 재정적 문제가 발생하기도 했지만, 그의 이러한 약자를 향한 사랑의 실천은 자신이 예수의 인격적 모본, 예수의 생명을 삶 속에서 실천하는 과정 중의 하나에 불과했다.

"우리에게 생명이 있는지 없는지 또한 사랑을 통하여 시험할 수 있습니다. 형제를 사랑하는 자만이 참으로 살고 있는 것입니다. 사랑하지 않는 자에게는 무엇이 있다 해도 생명만은 없는 것입니다. 가령 어떠한 선행, 어떠한 능력, 어떠한 성경 지식, 어떠한 전도 사업, 또는 신앙적 열심이 있을지라도 생명만은 없습니다. 잘 죽는 자가 잘사는 자입니다. 다른 사람을 위해서 자기의 목숨을 버리는 자만이 영원한 생명을 소유한 사람입니다."

장기려가 약자들에게 사랑을 실천하는 것은 자기 자신이 생명을 갖고 있다는 것을 증명하는 것이었다. 장기려는 개인적인 차원에서 사회적 약자를 돕는 일에 머물지 않았다. 한국의료보험 제도의 모델이 된 청십자의료협동조합과 장미회를 설립한 것은 사회적 약자를 돕기 위해 제도적 장치를 마련했던 그의 노력을 잘 보여준다. 그는 자신이 그토록 흠모했던 예수와 같이 가난한 자와 불쌍한 자들의 친구가 되었고, 자신이 믿는 바를 글과 행동으로 실천했다. 신학자가 아닌 의사였던 장기려의 성경강해가 수많은 사람에게 영향을 미친 것은 자신의 실천을 통해 드러난 예수를 따라가는 발자취 때문이었다.

신앙과 민족

복음의 참 진리를 추구하고, 복음 속에 녹아있는 예수의 인격과 삶을 따라 살고자 하는 장기려의 노력은 언제나 한 의사와 신앙인이라는 개인적인 차원을 뛰어넘었다. 더군다나 장기려의 신앙과 신학은 복음주의적이었지만, 김교신과 함석헌 같은 무교회주의자들을 비롯해 폭넓은 사람들과 신앙과 신학적인 교분을 가졌다.

그러한 신앙적 논의는 한국민족과 교회 전체의 차원으로 확장되었다. 참된 신 예수가 참된 인간의 표상이 되듯이, 참된 기독교인은 참된 나라 사랑을 할 수밖에 없다는 것이 그가 가진 신념이었다. 현실경제와 정치의 부패는 종교의 타락에 그 이유가 있고, 동시에 참된 종교성을 회복할 때 한민족과 사회의 희망이 있다고 주장했다. 성경에서 가장 강조하고 있는 인간의 죄의 문제를 해결하는 것이 진정한 평화회복의 길이요 열쇠라고 본 것도 그의 이런 주장을 뒷받침한다.

그가 청십자운동을 비롯해 현실문제에 발 벗고 뛰어든 것도 현실과 신앙이 밀접하게 연결되어 있다는 그의 생각 때문이었다.

"정치의 부패도, 경제의 부패도, 교육의 부패도 그 근본은 하나님에 대한 태도의 부패에 있습니다. 성전, 즉 종교가 부패하니 국민 생활의 전부가 부패하지 않을 수 없습니다. 참 하나님을 하나님으로 예배하지 않고, 혹은 하나님을 간판으로 해서 이익을 탐하거나, 또는 하나님이 아닌 것을 하나님으로 섬기는 모든 우상숭배는 정치, 경제, 교육과 문화의 부패, 타락의 근본이어서 그 근원을 밝히지 아니하면 국민은 멸망할 수밖에 없습니다."

오직 예수의 인격을 흠모하고 그를 따라가려고 몸부림쳤던 장기려 박사. 인류에 대한 예수의 사랑을 자신의 삶과 일터에서 보여주기를 원했던 그는 오늘을 사는 이 땅의 그리스도인들에게 많은 도전을 준다. 예수를 따라 진정한 사랑과 헌신을 실천하며 살 것을 요구하는 장기려의 외침은 자신의 성공과 편안함을 위해 세속적 삶의 터전을 구별하며 살아가는 사람들에게 각성제가 되고 있다. 신앙의 본질을 깊이 깨달은 사람은 삶의 현장과 시대의 흐름에 더 깊은 관심을 가질 수밖에 없다. 예수의 인격을 흠모하고 따라가는 개개인의 신앙에 기초한 인격의 변화만이 교회와 사회와 민족의 희망이다.

Jang Gi-ryeo, Who Imitated the Character of Jesus

Korea Institute for Advanced Theological Studies

Life and Works

Born in Yongchun, North Pyongan Province in August, 1911, Jang Gi-ryeo grew up in Euiseong and Gaeseong before going to the Gyeongseong Medical School to become a doctor. He successfully did a liver surgery in 1934, the first such operation in Korea, thus gaining recognition as a skilled doctor. After the Liberation, he worked as the director of the Pyongyang Provincial Hospital and as a professor of the Pyongyang Medical University.

In 1951, he opened the Gospel Hospital with Jeong Young-chang and Han Sang-dong and provided free treatment to all, and this hospital was incorporated into the Kosin denomination in 1965. Afterwards, Jang taught at Seoul National University, Busan National University, and Seoul Catholic University. The Blue Cross Medical Insurance Union he founded with Chae Gyu-cheol in 1968 pioneered medical insurance in Korea, until it was disbanded in 1985. He also established the Rose Society, a group serving epileptics, in 1970, and the Blue Cross Hospital in

1975.

Zealous for Bible study and known for his Bible lectures, Jang began a gathering in Busan in 1956 and regularly published the bimonthly periodical, *Busan Gathering*, a compilation of the lectures and writings of those who attended the gathering, from 1957 until 1988.

Jang began to attend the Scripture Joseon meetings, first started in 1940 by Kim Gyo-sin, and maintained his fellowship with Ham Seok-heon, which enabled him to broaden the horizon of his faith as well as his theology. However, he observed the evangelical spiritual principles throughout his life. Known as 'The Korean Schweitzer', Jang admired the character of Jesus and wanted to live just like Him all his life, and became the recipient of the Magsaysay Award in 1979. Although he married Kim Bong-suk in 1932 and had six children, he was separated from them during the Korean War and lived alone for the rest of his life. He confirmed that his family back in North Korea was alive in 1986 and received their pictures in 1991. Three years later, Jang suffered a stroke and passed away in Seoul.

The works Jang Gi-ryeo, left behind can be divided into four categories. First, as a doctor, he wrote tons of medical papers and lecture materials on the liver, cancer, the medical system, and a variety of other topics. Second, although he was not a theologian or a pastor, he wrote lectures on the Gospel of John and contributed numerous Christian writings such as his reflections and Christian meditations to various periodicals. Third, his contributions to the *Busan Gathering* and *Blue Cross News* for more than twenty years best reveal the Christian character of the medical doctor Jang Gi-ryeo. *The Busan Gathering*, which is an edited collection of materials from regular Bible study meetings led by Jang, serves as the extensive primary source that helps the reader to best understand this man. Fourth, he left behind copious private notes. The notes, written both in Korean and in English, cover a variety of subjects such as his personal routines, his opinions as a medical doctor, and his spiritual reflections. Examining these materials, KIATS compiled the materials that would shed light on the life and faith of Jang Gi-ryeo, centering on his contributions to the Busan Gathering.

Book Organization and Themes Found in the Work of Jang Gi-ryeo

This book consists of five parts in all. The first part addresses the basic attitudes and ethics of a doctor from Jang Gi-ryeo's point of view. His attitude toward diseases and death exhibits the passion of a Christian who seriously intended to follow Jesus.

The second part is a selection of Jang's writings on the character of Jesus. The character of Jesus means 'the life of the most beautiful Jesus', and it can be acquired only when one develops a good understanding of the essence and mission of Jesus who was the true God. That is why Jang considered that an in-depth study of the Bible and praxis in life are essential. The third part is a collection of Jang's writings on peace, love, and life. The love he pursued was not only for Christians and the weak in society, but also embraced the anti-Christian ideologies of his time such as materialism and communism. The fourth part tell of the agonies experienced by Jang as he pondered the direction the Korean Christian should take and what true Christianity is. The fifth and last part is a collection of Jang's thoughts on the Korean race, on the occasions of national holidays such as March 1 (commemorating the March 1st Movement of 1919) and August 15 (commemorating the liberation of Korea at the end of the Second World War), as well as Christian feasts such as Easter and Christmas. Chang demonstrated his balanced understanding of the Korean race and history through his so-called 'seasonal meditations'.

The Character of Jesus

The Christian Jang Gi-ryeo strove to live a life that emulated that of Jesus. For him, career, status, age, and place didn't really matter. No matter the situation or position, the purpose of his life was to become like the Jesus he believed in all his life. Jang, who knew the essence and character of Jesus well and tried to live in accordance with the character of Jesus, was known as the 'little Jesus' Jang Gi-ryeo.

Jang had heard Bible stories from his father as a child, but it was during his high school years when he received Jesus sincerely. At that time, he repented of his guilt of failing to honor the love and commitment of his father, and he made every effort to emulate the life and character of Jesus for the rest of his life.

Jang Gi-ryeo defined character as "the dignity of the person with body and spirit toward God." When a person stands before God with dignity, he comes to understand the character of Jesus, which helps him understand the true meaning of the truth, the gospel, love and peace, which help him stand upright. When a person understands the divine character of Jesus, he can better understand the character of man, and begin the journey of character perfection. Contrarily speaking, the way for a man to perfect his personal character is to realize his sin, receive Jesus, and live the life of love in observance of Jesus' teachings in his life setting. It also means that faith and life can't be separated from each other.

Jang taught that the character of Jesus makes a godly doctor and enables him to treat patients with a heart obedient to God. It also becomes the source of strength to explain the right view of life even to those on their deathbeds.

Love for the Weak Manifested in His Praxis

Just as Jesus' teachings and life agreed, Jang Gi-ryeo himself wanted to live out what he believed and followed in his life. Particularly, his life shone as he tried to love the socially weak and his neighbors in a Korean society struggling in the wake of the Korean War. He frequently treated poor patients who could not pay free of charge, and he sometimes helped patients run away by keeping the hospital door unlocked secretly while the hospital staffers were not aware of it. Even though the hospital faced financial issues eventually, the praxis of his love for the weaker people was only part of the process of Jang's living out the example of the character and life of Jesus and the life of Jesus in his life.

"Whether or not we have life is also tested by whether we have love or not. Those who love their brothers are truly living. If he has no love, he has no life, no matter how much other stuff he has. For example, even if he has any good deeds, any ability, any Bible knowledge, witnessing efforts or religious zeal, he still does not have life. Those who die well are the people who live well. Only those who give up their life for others are the people who possess eternal life."

That Jang put love to practice toward weaker people testified to the fact that he himself had life. He didn't stop at helping the socially weaker people on a personal level. That he founded the Blue Cross Medical Insurance Union and the Rose Society, which has become the model for the Korean medical insurance system, shows well his effort to establish a system that helps the socially marginalized. He became a friend to the poor and the miserable just like the Jesus he admired so much, and he practiced what he believed through his writings and deeds. The reason the Bible exposition of Jang, who was not a theologian but a medical doctor, influenced so many people was because of his footsteps that followed Jesus through his praxis in life.

Faith and Race

The efforts of Jang to pursue the truth of the gospel and live out the character and life of Jesus abounding in the gospel always transcended his personal life as a medical doctor and a man of faith. Moreover, the faith and theology of Jang were evangelical, but he had spiritual and theological fellowship with a variety of people including the advocates of non-church movement such as Kim Gyo-sin and Ham Seok-heon. Such spiritual discussions expanded to the Korean race and the entire church. His conviction was that just as the true God Jesus is the example for true men, true Christians have no choice but to have true love for their nation. He argued that the reason for the corruption of the current economy and politics lay in religious corruption, but at the same time there was hope for the Korean race and society when true religiosity is restored. His view that to solve the sin problem of mankind, which the Bible emphasizes the most, is the way and key to true restoration of peace, also supports such an argument.

The reason he got involved in current time, including the Blue Cross Movement was because of his thinking that reality and faith are closely intertwined.

"The fundamental issue of political corruption, economic corruption, and education corruption all lies in the corruption of one's attitude toward God. Since the temple which represents religion is corrupt, the entirety of people's lives were corrupted as well. Every form of idol worship such as not worshipping the true God as God, seeking profit using God, or worshiping things other than God is the basis of all types of corruption, be it politics, economy, education, and culture. Without identifying the fundamental issues of corruption, people are to perish."

Dr. Jang admired the character of Jesus and strove to follow him. He, who wanted to demonstrate the love of Jesus for mankind in his life and workplace, challenges today's Christians of this land greatly. His cry that demands that people live out true love and commitment following Jesus serves as a wake-up call to those who make their nest in this world a sanctuary for their own success and comfort. Those who understand the essence of faith deeply cannot but take a greater interest in the life setting and the trends of the times. Only a change in character based on personal faith that admires and follows the character of Jesus is the hope for the church, the society, and the race.

장기려 연보

1911년 8월 14일
- 평안북도 용천군 양하면 입암동 출생

1916년 4월
- 의성소학교 입학 (-1923. 2. 졸업)

1923년 4월
- 개성 송도고등보통학교 입학 (-1928. 3. 졸업)

1943년
- 최초로 간 절제 수술에 성공, 《조선 의학회》에 발표

*1945. 8. 15. 해방

1945년 5월
- 평북 개천에서 신병 요양 중 광복을 맞음

1945년 11월 - 1946년 12월
- 평양도립병원 원장

1947년 1월 - 1950년 11월
- 평양의학대학 외과 교수

*1950. 6. 25. 한국전쟁 발발

1950년
- 평양에서 유엔군 인사처 의원과 야전 병원 외과의로 일함

*1951. 7. 부산 복음병원 설립

1951년 7월
- 부산 영도에서 정영창, 한상동과 함께 무료진료소 복음의원 개설, 복음병원 초대 원장

1950년 12월 3일
- 둘째 아들 가용과 피난길에 나섬

1950년 12월 21일
- 부산 제3육군병원 외과 근무

1927. 7. 《성서조선》 발행

1928년 4월
- 경성 의학전문학교 입학 (-1932. 3. 졸업)

1932년 4월-1940년 2월
- 경성 의학전문학교부속병원 외과 조수 및 강사
- 4. 9. 김봉숙과 혼인, 슬하에 6남매를 둠

1940년 1월 1-3일
- 김교신 집(서울 정릉)에서 《성서조선》 독자모임 참석, 함석헌 선생과의 첫 만남

1940년 9월 19일
- 〈충수염 및 충수염성 복막염의 세균학적 연구〉로 의학 박사학위 취득 (나고야제국대학)

1940년 3월 - 1945년 8월
- 평양연합기독병원 외과 과장

1953년 3월 - 1956년 9월
- 서울대학교 의과대학 외과 교수

1956년
- 부산모임 시작

*1953. 7. 27. 휴전 협정 조인

1956년 9월 - 1961년 10월
- 부산대학교 의과대학 외과 교수 및 학장

1957년
- 《부산모임》 발행(-1988)

1959년 2월
- 간암에 대한 대량 간 절제술 한국 최초 시행

1986년
- 북한에 있는 가족의 생사 확인

1985년
- 정부의 이산가족 상봉 제안 거절, 부산 장애인재활협회 초대 회장

1988년
- 부산모임 해산
- 미국에 있는 조카며느리(임친덕)를 통해 북한의 아내와 아이들의 생존확인

*1990. 9. 4 제1차 남북고위급회담

1985년
- 청십자의료보험조합 해산

1990년 6월 23일
- 북녘의 아내에게 보내는 '망향편지'를 〈동아일보〉에 기고

1991년
- 북한을 방문한 조카며느리가 가족의 사진과 편지를 받아 전달함

1992년
- 북한이 비전향장기수 이인모 노인과 장기려 박사를 송환하라고 요구

1991년
- 현봉학 박사를 통한 방북 제안 거절

1968년 5월
- 청십자의료보험조합 대표 이사
- 복음병원 부설 간호학교 개설

1970년
- 장미회(간질병 환자들을 위한 봉사단체) 창설

1965년 3월 - 1972년 12월
- 서울 가톨릭의과대학 외과교수

*1968. 5. 청십자의료보험조합 발족

*1972. 7·4 남북공동성명

1974년 2월
- 한국 간 연구회 창립, 초대회장 역임

*1975. 청십자병원 설립

1979년 8월
- 막사이사이상 수상

1975년
- 청십자병원 원장

1976년 4월
- 4월 복음병원장 정년퇴임
- 10월 부산 아동병원 원장 및 이사장

*1985.
의료보험법 개정, 지역의료보험 시행

*1985. 9. 20. - 9. 23.
제1차 남북이산가족 상봉

*1977. 전 국민 의료보험 시행

1992년
- 뇌졸중

1995년 12월 24일
- 서울 백병원 중환자실에서 소천

*1992.
남북 고향방문단교환 합의 무산

1994. 정상회담 합의,
김일성 사망으로 무산

Chronology of Jang Gi-ryeo

Aug 14, 1911
Born in Ib'am-dong, Yongchun, North Pyongan Province.

Apr 1916
Enters Euisung Elementary School (Graduates in February, 1923).

Apr 1923
Enters Songdo High School in Gaesung (Graduates in March, 1928).

Sep 19, 1940
Earns a medical doctor's degree with his dissertation, entitled, "A Bacteriological Study of Appendicitis and Peritonitis due to Appendicitis" at Nagoya Imperial University in Japan.

1943
Performs a successful liver operation for the first time in Korea. Presents the case at the Joseeon Medical Society.

May 1945
Recuperates from a disease in Gaechun, North Pyeongan Province.

Nov 1945 - Dec 1946
Works as the director of Pyongyang Provincial Hospital.

*Aug 15, 1945
August 15 Liberation.

*July 1927
Publishes Scripture Joseon.

Apr 1932 - Feb 1940

Works as a surgeon assistant and instructor at Gyeongseong Medical College Hospital.

Apr 1928

Enters Gyeongseong Medical College (Graduates in March, 1923).

Apr 9, 1932

Marries Kim Bong-suk and has six children.

Mar 1940 - Aug 1945

Works as the head of the Department of Surgery at Pyongyang United Christian Hospital.

Jan 1-3, 1940

Attends the winter gathering for Scripture Joseon readers at Mr. Kim Gyo-sin's house (Jungnung, Seoul). Meets Mr. Ham Seok-heon for the first time.

Jan 1947 - Nov 1950

Works as a professor of surgery at Pyongyang Medical University.

*June 25, 1950
The Korean War breaks out.

1950
Working as a doctor as the Director of Personnel for the United Nations, and as a field hospital surgeon when the Korean Army enters Pyongyang.

Dec 3, 1950
Escapes North Korea with his second son, Ga-yong (Arrives at Busan on Dec 12).

1957
Publishes the *Busan Gathering* (Continues until 1988).

Feb 1959
Performs the first liver-transplant operation in Korea on a liver cancer patient.

Sep 1956 - Oct 1961
Works as a surgery professor and the dean of the Medical College of Busan National University.

Mar 1965 - Dec 1972
Works as a surgery professor at the Catholic Medical University in Seoul.

Sep 1965
The Gospel Hospital becomes incorporated into the Kosin denomination.

May 1968
Serves as CEO of the Blue Cross Medical Insurance Union.
Opens a nursing school within Gospel Hospital.

*May 1968
Founds the Blue Cross Medical Insurance Union after a suggestion from Chae Gyu-cheol.

Dec 21, 1950
Works as a surgeon at the Third Army Hospital in Busan.

July 1951
Opens a free clinic named the Gospel Hospital with Jeong Young-chang and Han Sang-dong in Youngdo, Busan. Becomes the first director of the Gospel Hospital.

Mar 1953 - Sep 1956
Surgery Professor at the Medical College of Seoul National University.

1956
Launches the Busan Gathering.

*July 27, 1953
The Armistice Agreement is signed.

1970
Founds the Rose Society (A group serving epileptics).

1974
The Blue Cross Medical Insurance Union is authorized by the Ministry of Health and Society.

*July 4, 1972,
A joint statement is declared on 4 July 1972 by North and South Korea.

Feb 1974
Founds The Korea Liver Research Institute and serves as the first president.

1975
Founds the Blue Cross Hospital and becomes the director.

1988
Hears that his wife and children are alive through his nephew's wife (Im Chin-deok) in the United States.

*1990
The first South-North summit talks are held.

1991
His nephew's wife visits North Korea and delivers his family's pictures and letters to him.

1988
The Busan Gathering is dissolved.

1991
Refuses an offer by Dr. Hyun Bok-hak to visit North Korea

1992
North Korea demands that Yi In-mo, a longtime political prisoner, and Dr. Jang Gi-ryeo be sent to North Korea.

*1992
The agreement on South-North exchange groups to visit their hometowns is canceled.

Oct 1976
Works as the director and CEO of the Children's Hospital in Busan.

*1977
Medical insurance is rendered nationwide to all people.

Aug 1979
Receives the Magsaysay Award.

1985
The Blue Cross Medical Insurance Union is dissolved in favor of rendering medical insurance locally.

1986
Finds out whether his family is still alive in North Korea.

1985
Serves as the first president of the Handicapped People Rehabilitation Association.

*Sep 20 - Sep 23, 1985
The first reunion of separated families from the North and South.

*1985
The government rejects an offer for the reunion of separated families.

*1994
An agreement is made concerning a summit talk but is cancelled due to the death of Kim Il-sung.

1992
Suffers a stroke.

Dec 24, 1995
Passes away in an ICU at the Seoul Paik Hospital.

참고문헌 References

1. 일차자료 / Primary Sources

〈부산모임〉 *Busan Gathering*

〈청십자 소식〉 *Blue Cross News*

〈씨알의 소리〉 *Voice of Si-al*

〈신앙계통〉 *Faith Genealogy*

〈월간고신〉 *Monthly Kosin*

〈새가정〉 *New Family*

〈한국일보〉 *Hankook Daily*

〈동아일보〉 *Dong-A Daily*

〈조선일보〉 *Chosun Daily*

장기려(Jang, Gi-ryeo), 《요한복음강의》[Lecture on the Gospel of John], 부산산정현교회 [Buan Sanjeonghyun Church])(1973).

_____, 《내게 바다 같은 은혜》[Sea-Like Grace to Me], 한국문서선교회[CLC](1989).

장기려(Jang, Gi-ryeo), 여운학 엮음(Edited by Yeo Un-hak), 《생명과 사랑: 인간 장기려》[Life and Love: Human Jang Gi-ryeo], 규장[Gyujang](1980).

장기려(Jang, Gi-ryeo), 여운학 엮음(Edited by Yeo Un-hak), 《평화와 사랑: 장기려 수상집》[Peace and Love: A Collection of Jang Gi-ryeo's Essays], 규장[Gyujang](1980).

장기려(Jang, Gi-ryeo), 여운학 엮음(Edited by Yeo Un-hak), 《회고

록·인생론》[Memoirs & A View on Life], 규장[Gyujang](1985).

장기려(Jang, Gi-ryeo), 부산간연구회 엮음(Edited by Busan Liver Research Association), 《성산 장기려 의사 고희기념논문집》 [A Collection of Papers Celebrating the 70th Birthday of Dr. Seongsan Jang Gi-ryeo], 한국메디칼인덱스[Hanguk Medical Index](1981).

장기려 외(Jang, Gi-ryeo, et al.), 함석헌기념사업회편(Edited by A Meeting for Commemorative Project for Mr. Ham Seok-Heon), 《다시 그리워지는 함석헌선생》[Mr. Ham Seok-heon We Miss Again], 한길사[Hangil Publisher](2001).

장기려(Jang, Gi-ryeo), "새가정의 참행복"[True Happiness of a New Family], 〈새가정〉[New Family] 188(1970.12).

2. 의학논문 / Medical Articles

장기려(Jang, Gi-ryeo), "위장외과의 치료"[Cure of Stomach and Intestines in Surgery], 최신의학[Recent Medicine] 2:8 (1959).

_____, "간장 및 담도외과의 제문제"[All the Issues Concerning the Cure of the Liver and Intestines & Biliary Tract], 〈대한의사협회지〉[Korea Medical Doctors Association Paper] 3:2 (1960).

_____, "의학교육제도의 개선"[Improvement of the Medical Education System], 〈대한의사협회지〉[Korea Doctors Association Paper] 3:8(1960).

_____, "외과적 감염증에 관한 일반적 고찰"[A Study on

Surgical Infection], 〈대한외과학회지〉[Korea Surgery Society Magazine] 5:9(1963).

_____, "항암제 Methotrexate의 지속적 동맥내주입료법"[How to Continuously Inject an Anti-cancer Drug Methotrexate into the Artery], 〈대한외과학회잡지〉[Korea Surgery Society Paper] 8:7(1966.7).

_____, "현대적 감각에서 본 인술론"[A Theory on a Benevolent Art from a Contemporary Viewpoint], 〈의맥〉[Medicine Pulse] 1(1967.2).

_____, "장기 이식에 관하여"[On Organ Transplant], 〈대한의사협회지〉[Korea Doctors Association Paper] 11:3(1968).

_____, "선천성요 「허니아」의 1예"[A Case of Congenital Hernia of Bladder], 〈대한외과학회잡지〉[Korea Surgery Society Magazine] 10:1(1968).

_____, "한국에 있어서의 간(엽) 절제술의 발전"[Development of Liver-Removal in Korea], 〈대한소화기학회지〉[Korea Digestive System Society Paper] 1:1(1968).

_____, "간이식에 문제점"[Problems of Liver Transplant], 〈한국의과학〉[A Study of Korea Surgery] 1:2(1969).

_____, "의료보험제도에 대하여"[On Medical Insurance System], 〈대한의사협회지〉[Korea Doctors Association Paper] 15:11(1972.10).

_____, "현대의학과 한국에 있어서의 의료의 과제"[Modern Medicine and Assignments of Medical Treatment in Korea], 〈한국의과학〉[A Study of Korea Surgery] 5:6. (1973.6).

_____, "청십자 의료 협동조합운동"[Blue Cross Medical Insurance Union Movement], 〈대한병원협회지〉[Korea Hospital Association Paper] 1:3(1973.3).

_____, "노인암에 대하여"[On Cancers of the Elderly], 〈보건생활〉[Healthy Life] 27 (1975.5-6).

_____, "국민보건과 의료인"[People's Health and A Doctor], 〈대한병원협회지〉[Korea Hospital Association Paper] 8:3(1979).

_____, "간의 광범위 절제술"[How to Perform Extensive Liver-Removal], 〈인제의학〉[Injae Medicine]1:2(1980).

_____, "간의 혈류차단 및 폐쇄"[Devascularization and Shutdown of the Liver], 〈인제의학〉[Injae Medicine] 2:2(1981).

_____, "간의 외과적 해부학"[Surgical Anatomy of the Liver], 〈인제의학〉[Injae Medicine] 2:2(1981).

_____, "의료보험과 생명존중"[Medical Insurance and Respect of Life], 〈마당〉[Madang] 11(1982).

_____, "소화성 궤양에 대한 위수술"[Stomach Surgery due to Digestive Ulcer], 〈의학동인〉[Medicine Association] 95(1984).

_____, "병원경영의 정신적 자세"[The Mental Attitude toward Managing a Hospital], 〈대한병원협회〉[Korea Hospital Association] 14:5(1985).

_____, "의사로서의 나의 삶"[My Life as a Doctor], 〈대한가정의학회〉[Korea Family Medicine Society] (1986).

_____, "한국에 있어서 의료협동조합(운동)의 성공사례"[Success Cases of Medical Insurance Union Movement in Korea], 〈부

산외과학회지〉[Busan Surgery Society Paper] 3:1(1987).

_____, "의사의 윤리"[Ethics of a Doctor], 〈부산의사회지〉[Busan Doctors Association Paper] 25:7(1989).

_____, "윤리철학으로 본 현대의 도덕부재의 원인 및 그 대책"[The Cause of and Solutions to the Absence of Morality in the Modern World from the Viewpoint of Ethical Philosophy], 〈부산의사회지〉[Busan Doctors Association Paper] 25:10(1989).

_____, "악성종양(암)에 대한 예후인자들"[Prospect Factors of Malignant Ulcer (Cancer)], 〈부산의사회지〉[Busan Doctors Association] 27:3(1991).

_____, "최근10년간 부산복음병원 외과에서 발표한 신체 각 부위암에 대한 성적의 분석"[An Analysis of the Grades on Cancers of Each Body Part Busan Gospel Hospital Department of Surgery Has Presented over the Last Ten Years], 〈부산외과학회지〉[Busan Surgery Society Paper] 6:1(1990).

장기려 외(Jang, Gi-ryeo et al.), "일시적 (상온하, 38분간) 간문혈류 차단하, 실시된 간좌엽절제술의 1예"[A Case of Removal of the Left Lobe of the Liver Performed While the Blood Flowing into the Liver Was Blocked Temporarily for 38 Minutes under a Stable Temperature], 〈대한외과학회〉[Korea Surgery Society] 6:4(1964).

장기려 외(Jang, Gi-ryeo et al.), "간의 장기이식"[Liver Transplant], 〈대한의사협회지〉[Korea Doctors Association Paper] 7:7(1964).

장기려 외(Jang, Gi-ryeo et al.), "개복수술후 복막유착방지책의 요령"[How to Prevent Peritoneal Connect after an Open-Heart Surgery], 〈중앙의학〉[Central Medicine] 7:6(1964).

장기려 외(Jang, Gi-ryeo et al.), "무혈절 저온 간 관류 하에 실시한 대량 간 절제술에 관한 실험적 연구"[An Experimental Study on the Self-transplant of Heterotopic Auxiliary Liver Performed under Liver Perfusion with the Blood Not Flowing into the Liver under a Low Temperature], 〈가톨릭대학교논문집〉[Collections of Catholic University Papers] 21 (1971).

장기려 외(Jang, Gi-ryeo et al.), "급성 폐쇄성 화농성 담관염"[Acute Obstructive Pyogenic Cholangitis], 〈가톨릭대학교논문집〉[Collections of Catholic University Papers] 28 (1975).

장기려 외(Jang, Gi-ryeo et al.), "우발적인 표재성 위함"[Accidental Superficial Gastritis], 〈가톨릭대학교논문집〉[Collections of Catholic University Papers] 28 (1975).

장기려 외(Jang, Gi-ryeo et al.), "간흡충증의 외과적 합병증에 관한 임상적 고찰"[Clinical Study on Surgical Complications of Clonorchiasis], 〈대한소화기학회〉[Korea Digestive System Society] (1976).

3. 단행본 / Books

이기환(Lee, Gi-hwan), 《성산 장기려》[Seongsan Jang Gi-ryeo], 한걸음[One Step](2000).

김은식(Kim, Eun-sik), 《장기려, 우리 곁에 살다간 성자》[Jang Gi-ryeo, the Saint Who Lived beside Us and Left], 봄나무[Spring

Tree](2006).

지강유철(Jigang, Yu-cheol), 《장기려, 그 사람》[Jang Gi-ryeo: The Person], 홍성사[Hongsungsa](2007).

임정진(Lim, Jung-jin), 《장기려, 마음까지 어루만진 의사》[Jang Gi-ryeo: The Doctor Who Even Touched the Heart], 작은씨앗[Small Seeds](2007).

강이경(Kang, Yi-gyung), 《성자가 된 옥탑방 의사》[The Rooftop House Doctor Who Became a Saint], 우리교육[Uri Education](2006).

이상희(Lee, Sang-hee), 《선생님, 바보 의사 선생님》[Doctor, A Foolish Doctor], 웅진주니어[Woongjin Junior](2006).

한수연(Han, Su-yeon), 《할아버지 손은 약손》[My Grandpa's Hand Is a Healing Hand], 네모북[Nemo Book](2005).

장병호(Jang, Byung-ho), 《성산 장기려 박사의 삶》[The Life of Dr. Seongsan Jang Gi-ryeo], 부산과학기술협의회[Busan Science Technology Association](2008).

손홍규(Son, Hong-gyu), 《청년의사 장기려》[The Young Adult Doctor Jang Gi-ryeo], 다산책방[Dasan Bookstore](2012).

김학중(Kim, Hak-jung), 《장기려: 예수님을 닮은 한국의 슈바이쳐》[Jang Gi-ryeo: The Korean Schweitzer Who Was Jesus-Like], 넥서스[Nexus Cross](2010).

채규철(Chae, Gyu-cheol), 《ET할아버지와 두밀리 자연학교》[ET Grandpa and Dumili Nature School], 소나무[Pine Tree](1997).

4. 학술논문 / Theses and Articles

하영(Ha, Young), "부산 청십자 병원원장 장기려 박사"[Busan Blue Cross Hospital Director Dr. Jang Gi- ryeo], 〈신앙계〉[Shinanggye] 178(1982.1).

황우선(Hwang, Wu-seon), "장기려의 생애와 기독교 신앙"[The Life and Christian Faith of Jang Gi- ryeo], 목원대학교[Mokwon University] (2004).

정채봉(Jeonng, Chae-bong), "만나고 싶었습니다-꽃보다 향기로운 향기 장기려 박사"[I Wanted to See You-Dr. Jang Gi-ryeo: A Fragrance Sweeter Than Flowers], 〈샘터〉[Fountain] 299(1992.4).

지강유철(Jigang, Yu-cheol), "순례의 삶, 장기려"[Jang Gi-ryeo and the Pilgrim's Life], 〈기독교사상〉[Christian Thought] 597(2008.9).

조형균(Jo, Hyung-gyoon), "성산 장기려 박사(1909-1995): 그 생애의 비밀을 찾아서"[Dr. Seongsan Jang Gi-ryeo and Pursuit of the Secret to His Life], 〈신학연구〉[Theology Study] 46(2004).

조수성(Jo, Su-sung), "성산 장기려의 삶과 생각: 그리스도인의 영성을 중심으로"[The Life and Thought of Jang Gi-ryeo: Centering on Christian Spirituality], 총신대학교 석사학위논문[Chongshin University/Seminary] (2001).

강호천(Kang, Ho-chun), "부산 청십자 병원 장기려 박사"[Busan Blue Cross Hospital Dr. Jang Gi- ryeo], 〈신앙세계〉[Faith World] 227(1987.6).

김병우(Kim, Byung-woo), "지역사회 조직론의 관점에서 본 청십자운동의 의의에 관한 연구"[A Study on the Meaning of Blue Cross Movement from the Viewpoint of Orgavnizational Theory of Local Communities], 인제대학교[Injae Graduate School] (2005).

김현숙(Kim, Hyun-sook), "한국의 슈바이처 장기려 박사의 신앙과 삶"[The Faith and Life of the Korean Schweitzer Dr. Jang Gi-ryeo], 〈소금과빛〉[Salt and Light] 197. (1996.2).

김정환(Kim, Jung-hwan), "성산 장기려"[Seongsan Jang Gi-ryeo], 〈살림〉[Salnim]142(2000).

이종대(Lee, Jong-dae), "장기려 생애와 사상"[The Life and Thought of Jang Gi- ryeo], 기독신학대학원 석사학위논문 [Christian Theological Seminary/University] (2001).

이만열(Lee, Man-ryeol), "성산 장기려 선생의 삶과 생각 : 이 시대의 성자는 이미 우리 곁에 와 있었다"[The Life and Thoughts of Mr. Seongsan Jang Gi-ryeo: This Age's Saint Was Already Next to Us], 〈시민시대〉 [Citizen Age] 8(1997.8).

이상규(Lee, Sang-gyu), "이웃과 더불어 사는 사회를 꿈꾼 이상주의자 장기려"[An Idealist Jang Gi-ryeo Who Dreamed of a Society Living with Neighbors], 〈기독교사상〉[Christian Thought] 504(2000.12).

_____, "장기려 박사의 신앙과 사상"[The Life and Thought of Dr. Jang Gi-ryeo], 〈고신신학〉[Kosin Theology] 5(2003).

이상호(Lee, Sang-ho), "성산 장기려의 삶과 신앙"[The Life and

Faith of Seongsan Jang Gi-ryeo], 총신대학교 석사학위논문 [Chongshin University/Seminary] (1999).

박동환(Park, Dong-hwan), "고 장기려 박사의 삶과 신앙"[The Life and Faith of the Late Dr. Jang Gi-ryeo], 〈월간고신〉[Monthly Kosin] 173(1996.2).

박정규(Park, Jung-gyu), "한국의 슈바이처 장기려 박사"[The Korean Schweitzer Dr. Jang Gi-ryeo], 〈신앙계〉[Shinanggye] 384(1999.3).

손봉호(Son, Bong-ho), "장기려 박사"[Dr. Jang Gi-ryeo], 〈철학과현실〉[Philosophy and Reality] 37(1998).

윤훈현(Yun, Hun-hyeon), "성산 장기려 박사를 닮자"[Let Us Emulate Dr. Seongsan Jang Gi-ryeo], 〈월간고신〉[Monthly Kosin] 197(1998.2).

Jang Gi-ryeo

Who Imitated the Character of Jesus

1911 – 1995

The KIATS Press
Seoul, 2013

Section 2
[English Version]

Introduction • 379

1. "The Dr. Jang Gi-ryeo I Know" by Ham Suk-heon
2. This is What I Believe

Part 1. Doctor Jang Gi-ryeo • 403

1. The Ethics of the Doctor
2. The Heart and Disease
3. Death from the Perspective of a Christian Doctor
4. Incurable Diseases and the Doctor
5. Psychosomatic Disease
6. Medicine of the Person
7. The Work Attitude of the Civil Servant

Part 2. The Character of Jesus • 463

1. The Path to Perfect One's Character
2. The Character of Jesus
3. Jesus, a Man of Prayer
4. Lepers and Jesus
5. The Suffering and Resurrection of Jesus (1)
6. The Suffering and Resurrection of Jesus (2)
7. The Lord Jesus Christ Who Saves This Generation
8. Easter and the Personality of Jesus
9. The Doctrine of the Holy Spirit

Part 3. Peace, Love, and Life • 537

1. Us
2. The Peacemakers
3. Matters of Peace
4. Salvation, Peace and Faith
5. The Apostle John's Philosophy of Love for Materialists
6. Love Your Enemy and Pray for Those Who Persecute You
7. Receiving Life

Part 4. True Chrisrianity and the True Christian • 585

1. Sound Religion

2. Life and Religion

3. Christian Idealism

4. The Idea of Consecration and Christianity with No Discrimination

5. The Good God Requires of Us

6. Life Ethics of Christians

7. God or Mammon

8. A Person Who Lives with Jesus

Part 5. Race and History • 629

1. Ringing In the Year 1980
2. March 1
3. My Thoughts on June, the Month of Honoring Veterans
4. August 15 and I
5. Celebrating the 1974 Christmas
6. A Year-end Speech
7. Our Nation's Historical Mission
8. The Spirit of Creating History
9. Jesus Christ, the Lord of History

Introduction

The power that turns distrust into trust
results from a life that is loyal to Jesus Christ.

1. "The Dr. Jang Gi-ryeo I Know"

by Ham Suk-heon

Because I myself am a man who's made many mistakes and people in the world tend to avoid associations with people with many wrongs, I don't have the freedom to call anyone my friend. No matter how much I want to call someone my friend, I can't call him my friend if he is reluctant to call me his friend, and even more so if he will get into trouble if I call him my friend. But Dr. Jang is one of the few friends I can dare to call my good friend without any reservation. Even though he knew all my wrongs, he treated me as a friend all the same.

I don't exactly remember the year I first met Dr. Jang, but I think it was in one of the non-church movement meetings held every winter in the 1930s. I remember him coming with Dr. Son Jeong-gyun, who was said to be his close friend. Although we were both from Yongchun, we hadn't known each other before then. Since that first meeting, our friendship remained unchanged. These days I go to the Bible study meetings held at his house once a month and spend a morning there, and that is the most enjoyable and inspiring time of my life.

The first time I was surprised by his personality was when he was assigned to the Pyongyang Christian Hospital. Although I became close to him after several meetings, I hadn't known much about him except the fact that the best surgeon in South Korea was Dr. Baik In-jae, and the second best surgeon was Dr. Jang, who was Dr. Baik's disciple. In 1940, I took over the Advanced Agricultural School in Songsan-li, Pyongyang, and Dr. Jang was installed as director at Christian Hospital, which made it possible for us to meet each other frequently.

I don't know what happened, but he was told that he could no longer serve as the director of the hospital and was demoted to being just a staff member. Even an outsider will find that unacceptable. He didn't deserve that kind of treatment. An ordinary person would not have stood for it. He should have simply packed up and left, instead of taking that kind of insult. But Dr. Jang remained calm as if it didn't matter to him at all, and when we asked him about it, he neither complained nor tried to explain. That's when I knew he was a man of character. A similar incident took place at the Seoul National University Hospital, but he never complained about it either.

What I know about his faith is his simplicity. He simply believed to the point where he would almost remind me of a child. For me, I needed this explanation and that explanation, doubted a lot, and changed opinions quite a lot, but Dr. Jang was the opposite. He kept the same faith from when Protestantism was first introduced to Korea about seventy to eighty years ago. He was an elder at the Sanjeonhyun Church in Pyongyang, and he was also an elder at the church that was reestablished after he came here. Although his faith was very conservative, he didn't mind associating himself with those who worshipped at the Japanese shrines or those who had liberal faiths even though some called them 'children of the devil'. He's a very interesting person. While he was an elder at the conservative Sanjeonghyun Church, he had great respect for Uchimura Kanjo, Yanaihara Tadao, and Fujii Takeshi who espoused the non-church movement. He read their writings and led non-church Bible study meetings in his house every Sunday afternoon.

Once a month, he would surprisingly invite me and allow me to lead the meeting, which was unacceptable in a non-church meeting. Although my actual life was quite miserable to the point where I wished the floor would open and swallow me, I was pretty confident about my thinking to the degree that I didn't hide my thoughts or compromise, even though I received criticism or got into disputes.

Others would vehemently refute the words of a cult that could shake the foundation of one's faith or sever the relationship immediately, but he never showed any sign of that. Thus, I simply remained silent since there was nothing worth mentioning, but I had no choice but to admire him.

What is more amazing is his family life. Things might have gotten better now since his son is married and has a son, but he must have had uncountable difficulties when he suddenly came to the South all by himself. Furthermore, he was very intimate with his wife. Thus, how great his sorrow and loneliness must have been. There must have been many temptations and advances. Besides that, who could rival Dr. Jang, who was equipped with a great personality, learning, talents, character, faith, and social status? In that regard, I felt very ashamed of myself and sorry for him whenever I saw him.

In my opinion, Dr. Jang doesn't have any greed for money, power, fame, or business. If he did have any greed, it's his desire to do good deeds for others no matter what. In every regard, he had no business savvy. How would he know business when he didn't even know what he had in his house? Thus, it's a truly miracle that the Gospel Hospital, that began with prayer in a tent twenty years ago grew to what it is now. Of course, you can call it the grace of God, but from a human perspective, I can't help but say that it was his lack of greed that produced that miracle. If I pinpoint another factor for that miracle, it was his earnestness for patients. He would treat patients with earnestness rather than with medical skills. Even now when he is sixty years old, he still treats patients from early morning till late at night. You can conjecture his earnestness based on the fact that he didn't go home when he had patients who needed intensive care. Let me add one more thing. Apart from the fact that he evangelizes patients first when he is a medical doctor, he argues that it is not the doctor who cures a disease but the power inside the patient. Where else can you find a doctor like him? What I am most thankful for is that I have peace in my heart as I say harsh and bad things about him, because I believe he would trust me.

Busan Gathering, Vol. 4: 4 (October, 1971)

2. This Is What I Believe

(This title was given to me for a testimony I was asked to give at the Korean Christian Students' Missions summer retreat held in Daejeon in August, 1971.)

Growing up, I learned that I was born in Ib-am, Yongchun, Northern Pyongan Province on August 14, 1911, by the lunar calendar. My father was a scholar of Chinese classics and my mother was his second wife, so she was ten years younger than he. When I was born, I had a wen the size of a chestnut on my right cheek. I heard that the wen had concerned my mother so much that she prayed for its removal every night. Then, several months later, it naturally disappeared. As I think about it now, it must have been a lymphoma. I later learned during my study of medicine that lymphomas are wens that are congenital, but can disappear naturally.

I was breastfed until I turned two, but after I was weaned, I grew in my grandmother's bosom. She attended church with me on her back. Because she found me cute and adorable, she nicknamed me 'Diamond', so I was called 'Diamond' at home. I heard that the reason my name became Jang Gi-ryeo was that even though my father had registered my name as Gi-chang, one of my relatives had the same name, so my name changed to Gi-ryeo, which was most similar to Gi-chang. I think as the name Gi-ryeo shows in Chinese characters, I was not to build prosperity but music.

I can't pinpoint exactly when my faith began. Throughout my childhood, my grandmother took me to church on her back, and I also attended the family worship services, but it was much later when I began to understand the Bible. I was very weak when I was one or two years old. Particularly, I often had diarrhea, so they cauterized my belly button. Because of my frequent convulsions, they also cauterized the double vortex of hair on the crown of my head as well as the front pores. I still carry the scars. But what I still remember after I regained my consciousness is that whenever an ordained deaconess came and prayed for me with her hand laid on my head, I became well immediately.

I think my memory was extraordinary when I was young. I still remember that at age seven, I memorized one thousand Chinese characters without knowing their meanings, and I was complimented for that by adults. Also I bought into what others said gullibly, so if someone told me the 'bugaboo and night illusion' story, I feared it extremely, and I vividly remember the time when I looked into the sky and actually felt like the image of a 'night illusion' was appearing as adults had told me. I had such a poor personality because I was cowardly and liked to be complimented as a child.

From the ages of seven to twelve, I went to Euisung School, which was in my hometown. (The school was run by the Presbyterian Church and my uncle was the principal.) At the time Korea was merged with Japan, and our nation was filled with an anti-Japanese sentiment. Since elementary school education covertly instilled in the students an anti-Japanese sentiment, I didn't get to learn Japanese well, and I still don't speak it well. However, I learned the Bible. That's why I resolved to become like Joseph when I learned about Joseph, and then I resolved to become like David when I learned about David. While attending a revival service, I was reminded of my sins and cried in repentance. I still remember several things I repented of vividly. One of the things I repented of was a time when I hung out with other children, and how I kept losing in top spinning games because my top was light and weak. Thus, I stole another child's large and heavy top, which had fallen in the shoe rack and made it mine. Because I had felt so vexed losing games, I shamelessly argued that the top belonged to me. Later, I defeated the other kids with the new top, but I didn't feel any joy. Rather, all I felt was shame, so I got rid of it without anybody knowing about it.

Afterwards, my conscience was so stricken with guilt that when I was told to repent during a revival meeting, I paid back one or two *jeon* (one jeon is a monetary unit which is equivalent to one hundredth won and is no longer in use) to the landlord's child. Another thing I repented of in my prayers while crying was my failure to fulfill the filial duty command. For my middle school and high school years, I went to the Songdo Advanced Common School, and the reason I went to that school was that my older cousin Jang Gi-soo went to that school a year previously.

I'm not sure exactly when I had the faith that Jesus redeemed the sin of all humanity as the Son of God, but I think I had that faith when I was in elementary school, and I remember experiencing the joy of the forgiveness of sins at that time. That's why I got baptized when I was in the third year at the Song-do Advanced Common School. During my middle school years, I went to a Methodist church. I wasn't specifically interested in church doctrines. I once thought about becoming a teacher when I was in the third year, and in the fourth year I took the entrance examination for Yeo-soon Engineering College, because I thought I should become an engineer after studying engineering, but I failed. By the fifth year when I was graduating, not only did I not have the self-confidence to pass the entrance examination, but my family was ruined due to debts. Because of worries about expensive tuition, I chose Gyungseong Medical College (the tuition was the cheapest). I prayed that if I was admitted and became a doctor, I would work with those miserable people who die without getting to see a doctor.

My Major Was Medicine

It was not really my intention to major in medicine. Rather, it was due to my circumstances. To use today's words, part of it was my will, and part of it was others' will. I majored in surgery at the Gyungseong Medical College, although I wanted to study internal medicine initially. That was me. I was weak and passive and demonstrated the characteristics of a coward. When I was studying at the college, I didn't refer to various reference books like a college student should and failed to gain adequate knowledge. All I managed to do was to memorize the notes I took during classes and get good grades. At the time, most students tended to get a job at a provincial hospital after graduation so that they could get experience. Then they would open their own business, make money, and live a stable life in this world. However, I didn't want to live a life that was not up-and-coming. One of the most wrongful notions I had in my faith was that the knowledge about the physical world of this life is not true knowledge because it changes. As a result, I would often have a superficial understanding of things or I would try to gloss over things without proper understanding. Even though I said I was studying, I was getting distracted and thus wasting time often. Although I was always holding a book in my hand, I didn't understand it. In retrospect, I am full of regrets. That's why when I graduated from Gyungseong Medical College, my school grades were decent, but my competence was lamentable. Moreover, our family's financial conditions deteriorated so much that we went bankrupt. Yet, I didn't want to work at a provincial hospital. Rather, I wanted to remain at the school hospital and study my major, so I planned on getting married and continuing my studies.

Marriage and the Love of Family

After graduation, I discussed my major and research with my friend and classmate Baik. When I told him that I had planned on studying in Seoul after getting married because of my poor family's poor financial condition, Baik agreed to my idea and told me that a person who is much older than I was, and went to the same school as I went, lived on opposite side of his house, and that he was working on his Ph.D. dissertation. He also said that the alumnus's daughter, a graduate from Pyongyang Seomoon Women's High School, was taking care of household affairs. He then suggested that I meet with her. Since I was thinking about getting married, I decided to meet her. But since I wanted to meet someone who was really beautiful, like Miss Korea, I wasn't interested in her when I met her. Although she looked fine, I didn't really like her. When asked how I liked her, I replied, "So so." My friend took my answer to mean "I liked her," and he went ahead with the next step to a marriage. The bride-to-be's side communicated that she knew the bridegroom-to-be's intentions and wished to marry me and told me to make a decision. At the time, I asked myself, "If I propose to the woman I like, will she accept the proposal?" I became very doubtful. I questioned my own qualifications as a bridegroom. I was of small stature and so cowardly as not to fight against injustice. Worse still, I didn't have the ability to make a living. Who would accept my proposal? Honestly, all people were created by God and beauty is only skin-deep. I simply prayed that if it was God's will, I would marry her, and if not, I wouldn't marry her. However, Baik was telling me that the bride-to-be's side was urging a response from me. Thus, I sent her a letter which was not a proposal and asked her whether she would marry me with my conditions. I revealed the truth in spite of my shame, that my first condition was she must be a Christian, the second that she must be someone who can serve my parents, and the third that she must be someone who can support the family for a short while. The reply, written in her own writing, was that she understood everything well and that she would obey me. We got married just a month after our engagement. After the wedding, we had a family devotion, read the Bible, and recited Psalms 1 and 23, and Revelation 21–22. My wife was truthful. She sacrificed the paintings she liked and her musical hobbies for the family. She devoted herself to making embroidery to decorate the house. I often came back home late at night because of my studies; she was always awake and would open the door on the first knock. She helped me with all of my errands that I was too lazy to do, and she never rejected any request. She was my pupil, hands and foot. One day I was working on my manuscript on a holiday and my wife was doing laundry in the front yard when suddenly I felt love toward her. What if one of us leaves the world and this love disappears, is this love false? No, absolutely not. This love would live forever not only in the flesh but also in the soul after a person leaves the world. The love I felt was that of life. Recognizing that the reason God allows families to be formed is to allow them to experience this love of life, I made it my message whenever I officiated a wedding. Because my wife obeyed me with absolute love, I resolved to love her faithfully to the point of death.

A Fig Tree Leaf

After finishing the eight-year training at the Department of Surgery at the Gyungseong Medical College Hospital, I was installed as head of the Department of Surgery at the Pyongyang United Christian Hospital in 1940. In September 1940, my dissertation was approved at the medicine faculty meeting at Nagoya Imperial University in Japan. I received my medical doctor degree in November, and I became director of Pyongyang United Christian Hospital. I failed to get reelected as director three months later, and Dr. Kim Myung-sun, many years senior to me, came in with an additional post from Severance Hospital.

During the three months I worked as director, many discrepancies and misunderstandings arose, which caused the authorities to urge me to leave the hospital. That's why they reduced my salary to two hundred and fifty won, which was twenty-five won less than what I was making before (as recorded in the board of trustee minutes). Since I requested two hundred and fifty won at the time when I got the job, I thought I would teach them a lesson and decided to stay instead of resigning. However, hemmed in on all sides, I had no one but Jesus Christ to turn to. Obviously I continued to see patients. Fulfilling my duties silently without blaming anybody, I tried to obey the will of the Lord. Ten months later near the end of the year, it was the time to receive bonuses, and Director Kim Myung-sun gave me 250 won more than others. (His reason was that I had worked more.) Apart from that, Dr. Kim Myung-sun was recommended to become the head of Southern Pyongan Provincial People's Committee Sanitation Department after the liberation, but he passed the post on to me.

The power that turns distrust into trust results from a life that is loyal to Jesus Christ. Moreover, since I had experienced the truthfulness of Jesus' character I can never deny the existence of the everlasting next life. In the Old Testament times, after water covered all the mountains and overflowed, Noah sent out a crow and a pigeon sometime later to see whether the water had subsided. A sign that land had resurfaced, the pigeon returned with a fig tree leaf in its mouth. My spiritual life in 1941 is full of hope for the next life like that fig tree leaf.

Life After the August 1945 Liberation in a Communist Society

In May 1945, I developed jaundice (hepatitis) and had to lie down for three months. During that time, I got to think about many things because of my fear of death. A sick bed is like an altar. It's an altar on which one sacrifices everything. Although I said to myself, "If I die, I will go to heaven," I became nervous about it and couldn't go to sleep. My sleeplessness lasted for three months and produced a nervous breakdown. The nervous breakdown was so severe that I trembled even at the sound of the telephone ringing. Human beings are that weak. After the liberation on August 15, 1945, I got up thinking that I would die while contributing to the nation-building. I found it difficult to walk for more than fifteen minutes. Assuming the responsibility of the head of the temporary Southern Pyongan Provincial People's Committee Sanitation Department, each day, I walked for twenty to thirty minutes and sat on a chair for six hours without any pay. That was my way of contributing to the nation-building. After living like that for six months, I was able to go to sleep and no longer trembled at the sound of the telephone ringing.

I later became the director of the Pyongyang Provincial Hospital (The First People's Hospital) and a professor of surgery at Pyongyang Medical University. When the Kim Il-sung University was established in the spring of 1946, the Pyongyang Medical University became the Pyongyang Medical School and was included into the new university, new faculty members were reexamined. I performed a successful surgery on the examination committee chairman, who had been in pain due to bronchial asthma, by removing the carotid body. I am not sure whether it was because of that, but I was not only appointed as a professor without any examination, but I was also urged by the vice president Park Il to be the chief lecturer. Four people got a position: Park Il, Jung Du-hyun (head of the Medicine Department), Choi Eung-seok (assistant head of the Medicine Department), and me. When Park Il asked me to be the chief lecturer, I turned it down on the basis that I didn't have the right qualifications, and I gave him three reasons. First, I didn't qualify as a university professor in knowledge or experience. Second, I couldn't be the scholar he spoke of because I didn't know the dialogical materialism. Third, since I couldn't work on the Lord's days (Sundays), I had no choice but to reject it.

Park Il asked Jung Du-hyun, head of the Medicine Department, whether my words were authentic or not. Dr. Jung stated that the first and the second reasons are words of humility, but the third reason is true. Choi Eung-seok, the assistant head, who had been silent, found my reasons a surprise. Park Il's conclusion was that my first reason was authentic. Who could study to qualify as a professor under the rule of the Imperial Japan? What would you do if the people want you to be a professor? He asked me to accept the post since this is what the people wanted. He asked me about the second reason, "Don't you have any intention to study the subject?" When I told him that I was reading a booklet on dialogical materialism and the materialist view of history, he said that was enough, and that settled the matter. Concerning the third reason, he declared that our school would not ask me to work on Sundays. That is how the agreement was made. At that time, Choi Eung-seok confidently told me that I would become a communist after spending a year with him, and then he left. A year later, in the spring of 1947, Park Il was fired because the harvest of the farm failed to reach the expected goal, and Choi Eung-seok fell from the official position because he had sold two bags of rice and two sewing machines. He was left to work only as a doctor and as a professor. This was my first victory as a Christian. In September 1948, I was granted a Ph.D. degree I didn't ask for, and my salary increased several times more. However, I felt very uneasy.

In December 1948, a young man named Choi Eung-seok came to me and asked me how to prepare for the future. I told him that studying Russian would be the shortcut. Agreeing with me, he asked me to introduce him to a Russian teacher. At that time, I had known a Korean hospital director from the Soviet Union and decided to introduce him to the young man. Around six in the evening, when it was dark, both of us went to the hospital. The director was gone to the theater.

Sympathy arose in my heart. I wanted to treat him to dinner by taking him to my house. We went home and had dinner prepared with everything I had. The best we could provide was a bowl of rice, poached egg soup, and some kimchi. We two ate dinner without any complaint. I am not sure whether Mr. Choi Eung-seok was impressed with me because of that dinner we had, but he never reported on me concerning my defects or mistakes for two years after that. This was the second victory.

The Failure of the Faith that Parted the Red Sea

It was December 3, 1950, when the South Korean army retreated from Pyongyang. The bridge connecting Pyongyang to Sungyo-ri had been bombed, and the makeshift floating bridge was inaccessible to the public except for military purposes. The refugees trying to cross that bridge exceeded hundreds of thousands, and thus it created a sea of people.

On October 3, I went near the bridge with my family and waited. After speaking to one of the people in charge, I resolved to cross the bridge if I was granted passage believing that God opened the way for me. However, due to a lack of faith, I didn't execute it. Instead, I accepted the kindness of the transportation unit of the army medical corps, took the bus with my second son, a few relatives, and a few friends (a total of seven), passed the shallow ford, and arrived at Sungyo-ri. My parents, wife, and four of my children couldn't come with me. Later I heard that passage was allowed from five to seven on the evening of December 3, and those who had been waiting safely crossed the bridge. If I had prayed in the morning and acted out the decision I made, I could have passed through Daedong River as if it were dry land. The old miracle and what is still considered impossible in reality are made possible sufficiently. In fact, our lives are nothing but the continuation of such miracles.

My orthodox faith is based on what I learned from the forefathers of faith after the great revival broke out in 1907, and what I learned when a child. I have stood firmer in my faith after witnessing the victories of many faithful Christians against the Japanese shrine worship since 1937. It is no exaggeration to say that I learned how to interpret the Word of God from the writings of Fujii Takeshi and Yanaihara Tadao, who were both disciples of Uchimura Kanjo. Recently, I learned a lot from the commentaries written by Dr. Park Yoon Sun, but twenty years ago, I read and learned from the expositions of the Bible done by Japanese non-church people.

In 1950, I came down to the South, got drafted, and worked for six months at the Third Army Hospital. Then on July 1,

1951, I opened the Busan Gospel Clinic in three tents and provided free health care service. The services were all free for three years, and for the next three years, I saw one hundred outpatients and ten hospitalized patients for one hundred *hwan* per person (hwan is a monetary unit used before the currency reform in 1962 and is equivalent to one hundred *jeon*). Then serendipitously, I was allowed a two-story building (250 *pyong*) and saw patients there for ten years. The building was made possible through the aid goods provided by the Armed Forces Assistance to Korea, the support of Missionary Dwight R. Malsbery and Rev. Bruce F. Hunt, and the monetary support of the Christian Reformed Church, but for me I believe it was granted as the will of God. I am also thankful for the fact that we were able to perform operations on about ten thousand patients for twenty years. A nursing school was opened in 1968, and the Blue Cross Medical Cooperative was organized to help poor patients. I can't help thanking God for that.

I am forever thankful to the many friends and God who gave me this opportunity and put me in charge of the hospital, the nursing school, and the cooperative. I am also thankful for the grace of God through which I got to have a Christian friend like Professor Jun Jong-hui, who helped me continuously study the ever-progressing medical field.

My Faith is the Same as the Faith I Had When I Was Young

I learned through the Word of God and live by faith in real life. The Christian idealism in which one becomes the child of God and enters the Kingdom of God has been fulfilled in the will of God through Jesus Christ, and it is being fulfilled through Christian believers in reality. I also learned from the faith of martyred Christians that letting this idealism guide reality is the right guidance. I came to know through my experimentations and testify to the fact that the spiritual life I have led through my small spiritual experiences with authentic love and only my life with the Lord is connected.

Finally, I'd like to make several requests to today's young adults and students. First, we have become children of God because of Jesus Christ. We are sons of light. We can't shine our light without self-sacrifice. We have to drive out all forces of darkness through self-sacrifice. What the Lord hated the most was hypocrisy. It is hypocrisy to pretend to be a son of light while living under the forces of darkness. It is not truth, it is unrighteousness. We have to first repent of our wrongs and fight unrighteousness from now on.

Second, the present Christianity must return to the Lord. We have to spearhead the effort to eradicate capitalistic utilitarianism. We also have to throw away the notion that we will get paid for preaching the Word of God and the notion that we can't do the work of God without any budget. The work of the Lord can't be shown with practical and statistical numbers. Namely, the Kingdom of God is the work of faith and spirit. Becoming of one heart in reality is true oneness.

Third, the numerous divisions that exist can be united with love. Truth and love are one, and they are one power. Emulating Christ, we have to become united into one group like the twelve disciples and dedicate our hearts and love in order to fulfill the Kingdom of God in reality. We can't begin a big fire without a fire starter. When the littlest and purest spirit is consumed by fire, it produces great power. This power is acquired by exploring the truth (the Bible, prayer). When finding the truth, the character is consumed with fire and is turned from evil into good through the power of the Holy Spirit.

Fourth, Christ is the Lord of the peace of mankind. We who are his body must contribute to world peace. What is required for peace is the cross of Christ, and that's why it has been established. But in order to accomplish this goal, burdens are placed on the shoulders of Christians who are members of the body which is the church (the spiritual group). A cross is not erected, hung, or carried for showing off to others, but we must bear the cross that fights the forces of evil. Espousing only visible crosses is a narrow-minded sign that the person is not carrying the cross himself. Sacrificial love will eventually fulfill world peace. "So in everything, do to others what you would have them do to you." I've experienced and emphasize that this verse is the key to world peace.

Fifth, we were made children of God by God and are people who were called from this world to live like the people of his Kingdom (according to the Christian idealism). That's why the mission in our life is invaluable. Because God loved us, he called us from this world. We were called to pass on the love of the Lord and demonstrate to atheists, materialists, and nonbelievers that the Lord is Christ. We have to serve them with the sacrificial love Jesus demonstrated to them. This is the victory of love. This is the new commandment.

Sixth, we are a living organism unified in Christ. The role of each organization is unified under the rule of the triune God who is like the central nervous system. Our structure and plans must be unified with the will of Christ. We should never compromise with the forces of this world or gather forces in the world. Particularly, we should never work to receive aid goods. We are a perfect independent body because of Christ and must remain a group that has functions unified with the wisdom and love of the Holy Spirit. This is the element that enables the activities of a fresh and everlasting life.

Seventh, let us remember the brotherly love of Moses and Paul of old and practice the love of Christ. "Oh, what a great sin these people have committed! ... But now, please forgive their sins—but if not, then blot me out of the book you have written." Or, "My conscience confirms it through the Holy Spirit— I have great sorrow and unceasing anguish in my heart. For I could wish that I myself were cursed and cut off from Christ for the sake of my people, those of my own race, the people of Israel." I hope that the prayers of Moses and Paul become ours. We have to make sure this heart of Moses and Paul reaches all humanity through Christ.

Busan Gathering, Vol. 4:3 (August, 1971)

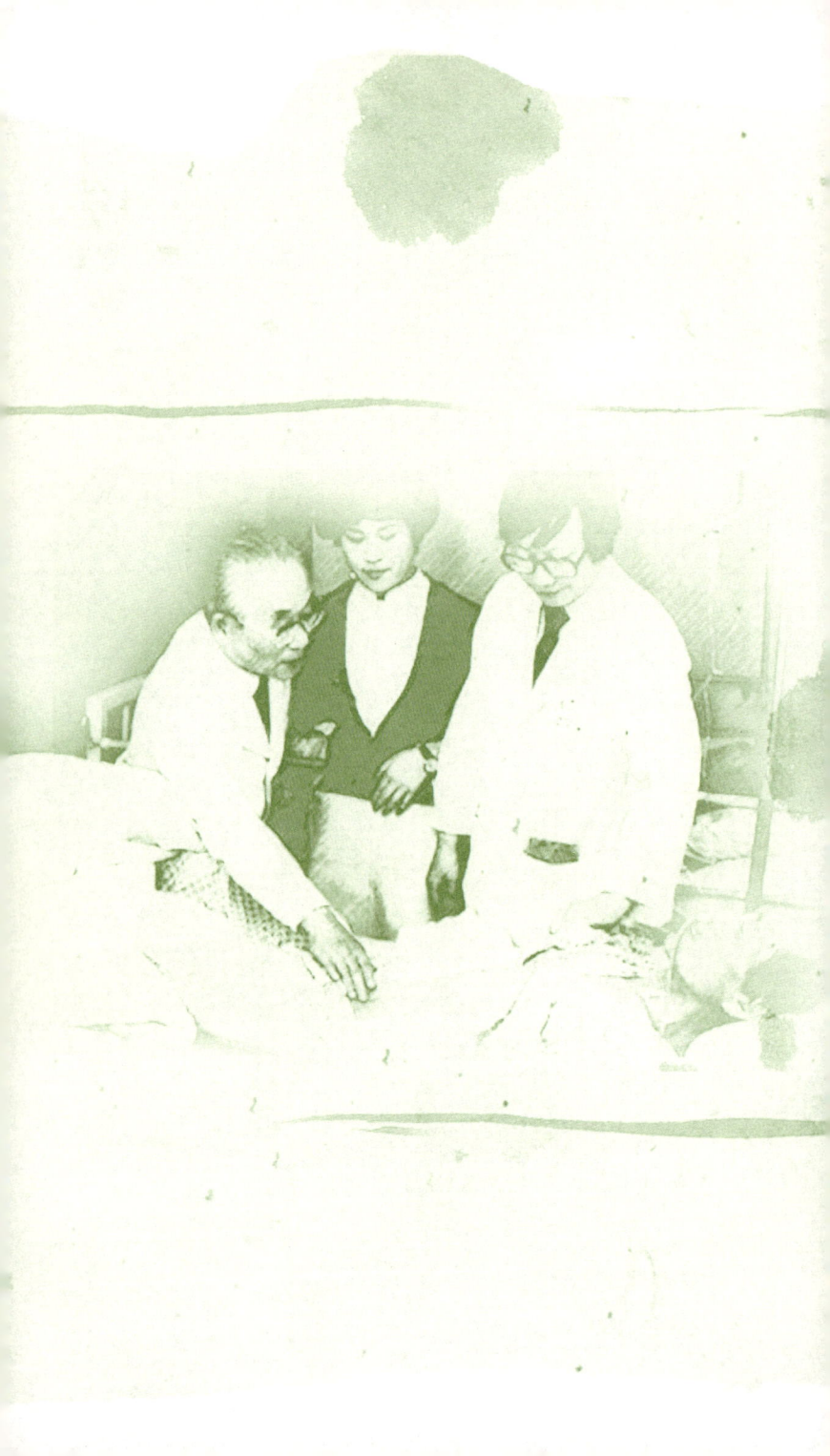

Part 1

Doctor Jang Gi-ryeo

A doctor with compassion for the patient
practices the benevolent art when he obeys his conscience,
and the godly doctor
practices the benevolent art in obedience to God, not men.

1. The Ethics of the Doctor (The Practical Aspect)

(This paper was the actual content of the supplemental class at the Busan Baptist Hospital on July 20, 1989.)

1. Introduction

Definition: The ethics of the doctor is the way, standard, and principle the doctor must adhere to in practice.

Morality, which means the same as ethics, is spoken of from the viewpoint of one's heart and attitude in practice, while laws are objective regulations developed in the social realm. What I mean by 'doctor' includes medical students, interns, residents, professional doctors such as clinical doctors, health center doctors, professors, researchers, and all those involved in medicine. Although I have had several opportunities to speak on the above topic, I ended up only raising the issue of the topic and didn't really reach a conclusion. Even though I have tried to reach a conclusion this time, it's not something I drew by practicing it. On the contrary, please forgive me as I point out that I reached only a hypothetical conclusion while looking for the reason why I failed to practice it myself.

The reason we include not only doctors but also medical students and paramedical persons when discussing the ethics of the doctor is that those involved in medicine believe that from the very first moment as a student of medicine to the time one engages in medicine, character, which understands what one is supposed to do, is the most important key to practicing ethics. What is the principle for which those involved in medicine must fulfill one's duties? We can call it the doctor's ethics but where can we find it? My understanding is that we have no choice but to find it in the essence of the character of those involved in medicine, and I believe that we shouldn't forget the fact the medical ethics is based on the dignity of human life and the responsibility to preserve it.

Historically speaking, we can find the medical ethics in the Code of Hammurabi in which there is a regulation that dictates that if a doctor cures a patient with a bronze knife, he will be awarded such and such, but if he kills the patient by mistake, he will receive such and such punishment. After that, the Hippocratic Oath became the standard of ethics for doctors. Later, Albert Schweitzer's idea of the awe of life, coupled with the human rights movement of Martin Luther King Jr., made the World Health Organization declare that "all men have the right to live a healthy life."

Medicine has brought about rapid innovation through its own academic development and development of cutting-edge technologies and devices. As a result, people today have witnessed the curing of incurable diseases, prevention of epidemics, lengthening of life, and success in artificial insemination. Recently, efforts have been made to synthesize protein through artificial manipulation and mixing DNA. Crimes have been increasingly revealed in which a male fetus was spared, while a female counterpart was killed through abortion after the sex of the fetus was identified through the discovery of chromosomes in the water of the pregnant woman.

How can we doctors do our duties and fulfill our responsibilities in an age like this? I believe that those involved in medicine must understand the dignity of human life and the importance of the responsibility of health and medical treatment from the time they apply to study medicine. Then, they must be godly people who maintain an awe of truth and discipline moved by the calling of God. I haven't acquired this truth through my experience. Rather, I confess that I reached this conclusion while I was repenting of failing to practice this truth.

2. The Necessity of Medical Ethics

Medicine has developed through medical scholars and researchers because of the social necessity of medicine. However, when there is a deficiency in medical practice, the human rights of the patient or the third party are violated, thus making us feel the limitations of medicine, specifically in the cases of euthanasia, brain death, population control through abortions, sterilization, artificial organs, lengthening of life by artificial devices, and organ transplants. The development of technologies such as gene manipulation through genetic engineering, CT scanning, nuclear magnetic resonance, artificial insemination, test-tube pregnancies, and sex changes require consideration. Because of various factors, the best medical treatment for the greatest majority in society has become subject to the conflict between doctors' scholarship and their consciences. For example, issues such as brain death, liver transplants (which have a high mortality rate), and heart transplants, need to be considered as ethical issues.

3. The Goal of Ethics for Doctors

The goal of ethics for doctors is not only the maintenance of order in society, which is also the goal of general ethics, but also the provision of the greatest amount of medical treatment possible to the majority. Furthermore, it is to improve social circumstances so that people can live optimal lives by maintaining physical and mental health. The reason is that preserving life is the goal of the ethics for us doctors, as described in 1 Thessalonians 5:23: "May God himself, the God of peace, sanctify you through and through. May your whole spirit, soul and body be kept blameless at the coming of our Lord Jesus Christ."

4. The Essence of Doctors' Ethics

I think the essence of medical ethics lies in preserving the dignity of human life. After all, human life came from

God, and the dignity of human life can be found in Genesis 2:7: "Then the LORD God formed a man from the dust of the ground and breathed into his nostrils the breath of life, and the man became a living being." The interpretation of this verse is that as our human body grows, the phenomenon of the heart appears, and as our spirit begins to function, children aged six or seven begin to recognize 'self'. What this means is that people find their 'self' by recognizing God who is the source of man's heart and spirit, and we believe that the Word of God is true.

1 Thessalonians 5:23 speaks of the life of man as consisting of spirit, soul, and body, and the apostle Paul hopes that this spirit, soul, and body would be kept blameless until the coming of Christ. Human life is produced by love between persons, and it can be called social life. Not only can the doctor perceive human life as consisting of three elements, but he can also see the three elements of life as one personal life.

The doctor is a servant who provides help to the whole life and health of a person. Medical ethics consists of ethical norms established in human relationships that are formed among the doctors who provide medical treatment, the medical workers who assist doctors, and the patients who receive medical treatment, and the patients' guardians. The basis of these relationships is not only trust, but also truth. This truth is expressed personally as character, and specifically, godliness. I wasn't truthful as a student and I wasn't faithful either. I regret that. That's why I feel I wasn't godly. Although I had the form of godliness, I didn't have the power of godliness. In that regard, I was a hypocrite who was not godly, and I was a failed student in terms of medical ethics. I believe that a doctor, who must be subject to medical ethics, performs his duty through a godly life based on his character. The basic knowledge and art of medicine are acquired from medical school, internships and residencies, and I think the most important thing during that time is to become a man of godly character.

The word 'godliness' is often a religious word, but it has a general meaning as well. A godly person is recognized as truthful by God and is a man of solemnity who practices benevolence and toward his neighbors. In other words, he is a person of character who is recognized as faithful before God and men. Such a godly doctor makes fewer mistakes in providing medical treatment, and I believe he can find disease and help cure it by respecting the character of patients and colleagues. We know that godliness refers to a high level in spiritual life as recorded in 2 Peter 1:5–7: "For this very reason, make every effort to add to your faith goodness; and to goodness, knowledge; and to knowledge, self-control; and to self-control, perseverance; and to perseverance, godliness; and to godliness, mutual affection; and to mutual affection, love." Also, when people were astonished after Peter and John enabled a crippled man to walk in Acts 3, Peter said in Acts 3:12, "Fellow Israelites, why does this surprise you? Why do you stare at us as if by our own power or godliness we had made this man walk?" We can also get the definition of godliness in Acts 10:1–2: "At Caesarea there was a man named Cornelius, a centurion in what was known as the Italian Regiment. He and all his family were devout and God-fearing; he gave generously to those in need and prayed to God regularly." Godliness can be expressed as the compassion of Confucianism, the benevolence of Buddhism, and the practical character of love in Christianity. To become a godly man, one has to develop the solemn character enabled by the Holy Spirit through Bible study and prayer, coupled with gentleness and humility. I believe that such godliness is the most essential character trait in grasping the necessary medical knowledge from the time of admission into medical school to the time of fully acquiring the art of medicine through internships and residencies after graduation.

5. The Practice of Medical Ethics

Doctors frequently face ethical issues in practicing medicine. For instance, let's say a cancer patient with serious symptoms is in great pain, and the patient and his guardian agree to euthanasia. Will the doctor approve it or reject it? Also, when a woman gets pregnant against her wishes and wants an abortion, should the doctor consent to it? According to the old medical law, if the doctor practiced abortion when it was not appropriate, he violated the law and had to be punished severely. Recently, some scholars have been arguing that a natural population growth rate of less than 1.3% doesn't threaten social life. They observe that they will overlook abortion based on the financial circumstances of the patient's family and her will. From the perspective that natural population growth should remain below 1.3%, abortion can be allowed. However, seen from the perspective that life begins at the time of conception, the practice of abortion is murder. Thus, the doctor who intends to obey the command of his conscience will obviously refuse the practice of abortion.

It is known that if a liver is removed within twenty minutes after the heart, breathing, and nervous system stop functioning in a dead body, a liver transplant can be successful, but getting that kind of liver is extremely difficult. However, an ethical issue can arise as in the successful case of Professor Kim Su-tae, who performed a liver transplant last year in 1988 at Seoul Medical University, when a liver was removed from a brain-dead patient and transplanted into a Wilson's disease patient. In the case of Professor Kim, his skill in performing liver transplants had been perfected and he exercised precise judgment on brain death. That's why he was able to acquire the agreement of the patient's guardians, removed the liver before its circulation stopped, then removed the liver from the Wilson's disease patient, and finally transplanted the new liver into the patient with Wilson's disease successfully. The patient who received the liver transplant survived, and two months ago he celebrated his good health. The guardians readily consented to the surgery because Professor Kim was a godly man, and the staff members all worked in unity to achieve the first successful liver transplant in our country. This incident was not only the success of science, but it can also be said to be an artistic expression.

As doctors know well, brain death takes place when oxygen fails to reach the brain for more than four minutes. When that happens, patients die 99% of the time. However, if such a patient receives oxygen through an oxygen mask earlier on, along with sufficient supplies of nutrition, water, and electrolytes, the heart can beat for several days or more, and blood can circulate through each organ. In other words, even though the patient may be in a state of death, organs such as the liver, heart, kidney, and lungs can continue to function under proper conditions. If more than three godly doctors acknowledge such a patient is brain-dead, I think it would be a good idea to tentatively allow the patient to be a candidate to donate organs, until a law is established concerning this issue.

However, one should not forget that the ultimate goal of medical treatment is to preserve the human lives granted by God. I believe that the basis of medical ethics is that trusting human relationships must be forged between the patient and the doctor in order to provide the greatest amount of medical treatment for the absolute majority, and what is necessary is that doctors should be people with godly character.

6. The Ethics of the Doctor

Medical ethics consists of the general ethics of humanity and the special ethics involved in medicine. The primary virtues of human ethics are benevolence and fairness. These two virtues can be called cardinal virtues, but they can change in accordance with the time, place, or customs.

The basic attitude of the doctor toward patients lies in the scientific diagnosis of the disease and the practice of medical treatment. At the same time, it also lies in correcting the delusions and misunderstandings patients have. For scientific diagnosis and treatment, the doctor must train his art of medicine through a godly life at the medical school, internships after graduation, and residencies. I also believe that the ethics of the doctor is practiced by respecting the personal life of the patient as well as the social life of the patient and his/her guardians.

Medicine in the East was called the 'benevolent art', and it was called 'science' or 'art' in the West. But the ethic common to both the East and the West is humanity. It was Mencius who used the term 'benevolent art'. After seizing power, Duke Huan of Qi asked Mencius how he could protect his people in order to practice the 'benevolent art'. Mencius replied, "I heard that you ordered your subordinates to apply the blood of a slaughtered cow to the bell so that it will not get rusty." Duke Hwan replied, "Yes I did." Mencius said, "I also heard that you had mercy on the cow as it shed tears while it was being carried to the slaughterhouse, and you told your subordinates not to slaughter it but to slaughter the lamb on the back hill and apply its blood to the bell." Then the duke replied, "Yes, I did. But people are putting me down, arguing that I told my subordinates to have a lamb slaughtered instead of a cow because I was stingy. No matter how small-minded I am, how could I do such a thing?" Mencius responded, "Since you had mercy on the cow that was shedding tears while it was being carried to the slaughterhouse, you had a lamb slaughtered out of sight on the back hill instead of the cow, and then applied its blood to the bell." He then added, "Everything will be fine if you have that heart as you govern your people. Don't worry. Having that kind of heart is the benevolent art." That seems to be the origin of the term 'benevolent art'. Likewise, death is a miserable thing, but the key to benevolent art is to practice not letting go of life. A doctor with compassion for the patient practices the benevolent art when he obeys his conscience, and the godly doctor practices the benevolent art in obedience to God, not men.

Medicine in the West is called a scientific skill. Diagnosis and treatment are done scientifically, so if the process is well comprehended and complications prevented, most diseases will be healed naturally. We also know that we can help the crippled to walk using artificial devices that are less responsive to the body, cure life-threatening diseases such as aneurysms, and bring back the dead to life using artificial blood vessels or heart valves. We know full well that these are scientific activities. To take a step further, successful organ transplants are possible because of our knowledge of human biological functions, and our control of the immunological functions is not only a science but also an art.

In 1961, I attended the American Academy of Medicine at Atlantic City, New Jersey. At the time, Professor Joseph E. Murray showed a video of a successful kidney transplant. I still vividly remember the experience of seeing two thousand doctors all standing up and applauding for more than three minutes after watching a patient walk out of the hospital healthy two weeks after a kidney transplant. I want to say that the scene was surely an art, more than a science. Recently while watching live the successful case of Professor Kim Su-tae performing a liver transplant on a patient with Wilson's disease, I experienced the same feeling I had while watching the successful kidney transplant by Professor Murray. As stated before, Professor Kim Su-tae is a man of godly character who thoroughly mastered the scientific skills necessary for a liver transplant, knew the prognosis of Wilson's disease, and helped the patient's parents and siblings understand it. He then got approval from the parents and siblings of the brain-dead liver donor, and performed the surgery. I'd like to say that the successful liver transplant, through the cooperation of everyone present in the operation room, was an art.

We medical practitioners sometimes experience this artistic value. One day in 1959, I was on my way back to the hospital after performing a stomach cancer surgery at the Seogwi-po branch of the Jeju Provincial Hospital. I was at the airport waiting to board when a local police chief came to the airport and said he would treat my group to coffee. When I asked him why he was showing us such hospitality, he said that while he had been working as police chief in Dongrae, Busan some seven or eight years ago, he had had a stomachache and mucous stools every morning, but the medicine he got from a pharmacy in Dongrae didn't help him at all. Then he had come to me with seven or eight medicine envelopes and made an inquiry. He was a man with a healthy build and with keen eyes. He told me that I had asked him when he had begun having those symptoms and whether he had been taking any medicine. Then he said, "I have been taking medicine for twenty years but to no avail." Then he said that I had told him, "Your symptoms are not a disease. What a disease does is to make you either die or get better. You have a disease which is a result of being nervous." Then he said he had left after saying, "I see." After that, he didn't have any symptoms at all and had been working healthily. So, he had showed up to express his gratitude to me. Since then, I have believed that we need doctors who will help patients stop using medicine, and I tried to become such a doctor.

There are things I want to add to the duties of the doctor. In the introduction of *Cecil's Textbook of Medicine*, Professor Lloyd H. Smith of Internal Medicine at California Medical School pointed out the five things patients expect from their doctors:

1. Patients expect their doctors to hear and understand their stories.
2. Patients expect their doctors to take interest in them as fellow human beings.
3. Patients expect their doctors to be professionally competent in science and technology.
4. Patients expect their doctors to inform them of their disease reasonably and thoughtfully.
5. Patients expect their doctors to not give up on them.

2. The Heart and Disease

(Tentative title, *Chosun Ilbo* (Daily) Medicine and Window Writing Collections) This article appeared in the Medicine and Window Collections of the *Chosun Ilbo*.

Disease that Does Not Need Medicine

As I grow older, I have begun to lose my eyesight and can't read books well. Not only that, I felt that I was not making any more progress in the surgeries I always performed. The rising younger doctors study new research, and new experts are appearing in each area of medicine. Thus, these days I am thinking that it's about time for me to resign from practicing medicine.

About seven years ago, the healthy-looking chief of a police station came to visit me from out of town. I asked him, "What brought you here? What are your symptoms?" He replied, "I don't know what the disease is, but I have a stomachache and mucous stools every morning. Would you please tell me which medicine I should use?"

Then he showed me the bags of medicine he had been taking. I asked him again, "When did you start having those symptoms and how did they change?" The chief said that he had been having the same symptoms for twenty years. I answered after checking his stout build and hearing his firm answer, "Such a disease doesn't exist. A disease makes you either suffer and die, or heal. What you have is not a disease but neurosis. It can be cured only when you let go of all the medicines you've been taking." Then he replied, "Is that so?" He put on a smile and said, "I heard you." He then left without getting diagnosed.

Two years passed. I went to Jeju Province with a few friends of mine because a staff member of the Seogwipo branch of the Jeju Provincial Hospital asked me to perform a stomach cancer surgery on her mother. After the surgery, I headed for the airport to return home. Unexpectedly, I was told that the local police chief was waiting for me with coffee in the VIP room. Without knowing what was going on, I followed the guide. When I saw the chief, I thought I had seen him somewhere, but I couldn't place him for sure. At first I gave him words of thanks and then we shook hands and sat down. With a wide smile on his face, he held my hand firmly and thanked me for taking care of his disease several years ago. Since I couldn't remember it well, I asked him what had happened and when it had happened. Then he said he had visited me two years ago, relating to me that he had brought me twenty kinds of medicine. He told me that I had told him, "Such a disease doesn't exist. Disease makes you suffer and die or you heal up. What you have is not a disease but neurosis." He said he had liked what I told him. That's why he stopped taking medicine from that day on. Strangely, his stomachache stopped and he no longer had mucous stools.

Since then, I resolved to become a doctor who would help patients not to rely on medicine and thought that if the doctor treats patients with truth and compassion, he would be able to help others until he dies.

I often reflect on what I have told medical school students before: "The majority of diseases (about 70%) naturally heal because of the energy produced inside the patient's body. All we doctors need to do is inform the patients of the cause and symptoms of the disease. However, patients think that their diseases were cured because of the doctor. If the doctor treats patients with truth and kindness, he will become famous." That thought keeps me working even now.

Chosen Ilbo, August 14, 1979

Couple Neurosis

When I treat patients at the outpatient clinic, I often come across patients with neurosis. The majority of them are married women, and the symptoms of these patients are gastroenteric. In other words, they mostly complain about sour stomachs, indigestion, headaches, and lethargy. These symptoms continue for several years, and sometimes for even more than ten years. Such symptoms worsen with neurosis.

One day a couple in their forties came to visit me. The husband seemed nice and full of compassion, but the wife seemed like a person who loved herself more than her husband. They each bought a diagnosis ticket and came in. The wife came in first and sat on the chair.

"What brought you here?" I asked.

"I always have heartburn and I feel like something is pricking my chest. I also have indigestion and headaches."

"When did you develop those symptoms?"

"I've had them for about three years, beginning with the birth of my first child."

"Haven't you seen a doctor during that time?"

"Although I went to several hospitals for diagnoses, every doctor said there's nothing wrong and even the X-rays showed no problems. If I take medicine, I do get better for a while, but if I don't take medicine, the symptoms get worse. That's why I'm here."

When I tried auscultation, percussion, and visual examination, I couldn't find anything wrong in the chest, stomach, or limbs. So I thought it must be a nervous stomachache, and then I began examining the husband after I sat him down on the examination stool.

"What seems to be the problem?"

"I feel very heavy and my limbs ache. I also have a fever and indigestion. I've been having these symptoms for several years. At first I made every effort to attend to my wife, but now I become so easily tired myself that I can't take care of my wife."

So I first examined his mouth, tried auscultation and percussion on the chest, and did palpation on his stomach, but nothing seemed wrong. Nothing was wrong with the X-ray results either. When the husband is compassionate, my clinical experiences have taught me that the wife seems to have symptoms of neurosis. In this case, it seemed the wife had been subconsciously seeking comfort from her husband in many ways after delivering her first child. My impression was that since she couldn't express it verbally, she seemed to express it through her bodily pains. That's why she was having such symptoms.

On the other hand, the husband worked hard to ease her problems, but within a couple of years he himself began to feel pain. I found that such symptoms worsened and then improved in a continuous cycle. I declared the disease as 'couple neuroses' where the disease repeats itself because of the mentality, "I am more in pain than you are," and I explained to them that the disease is caused by self-centered thinking. I also said that true love means the husband loves the wife more than he loves himself and vice versa, and true love is the key to the disease. The couple wondered for a second at first and then immediately smiled as if they knew I had figured out their pyschology. After the couple left, another couple with same symptoms came in through the side door. I solved their problem with the same method and reflected again on the great understanding of Buddhist Master Won-hyo: "Everything comes into being if it is formed in the heart, and everything disappears if it is removed from the heart. Everything is made or comes into being by the heart."

Chosun Ilbo, August 16, 1979

Disease Caused by the Inability to Broach Subjects

While I was working at Busan Medical University, one of my friends, a psychiatrist and professor, while preparing for a lecture, was asked to come and see a young lady in a rural area who had been suffering from hives. Professor Han asked her how and when the hives broke out. The patient said that when she was exposed to cold air, she developed hives all over her body and felt a pressure on her chest. She thought she might have developed those symptoms after she got married. Professor Han told her, "Then go outside into the cold air and jog a lap," and showed her to the porch. In a little while the patient came back and hives had broken out all over her body as she said. Professor Han pondered over the cause of hives, and suddenly a question flashed through his mind. He asked her, "Do you have anything you have wanted to say but couldn't bring up?" The lady answered, "I don't hold anything back." He then told her, "I will be gone to give a lecture for one hour, so please see if you have anything you have wanted to say but couldn't." He then left the lady and headed for his classroom.

When he returned to his examination room, the lady seemed to have thought of something. "My brother-in-law behaves badly, and I wanted to bring it up at the beginning of my marriage, but I haven't been able to do it because I thought my mother-in-law wouldn't like it, and also I thought my husband would feel uncomfortable talking about it." Professor Han told her, "You got sick because you haven't been able to say it, but now that you have, you won't have hives again." He then suggested she go out to the porch and then come back. Following his suggestion, the lady went out to the porch and jogged for a while. As he had said, she didn't develop any hives. Sharing the story with me, Professor Han said he once again realized how much man's psychology affects the body. In fact, I think more than half of all clinical cases may be addressed with psychiatry. Causeless rheumatic pain and rheumatoid arthritis are known as allergic problems, but many times they might have been caused by a subconscious desire for compassion.

We often experience similar instances in our daily routines. When trying to go to sleep, we feel our legs are numb or in pain when there's someone who can massage them, but when there's no one to give us a massage, we feel our legs are just a little bit numb and in pain. However, the next day after sleep, we don't feel any pain at all. Like the lady mentioned above, some people suffer from hives because they can't say what they want to say, but others develop a disease out of their desire to be comforted.

Chosun Ilbo, August 19, 1979

Identification

The habit of identifying with others is a habit one forms without being aware of it. Cheering our national athletes or wanting victory for our team while watching games comes from that kind of habit. When I was young, I heard biblical stories of mankind from my father and desired to become like Joseph in the Old Testament. Of course, I didn't want to become like the Joseph who was sold and imprisoned. I wanted to become like the Joseph who interpreted dreams well, became the prime minister, and helped his father and brothers survive a severe famine. I admired David. Praying always that I would become like David who was a valiant king, I wanted to save my own people. That might have been during my elementary school years. However, after I repented out of a sense of guilt for not being a filial son during my second year at Songdo High School and believed in Jesus as the Savior, I lived my life desiring to become like Jesus.

One day in 1957, a twenty-two-year-old man came to the Busan Gospel Hospital where I was working. He complained he had stomachaches if he didn't eat anything, but they would go away if he ate or drank. But three hours after eating, the stomachache would return. It was a characteristic symptom of a digestive ulcer. I had the gastrointestinal tract of his upper stomach X-rayed. As a result, a typical ulcer was located in the small curvature of his stomach. When I asked him how long he'd had this symptom, he said it had been two years. Even though it was a disease that could be cured with surgery, he didn't have any money. I thought about the family I had left in the North; the young man looked like my oldest son with a similar height. Thus, I wanted to treat him free of charge. He didn't have any parents left, but he had been married, so he had his wife as well as his uncle, who was a close relative to him. I told him to get his guarantors' stamp of permission for a surgery. About a week later, the young man returned with permission. The surgery went well as scheduled and he recovered smoothly after the surgery and was released within ten days. Although I don't know where he is now, I offer a prayer of thanks to God and believe he's living well somewhere. After that, whenever I treat patients, I often think about the question, "What if I were the patient myself?" In particular, whenever I recommend a surgery, I ask myself, "Would I myself have surgery for this disease?" and reach a conclusion.

When I judge whether I will amputate a part of the body or wait and see the progression of a disease and then decide later, I almost undoubtedly make the right judgment call when I think of myself as the patient. The best way is for the doctor to identify himself with patients and then examine them.

Chosun Ilbo, August 22, 1979

3. Death from the Perspective of a Christian Doctor

Elisabeth Kubler Ross, an American psychiatrist, published *On Death and Dying* (1969) and *Questions and Answers on Death and Dying* (1974). She is soon to publish her third book entitled *Death: The Final Stage of Growth*. Based on several cases I experienced as a doctor, I intend to share my humble opinion concerning the biological death of those who believe the words of the Bible as truth and are living in accordance with natural laws, socio-scientific laws, and the laws of God's salvation.

The death of a human being is different from death considered from a simple biologist's point of view. Biologists would see death as the final stage in the process of life. I too share their views concerning the physical death of life, but I see the death of a human being as taking off the clothes of his physical body as a person of character, which is his soul and spirit, in the process of life.

1. The Physical Death of Man's Life
(a) Definition and Diagnosis
Death is a biological process of life. Death is diagnosed as

a state in which the biological organism stops functioning, the heart stops beating, and reflexes are lost. This diagnosis belongs to the duties and rights of the doctor.

(b) Kinds of Death and Their Forms – Natural Death and Murder

When people grow old and weak, their whole body withers and dies without suffering from diseases. Ideally, such a case could be called a true natural death. But such a case is very rare. In most cases, people develop a disease and die. That's why dying of a disease is called natural death, while killing oneself is suicide, and harming someone to the point of death is murder, which are distinguished from natural death.

Deaths from disease include sudden deaths, and other deaths can be predicted such as dying of incurable diseases. When dying an abrupt death, the doctor can't exercise his wisdom or competence and doesn't have the time to engage in personal interaction with the patient. In that case, one's attitude toward death becomes mechanical, feeling meaningless. I feel very different when treating patients who are groaning because of incurable diseases such as high-blood pressure or cancer.

(c) Reversibility and Non-reversibility

The reason death can be called a biological process of life is that the body, which has been dying, can live for more days or more hours if the conditions are right. However, such a phenomenon is possible only when the biological response is reversible. Surviving a seeming death is of this kind of death. If the response in that state is non-reversible, the doctor's efforts are not effective and the patient ends up dying. The death of a living body and the death of each individual organ have time differences. Namely, even after the body is diagnosed as dead when the heart and breathing stop and the nervous response is lost, the liver and bowels can survive for thirty minutes, the kidney for forty minutes, and the skin for an even longer time. The time that each part of the body can survive without oxygenated blood differs; the brain dies if blood is not supplied for four minutes.

If blood fails to go to the brain for four minutes but later resumes its flow to the brain, as long as the respiratory center and the cardiac vessel center inside the medulla oblongata are still alive, the heart and breathing can continue to function normally. People in such a state are called 'vegetables' and can live for quite a while without any consciousness, while eating and breathing, since there hasn't been any major damage to other organs. However, the patient will die if he develops another disease, and living with restored consciousness is extremely rare. Such a person can donate his own heart to another person for a transplant. Recently, it has become common that the heart is used for transplants, as are the blood, kidneys, liver, bowels, cornea, and skin after an abrupt death. In this way, death is viewed as a process of life.

2. The Psychological Stages of Man When Dying

Ross divided the psychological change of patients facing death into five stages.

Namely, once a patient recognizes his terminal disease, not only does he become shocked, but he also takes a defensive attitude. Although the attitude of those who hear the news "there's no hope" varies, they similarly experience a great shock. Moreover, they doubt that they have such a disease or they try to hope it doesn't exist. Most patients deny the reality. This denial is never a complete denial. Once that denial subsides, anger and passion control the patients. In most cases, the anger and passion tend to be expressed in the form of jealousy toward those who are alive and not sick, and this anger is not reasonable most of the time. If those around the patients know the patient's anger is not resentment toward any one individual, it will help them greatly. Then the patient passes the stage of temporary compromise into the stage of depression. It serves as a stepping-stone into the last stage of acceptance (adaptation). It also shows that these stages are not only interchangeable but also overlap.

However, according to conversations I have had with terminally ill patients, many patients reach the final stage of acceptance without any external help. In other cases, patients maintain their peace and face death only with assistance while going through the previous stages. In most instances, every patient held on to some hope until the very last moment regardless of the stages of a disease or adjustment mechanisms. In other words, it is true that the patients maintain hope thinking, "Will I not be cured because of a new invention in medicine or will there not be a miracle from God?" Of course, Christians have sure faith in the next world and many of them exhibit peace in Christ.

Those who have received little education and are less bound by social ties and occupational duties seem to pass the last crisis comparatively easily. On the other hand, those who enjoy materialistic comforts and have complicated social relationships seem to face death in a very unstable state. Aged people seem to die an easier and quieter death, but those with great ambitions seem to have a longer stage of anger and face a more difficult death. The difference between those with a religion and those without a religion is not great because people of true religion, with authentic faith, are very rare. Even though they have a religious faith, their faith is not strong enough to overcome fear and struggle.

Once patients go into the stage of acceptance and a state of decathexis, they are often bothered by external interference, become unstable, and end up dying without peace. Those in a state of decathexis seem to receive a signal of death psycho-physiologically. I often experienced patients asking me to stay next to them 'now'. As stated above, I could capture which psychological 'stage of death' patients were in based on the conversations I had with them. Thus, I reached the conclusion that it is the right attitude of a doctor to respect the personality and intentions of the dying patients and treat them accordingly as discussed in this seminar.

3. A Few Experiences I Had as a Doctor

The first case: it happened around the year 1935. A young man around the age of twenty-five was running a high fever every day and getting weaker from peritonitis from appendicitis, as well as the septicemia blood poisoning of gram-negative bacillus infection.[1] It was during the time when the antibiotics for gram-negative bacteria had not been found yet. During the surgery, the left and right sides of the lower abdomen were cut and the pus extracted. The patient was expected to recover by his own bodily resistance. But he ran a 39.5 degree Celsius fever, had chills and shivered daily. I thought that the patient couldn't stand it any longer and put him in a category of decathexis. However, he was enduring the physical symptoms with his sheer mental strength, be-

---

1. All bacteria can be divided into gram-positive bacteria and gram-negative bacteria. The structure of the cell wall of gram-negative bacteria has the thin peptidoglycan layer covered by the lipopolysaccharide layer. These bacteria seem related to the devices that cause the infection and shows common characteristics according to clinical opinions and their sensitivity to antibiotics. That's why the comprehensive name 'gram-negative bacteria' is used. Its most leading disease is the infection within colon bacillus and other diseases include Pseudomonas aeruginosa infection, Salmonella infection, and Shigella infection.

lieving that he shouldn't die while his father was still alive. I could not help but be impressed by the strenuous struggle he was putting up. I had been treating him thinking that he would live only for one more week at most, but he struggled for a month. However, I am not sure whether it was because he knew the limit of his capabilities or because he received a signal of death, but he pressured me to tell him the prognosis of his disease. I blurted out, "Well, in my opinion, you've overcome the crises that seemed impossible to overcome, but I have no assurance to give you as a doctor." The patient died two hours after he heard my words.

After that, I regretted that because I thoughtlessly spoke when I wasn't sure, and that I didn't help the patient who was overriding the biological laws of the body with his mental spirit. After all, I said words that assisted the separation of the life of the physical body and the spirit.

The second case: A fifty-year-old homemaker had surgery because she had an ulcer in the upper abdomen. It turned out to be cancer in the left lobe of her liver. I knew the process well because she was my sister-in-law. After she was diagnosed with liver cancer, she rested at home without taking any medication. She survived six months after the diagnosis. Before she died, she made clothes, blankets, and other housewares for her daughter who was getting married soon. She died one day after her daughter's wedding. She didn't say a word indicating her pain until the night before the wedding, and she fulfilled her responsibility of marrying off her daughter. This case is another example of how a person stayed alive with her mental strength— she couldn't die until she fulfilled all her responsibilities. This case helped me to recognize that strong mental activities can surpass the death of the physical body.

The third case: The patient was fifty-two-years old and a devout Christian. She'd had breast cancer surgery two years previously and had been fine until now. However, since some two months ago, she felt pain in her chest and finally came to the hospital.

Recognizing that her cancer had recurred, she refused all types of treatment and prayed at home to find out the will of God, and female members of her church waited on her. She ate little, and during the day she sat up and prayed for herself and her church. She encouraged those who came to visit her to remain strong in faith and prayed for her church and nation during the evening. After ten months, her face got a bit thin, but it reminded me of the face of an angel. On one of the days into the tenth month, the patient told everyone waiting on her that she wanted time to pray on her own and had them go home, as if her death had been predicted. Those who had been attending to her went home without much thought. Those waiting on her came back to her house the next day and found her dead because her spirit had left her body.

The patient went into the bosom of the eternal Lord after living her life in the bosom of Christ. I, too, thought that her physical body was her clothing in this life. In fact, the body is only an organism. It is a suitable place for the biological life to dwell. However, it is not fitting for the spirit to dwell. I believe that her spirit lived a vibrant life and thus took off the clothes of her physical body and put on the new clothes of her spiritual body.

Although this patient was not diagnosed with cancer, she quickly judged that her cancer had recurred and thus did not undergo the stages of shock: self-defense mechanisms, anger, depression, compromise, acceptance, decathexis, or hope in the invention of cancer cures due to medical developments. Instead she took off her physical body and went home to be with the Lord, relying on her direct hope in heaven and her personal fellowship with Christ.

The fourth case: the patient was fifty-five-years-old and a Christian. Six years after she was diagnosed with left-side breast cancer, I was contacted by my friend and told that the patient was his own wife, so I went to visit her. Since I had known her when I was younger, I was surprised to see her very pale and thin as a bag of bones. Furthermore, she said "ouch" every time she moved her body, probably because the cancer had spread to her pelvic bone. However, she immediately said, "Thank you," saying both "ouch" and "thank you" at the same time. Thinking that she would not live more than two months in that state, I told the patient that it would be better for her to live like that with her spiritual faith and remain at home. She had already set her mind on not worrying about her life or making any efforts to live longer. Rather, she was committed to her hope in the next world and intent on obeying to fulfill the will of God in her life. She lived six months longer and left the world, looking as if she were sleeping.

The fifth case: the patient was a fifty-nine-year-old pastor. He was a bag of bones and his skin was almost non-existent due to a lack of moisture because he couldn't take any food due to a cancer in the esophagus. Because he was so weak after he was hospitalized, I couldn't perform any surgery. All I could do was hydrate him. At the time of his death, his church members came to visit him and began to cry at the sight of him. The pastor said, "Do you think I will die? No, I am not dying," and tears welled up in my eyes. Many thoughts came to my mind, like "death is something that cannot exist. Men are not to be separated from each other." The life in the body seems to give the impression that it separates people. I think the tears were my own way of feeling sorry for those who live their lives, deceived by the impression. The pastor left the world the following day, looking as if he were sleeping.

The sixth case: the patient was a sixty-two-year-old man and his stomach cancer had spread through his pancreas as well. Although he received a gastrectomy, his duodenum was blocked, and he developed jaundice as well as cholangitis. Three months after the surgery, his intestinal anastomosis was blocked and nearly died of starvation. At the doctor's suggestion, the patient received two or three more operations and cooperated with the doctor because he didn't have shock or anger or depression. Thus, the patient cooperated with his doctor with acceptance and a hope for healing. He didn't get into decathexis and fought his disease in his right mind until the very end. Although he was a non-Christian at the beginning of the disease, he seemed to think about eternal life when he reached a point where he felt he could not continue solely with his mental strength. He also seemed to have tenacity regarding his life, but he didn't seem to care much about his departure from his family. It seems that people with developed reason and who pursue true life seek eternal life at the time of their death.

The seventh case: the patient was a sixty-nine-year-old man. A medical doctor, he contracted myeolomonocytic leukemia and died of a cerebral hemorrhage while he was undergoing chemotherapy. He knew his diagnosis well and had been counting the remaining days of his life. Since he and I went to school together and he was senior to me, I went to visit him. I asked him, "Sir, do you believe in the permanency of man's life?" Then he replied, "I believe that my life has been transferred to my children." On the morning of his death, his doctor (Doctor Jeon) asked him, "Have you lived a content life?" Then the patient answered lightly, "I am happy." The patient, who was a scientist and very intelligent, didn't get into decathexis and left the world without any hope or any lingering affection for the world. Even after he left the world, I felt that he went to God and Christ, who is truth, because his pursuit of truth was so earnest when he was here on earth fellowshipping with me. I feel responsible for not leading him to meet Christ while he was alive.

The eighth case: the patient was a sixty-three-year-old man. He was a medical doctor. While teaching as a university professor, he contracted a fever. He had amnesia as an aftereffect, and thus he had to resign from his teaching position and rest. He died a sudden death. After I heard of his death, I ran to him and spent some time before his coffin. While meditating, I found myself shedding tears wondering whether he died because of my sin. When he was looking for friends because of loneliness, I had never taken the time to please him, and I felt guilty. We also need the affection of friends in our lives, but I didn't meet his needs when his life and mine were connected. How can I say that I fulfilled all my duties as a friend?

Conclusion

Biologically or psychiatrically, death is a part and process of life. Non-believers end their lives hoping they won't die, but those who believe in Jesus Christ pass over death and move into the everlasting life of Jesus. Those whose reason is sound do not get into decathexis and face death with hope. Christian doctors should lead people to hope in life in Jesus Christ. Physical death is only the phenomenon in which the patient takes off his physical body.

Busan Gathering, Vol. 13: 1 (February, 1980)

4. Incurable Diseases and the Doctor

An incurable disease is not a disease name nor something designated. However, its designation comes from the vague notion that doctors, patients, and people in general have concerning certain diseases that are not curable with modern medicine. Incurable diseases, for example, include dangerously high blood pressure, heart diseases, liver cirrhosis, nephropathy, and cancer. In the past, tuberculosis and leprosy were considered incurable diseases as well, but these days they can be cured. However, diseases such as cancer have no cure despite the vigorous research that has been done. That's why doctors can't readily come out with the right diagnosis for cancer patients, because if they do, the patients will become despondent, unpleasant, and depressed. However, if the doctor tells a lie, patients will not trust him because the prognosis and the doctor's words do not coincide. Thus, when the doctor finds himself in a situation like this, he worries about what he should say.

Some people argue that since disappointing patients is a big mistake, doctors should hide the diagnosis and brush it off with a lie or something similar to it. But others argue that honest doctors must tell the patient the right diagnosis and explain what's wrong. Although cancer varies according to its stages, more than 50% of cancers can be cured with modern medicine, namely surgeries, radiology, chemotherapies, hormone therapies and immunotherapies. Therefore, it is the doctor's duty to diagnose a cancer as early as possible and suggest the right treatment. But no treatment works once the cancer has progressed extensively and spread to various parts of the body. When this happens, both the doctor and the guardians of the patients get puzzled and discouraged. At that time, one thing the doctor, the patient, and the guardians should be careful of is identifying the difference between the fact that the disease is incurable and the fact that there's no hope (despondence) because incurability refers to a physical disease, while having no hope refers to the heart and is not physical. I believe even a patient with an incurable disease can always have hope and maintain a peaceful life if he has established the right view on life. Pain comes to such a patient because of the pain itself as well as anemia and physical weakness coupled with a sense of responsibility for his parents, wife and children, and fear of death.

However, the pain caused by cancer usually begins slowly, and if the patient endures it at first, he can surely overcome it in many cases. Thus, I know it is right for the doctor to encourage the patient to overcome the pain. If the doctor begins to use painkillers out of compassion for the patient, the patient's will to endure pain becomes weaker and the patient ends up using more painkillers. In order to correctly heal a patient with an incurable disease, the doctors, the nurses, and the guarantors (relatives) all need to establish a correct understanding of life. Namely, the life of a human being is not simply limited to the physical and biological life only. A human being lives a social, legal, moral (ethical) life as well as a spiritual life with God, and the foundation of this life is the love of God. Although the biological life might stop, the spiritual life is everlasting as long as it loves. Those who experience this pure love no longer fear the end of life at all. Since they live by faith in the eternity of the spirit, their words and deeds are always optimistic. They enjoy and are thankful for their life instead of fearing death. Thus, we emphasize that fulfilling love in the present world is the purpose of life, believing that the physical life and the present world are transient, but the spiritual life and the next world are eternal. Such an understanding is obtained by faith in the Scripture as the truth. Who can treat the patient with an incurable disease? Who can give the cancer patient hope and cause him to be faithful to his duty until the end? I believe that doctors with the aforementioned views on life and the world can surely guide a patient with an incurable disease. Above all, doctors should guide patients with love. The right guidance can take place when doctors treat patients like themselves and take care of them.

It's unthinkable for doctors to attempt to treat patients with an incurable disease with medications because they can't dispel anxiety or fear with medications or words of deception. The heart and deeds of love alone can provide patients with peace and comfort along with hope in eternal life. However, since doctors see so many patients daily, they can't spend much time taking care of just one patient. Thus, nurses and the patients' guarantors must treat the patients with the love of Jesus Christ.

Material provision alone cannot be of any help to patients with an incurable disease. What is more necessary is the food of the heart, which is authentic love. Namely, it is to help the patient get in tune with the positivity of his personality and eternal life. To put it differently, the doctor who treats a patient with an incurable disease must possess eternal life himself, and play the role of passing that life to the patient. This life is the heart of love and the activity of a man. Therefore, doctors shouldn't become happy or sad because of the progression or regression. Rather, doctors should always have their eyes fixed on Jesus Christ and think and live in Jesus' life (personality). When that happens, even a patient with an incurable disease will live a responsible life as long as his physical life continues.

Busan Gathering, Vol. 6: 5 (October, 1972)

5. Psychosomatic Disease

Koreans seem very smart because there are more patients with psychosomatic diseases in Korea than in America. 60% to 70% of outpatients are said to have a psychosomatic disease. According to a paper presented by Professor of Internal Medicine Ryu Gwang-hyun of the Busan Medical University, psychosomatic disease refers to a disease in tissues and organs caused by extreme mental stimuli such as concerns, anxieties, anger, and long-lasting agony. For instance, hyperpiesia (angiosclerosis) keeps the mind in a tense state, and the blood vessels constrict, and when there's much cholesterol in the blood, they harden. In an experiment with animals, when high levels of cholesterol were given to the animals, their blood vessels hardened. However, even if the level of cholesterol increases in the blood, human's blood vessels rarely harden if the heart is peaceful.

Many people worry a lot and remain tense, and because of cholesterol they develop angiosclerosis and suffer from high blood pressure. When the body is suffering because of minor changes in the body due to a disease or parasites, and if people suspect mistakenly that they might have contracted cancer or a disease that might lead to death, the person becomes fretful. Once a person becomes fretful, symptoms appear in the part of the body that was weakest. Digestive disorders appear the most.

First, if a person gets extremely angry or very concerned about something, the movement of the stomach and the secretion of gastric juice are obstructed. In other words, the person loses their appetite and suffers from indigestion. As we experience in our everyday lives, when eating in a good mood, food is digested well, but when eating in a bad mood, the stomach gets upset and indigestion develops. There's a close relationship between our mental and digestive functions, and this was already proven eighty years ago by a physiologist named Ivan Petrovich Pavlov.

Many patients who came to me end up getting their stomachs X-rayed because they had been suffering from indigestion for years on end, and I often saw patients with their stomachs hanging limp as in gastroptosis. Patients ended up that way because of wrong thinking. Because people worry they have a terminal disease when it's only a minor disease, they end up having symptoms such as indigestion.

Let me present an example. During the Japanese rule, a Japanese woman in Ganggye, North Pyongan Province, came to see a doctor because she had a coughing problem. She was diagnosed with tuberculosis because of anemia, because she looked haggard, and because the doctor heard a "ra" sound in her chest. At the time, people were scared of tuberculosis because they thought most patients with tuberculosis would die (at that time most doctors were not equipped with X-ray machines). She took medications for several months, but she became emaciated and suffered from indigestion without any improvement. Thinking that she would die soon, she returned to Fukuoka, Japan, which was her hometown. Her final diagnosis at a university hospital in Fukuoka was that she was going to die. According to the results of the X-ray examination, there was no tuberculosis but rather gastroptosis in her lung.

The woman went to a Buddhist temple to read Buddhist canons. She spent six months there reading Buddhist canons, eating and sleeping well. After six months, she felt much better and gained some weight. Thus, she dropped by the university hospital on the way to go back to her husband in Ganggye and had another X-ray examination. Her stomach was functioning properly. Gastroptosis is surely a psychosomatic disease.

I see such patients very often. These days I see many patients who come to me thinking they might have cancer. Stomach cancer is difficult to locate at an early stage or when it occurs around the cardia, but 90% of the time it is diagnosed with an X-ray examination. Moreover, people with gastroptosis are very rare.

Gastroptosis is naturally cured if the patient rests from hard work and with peace of mind. It helps if they chew rice and side dishes thoroughly and sleep a lot. Diseases such as acute gastritis, chronic gastritis, and respiratory ulcers are usually cured if patients chew things thoroughly and sleep more than eight hours a day.

It goes without saying that patients can be cured faster with medicine that hinders acid secretion and medicine that protects the gastric-mucous membrane, but patients are cured well without any medications if they chew food thoroughly. If patients are not healed after two or three weeks of treatment, an X-ray examination will be necessary.

60% of stomach cancer can be completely healed if it is diagnosed and treated with surgery. Some people say surgery is not necessary if one is diagnosed with stomach cancer, but that is wrong. There are people who are still living more than twenty or twenty-five years after surgery, and there are a number of people who have lived for more than ten years after surgery. That's why patients will benefit greatly if they heed the instructions of their doctors.

Secondly, rheumatoid arthritis is a kind of psychosomatic disease. Rheumatoid arthritis is caused by various kinds of allergic reactions. It is a case of acute inflammation, and patients can be cured with rest, coupled with an appropriate amount of antiphlogistic medicine, such as prednisone or medicines like salicylic acid and potassium iodide (Jodkali). If the inflammation becomes chronic and joints are not used for long, the joints harden and become difficult to use. The patient ends up not using them and the joints harden even further and the patient experiences even greater pain, creating an evil cycle. Patients worry more and more about the possibility of becoming handicapped, and they try not to use the joints because of these worries, which leads them deeper into the evil cycle. In these cases, the cure is to relax and use those joints. In most cases, rheumatoid arthritis is not a cause of worry as long as it doesn't occur concurrently with endocarditis. Rheumatoid arthritis and endocarditis together require absolute rest and treatment. Recurrent symptoms such as headache, pain in the limbs, and discomfort in the whole body are mostly related to tension, as in the case of major events not working out the way the patients wanted. Such symptoms will go away if the person changes jobs, for example.

As shown above, although there are varying degrees of psychosomatic diseases, they can be mostly cured if the patient leads a spiritual life, trusting every worry and concern to the almighty heavenly Father and living wholeheartedly.

Blue Cross News, Volume 30 (March 15, 1971)

6. Medicine of the Person

The term 'medicine of the person' was first used by Doctor Paul Tournier. Since men are different from animals, they not only show phenomena of the biological body, but they also develop physical diseases because of spiritual or mental functions. Psychosomatic medicine, which refers to disease in the physical body influenced by mental functions being cured when the mental state becomes sound, has been much researched, particularly in recent years.

In the past, clinical medicine had been developed based on anatomy, physiology, pathology, biology (microbiology), and pharmacology, but recently it has been known that the personality of a person influences the cause and healing of a disease, and it can be said that those with sound personalities are the most desirable people.

Actually about 60% of those who come to the hospital have psychosomatic diseases. The majority of them experience mental fatigue and complain about physical fatigue, lethargy, headaches, melagia, stomachaches, indigestion, loss of appetite, sleeping disorders, etc. A look at the causes of these symptoms reveals that the majority stems from struggles arising out of lack of respect and trust between young spouses. If that's not the case, conflicts between mothers-in-law and daughters-in-law are also frequent causes. Moreover, many aged parents undergo physical suffering because their children hurt their feelings. Next in frequency are women who feel anger and resentment while doing business and come to the hospital because of the aforementioned symptoms. These diseases and harm arise because they value money as much as or more than life.

Still others develop a disease because they can't say what they want to say. Hives oftentimes break out because of the imbalance between the sympathetic nervous system and the parasympathetic nervous system, which is related to feelings. Not a few people are also influenced by other patients and become sick suspecting that they have contracted the same diseases. In other words, some people come to the hospital thinking that they might have contracted an incurable disease if there were relatives or acquaintances that recently died of high blood pressure, strokes, liver cirrhosis, or cancers such as stomach cancer. Proper diagnosis can solve these patients' symptoms.

Other people suffer from alcoholism, smoking addictions, drug addictions, or addictions to painkillers, stabilizers, or hallucinogens. Although they know they are bad for their health, they simply can't quit. Such patients can be said to have weak wills. They have to be cured with the faith and love that make their personality sound. The doctor in charge must be a man of character himself who repents of his own unbelief first and then leads others by the guidance of the

Scriptures. Cures led by faith and love can be called 'medicine of the person'. I want Blue Cross clinics to be institutions of healing by medicine of the person.

Blue Cross News, Volume 89 (March, 1983)

7. The Work Attitude of the Civil Servant

"Did I Do Everything I Could Do in the Sight of God?"

Even though I work with you, I feel very sorry for not being able to spend time together with you every day. I'd like to commend you because you want to become educated workers and seek such opportunities. I think Dr. Kim Hakmuk must have given you essential and invaluable words. I'd like to talk with you briefly about 'the work attitude of the civil servant'. I am aware that you already know the spirit, goal, and enterprise of Blue Cross. Everyone should work toward this goal with an authentic attitude, coupled with honesty, faithfulness, and diligence. These character traits such as honesty, faithfulness, and diligence are important matters in social life, and I know that all of you strive to live like that.

I understand we have many Christians here today, and Christians are not content with such things. If they think these are things they have to do in the sight of people, they do their work unwillingly instead of joyously. However, Christians will change their attitude a little bit if they want to please God in His sight. I'm sure you make daily plans and work hard to carry them out. To go a step further, there isn't anything hidden from God, so God knows our consciences and thoughts. I think that's the difference between believers and non-believers. Even non-believers compliment you if your business goals or daily plans are carried out accordingly, and I would like to do the same. However, in doing all these things, you should not think you're doing them on your own. Rather, you should think about whether you've fulfilled all your duties in the sight of God. Others can't see through me, but God knows everything. You can't hide anything from God. "Did I do everything I could do in the sight of God?" should be the work attitude of the civil servant. Although Dr. Kim Hak-muk is here, we talk honestly because we trust and respect each other.

A long time ago, I heard that Dr. Kim Hak-muk had a brain tumor and had to receive surgery. I heard his confession that he had offered a word of prayer in his heart and went into surgery with peace in his heart. The story is that even though he was diagnosed by computers at the Seoul National University Hospital, Severance Hospital, and the Kyung-Hee University Medical Center, he had fear in his heart, and he couldn't go into the operating room. Thus, he prayed that God would give the doctor in charge and others wisdom and understanding so that the surgery would go well. After the prayer, he had peace in his heart and was able to go into the operating room. He had the attitude of: "life and death are providential," and "man proposes, God disposes." What Dr. Kim and I share is the fact that this world is not the final destination, and the fact that men are born into this world but do not exist permanently here. I am not greedy as I live in this world. However, the greatest barrier in this life is greed.

You might already know this, but greed influences our life greatly. You can maintain your personal dignity when you have a job in this world. But if you expect too much, your expectations will turn into diseases. Although you shouldn't have greed, assuming your responsibilities while trying to control this greed can lead to mistakes. After you finish your work, you should look around and try to help others by checking to see if they have done their work or if they have not assumed their responsibilities because of fatigue. You shouldn't have greed to acquire things only for yourself. Our instinctive greed, appetite and sexual desire greatly influence our daily life, and we should know that sexual desire is necessary for preservation of the species yet. But in all of these, we shouldn't break law. We should know the limitations and boundaries so we won't cross them. Therefore, if you want to fulfill your duties, you should learn your work and gain experience so that you can eliminate what is wrong. That should be your work attitude. (To be continued in the next edition.)

Blue Cross News, Volume 97 (February 6, 1984)

"Your Task Is to Save the Humanity of This World with the Power of Jesus."

When we say something is a 'public organization', we refer to an official organization, meaning it has a higher standard in comparison to private organizations. Those who work in public organizations are called civil servants, and those who work for corporations, social welfare corporations, and medical insurance unions can be called social civil servants. The mission of these civil servants is different from that of workers of private organizations, and that's why they are workers of official organizations.

We have to bear in mind that they do not belong to private individuals, but we are servants who belong to the society of the nation. Therefore, what is required of them is character. Character refers to a person's body and spirit and their dignity toward God. That's why honesty, diligence, and faithfulness are required of them. Although I always try to live dependent on the words of Jesus, the following words of Confucius of the East concerning the perfection of character provide us with many lessons:

十有五而志于學
三十而立
四十而不惑
五十而知天命
六十而 耳順

七十而從心所欲不踰矩

What the above means is that Confucius decided to start studying at the age of fifteen, and when he reached seventy, he never broke the law. I think it would be great if we could do as much as Confucius, but this doesn't happen easily. At the age of seventy, I know the desire of my flesh has disappeared and thus remains dead, but my heart is still vulnerable to temptations and tests. If a woman is next to me, Satan enters my heart and tempts me. Such an impulse shouldn't exist in my heart, but the basic instinct is still there. This is the proof that the flesh and the heart (spirit) constitute character. That's why the path to the perfection of character is impossible as long as we're wearing a physical body, but when Jesus returns and establishes the kingdom of heaven here on earth, I will take off my flesh and put on a spiritual body. I think it's then when our character will be perfected.

But if you think there isn't anything wrong with you because you have worked so faithfully and wholeheartedly, you still don't understand religious matters. I believe only repentance leads to right living (being a person of character). Human beings have no choice but to commit wrongs, but when we realize that, our character can go in the right direction after repentance.

One doctor came to me and said, "When did you lose all desire?" I couldn't answer the question immediately. I repented of my sins at the age of fifteen. How did I repent? It was when I was attending the Songdo Advanced Common

School. During the first and second years, I went to classes, and then, after I came back home, I hung out with my friends and played cards. As I played cards for two years, I was able to play card games such as 400 and 600. I realized that my parents were getting a loan in order to send me tuitions payments of twenty won, and later I realized the truth, I came to think about the fact that I was an unfilial son. That's when I repented and was baptized. I was fifteen. After that, my identification with Joseph and David faded. When I came to believe that Jesus redeemed my sin after I accepted Jesus my Savior, I thought that I would become like Jesus when I grew up. Since then, I haven't wanted to bow my head to anyone in the world. My understanding is that Mr. Ham and I share one thing–that we don't bow down to anyone in the world and won't fight against them.

We all bow to someone in order to keep order in this world. When we bow, we're bowing to the character of the person, not because he's above us in status. That's something which we need to think about. We are all God-sent people. I think we have to exchange greetings because we respect each other's character, but it seems that Koreans do not have the right understanding when it comes to greetings. When people in higher status say something, we have a tendency to bow before them, but I think we shouldn't do that. If possible, we have to respect another's character by thinking that he's a God-sent person, and therefore we should thank God for allowing us to work with him. We have to live a God-centered life in everything. At times we can find ourselves surrounded by enemies on all sides because of a misunderstanding. I think I was in my thirties when I actually experienced such a situation at Gihol Hospital in Pyongyang. I felt pressured because enemies on all sides surrounded me. That's why I prayed to Jesus like this, "What would you do, Jesus, if you were in my shoes?" I heard in response, "What do you mean what I would do if I were in your shoes? Just be faithful to the things that were assigned to you. Be committed to them wholeheartedly and faithfully!" With that response, all misunderstandings were resolved in due time. Everything was settled and I was able to restore my creditability.

One day I was working on a manuscript and my wife was doing laundry outside when I realized, "There's love between us. If this love disappears because one of us dies or are separated, what I am feeling now must be a lie. The love we're feeling is true love." That's when I came to think that love based on character must be that kind of love.

I hope that our organization becomes such an organization. I believe that our organization can be an ideal organization if our organization believes in God, becomes united as one according to God's will while respecting each other, and feels that there's love, and this love will not disappear even if someone dies or leaves. At any rate, I think it would be great if our organization would be able to get to that point. I've told you everything from my own experience. When it comes to church service, it has to be done voluntarily, and even that should be with an attitude of offering it to Jesus and asking Him, "What would you do if you were me?"

When we began our medical insurance union, did we know

anyone? Did we have any experience? Did we have any funds? We had no funds. Inexperienced people gathered and launched the union. Dr. Kim Young-wan made a great contribution by registering twelve thousand clients. Other than that, we did everything through discussions. We formed a board of trustees democratically, and I know that we sought solutions to any problems through discussion. When we cooperate like that, God helps us. Even when we didn't have medicine, Muller, a Dutch missionary with the Reformed Missions in Seoul, sent us 150,000 multivitamin tablets. Since it was during a time when patients' nutrition was not well, patients took the multivitamin, recovered their strength, and restored their appetites and health. When that happened, the Gospel Hospital earned credit, and our medical insurance union received good performance ratings. God helped us. It didn't happen because we did it well. Moreover, Mayor Park Young-su helped us, and our membership increased to twenty thousand. In fact, the people who worked here worked really hard. Owing to their hard work, I received the Magsaysay Award because of my social service through the medical insurance union. I didn't deserve it, because other people did everything. All I did was form a board of trustees and follow good advice from the board. Such a humble beginning has continued up to now, and I can't help feeling God's protection over everything.

Then, at the end of 1974, the premium insurance subsidies for the five thousand members came out, thanks to the help of Mayor Park Young-su, and we carried the money over to the following year. Then we received a tax bill for the extra money. It was about 2,600,000 won, but we had used it in January. You have to have money to pay taxes. Since we couldn't afford to pay the tax, the tax office said we would have to forfeit the warehouse. Then Kim Young-hwan, the secretary-general went to the Ministry of Health and Society and explained our situation. A worker there who had been auditing our union for the past three years knew of our situation because the union was working out of the Blue Cross cooperative spirit, and he judged that the money should be exempt from taxes. Thus, he reported this to the tax office, which then reported it to the Ministry of Finance. Then the minister contacted the office of the Busan tax offices and told them to be considerate of Blue Cross, as it was a cooperative movement. That's why we didn't have to pay the taxes. That's an example of how we were recognized for our faithfulness by the tax office. So understand that if you work wholeheartedly, society and governmental organizations will recognize you. Most people want to live a comfortable and happy life. Obviously, I'm not saying happiness is bad, but what I'm saying is that pleasing God is true happiness.

Not too long ago, I had some concerns and couldn't go to sleep, so I naturally went to the Lord in prayer. Since God doesn't slumber but instead works without end, I prayed to Him and as a result of my prayer, God told me never to belong to anybody or anything else since I belong to God. Therefore I do not belong to anything, not even the Blue Cross. I don't work because I want to do it; I do it because I know I have to obey God and do His work.

Uchimura Kanzo wrote a poem titled "Independence," and it's well written. The poem goes like this, "Do not belong to fame, money or anything in the world. When I'm with God, when I'm with my conscience, when I'm with Christ and the truth, I'm free." I agree. I belong to God. I belong to Christ only, not anything else. Obviously, you might say I'm being self-righteous since I'm talking about the work attitude of the civil servant, but I understand that a truly independent person, a truly free person is someone who respects others' characters and practices democracy. Unless one is rightly standing, he can't do it. We have to live knowing that we become free only when we are with God, the truth, and Jesus Christ.

In response to our question, "How would you think if you were in our shoes?" Jesus says, "I came to save all humankind. Are you thinking about that?" That's why those who are working in public organizations shouldn't belong to the work of this world if they want to do things right. Instead, they should belong to Jesus and believe that their mission is to save all men in this world. That's what Jesus' disciples would do. If you have the pride of working for all mankind, you won't care about or get offended by trivial things. The goal of life is to fulfill righteousness. Let us do our best for justice.

Blue Cross News, Volume 98 (February 13, 1984)

Part 2

The Character of Jesus

The way to perfecting one's own character lies in recognizing
and repenting of sin,
accepting Jesus as Christ, observing his commands,
and living a life of sacrificial love by imitating his personality.

1. The Path to Perfect One's Character

In January 1984, I was asked to give a speech about "the path to perfecting one's character" for the employee training of a company. Since I worked as a Christian doctor after graduating from Gyeongsung Medical School fifty-two years ago, the theme motivated me to have a time of reflection on my life. First I searched the word 'character' in a Korean dictionary, which defined it in five ways:

1. Dignity of man
2. Overall unity of an individual's knowledge, emotion, will and body
3. (Ethics) An individual as a subject of moral action
4. (Law) Quality whose independent value is acknowledged as a subject of human right.
5. (Religion) Class or dignity of man's personal character in relationship to God <-> Divinity

I acknowledge the fifth definition as the best because the character is made up of either trisection or a dichotomy. Trisection refers to body, soul and spirit. Dichotomy sees soul and spirit as one mind and thus the character consists of body and mind. Namely, from a religious perspective, one's character is one's dignity in relation to God, and this dignity has the mind as its subject and the body as its organ. However, since the mental life is contained in the physical life and acts in unity, the character in relation to God should be one in which the mind takes control over the body. Thus, any religion seeks a way to perfect one's character and preaches this (religious precepts and morality).

The law of Christianity, precepts of Buddhism, and rules of Confucianism all seem to suggest a way of perfecting personality. The Ten Commandments of Judaism and Buddhism have rules about honoring parents and ban murder, adultery, deceiving, coveting and debauchery. Generally, these are necessary to maintain order in society, but they can also be seen as moral rules related to the perfection of character. In Confucianism, Confucius himself expressed a way of perfecting one's character as below:

"At the age of fifteen, I made up my mind to study; at the age of thirty, I established my will; at the age of forty, I was free from any temptation; at the age of fifty, I came to know the will of heaven; at the age of sixty, I came to view objectively regardless of my personal feelings; and at the age of seventy, I came to keep the law even though I act as I please."

I think he explained the stages of perfection of his own character. However, as for me, though I turned seventy-two this year and suffer from diabetes, I cannot help but confess that the turmoil of my heart and carnal instinct still haven't disappeared, and gluttony still troubles me. I think we need to reconsider the assertion that perfecting man's character is achieved by man's effort.

In conclusion, I believe that since our character is perfected only when we put on divinity, it is the time of resurrection when we take off the flesh and put on the spiritual, holy body.

Therefore, I believe the way to perfect our character lies in becoming like Jesus Christ, and studying his character is the shortcut.

Busan Gathering, Vol. 17: 1 (February, 1984)

2. The Character of Jesus

1) The Nature and Birth of Jesus

Jesus was a supernatural, spiritual being who was with God, as the Word before the creation of the universe, who created the world (John 1:1). He was conceived through the work of the Holy Spirit and became incarnate before Mary married Joseph (Matt. 1:18; Luke 1:35). Because this conception was so amazing, Mary praised God like this: "My soul glorifies the Lord and my spirit rejoices in God my Savior, for he has been mindful of the humble state of his servant. From now on all generations will call me blessed, for the Mighty One has done great things for me—holy is his name. His mercy extends to those who fear him, from generation to generation" (Luke 1:46–50).

This word is thought to be Mary's belief after becoming pregnant and an inspired song about the fetus' mission. Plato also stressed the education of the child for the formation of the character. The biblical account of Jesus' growth mentions his circumcision on the eighth day (Luke 2:2), and also says, "The child grew and became strong; he was filled with wisdom, and the grace of God was upon him" (Luke 2:40). We can also have a glimpse of his growth from Luke 2:52, which says, "Jesus grew in wisdom and stature, and in favor with God and men." As Jesus grew up, he served God with his father Joseph and his mother Mary, and deeply thought about his Messianic calling, while reading the Mosaic Law, Psalms and the prophets.

2) Jesus' Personality Expressed in His Mission

When he was twelve, Jesus went to Jerusalem to observe the Passover with his parents, and after that, he stayed there. Without knowing it, his parents continued their journey back home and only found out that he was missing after a day had passed. They looked for him among their relatives and friends and then went back to Jerusalem. Three days later when they finally found him in the temple, Jesus was sitting among the teachers listening and asking them questions. Those who heard him marveled at his answers and wisdom. That wisdom was the wisdom of the Holy Spirit. He responded to his worried parents, "Why were you searching for me? Didn't you know I had to be in my Father's house?" which showed his self-awareness of being the Son of God (Luke. 2:41–50). His personal self-awareness became stronger through this. It is believed that afterwards he worked as a carpenter until he was thirty years old (Mark 6:3; Luke 4:22).

3) Jesus' Preparation

At the time, a new 'salvation movement' arose. There was a community called Qumran that believed in the repentance of sins and performed a baptism of repentance every day for the perfection of character. John the Baptist also wanted his people to be saved through this baptism of repentance. But the characteristic of John's baptism was that it was performed only once and called for a change of heart. Around this time Jesus came to the Jordan River from Galilee to be baptized by John. In confusion John said, "I need to be baptized by you, and do you come to me?" (Matt. 3:4).

Jesus replied, "Let it be so now; it is proper for us to do this to fulfill all righteousness" and was baptized (Matt. 3:15). As soon as Jesus went up out of the water, heaven was opened and the Spirit of God descended like a dove as a voice from heaven said, "This is my Son, whom I love; with him I am well pleased" (Matt. 3:17). Since Jesus had never left God, he never committed sin. Therefore he did not need to receive baptism. Nevertheless, the reason he was willingly baptized was that he shouldered the sins of humanity as his responsibility. I think he acknowledged taking the sin of mankind upon himself and being baptized as the will of God. Namely, it is because he believed that repentance and forgiveness of sin comes to pass when an innocent man takes the sins of others, repents, and atones for them. Here we can feel that Jesus' character reflects his divinity.

After he was baptized and came out into the land, Jesus heard from the heaven saying, "This is my Son, whom I love; with him I am well pleased." As he went to the wilderness led by the Holy Spirit, Jesus was deep in thought. For forty days and nights he fasted and prayed. Satan tempted Jesus, who was a representative of man. Pointing to stones scattered around there, he said, "If you are the Son of God, tell these stones to become bread" (Matt. 4:31). Bread was necessary for the hungry Jesus to preserve his physical life. It is the foremost basic instinct for man to continue biological life; it may be the first requisite to save mankind. However, knowing the importance of man's life lies not in its organs, i.e. the body, but in its soul, he answered, "Man does not live on bread alone, but on every word that comes from the mouth of God" (Matt. 4:4) and overcame the tempter. Here he meant the source of life is the word of God, which is Jesus.

Second, the devil brought Jesus to the holy city and had him stand on the highest point of the temple and tested Jesus with the scripture saying, "If you are the Son of God, throw yourself down. For it is written: 'He will command his angels concerning you, and they will lift you up in their hands, so that you will not strike your foot against a stone'" (Matt. 4:5–6). Against this test Jesus also replied with the scripture, "It is also written: 'Do not put the Lord your God to the test'" (Deut. 6:16). Jesus, the Son of Man (i.e. human) might have thought about receiving recognition as the Son of God from people by showing the power of God. It was a very tempting idea from the perspective of man. However, Jesus, who was with God, defeated the temptation at once with the word of Deuteronomy 6:16.

Third, the devil took him to a very high mountain and showed him all the kingdoms of the world and their splendor. "All this I will give you," he said, "if you will bow down and worship me" (Matt. 4:8–9). Quoting the word, "Worship the Lord your God, and serve him only" (Deut. 6:13). Jesus knocked him down with a single blow. Indeed, all the kingdoms of the world and their splendor are still under the control of the ruler of the kingdom in the air, i.e. Satan. There are so many people who belong to this devil and follow him in their attempt to take hold of wealth and honor of this world. Jesus worshiped only our Lord God and never bowed down to any man in power or any wealth and honor. He won a complete victory because he served God only. Here the man who would achieve the great task of God revealed himself. Then the devil left him, and angels came and attended him (Matt. 4:8–11).

4) Jesus' Evangelism

Jesus was making a plan for outreach after he overcame the temptation of Satan. When John the Baptist was imprisoned because he rebuked King Herod for his wrongdoings, Jesus left Nazareth and went to live in Capernaum. There he began to preach: "The Kingdom of Heaven is at hand; repent and believe in the gospel." The gospel is as John 3:16 says, the good news that if we accept Jesus Christ, the one God sent, we'll receive eternal life.

Heaven refers to the kingdom of God, an ideal society Jesus Christ will accomplish. The gospel says that Jesus comes to this world to be with us, and when his Spirit lives in us we will have heaven in us. Jesus chose twelve disciples for an evangelistic purpose. First, while walking on the Sea of Galilee, he chose fishermen like Simon, Andrew, John and James and then called Philip, Bartholomew, Matthew, Thomas, James son of

Alphaeus, Thaddeus, Simon the Zealot and Judas Iscariot.

5) Jesus' Personality Revealed in His Teachings

After he chose his disciples, he preached a 'sermon on the mount' which revealed his character and the qualifications for heavenly citizenship.

(a) "Blessed are the poor in spirit, for theirs is the kingdom of heaven" (Matt. 5:3).

The poor in spirit are people who desire the milk of truth. They are the seekers of truth. They do not own any material possession in this world. Thus, the Gospel of Luke calls them simply 'the poor'. Those who have few possessions are qualified for heavenly citizenship.

(b) "Blessed are those who mourn, for they will be comforted" (Matt. 5:4).

The grief of those who lose their parents or spouse or children cannot be consoled by anything of this world. If there is no hope of heaven and comfort of the Holy Spirit, the one who lost a beloved one will be in despair. However, those who lament over their own sin, or the sins of their family, people, or mankind, and believe in the cross and resurrection of Christ, receive comfort. Heavenly citizens are concerned with the current sins of mankind. Those who are indifferent to the regression of humanity in spite of the advancce of scientific technology are not qualified for heavenly citizenship.

(c) "Blessed are the meek, for they will inherit the earth" (Matt. 5:5).

Those who are trampled and mocked by people in power in this world but endure the persecution with a forgiving heart will inherit land as their portion when the kingdom of God arrives. While hung on the cross Jesus prayed for those who nailed him to it. "Father, forgive them, for they do not know what they are doing" (Luke 23:34). Furthermore, Stephen, on the verge of his death by stoning, also prayed, "Lord, do not hold this sin against them" (Acts 7:60). These were statements of meekness.

(d) "Blessed are those who hunger and thirst for righteousness, for they will be filled" (Matt. 5:6).

Those who say of social justice–"What is right is right and what is wrong is wrong"–will taste the righteousness of God and will be filled. Generally, they call for justice with love. In the past, under Japanese rule, when the Japanese government imposed Shinto shrine worship on people, pastors who defined it as idol worship opposed it out of patriotic love since they believed it would lead Japan into destruction. Since people who knew the principle of historical process (historians) can predict the future of rulers and financiers, they asserted the justice of God with love. On the contrary, realistic people ignored the justice of God and persecuted those who promoted his kingdom and righteousness. People who endure persecution well and long for the kingdom of heaven will be filled when the kingdom of God comes.

(e) "Blessed are the merciful, for they will be shown mercy" (Matt. 5:7).

Unless we receive mercy, we cannot stand before the judgment seat of God. We are all saved by the mercy of Jesus Christ. If we do not write off debtors who owe us, our sins cannot be forgiven. When we live with a sympathetic heart to the difficulties and hardship of our neighbor, we can be said to be qualified for heavenly citizenship.

(f) "Blessed are the pure in heart, for they will see God" (Matt. 5:7).

The pure in heart are people who have a pure heart. They are people who do not have worldly thoughts or greed but love only truth. These people can discover the truth and accept it.

(g) "Blessed are the peacemakers, for they will be called sons of God" (Matt. 5:9).

Peacemakers are those who realize their own sins first, repent, and accept Jesus as their Savior. Because there is no wall of sin between God and them, they become one with God. Such a person has peace. He makes peace by delivering the peace he received from Jesus to his neighbors. Also the person who made peace with God contributes to making peace by loving his enemy and praying for those who persecute him.

(h) "Blessed are those who are persecuted because of righteousness, for theirs is the kingdom of heaven" (Matt. 5:10).

In fact, everyone who wants to live a godly life in Christ Jesus is persecuted (2 Tim. 3:12). A godly person makes the commandment of God his first priority. Thus, those who want to become righteous through faith in Christ are persecuted as Jesus was.

Jesus set an example by practicing all these lessons himself and offered a way to perfecting the character. If we keep these lessons in mind, we should be qualified for heavenly citizenship.

Next, Jesus taught his disciples their duty.

a) "You are the salt of the earth. But if the salt loses its saltiness, how can it be made salty again? It is no longer good for anything, except to be thrown out and trampled by men. You are the light of the world. A city on a hill cannot be hidden. Neither do people light a lamp and put it under a bowl. Instead they put it on its stand, and it gives light to everyone in the house. In the same way, let your light shine before men, that they may see your good deeds and praise your Father in heaven" (Matt. 5:13–16).

The perfection of one's character lies in that he definitely knows and practices his duty and responsibility. Jesus clearly showed the way.

b) Jesus also heightened the completion of the law. He said that the Son of Man came to fulfill the law (Matt. 5:17).

The old law said, "Do not murder, and anyone who murders will be subject to judgment." But Jesus said, "Anyone who is angry with his brother will be subject to judgment. Again, anyone who says to his brother, 'raca', is answerable to the Sanhedrin. But anyone who says, 'You fool!' will be in danger of the fire of hell" (Matt. 5:21–22). Also, the law said, "Do not commit adultery," but he warned, "Anyone who looks at a woman lustfully has already committed adultery with her in his heart" (Matt. 5:27–28). Forbidding all swearing, he said, "Simply let your 'Yes' be 'Yes' and your 'No,' 'No'; anything beyond this comes from the evil one" (Matt. 5:37). This is an expression of Jesus' personality.

He gave further instructions. "Love your enemies and pray for those who persecute you" (Matt. 5:44). "Be perfect, therefore, as your heavenly Father is perfect" (Matt. 5:48). This is a way to perfect one's own character.

We know that all the lessons Jesus gave us are truth. Teaching like "pray and give in secret"; "do not worry about things to eat, drink, or wear but seek his kingdom and righteousness"; "do to others what we would have them do to us"; "whoever finds his life will lose it, and whoever loses his life for Christ's sake will find it" are all words of truth like stone or pearl. His teachings about heaven through parables–the parable of the sower, the parable of the mustard seed, the parable of the yeast, the parable of the weeds, the parable of the hidden treasure, the parable of the pearl, and the parable of the net–are all lessons filled with truth (Matt.13).

6) Jesus' Character Revealed in His Deeds

a. The first sick person Jesus healed was a leper. At the time, leprosy was considered divine punishment, and lepers were not allowed to live in the city. Thus, they usually lived in places like under a bridge outside the city, living as beggars. However, a leper came to Jesus and asked, "Lord, if you are willing, you can make me clean." It was customary for the people of the time to run away from lepers or to drive them away, but Jesus reached out his hand and touched the man and said, "I am willing, be clean!" Immediately he was cured of his leprosy. It seems that he wanted to spread the good news of his healing. But Jesus sent him away with a strong warning saying, "See that you don't tell anyone. But go, show yourself to the priest and offer the gift Moses commanded, as a testimony to them" (Matt. 8:2–4).

After he revived Jairus's daughter, he ordered her parents not to tell anyone what had happened (Luke 8:56). This is due to Jesus' character. Considering the levity of some modern healers who tend to advertise themselves and even ask for some reward after people get healed through their prayer, we are truly impressed with Jesus' truthful character.

b. The second impressive act that shows Jesus' character was a case in which the Pharisees brought in a woman caught in adultery. They and the crowd challenged Jesus with the Law of Moses. "In the Law Moses commanded us to stone such women. Now what do you say?" Jesus then bent down and started to write on the ground, probably because seeing the stubbornness of the hearts of the challengers, his heart turned from them to nature. For that reason, Jesus wrote something on the ground while thinking and praying. Nevertheless, when they kept on questioning him shouting, "Can we stone her, or what can we do?" he straightened up and said to them, "If any one of you is without sin, let him be the first to throw a stone at her" (John 8:3–7). At this, everyone who was present began to go away one by one, the older ones first and children later. To the woman left standing alone Jesus said, "Where are they? Has no one condemned you?" and declared, "Then neither do I condemn you. Go now and leave your life of sin." What a word of salvation! I cannot find a person of such character anywhere else. I believe he could not have made such a statement without being determined to carry her sin himself or namely, to accomplish the righteousness of God. Jesus himself said that he is the Way, the Truth, and the Life, and we can see the accomplishment of this word in his character. No one has seen God the Father, but in Jesus' personality we can experience God's justice and love. Moreover, we discover that Jesus' life is truth itself. When we are overwhelmed by his love and sacrifice ourselves for neighbors just like him, we can experience entering eternal life.

7) Paul's Testimony

We understand through Paul's testimony that Jesus' character is truth itself. In 1 Corinthians 1:17–20, Jesus said that he is a man of eternal affirmation who accomplishes everything with 'yes'. Truth here means what God promised to mankind and accomplished. God's promise to Abraham, that his descendants would be like the stars in the sky and the sand on the shore, came true through Jesus. It means that Jesus came as the Lord of salvation and all people are saved through faith in Jesus. "For the Son of God, Jesus Christ, who was preached among you by me and Silas and Timothy, was not 'Yes' and 'No,' but in him it has always been 'Yes.' For no matter how many promises God has made, they are 'Yes' in Christ. And so through him the 'Amen' is spoken by us to the glory of God" (2 Cor. 1:19–20).

Jesus, who carries the sins of everyone and atones for them, is the Lord who accepts any sinner and saves him. By completing what God promised to Abraham, he revealed the truthfulness of God, i.e. his character of truth. When we are in the Lord, we can take after his character. Jesus said to us believers, "As the Father has loved me, so have I loved you. Now remain in my love. If you obey my commands, you will remain in my love, just as I have obeyed my Father's commands and remain in his love" (John 15:9–10). In other words, if we love each other just as the Lord loved us, we will become his disciples and imitators of his personality.

Therefore, the way to perfecting one's own character lies in recognizing and repenting of sin, accepting Jesus as Christ, observing his commands, and living a life of sacrificial love by imitating his personality. We cannot do this with our own efforts, but the Spirit of Jesus Christ, the Holy Spirit who is with us, will help us achieve this. To state this more clearly, I believe that when we take off our body and put on a spiritual body and live eternally, or when the kingdom of God comes, then it will be complete.

Busan Gathering, Vol. 17: 1 (February, 1984)

3. Jesus, a Man of Prayer

Jesus was a man of prayer. He sometimes went to a solitary place or mountain and prayed alone. He frequently spent a night in prayer. It is not too much to say that all incidents in Jesus' life were the results of his prayer. In the Gospel of Luke, there are many records of Jesus' prayers. For example, Jesus was praying when he went into the Jordan River to be baptized. At the time, heaven was opened, and the Spirit of God descended like a dove as a voice from heaven said, "This is my Son, whom I love; with him I am well pleased" (Luke 3:22). This voice was an answer to his prayer. The night before he selected his disciples Jesus spent the night praying. As such, the apostles were the result of his prayer (Luke 6:12). Also, in the region of Caesarea Philippi, when he asked his disciples, "Who do you say the Son of Man is?" Simon Peter answered, "You are the Christ, the Son of the living God." It came to pass at the time he had been praying in private (Luke 9:18) that the appearance of his face changed, his clothes became as bright as a flash of lightning, and Moses and Elijah spoke to Jesus in glory on the mountain of transfiguration. This happened while he was praying, too (Luke 9:29).

Bringing Lazarus up from the dead was also the result of prayer and so many other prayers–the prayer in John 17, the prayer in the Garden of Gethsemane, the prayer on the cross–all are well-known facts to those who read and hear the Bible.

He prayed not just in critical times but in every situation. Before he was about to preach in the nearest town, Jesus got up very early in the morning while it was still dark, left the house and went off to a solitary place, where he prayed (Mark 1:35). When he healed a leper on a street he warned him not to tell anyone about it, but when the crowd who heard the news flocked to him Jesus stayed outside in lonely places and prayed (Mark 1:45; Luke 5:16).

When his seventy disciples came back from their first evangelistic mission, Jesus was filled with joy and gave meaningful thanks to God (Luke 10:21). When he heard about the death of John the Baptist he withdrew by boat privately to a solitary place. Yet seeing a large crowd still following him on foot, he had compassion and healed their sick and fed them. Afterwards, he made the disciples get into the boat and go on ahead of him to the other side, while he went up on a mountainside by himself to pray until four o'clock (Matt. 14:13–25). Before he left this world, he prayed a prayer similar to that of Gethsemane, joyful that a few Greeks wanted to see him (John 12:27–28).

Again, one day when Jesus finished praying, one of his disciples said to him, "Lord, teach us to pray" (Luke 11:1). Prayer was Jesus' habit. Namely, whenever Jesus prayed, his disciples felt indescribable solemnity and awe. Thus, they desired to learn how to pray to participate in that grace themselves.

Besides, Jesus talked about his work as follows: "I tell you the truth, the Son can do nothing by himself; he can do only what he sees his Father doing" (John 5:19) and "we speak of what we know" (John 3:11). Our Lord encountered the personality of God the Father and carried out his will always while praying.

There was no form to Jesus' prayer. As we can see from his acts, he seems to be very free in praying, and usually looked to the sky and prayed (John 17:1; 11:41). I believe that it is the natural posture of his soul talking to the Father in heaven. It is not a particular form at all. When he heaved a deep sigh he assumed the same posture (Mark 7:34). He also began his prayer with, "Abba, Father," "My Father," "Father, Lord of heaven and earth" (John 17:1; Mark 14:36; Matt. 26:39; 11:25). Since it was natural to call God, 'Father', it was not meant to be a form. Beginning with such a calling, the prayer continued what was in his heart at the time without any embellishment or reserve. When he felt like he was entering hell as darkness clouded over him, he exclaimed like David, "My God, my God, why have you forsaken me?" Furthermore, his prayer on the occasion of some Greeks coming to see him showed a most humane reaction. It appeared that he did not know what to pray about because his mind was in trouble. As if talking to himself, he said, "Now my heart is troubled, and what shall I say?" (John 12:27). This is similar to the experience of Paul who said, "We do not know what we ought to pray for." Nevertheless, Jesus soon found what he should pray for. "Father, save me from this hour" (John 12:27). It was surely a human prayer. While choosing the way of death, there was an undeniable desire to be saved from death in some part of his heart, and his prayer revealed it honestly. But that natural desire was not his final prayer. His spirituality won over his instinct. And his prayer reached the ultimate stage. "No, it was for this very reason I came to this hour. Father, glorify your name" (John 12:27–28). What he meant was something like, "I don't care what happens as long as it shows the glory of Father God… let your will be done." It was the fundamental spirit of Jesus' prayer. He always showed himself as he was, without withholding his human side. Yet in the end, he showed his complete trust in God. In his prayer in Gethsemane we clearly see this again. "My soul is overwhelmed with sorrow to the point of death… Abba, Father, everything is possible for you. Take this cup from me. Yet not what I will, but what you will" (Mark 14:34, 36).

This final word penetrates all of Jesus' prayer. There is no better prayer than wanting everything done according to God's will. It is fine even though what we wish may not be done. If God's will is done, then it will bring about the best for us. Jesus prayed keeping that in mind all the time. His life was that of absolute trust. We ought to be people of prayer with lives of complete trust just like that of Jesus.

Busan Gathering, Vol. 2: 2 (March, April, and May, 1969)

4. Lepers and Jesus (Matt. 8:1-4; Luke 17:11-19)

The first account of leprosy in the Bible is about Moses' sister, Miriam (Num. 12:10). The diagnosis, treatment, and judging of complete recovery was solely entrusted to priests (Lev. 13:14). Other accounts of leprosy in the Old Testament were about Naaman, a commander of the Aramean army, and Gehazi, Elisha's servant who coveted the offerings of Naaman (2 Kings 5:1, 27). Also, there is the account of Azariah, king of Judah, during the time of Jeroboam, king of Israel, who did what was right in the eyes of the Lord but failed to remove idol worship in high places and became afflicted with leprosy until the day he died (2 King 15:1–5). Besides, when the arrogant king Uzziah tried to burn incense on the altar in the temple and became angry against priests, leprosy suddenly broke out on his forehead and he remained a leper until he died. Leprosy was regarded as a divine punishment, and due to its miserable prognosis and contagiousness, lepers were imprisoned and expelled from towns (Lev. 13, 14). Therefore, it is said that when a Jewish Rabbi met a leper he said, "Unclean, unclean!" and avoided him at a distance and didn't even buy eggs from a lepers' village. In the Old Testament times, leprosy was thought to be a cursed disease and divine punishment of the lepers.

According to the research of Dr. Yi Hyeong-sub, even in the *Tripitaka Koreana*, leprosy was considered as a punishment for sin, i.e. a curse. Even in modern times, people tend to dislike and avoid leprosy.

However, Jesus personally reached out his hand to touch a leper and said, "I am willing, be clean!" The leprosy receded and the sick person was healed. A Samaritan leper who was also healed by Jesus gave glory and thanks to God (Luke 17:15). Even now, the treatment and prevention of leprosy are very successful in Christian countries and I believe it is because Christian doctors treat this disease with the love of Jesus.

In the Old Testament, leprosy was seen as a curse from divine wrath. However, in New Testament times, Jesus believed it was curable and personally touched the wounds with his hands out of love. Thus, lepers were healed and gave glory to God (Luke 17:15).

Modern medicine confirmed that leprosy is a contagious disease after Gerhard A. Hansen found its bacillus. A treatment called DDS was found and now leprosy is thought to be fully curable if it is treated. Leprosy is divided into two forms. The lepromatous form is slow to be cured. The patient needs to take DDS for years, and the disease is likely to recur later. On the other hand, the tubercular form responds well to DDS and easily results in full recovery without recurrence. This type can also be cured naturally.

Since people who might have leprosy tend to hide their sickness without going to see a doctor for early diagnosis because of the unfavorable reactions of society, some doctors who specialize in leprosy insist on treating them in their own homes. However, because the lepromatous form sometimes relapses, even nowadays the government encourages lepers to make a living through collective villages.

In short, though leprosy becomes contagious through nasal mucus or blood, it is preventable since most people already have immunity against it or it's easy to make them become immune. Thus, Dr. Yu Joon, an expert in leprosy, says it will be eradicated before long. I hope so and believe we will have better results when we make efforts to defeat this disease through the love of Jesus Christ.

When the leper who was healed by Jesus wanted to announce the news in joy, Jesus forbade it strictly. He simply commanded him to show his body and give an offering to the priest according to the Old Testament law so that he could go back to society with proof of full recovery. But Jesus did not want the leper to announce him as a miracle worker. Why was that?

I think that though he touched the sick person and healed him because of his love, his truthful character, which is full of love and truth, forbade any advertisement of his healing. Therein lies the stark difference between Jesus and other modern so-called healers who advertise their gift of miracle healing through prayer. The leper might have thought that he would be repaying Jesus by spreading the news, but he should have known that obeying his word is what the Lord is most pleased with. We, too, may think we give glory to God by telling about ourselves, but what we need to do is to serve God and obey his word in conformity to his truthful character. I believe that is a truthful response to the truth of Jesus. In Luke 17 only one Samaritan out of ten healed lepers came back to give thanks and glorified Jesus. We do not know the whereabouts of the other nine Jews, but it is certain that they did not come back to show their gratitude to Jesus, or see the high priest, and give their glory to God. To put it differently, I think they were miserable to the degree they didn't realize that Jesus had come as the high priest. Since Samaritans had married pagans and failed at keeping pure bloodlines when northern Israel was attacked by Assyria, Jewish people in the south despised them as unclean. But only this lowly Samaritan returned to give an offering to Jesus and to praise the glory of God in a loud voice. We became children of God through the blood of Jesus when we, saturated with sins, were like lepers. We should give thanks for this grace every day and give glory to God.

Busan Gathering, Vol. 10: 1 (April, 1977)

5. The Suffering and Resurrection of Jesus (1)

1) Prayer in the Garden of Gethsemane

Jesus knew, even before the Passover, that the time he would be arrested and put to death was coming. Although he prayed on every occasion, he had to have a special time of prayer before taking up the cross. There was a garden, Gethsemane, on the Mount of Olives in eastern Jerusalem where he sometimes gathered with his disciples. With eleven disciples he crossed over the stream flowing in the Valley of Kidron and entered the Garden of Gethsemane. He had his disciples stay there and went further with only Peter, James and John. At the time, he sadly said, "My soul is overwhelmed with sorrow to the point of death" (Mark 14:34). This shows that the heart of Jesus was in a state of anxiety and unease. The Bible is truthful and does not hide anything. Jesus is a representative of love. After this confession he said, "Stay here and keep watch with me," and prayed in a distressed voice (unlike other times) within a stone's throw. He prayed earnestly probably with a loud voice so the three disciples could hear, "Abba, Father, everything is possible for you. Take this cup from me. Yet not what I will, but what you will" (Mark 14:36); "My Father, if it is possible, may this cup be taken from me. Yet not as I will, but as you will" (Matt. 26:39); "Father, if you are willing, take this cup from me; yet not my will, but yours be done" (Luke 22:42). The Bible records three times that his sweat was like drops of blood falling to the ground. It is also said that an angel from heaven strengthened him. In any case, Jesus' anguish in Gethsemane was so deep that no man can even measure the experience; I do not know how I can properly describe this. Didn't Jesus predict his death several times? When Peter pleaded saying, "Never, Lord! This shall never happen to you!" didn't he rebuke him, "Get behind me, Satan! You are a stumbling block to me?" Also in his farewell speech, didn't he comfort them with, "Do not let your hearts be troubled. Trust in God; trust also in me. In my Father's house are many rooms; if it were not so, I would have told you. I am going there to prepare a place for you. And if I go and prepare a place for you, I will come back and take you to be with me that you also may be where I am?" Then why was his prayer in Gethsemane filled with such agony? I believe it may reflect his feelings about the heavy burden of the sin and his fear of imminent death.

During his last days on earth, Jesus offered up prayers and petitions with loud cries and tears to the one who could save him from death (Heb. 5:7). These prayers were not entirely about his experience at Gethsemane, but I believe they primarily refer to it. Jesus felt the sorrow of death. Was it because it damaged his holiness or because death was something we should mourn for? Did God expect death as the natural fate for man when he created human beings? No. Death, the wages of sin, was not meant for man. What could be more twisted than this among nature? Who could be more sorrowful over death than the creator himself? Mourning for death is a human instinct. There is no reason to be ashamed of it. When Lazarus at Bethany died, Jesus felt sympathy for Martha and Mary and wept. Likewise, upon his death, Jesus prayed with sweat like drops of blood, in deep anguish. Indeed, Jesus was truly a man of men. Normally there are two kinds of nature. One is the original nature God planted and the other is the false nature corrupted by sin. The two are opposite in character and value. The former is clean ans saves whereas the latter is dirty and kills. Whereas the former is a substance of being a man, the latter is evil that harms man. Jesus was the Son of Man. Thus, he fought against all falsefood and nurtured the original nature. Jesus felt everything man can feel. He infinitely desired life and grieved over death. Nevertheless, he had to drink the bitter cup of death: this was Jesus' intense struggle. And after sweating blood and enduring the fight, he was finally able to pray, "Yet not what I will, but what you will" and his victory was complete. A winner in the Lord is the winner of a hard fight.

Paul said, "Therefore, I urge you, brothers, in view of God's mercy, to offer your bodies as living sacrifices, holy and pleasing to God–this is your spiritual act of worship"(Rom. 12:1). A moral life is spiritual worship. When a person offers himself as a living sacrifice to God, he can then realize the life of a moral being. A living sacrifice is namely a sacrifice, and sacrifices always include the concept of hard fighting. Submitting my lowly will to the heavenly will of God– this is the true offering and sacrifice. There is no need to offer when my will doesn't exist. If one has no character worthy of being a man there can be no moral life. Thus, Jesus' sorrow and anguish in Gethsemane did not damage his holiness. On the contrary, because of this, we understand how valuable his victory is. Jesus grieved over death, opposed it, resisted it and fought against it more than anyone. This was his will. After having had an intense struggle with his will, he could finally offer himself on the altar to the Father. He repeatedly said "...but yours be done." This was the greatest sacrifice and consecration on earth.

2) Teleological Reflections on Jesus' Suffering

"In bringing many sons to glory, it was fitting that God, for whom and through whom everything exists, should make the author of their salvation perfect through suffering" (Heb. 2:10).

Nothing (material) came into existence by accident, and there is nothing that is working without any purpose. There is a center of the universe. The central being that is the cause and purpose of everything is the very God.

From the eyes of faith, we know God is the cause of everything that happens, and he exists as the purpose of its development. "For from him and through him and to him are all things. To him be the glory forever! Amen" (Rom. 11:36). "Yet for us there is but one God, the Father, from whom all things came and for whom we live" (1 Cor. 8:6). It is as it is written. When we think of the place of Jesus' suffering through this counsel of God, "It was fitting for whom and through whom everything exists." What is meant by 'fitting' is that God showed who He really is most clearly in this. Namely, the grandeur of God as the center of the universe is most explicitly revealed. Everything depends on his holy will. However, not everything is fitting to him. In Jesus' suffering, God showed who He is in his fullness. Here we see God who leads all humanity with the greatest justice, love, infinite wisdom, and power, toward His eternal purpose. God revealed Himself in the most fitting way in Jesus on the cross at Golgotha after the prayer at Gethsemane. Jesus' suffering was that important.

Then, from the teleological perspective, Jesus' suffering was first for the perfection of his character. Jesus' personality was incomplete until the time came. As a man of God, he came in the original Adam's form. In other words, his character began as a blank state like Adam. He began his life on earth with a new mind, like Adam. And when he achieved perfect submission to God as the Son of Man, at last his character became complete. Until then, it is said to have been incomplete. On one occasion when a young man called Jesus "Good Teacher" he answered, "Why do you call me good? No one is good–except God alone." Come to think of it, a good man may refer to an already complete one. A man who has accomplished submission to God and learned complete obedience is an ideal man.

Jesus experienced hardships to become such an ideal man. People learn obedience through suffering. The cross was the most important trial for the perfection of Jesus' character above all. It is recorded, "Did not the Christ have to suffer these things and then enter his glory?" (Luke 24:26).

Jesus passed this test gloriously. He humbled himself and became obedient to death–even death on the cross (Phil. 2:8)! He learned obedience from what he suffered (Heb. 5:8) and thus he was made perfect (Heb. 5:9). The world saw the first complete (perfect) man since creation. Jesus became the ideal figure of God's creation. Therefore, God exalted him to the highest place and gave him the name that is above every name, that at the name of Jesus every knee should bow, in heaven and on earth and under the earth (Phil. 2:9–10). Jesus entered the glory of the Son of Man by becoming a perfect man. We are confident that Jesus is now "crowned with glory and honor because he suffered death" (Heb. 2:9). However, Jesus was not made perfect through suffering for himself. Its purpose was in "bringing many sons to glory." Jesus has a special relationship with the whole of mankind. Jesus is not only the Son of Man but also the saving Lord of many sons. Lord means he is the ruler, i.e., the perfect representative of mankind. God crowned Jesus as king over mankind to save the entire world. Instead of making each of those many sons perfect and crowning them with glory, he first made the one and only Son of Man Jesus perfect and crowned him with glory and honor and linked all sons of man afterward to him so that Jesus' crown could be their crown by making Jesus' character their character. Why? For all have sinned and fallen short of the glory of God (Rom. 3:23). We cannot but realize who we are. We were those who couldn't stand before God, cursed and hopelessly dead sinners. We were unworthy of participating in the glory of the Son of Man. Nevertheless, Jesus became the saving Lord since he, as the second Adam, was himself crowned with glory and honor through perfect obedience and had all sinful sons of Adam attached to himself. Thus, the way for the salvation of mankind was opened. We became co-heirs with Christ (Rom. 8:17).

Truly, we can see that it is fitting for the One who is the purpose and cause of everything to make the king perfect through suffering for the sake of the glory of mankind.

3) The Meaning of Jesus' Death

There are two conventional views on the meaning of the cross. One is to see perfect love and obedience in it, and to see it as an example for our living and dying. The other is to see atonement in it. Both of these emphasize the infinite love of God from the cross, but whereas the former does not consider sin, the latter focuses on the importance of sin.

Jesus loved people so much that he clashed with the authorities of this world and was hung on the cross. Jesus accepted death on the cross with perfect obedience to God the Father. He learned obedience from what he suffered and obeyed to the point of his death. Thus, he pleased the Father and received the glory as the Son of Man, and he became the source of eternal salvation for all who follow him. Namely, since Jesus died on the cross as a result of his love for man and obedience to God, a heart of loving people and obeying God is passed down to man when he looks upon the cross of Jesus. There are Christians who see Jesus' mysterious transmission of love and obedience as the reality of the salvation of man. They follow 1 Peter 2:21 that says, "To this you were called, because Christ suffered for you, leaving you an example, that you should follow in his steps." We Korean Christians need to keep this word in mind.

However, there are many more cases in the scriptures that see the cross of Jesus as the evidence of redemption. The Bible says Jesus is "the Lamb of God, who takes away the sin of the world" (John 1:29) and the Son of Man who came "to give his life as a ransom for many" (Matt. 20:28; Mark 10:45). Also, it says, "We have now been justified by his blood" (Rom. 5:9); "We were reconciled to him through the death of his Son" (Rom. 5:10); "Through Christ Jesus the law of the Spirit of life set us free from the law of sin and death" (Rom. 8:2); "God made him who had no sin to be sin for us" (2 Cor. 5:21); "In whom (Jesus) we have redemption, the forgiveness of sins" (Col. 1:14); "Christ redeemed us from the curse of the law by becoming a curse for us" (Gal. 3:13); "When Christ... did not enter by means of the blood of goats and calves; but he entered for all by his own blood, having obtained eternal redemption" (Heb. 9:11–12); and "Christ was sacrificed once to take away the sins of many people" (Heb. 9:28), etc. All these words say that because there is sin between God and man, it causes discord, and Jesus carried the cross to free people from the bondage of sin and reconcile them with God. The laws and prophecies in the Old Testament are all symbols and pre-figuration of the things that make Jesus true.

In the Old Testament, the repurchasing of inherited property that had been handed over to other people was called 'gaal' and a person who had the right to repurchase was called 'goel'. For example, Ruth's uncle Boaz was her 'goel' (Ruth 2:20; 3:9-12; 4:1-8). From this, rescuing someone from oppression, captivity, sin, sickness, or death by paying the price also came to be known as 'gaal'. Meanwhile, there was a thought in the Old Testament that if a person wanted to go forward to God, he needed to be reconciled to God. This was called 'atonement' and meant 'to become one'. Under this idea lies the concept of the holiness of God. Because God is holy, it is his nature to hate sin. Thus, the dominant idea was that a person could not stand before God without atonement. That's why, after Moses was given the laws at Mount Sinai he was also commanded to perform ritual animal sacrifices to God. The Day of Atonement in Leviticus 16 is its most developed form. The animal sacrificed was considered to be the 'gaal' paid to rescue people from the bondage of sin. Since the wage of sin is death and a person cannot be set free from the bondage of sin without the blood of his death, it was necessary to atone for himself through the sacrifice of an animal. As such, the 'system of atonement' in Leviticus opened the way to approach God, and it reveals the great love and mercy of God for sinners. Furthermore, pouring the blood of sacrifices over the altar, table and holy vessels was to cleanse the sin and dirt attached to those articles. This also came from the idea that there is life in blood. It was thought then that the sin was removed and people had reconciled with God so they could go forward to God. They felt relieved by the fact that the removed sin was put upon the scapegoat and sent away to the desert.

The idea of atonement in the Old Testament was interpreted in the New Testament to mean that Christ is the little lamb who shed blood, the high priest who prayed to God by offering himself as the sacrifice, and the scapegoat who was sent into the desert carrying sin. This Old Testament idea of peacemaking and atonement was perfectly expressed in the body of Jesus. Now the death of Christ on the cross sets those who believe in atonement free from sin, so they are able to go to God and call him "Abba Father" in peace without fear. This is the gospel of the New Testament.

In conclusion, Jesus' death on the cross was not merely an expression of his love for sinners, but an 'atonement' that has an effect on the forgiveness of sin—that is what the Bible teaches us, and what we experience through faith. In his shedding of blood to atone for us is the ultimate love of Jesus. In other words, because it was a death of atonement, it can be called a loving death in the deepest sense.

4) The Resurrection of Jesus (1 Cor. 15)

Jesus' resurrection happened just the way the Bible records. He suffered and died on the cross just as Isaiah 53 predicted and he rose from the dead as the Bible says, "You will not abandon me to the grave, nor will you let your Holy One see decay"

(Psalm 16:10; 49:9). Early on the morning of his resurrection day, he showed himself to Mary Magdalene (John 20:15–18) and appeared before two disciples on the road to Emmaus. He explained in detail what the Scriptures had written about him (Luke 24:13–35). That evening, he met his disciples (Thomas was not there) and said, "Peace be with you! Receive the Holy Spirit" (John 20:19–24) and a week later he appeared again to his disciples, this time including Thomas, and convinced all of them of his resurrection. Later he met the disciples at the Sea of Tiberias, fed them with bread and fish, and asked Peter three times to feed his sheep. Afterwards, on the day of his ascension he appeared before five hundred brothers, and later before James and Paul. These were all true followers. It is hard to find more innocent people than them.

Jesus first carried out his mission through resurrection. The reason Jesus came to this world was to do away with sin and death. By atoning on the cross and rising from the dead, he destroyed the power of death. There is no condemnation to a person who is in Christ. He is not threatened by death because the law of the Spirit of life set him free from the law of sin and death. The reason Jesus came in flesh was to realize the word that says, "He too shared in their humanity so that by his death he might destroy him who holds the power of death–that is, the devil–and free those who all their lives were held in slavery by their fear of death" (Heb. 2:14–15). Indeed, by resurrection Jesus revealed that he is truly the Son of God.

Second, through his resurrection Jesus established man's

faith in the God of grace. Mankind had tearfully pleaded for grace for so long. It has been a prayer for thousand years to be considered righteous before God in any way possible. These earnest tears and requests were finally fulfilled. When the holy Son of Man shed his blood for the sake of all of Adam's descendants, the winter of human life passed. The way of atonement (forgiveness) was opened. The spring of grace came when a sinner, as he is, is considered to be righteous. Then where is the evidence? It is right in the resurrection. It is in that Jesus showed his glory and said, "Peace be with you" after his resurrection. "Now is the time of God's favor, now is the day of salvation" (2 Cor. 6:2). God is waiting to welcome sinners with open arms. This was confirmed by the resurrection of Jesus.

Third, Jesus' resurrection gave new life and new love to man. When I was born again through faith, I felt that new life came from Jesus. I felt a glimpse of his personality in my new life. I know the Spirit I received was the Spirit of the One who once personally experienced the weakness of man. Sometimes when I am weak I do not know what I ought to pray. However, I believe the Holy Spirit in me intercedes for me with groans that words cannot express. When I can love people with a pure heart, that heart is a reflection of Jesus' love. If there is something good in me, it is all his. Furthermore, I believe that the inner person in me gradually imitates his image. I hope to be able to say just like Paul did, "Christ lives in me."

Who can lead me except Jesus? I believe that Jesus is now guiding me with his special power.

Resurrection and ascension were great leaps in Jesus' life. Through these he moved from humbleness to glory, from powerlessness to power. Only the risen Lord can lead us to the life of resurrection. Christianity and every good from it all originated from his resurrection. The morality of the resurrection is the God-centered life and joyfully fulfilling his good will as free people.

Lastly, Jesus' resurrection gave hope for the next life. In any religion, there is a concept of the next life. The makeup of the body of man itself hints that man will not rot with his flesh. Nevertheless, history and literature prove well that any concept of the next life that is not drawn from God's revelations is low, vague, and weak. Who other than Christians have left this world, looking forward to a happy new life? Even the saints of the Old Testament were not so rich in this experience.

Man's life is made up of the spirit and the body. Man is not only the head of the natural world, but he was created according to the image of God. Man is the link between God and nature. This original status is eternally unchangeable. Thus if man has a next life, he will have a body along with his soul: Jesus' resurrection proved this as fact. He died and went down to hell, but has risen victoriously with a glorious body. He himself said, "I was dead, and behold I am alive for ever and ever! And I hold the keys of death and Hades" (Rev. 1:18).

The unseen world opened through the risen Lord. The fear of death and hell all disappeared. He is truly life and resurrection; thus, anyone who united with him will be resurrected like him

(John 11:26). Jesus' resurrection is the source and guarantee of the next life of mankind.

Hope is, as Peter said, "a living hope," and was only fulfilled when "the God and Father of our Lord Jesus Christ, in his great mercy, has given us new birth through the resurrection of Jesus Christ from the dead" (1 Pet. 1:3).

Jesus' resurrection is the greatest inspiration to me. When I think of it, my heart overflows with indescribably bright ideas. These ideas climax on Easter when united with the praise of nature. Since it is such a lofty and beautiful experience, I cannot express it with words. We sometimes experience a moment when we feel infinite joy from a flower, grass or music but cannot describe our feelings to anyone. The inspiration I receive from Jesus' resurrection is beyond this kind of experience. New wine should be put in new wineskins. Describing the inspiration of resurrection with an imperfect body is impossible by nature; the appropriate praise of resurrection can only be made possible after resurrection.

Busan Gathering, Vol. 4: 1 (March 4, 1971)

6. The Suffering and Resurrection of Jesus (2)

1) The Passion Week

Jesus' life was generally a life of suffering, but the week before his crucifixion was thought to be the most severe. Jesus reconfirmed his mission and went to the region of Caesarea Philippi tell it to the disciples. There he explained to his disciples for the first time that he would suffer at the hands of the elders, chief priests and teachers of the law, and die and on the third day be raised to life. He told them in advance so that they would not be frightened and discouraged when it really came to pass (Mark 8:30; Mark 16:21; Luke 9:22).

How much would Jesus the Son of Man have been troubled telling his disciples of his mission? Would his disciples have understood his word? No. Peter pleaded, "Never, Lord!" However, Jesus said, "Get behind me, Satan! You are a stumbling block to me; you do not have in mind the things of God, but the things of men." I think about how distressed he was at the time. When he went to Galilee, he told the news to his disciples once again (Mark 9:30; Matt. 17:22; Luke 9:44). I believe that his word connoted various meanings including an intention to alert his disciples to things to come. Furthermore, when he went up to Jerusalem with the disciples for the last time, Jesus repeated the prophecy of his suffering and death.

Jesus' suffering began with his challenge to the unrepentant leaders of his time, i.e., the chief priests, teachers of the law and Pharisees. He first taught them with a parable that they were farmers who rebelled against the owner of the vineyard, i.e., God (Matt. 21:33–46; Mark 12:1–12; Luke 20:9–19). Next, he urged their repentance seven times saying, "Woe to you, teachers of the law and Pharisees" (Matt. 23:23–36; Luke 11:42–52)! He said this out of zealous love for his people and humanity, but the teachers of the law and Pharisees only became more arrogant and proud.

Also, when the disciples were proud of the building of the Jerusalem temple, he warned, "Not one stone here will be left on another; every one will be thrown down." Predicting the fall of Jerusalem and his return, he taught them to "keep ready and watch." He continued to stress alertness through the parable of the ten virgins (Matt. 25: 1–13). He also instructed, through parables of the talents, sheep and goats, and ten minas, that faith and the gospel should not die out.

After he taught them about being on alert until the end times, being ready for the new era, and the need for proclaiming the gospel like this, he went up to Jerusalem, passing by Jericho with his disciples.

Walking this road, while Jesus was determined to take up the cross, disciples and followers dreamed of political upheaval, which would bring about independence of Judah and conquest of the world. Unshaken, Jesus strove to do the right things. While passing through Jericho, he opened the eyes of the blind

Bartimaeus (Mark 10:46; Matt. 21:29–34; Luke 18:35–43), and visiting the house of the chief tax collector Zacchaeus, he saved his household (Luke 19:1–10). Jesus, filled with love and faith, could not neglect the blind or pass by the alienated soul called 'traitor' no matter what hardship was laying ahead of him. From Jericho to Jerusalem, at the head of the company, Jesus valiantly walked fourteen miles on a steep road.

As he approached Bethphage and Bethany, he sent two of his disciples to the other side of the village and told them to untie and bring a colt to him. The disciples followed his word, brought the colt, threw their cloaks on it and put Jesus upon it. As he went along, people spread their cloaks on the road. It was to fulfill Zechariah 9:9 which says, "Rejoice greatly, O Daughter of Zion! Shout, Daughter of Jerusalem! See, your king comes to you, righteous and having salvation, gentle and riding on a donkey, on a colt, the foal of a donkey." Indeed, when he came near the place where the road goes down the Mount of Olives, the whole crowd began joyfully to praise God in loud voices saying, "Blessed is the king who comes in the name of the Lord! Peace in heaven and glory in the highest." Some of the Pharisees in the crowd disliked the praise and asked Jesus to stop the disturbance.

But Jesus answered that if those who are privileged to praise keep quiet, the stones would cry out. Truly his entry into Jerusalem was to take up the cross as a king of peace to fulfill the justice and love of God, and atone for the sins of all mankind so that he would restore them to be children of God and accomplish the saving work of God. This praise represented the praise of the universe. Alas! I feel sorry for the Pharisees who didn't believe.

Jesus accepted the praise of the disciples and crowd and wept for the unbelief of the Pharisees. He wept also because of unbelief of Jewish leaders in Jerusalem. If these leaders (teachers of the law and the Pharisees) had only known on this day what would bring peace and accepted the Messiah (Jesus) they might have avoided the destruction of the city. But nothing could be done since it was hidden from their eyes. By boastfully keeping the law in formality and hypocrisy, they failed to recognize the Lord. Jesus made a prophecy in detail about the fall of Jerusalem (the city of Jerusalem was completely destroyed and ruined by the Roman general Titus), and then entered the Jerusalem temple. The outside court (gentiles' court) was turned into a market full of moneychangers and people selling doves. Jesus drove them out and rebuked them saying, "It is written 'my house will be called a house of prayer', but you are making it a den of robbers." He implied that bringing peace is closely related to religious reformation.

That evening when he was resting at Bethany, Mary comforted him by pouring her perfume on his feet and washing with her hair, thereby preparing him for his burial unknowingly. Judas Iscariot blamed her without knowing the meaning of what she did. We learn that a wrong mind, no matter how good of a theory it has, always deviates from the will of God. The following day, when Jesus entered the city, the high priest, teachers of the law and elders challenged him asking who gave him authority to cleanse the temple. Jesus asked back about from where John's baptism came—from heaven or from men. When they answered that they did not know, Jesus said, "Neither will I tell you by what authority I am doing these things." While he fought against religious leaders like this, he gave a new commandment to his disciples as he set an example by washing their feet. He said to them, "Love one another. As I have loved you, so you must love one another" (John 13:34). Also, he comforted them saying, "Do not let your hearts be troubled. Trust in God; trust also in me...I am the way and the truth and the life. No one can come to the Father except through me" (John 14:1–6). Again the next day teachers of the law and some Pharisees came to the temple to ask, "Is it right to pay taxes to Caesar or not?" Knowing their trap, Jesus told them to bring a denarius and asked them whose portrait and inscription was on the coin. He answered, "Give to Caesar what is Caesar's and to God what is God's."

As for the Sadducees, who said there is no resurrection, he taught that those who are considered worthy of taking part in the resurrection from the dead will not marry, for they are like the angels when they are resurrected as children of God. Even teachers of the law thought the answer to be correct. On evening he told the parable, "I am the vine; you are the branches. If a man remains in me and I in him, he will bear much fruit; apart from me you can do nothing," and he also said that he would send the Counselor after he left the world and went to the Father. He explained that when he comes, he would convict the world of guilt in regard to sin and righteousness and judgment. He also explained that when the Spirit of truth comes, he would guide them into all truth. He said this because he loved and comforted his disciples to the end.

When the Passover came near, the teachers of the law and high priest discussed with Judas Iscariot how to hand Jesus over when there was no crowd. Meanwhile Jesus commanded Peter and John to prepare the Passover to eat together. On Thursday evening the Passover feast was prepared at a big upper-room (probably John Mark's room) and Jesus sat with his disciples, praying for their preservation and unity (John 17). He took bread, gave thanks and broke it, and gave it to them, saying, "This is my body given for you; do this in remembrance of me." Then he took the cup, saying, "This cup is the new covenant in my blood, which is poured out for you." He showed his love by all means to his disciples, even including Judas Iscariot, but Judas was already possessed by Satan, and had sold his teacher to the high priest and teachers of the law.

Crossing the Kidron Valley, Jesus and other disciples went to the Garden of Gethsemane at the foot of an olive grove like the day before. Here Jesus prayed three times to have his cup taken from him, dropping sweat like blood, but in the end, prayed, "Yet not what I will, but what you will." It was the most painful prayer, and through this prayer he won the victory over the greatest suffering.

At this time Judas Iscariot came with soldiers to seize Jesus.

Jesus made sure that they could not touch his disciples. The man of quick temper, Peter, struck the high priest's servant, called Malchus, with a sword, cutting off his right ear. Jesus told him to put his sword away and healed Malchus's ear. He was taken to Annas, and Caiaphas's courtyard, and to Pilate, then to Herod, and returned to Pilate to be tried. Though he knew Jesus was innocent, Pilate handed him over to be crucified under pressure from Jewish religious leaders. The poor Pilate committed a terrible sin. Jesus as the Lamb of God who takes away the sin of the world suffered from the hardship of the cross. He bore my sin when I rebelled like Judas, and took the sin we committed in weakness like Pilate. Can we trample again such infinite justice and love of God as this? We cannot but strike our chest and weep in repentance. We should not rebel against him in weakness. Truly I pray earnestly that my greed and desire of flesh all die out from today onward. I am determined with my whole heart not to leave the Lord again, not to take an interest in this world. Sin is this serious. It is so serious that God himself had to die for me—this is sin.

How can we fall into sin again! We live again only when we die completely. Only when we live again we can avoid committing sins. We should live not with flesh but with the risen Lord who was resurrected in a spiritual body.

2) Jesus Has Risen

Thinking of the holy life Jesus lived the week before he died on the cross, I cannot think his life disappeared with the death of his body. As prophesied in Psalms, God did not let his Holy One see decay, and Jesus has risen. After the resurrected Jesus showed himself to the disciples for forty days, he blessed them saying, "Peace be with you," and commanded, "Feed my sheep." When he ascended to heaven, five hundred followers watched him.

After that, he appeared before Paul on the road to Damascus, before John on Patmos Island, and we know many saints won victory in faith in the risen Lord under trials and persecution. I believed in the resurrected Jesus through the Bible and when I was betrayed by society I could be faithful to my responsibilities without despair through communication with Jesus. After I faithfully shoulder my responsibilities, I can experience eternal life, i.e., the next life.

Then where is the principle of resurrection shown in this world? We can see it in the world of nature at any time. When a kernel of wheat falls to the ground and dies, it sprouts and produces many fruits. When winter passes and a flower blooms from the ground, it also reveals the glory of resurrection. When a man, who was in agony because his temper harmed himself and others, comes to live a God-centered life and do good after he accepts Jesus and is born again, it shows the evidence of resurrection faith. Before he met Jesus, Paul tried to earn righteousness by observing the law but lamented, "What a wretched man I am! Who will rescue me from this body of death?" Then after he met the Lord on the road to Damascus, he said, "Thanks be to God–through Jesus Christ our Lord! So then, I myself in my mind am a slave to God's law, but in the sinful nature a slave to the law of sin" (Rom. 7:24–25). In other words, the man, who had persecuted Christ before he was born again, now committed himself to witness to the cross and resurrection of Jesus as a servant after rebirth. We who are like the abnormally born may not be like people of this world regarding the wisdom of this world, but we live lives of love, joy, peace and contentment with Jesus only. This is the evidence of spiritual life.

Jesus' resurrection abolished two main contributions of Satan. Satan always tempts mankind and leads them to sin and death. Jesus came to break his work. If Jesus had not been resurrected, his mission would have failed. But through resurrection he struck the head of Satan, the authority of sin and death, and set people free from his bondage. He also gave hope for the next life and helps his followers to live a life of victory and life of holiness through his resurrection. With this risen Lord, let's do our best in rescuing people from the damage of Satan. I pray that we all follow his footsteps, deeply moved by the suffering of the Lord, and come to experience the resurrection.

Busan Gathering, Vol. 11: 2 (April, 1978)

7. The Lord Jesus Christ Who Saves This Generation

(Greetings at Busan Gathering summer retreat)

Welcome, everyone, especially those who came from Japan. I receive you with great thanks! The reason I chose this title, "The Lord Jesus Christ who saves this generation" is that as I think of the horrible incidents of the KAL shoot down and the Rangoon Bombing last year and of how to save this generation, I came to the conclusion that this evil generation cannot be saved through man's ideas and power, but only though the power of Jesus Christ who saved this world.

Jesus came to this world 1,984 years ago, preached the gospel of the kingdom of God, atoned for the sin of mankind on the cross, went down to the grave once and was resurrected on the third day, and thereby completed his work of saving mankind. After that, his teaching has been passed down through the evangelism and spiritual life of disciples who believe Jesus as the Savior. The Christian faith has gone through many ups and downs, but the early church, despite lots of hardship and persecution, persevered.

In 300 A.D., after Constantine the Great made Christianity the state religion, the appearance of Christianity looked thriving, but its inside came to be corrupted and deteriorated and as a result, the Roman Empire became divided into the east and west. With the fall of the Roman Empire, medieval Christianity experienced a so-called 'Dark Age'. Afterwards, as it came to the age of Renaissance, people began to assert that there is no invisible God and pursued things only perceived through five senses as truth. Consequently, people believed that they would be able to live like men with their knowledge and products alone, and kept distance from God all the more.

The Reformation by Martin Luther in the sixteenth century seems to reaffirm the theory of atonement, but philosophy and material civilization became man-centered. Particularly, after the Industrial Revolution in the eighteenth century the following ideologies developed and prevailed respectively: Utilitarianism in England (Bentham, and Stuart Mill), Positivism in France (Saint Simon and Comte), and Pragmatism in America (James and Dewey). Through this, philosophies of realistic materialism, along with scientism, came to the fore of man's life. Korean Christians, seduced by realistic materialism, were also led astray from Christian idealism, which is based upon forming a faithful character.

I think the recent irregularities, corruption and graft of Korean society prove it. Juvenile delinquency may be said to be a world trend, but the viciousness of crimes, violent murder, robbery, and immorality are increasing. Furthermore, crimes due to women's vanity such as the Jang Young-ja scandal, the matchmakers of the upper class, the gigolos called 'secret male prostitutes', real estate Jae-beol (conglomerates), the ill-gotten wealth of politicians, the embezzlement of a large sum of funds by a chairman of the board of a private school at Daegu, the quarrels of ecclesiastical authorities, the attempt to illegally transfer foreign currency by a well-known pastor's daughter—these are extremely deplorable. It does not stop here. The sign of the anti-Christ also takes place in Korea. People like Moon or Park claim that they are the Christ. In the Middle East, the war between Iran and Iraq is ceaseless, and the USSR and U.S.A. keep furthering their arms race.

The voice of peace is extremely weak. At this time we cannot but reflect on ourselves and repent.

I want to introduce David's poem of repentance here. We all know Psalm 51:

1. Have mercy on me, O God, according to your unfailing love; according to your great compassion blot out my transgressions.
2. Wash away all my iniquity and cleanse me from my sin.
4. Against you, you only, have I sinned and done what is evil in your sight, so that you are proved right when you speak and justified when you judge.
7. Cleanse me with hyssop, and I will be clean; wash me, and I will be whiter than snow.
9. Hide your face from my sins and blot out all my iniquity.
10. Create in me a pure heart, O God, and renew a steadfast spirit within me.

11. Do not cast me from your presence or take your Holy Spirit from me.
12. Restore to me the joy of your salvation and grant me a willing spirit, to sustain me.
17. The sacrifices of God are a broken spirit; a broken and contrite heart, O God, you will not despise.

When I think of the sin of my country, I am reminded of the repentance of Nineveh. Jonah delivered the message of God to the city of Nineveh. He shouted, "Nineveh will be destroyed forty days later." Then the people of Nineveh believed in God, declared a fast, and from the greatest to the least put on sackcloth. When the news reached the king of Nineveh, he rose from his throne, took off his royal robes, covered himself with sackcloth and sat down in the dust. Then he issued a proclamation in Nineveh: "...Let them give up their evil ways and their violence. Who knows? God may yet relent and with compassion turn from his fierce anger so that we will not perish" (Jonah 3).

When God saw what they did and how they turned from their evil ways, he did not bring upon them the destruction he had threatened.

For us today this kind of repentance is desirable. However, I feel heavy with worries that Christians, let alone atheists, speak this with their mouth and heart but their deeds and life do not show repentance. Contemporary Christian leaders become hypocrites just like the Jewish leaders of Jesus' times.

"Woe to you, teachers of the law and Pharisees, you hypocrites! You give a tenth of your spices–mint, dill and cumin. But you have neglected the more important matters of the law–justice, mercy and faithfulness... You strain out a gnat but swallow a camel" (Matt. 23:23–24). Isn't it an appropriate word of rebuke for current pastors and elders?

Current politicians' corruption and irregularities, businessmen's greed, the decay of educational circles, the endless division of Christianity, are all the responsibility of Christians. Namely, they are the results of selfish desire–idolatry, which we learned and experienced it repeatedly through history. How could we not perish when we are like this? Just like in the time of Jeremiah, even if prayer warriors like Moses and Samuel would stand together in prayer, God wouldn't listen to it (Jer. 15:1–10).

All of these sins are the consequences of man's greed, desire and possessiveness through which Satan seizes opportunity and takes our personality captive.

Jesus Christ did away with these fundamental sins, but we believers came to be corrupted to this degree. I don't understand it. Nevertheless, should we remain discouraged and distressed? No. Even this time, a small group of people like us keep repenting and pressing on in prayer in the hope of salvation in Christ. There are always seven thousand whose knees have not bowed down to Baal.

I want to give a lesson here using a summary of Jesus' farewell teaching.

In John 14:1 Jesus said, "Do not let your hearts be troubled.

Trust in God; trust also in me," and in verse 7 he also said, "If you really knew me, you would know my Father as well. From now on, you do know him and have seen him." Then the disciple Philip said, "Lord, show us the Father and that will be enough for us." Jesus answered, "Don't you know me, Philip, even after I have been among you such a long time? Don't you believe that I am in the Father, and that the Father is in me? The words I say to you are not just my own. Rather, it is the Father, living in me, who is doing his work" (John 14:9–11). Here, the word, 'believe' means sharing life together. When we accept Jesus as Savior (Christ), our spirit becomes one with the spirit of Christ. Then, since our word and deed are done according to the work of the Spirit, whatever we ask in his name becomes appropriate to the will of the Father. What we ask in Jesus' name is fulfilled. This is for the purpose of giving glory to God through the son (Jesus) by fulfilling the will of the Father (atonement) (John 14:14).

Christ's cross reveals the justice and love of God. Therefore, the evidence of union between Jesus and his disciples would be expressed in their observing the commandments of Jesus. In other words, the disciples love one another by experiencing the love of the Lord. Since Jesus' love was sacrificial love that even loved enemies, it is impossible for a natural man to follow, but if we believe in Jesus, the Holy Spirit will help us practice this love. Thus Jesus said, "And I will ask the Father, and he will give you another Counselor to be with you forever–the Spirit of truth." Adding to this he also said, "The counselor will teach you all things and will remind you of everything I have said to you." He kept saying, "On that day you will realize that I am in my Father, and you are in me, and I am in you. Whoever has my commands and obeys them, he is the one who loves me. He who loves me will be loved by my Father, and I too will love him and show myself to him" (14:20–21). This word reveals the union of God the Father, his son Jesus Christ and disciples who believe in him.

Next, as for bearing fruit as a result of being united with Christ, Jesus explained using the relationship of the vine and its branches. He taught, "If anyone does not remain in me, he is like a branch that is thrown away and withers; such branches are picked up, thrown into the fire and burned" (John 15:6). He stressed the union once again by saying, "This is to my Father's glory, that you bear much fruit, showing yourselves to be my disciples. As the Father has loved me, so have I loved you. Now remain in my love. If you obey my commands, you will remain in my love, just as I have obeyed my Father's commands and remain in his love." Those who love will keep the command and those who keep the command will remain in love and thereby bear much fruit through the union.

Furthermore, he talked about the community of suffering. Namely, "I have chosen you out of the world. That is why the world hates you… If they persecuted me, they will persecute you also… He who hates me hates my Father as well" (John 15:19, 23).

Indeed, because Jesus' disciples follow the word of the Lord and live a communal life with the Father and his son Jesus through the guidance of the Spirit, they receive persecution and hatred from people belonging to Satan. This community of suffering is the primary evidence of the fact that his disciples are one with Christ. Even in the church, when you try to keep Jesus' teaching and practice, you experience excommunication or ban, or you can be killed. And the persecutor would rather think he works for God. This is just as it was when Jesus was caught and put to death by teachers of the law and Pharisees. However, "But when he, the Spirit of truth, comes, he will guide you into all truth...he will tell you what is yet to come. He will bring glory to me by taking from what is mine and making it known to you" (John 16:13–14).

The community of suffering will know before long that it is indeed a community of glory. The Apostle Paul said, "I consider that our present sufferings are not worth comparing with the glory that will be revealed in us" (Rom. 8:18). If we live a life as a community of suffering having a community of glory in view, our present suffering and worries will change to the joy of the heart through the work of the Holy Spirit. No one can take the joy away. For on that day, we will ask the Father for the personality of Christ, and it will be given as we wish. Namely, we will be able to love enemies and if we pray for them they will return in repentance and be saved. I always pray with this hope. When Jesus said, "Anyone who has faith in me will do what I have been doing" (John 14:12), I think perhaps he meant this.

What we earnestly want is for atheists and authorities to realize the will of God and give up relying on violence. Any schemes centered on wealth, power, or violence do not make people free, and thus, are unable to make this society free, equal, and peaceful. I believe we cannot but rely upon the grace and love of Jesus Christ only.

Lastly I want to pay attention to Jesus' prayer.
1. Glorify your Son, that your Son may glorify you.
"Father, the time has come. Glorify your Son, that your Son may glorify you. For you granted him authority over all people that he might give eternal life to all those you have given him. I have brought you glory on earth by completing the work you gave me to do. And now, Father, glorify me in your presence with the glory I had with you before the world began. I have revealed you to those whom you gave me out of the world. They were yours; you gave them to me and they have obeyed your word... I gave them the words you gave me and they accepted them. They knew with certainty that I came from you, and they believed that you sent me... they are yours. All I have is yours, and all you have is mine. And glory has come to me through them."

2. Protect them so that they may be one as we are one.
"I have given them your word and the world has hated them, for they are not of the world any more than I am of the world. My prayer is not that you take them out of the world but that you protect them from the evil one... Sanctify them by the truth; your word is truth... For them I sanctify myself, that they

too may be truly sanctified."

3. I pray also for those who will believe in me through their message, that all of them may be one, May they also be in us so that the world may believe that you have sent me."

"I have given them (believers who came to believe in Jesus as Savior through the evangelism of the disciples) the glory that you gave me, that they may be one as we are one... Father, I want those you have given me to be with me where I am, and to see my glory, the glory you have given me because you loved me before the creation of the world... in order that the love you have for me may be in them and that I myself may be in them."

The purpose of the prayer is that the Father, Son, his disciples and those who become believers through the witness of disciples become the community of life (truth) so that they take the course of becoming community of suffering in the present life and live an abundant life as a community of glory futuristically or spiritually, defeating the scheme of Satan.

The Apostle Paul said it like this in his Epistle to Ephesus: "Finally, be strong in the Lord and in his mighty power. Put on the full armor of God so that you can take your stand against the devil's schemes. For our struggle is not against flesh and blood, but against the rulers, against the authorities, against the powers of this dark world and against the spiritual forces of evil in the heavenly realms..." This full armor of God means to fight with the belt of truth buckled around the waist, with the breastplate of righteousness in place, and with our feet fitted with the readiness that comes from the gospel of peace, and in addition to all this, with the shield of faith, with which we can extinguish all the flaming arrows of the evil one, and with the helmet of salvation and the sword of the Spirit, which is the word of God. He encouraged us to pray in the Spirit, be alert and always keep on praying for all the saints (Eph. 6:10–18). Namely, to defeat the army of Satan, we ought to fight with 1) the belt of truth 2) the breastplate of righteousness, 3) the shoes of peace, 4) the shield of faith, 5) the helmet of salvation, 6) the sword of the Spirit (the word of God) and 7) praying in the Spirit.

In the end, the fight in this world is, as seen in the book of Revelation, an Armageddon between the group of Satan, the dragon, and the beast (false prophets), and the group of God, Christ, the prophets and the saints. Though the group of Satan may trouble the group of saints temporarily in real life and take the physical life, the risen Christ comes as the Spirit, to help prophets and saints in defeating the false prophets, dragon and Satan and throwing them to hell. We as believers of Christ will advance to the final triumph through the work of the Holy Spirit. I hope that this gathering, centering on Jesus Christ, would be united with the Father, the Son Christ, and the Spirit and defeat the schemes of Satan and win victory.

Busan Gathering, Vol. 17: 4 (August, 1984)

8. Easter and the Personality of Jesus [Evangelism at Busan Penitentiary]

I was asked by the head of academic affairs at Busan Penitentiary at 9:30 a.m. on March 22, 1984 to come to the penitentiary and share a good message. This day is a day we celebrate as Easter Sunday. Hoping that people would believe in the resurrected Jesus as I preach the resurrected Jesus Christ, I decided to prepare the following passage: "The Spirit of the Lord is upon me, because he has anointed me to proclaim good news to the poor. He has sent me to proclaim freedom for the prisoners and recovery of sight for the blind, to set the oppressed free, to proclaim the year of the Lord's favor" (Luke 4:18–19).

Jesus read the above passage at the synagogue, feeling that he fulfilled the prophecy made in Isaiah 61:1–2. The character of Jesus was truthful, and he fulfilled what was prophesied in the Word of God. The thinking of Jesus was the same as that of God through the guidance of the Holy Spirit. That's why he first proclaimed good news to the poor. Jesus declared, "Blessed are the poor in spirit, for theirs is the kingdom of heaven." Jesus was empty because he was physically and psychologically poor. Since you who are in prison are poor physically and psychologically like Jesus, you will be able to hear the voice of Jesus who says, "Today you will be with me in paradise," when you look at Jesus who died on the cross for you.

Second, Jesus gives freedom to prisoners. Human beings have desires instinctively, and desires themselves are not sinful. However, if Satan infiltrates into these desires, we as natural men do not have the power to overcome him. In order to set us free who belong to unrighteousness and fall into the temptations of Satan, Jesus bore the cross. Then he rose again and set all of mankind free from the bondage of Satan.

Third, men see things with physical eyes and consider that they understand something. Thus, they live their lives, without knowing that they will be punished because of sin. In other words, they live following the trends of the world while failing to see the way to go in the darkness. Because Jesus bore the cross, we learned to overcome ourselves, take up our cross, and follow the Lord. We learned that the love that sacrifices oneself to pass on eternal life to others is man's duty. What this means is that the Holy Spirit came upon us after the resurrection of Jesus and helped us see clearly the way to live and follow Him.

Fourth, Jesus set free the oppressed. By bearing the cross in person, Jesus set free mankind that was groaning under the oppression of the evil spirits. Moreover, Jesus set us free who were enslaved to sin through His resurrection. Thus, he gave all humanity the power to overcome the power of death through resurrection.

Fifth, Jesus proclaimed the year of the Lord's favor, which means that the Kingdom of the Lord came upon our hearts, which results in our hands working for the Kingdom.

The personality of Jesus is truthful, and when we look up to his personality manifested in the cross and resurrection, our personality suddenly changes and will proclaim the year of the Lord's favor. The cross and resurrection of Jesus revealed the power of Jesus' personality, and God ensured the salvation of mankind by accomplishing Jesus' resurrection. The person of Jesus was hung on the cross bearing the sin of the world, and the resurrection of Jesus showed the divinity of Jesus and the fact that man can gain eternal life through him. Those who experienced the resurrection of Jesus do not immerse themselves in the sins of this world. Their spirits are completely free.

Busan Gathering, Vol. 17: 2 (April, 1984)

9. The Doctrine of the Holy Spirit

Last year at Christmas, I suddenly remembered that Christmas was a feast that celebrates the birth of Jesus Christ, who was conceived of the Holy Spirit and born of flesh. As predicted by the Holy Spirit, the Messiah was born. Jesus' life was filled with the Holy Spirit, and we can verify that in the teaching and accomplishments of Jesus. When Jesus was about to leave the world and go to heaven, he promised to his remaining disciples, "I will send the Advocate, the Holy Spirit, for you."

1. The Holy Spirit Who Has Personality

The Holy Spirit is the Spirit of God and the Spirit of Jesus. The Holy Spirit participated in the creation of the heavens and the earth in the beginning (Gen. 1:2). He contended with sinners (Gen. 6:3). He gave Bezalel wisdom, understanding, knowledge, and skills (Ex. 31:3–4). He gave Samson power (Judges 14:6). He also gave wisdom and power to prophesy to many patriarchs and prophets. Moreover, the Holy Spirit conceived Jesus in a virgin. Not only that, the Holy Spirit descended upon him like a dove when Jesus was coming out of water after baptism. Likewise, the Holy Spirit is a person who came upon this world and worked.

However, it was Jesus who encouraged and taught his disciples while he was in the world. On the night before Jesus left the world, he made them a strange promise: "And I will ask the Father, and he will give you another advocate to help you and be with you forever— the Spirit of truth. The world cannot accept him, because it neither sees him nor knows him. But you know him, for he lives with you and will be in you. I will not leave you as orphans; I will come to you." Not only does the Comforter (*Parakletos*) take the place of Jesus like this, but He is considered to be a better person than Jesus to His disciples: "But very truly I tell you, it is for your good that I am going away. Unless I go away, the Advocate will not come to you; but if I go, I will send him to you" (John 16:7). At that time there wasn't any greater loss to the disciples than losing Jesus. The disciples without Jesus were like orphans without parents. That's why Jesus said to his disciples, "I will not leave you as orphans," and promised to send the better Comforter. The word *Parakletos* came from the verb parakleo, which means, "to call to one's side," and thus it means to call to one's side for the sake of assistance, guidance, and comfort. As a legal term, *Parakletos* means a close friend in a court or an attorney who works for no salary. While Jesus was on earth, Jesus was with his disciples as the *Parakletos*. Jesus called his disciples friends, and thus became the authentic *Parakletos* (John 15:15). That's why John said, "If anybody does sin, we have an advocate with the Father—Jesus Christ, the Righteous One" (1 John 2:1).

Another Comforter does not mean that he's another of a different kind (*heteros*). Rather, Jesus promised to send another of the same kind (*allos*). The Comforter to come is not a person different from Jesus, but another self who is a person. Thus, Jesus said, "I will not leave you as orphans," and continued to say, "I will come to you." In saying so, Jesus said the one to come is Jesus himself.

When and in what form did this Holy Spirit, who is a person, come? "When the day of Pentecost came, they were all together in one place. Suddenly a sound like the blowing of a violent wind came from heaven and filled the whole house where they were sitting. They saw what seemed to be tongues of fire that separated and came to rest on each of them. All of them were filled with the Holy Spirit and began to speak in other tongues as the Spirit enabled them." The Holy Spirit came as a vision. After that, the weak among the disciples became strong, the foolish became wise, and they were given the courage not to fear anyone, the power to touch many people, and the wisdom to discern all problems. The work of the Holy Spirit is elaborated on in the Book of Acts: When Ananias and Sapphira brought money saying that it was the whole when they hid half of the sale, Peter said to them, "You have lied to the Holy Spirit and have kept for yourself some of the money you received for the land." Peter also said, "How could you conspire to test the Spirit of the Lord?" (Acts 5:4, 9). Furthermore, "We are witnesses of these things, and so is the Holy Spirit, whom God has given to those who obey him" (John 5:32). There are more references to the work of the Holy Spirit: "You always resist the Holy Spirit!" (Acts 7:51); "While Peter was still thinking about the vision, the Spirit said to him, 'Simon, three men are looking for you'" (Acts 10:19); "The Holy Spirit said" (Acts 13:2); "The two of them, sent on their way by the Holy Spirit" (Acts 13:4); "It seemed good to the Holy Spirit and to us not to burden you with anything beyond the following requirements" (Acts 15:28); "Having been kept by the Holy Spirit from preaching the word in the province of Asia" (Acts 16:6); and "I only know that in every city the Holy Spirit warns me that prison and hardships are facing me" (Acts 20:23). At least in the Book of Acts, the Holy Spirit appears to be like a person.

The Holy Spirit is the Spirit of Christ (Rom. 8:9; Gal. 4:6; 1 Pet. 1:11; Acts 16:7). This Spirit was with Christ when he was in the world (John 15:26), and he, along with God the Father, was of the same essence as Christ before Christ came in flesh. The Holy Spirit existed as Christ's Spirit. Thus, the Holy Spirit is also the Spirit of God (Rom. 8:9; Gal. 5:18) because Christ is the Son of God. In general, what belongs to the Son comes from God the Father: "For as the Father has life in himself, so he has granted the Son also to have life in himself" (John 5:26); "Everything you have given me comes from you" (John 17:7); and "All I have is yours" (John 17:10). Therefore, the Spirit of the Son is the Spirit of God the Father. Here God the Father, God the Son, and God the

Spirit are the triune God.

2. The Work of the Holy Spirit

It was because of the special mission that Christ the second person of the triune God came in flesh. After Christ fulfilled the mission and ascended into heaven, the Holy Spirit, the third person of the triune God, came to dwell among us for the purpose of special work. The mission of Jesus is well represented in his name. Namely, the mission was to save his people from their sins (Matt. 1:21). Jesus is the Savior. His mission was to open the way for the helpless mankind. Likewise, the mission of the Holy Spirit as represented in his name *Parakletos* is to help mankind find the way to salvation. Opening the way for salvation was fulfilled by revealing the glory of God. To put it differently, revealing God as God and showing all respect to His holiness fulfilled it. The holy work of Christ lay completely in revealing the glory of God. Namely, it is to reveal to people everything that Christ accomplished. It lies in revealing the glory of Christ. Namely, it is to reveal everything Christ accomplished to the people. In other words, it is to realize the life of Christ in the life of the people. That is the main purpose of the Holy Spirit. Jesus Jesus said, "He will glorify me because it is from me that he will receive what he will make known to you" (John 16:14). Not only does the Holy Spirit receive the things that belong to Jesus and show them to us, but He also lets Christ live in us. "On that day you will realize that I am in my Father, and you are in me, and I am in you" (John 14:20). The happiest experience—our union with Christ —is achieved by the Holy Spirit. Those who receive the Holy Spirit receive Christ. It is the mission of the Holy Spirit that we dwell in Christ and Christ in us so that we can have the life of Christ as if it is ours. Jesus said, "I am the way, the truth, and the life." He is the way to the House of the Father, the truth itself, and the life itself. Moreover, it is the Holy Spirit who guides us to the Way, testifies to the truth, and gives this life to us. Thus, he is called "the Spirit of truth" (John 14:17) and "the Spirit of life" (Rom. 8:2). The Holy Spirit guides us to the way of Jesus. Because Jesus is the truth and the life, the Holy Spirit guides us as the Spirit of truth and the Spirit of life.

First, the Holy Spirit shows the truth. Jesus said this many times (John 1:14). In explaining the Spirit that dwells in Jesus, Isaiah called him first of all "the Spirit of wisdom and understanding." What is precious is truth, and the ability to discern it is wisdom. The Holy Spirit reminds people of Jesus and "teaches you all things" (John 14:26) based on that. Surely, we have received forgiveness of sins because of Christ through the Scripture and the Holy Spirit, have become children of God, and believed and learned eternal life by loving one another. The Holy Spirit teaches us just as the resurrected Jesus walked with and taught the two disciples on the road to Emmaus. That's why Paul said, "No, we declare God's wisdom, a mystery that has been hidden...What no eye has seen, what no ear has heard, and what no human mind has conceived the things God has prepared for those who love him" (1 Cor. 2:7–10). We need the Holy Spirit not only for the wisdom of grand salvation, but also for moral judgments in daily life. We learn from the Holy Spirit and discern what is good and what is evil. Our conscience becomes weak apart from the Holy Spirit and dies–it is the Holy Spirit who enlivens our conscience. What morality can exist without conscience and without the ability to discern between good and evil?

Jesus himself was the truth. The glory of the one and only Son existed full of grace and truth (John 1:14). The Holy Spirit is the Spirit of wisdom. He's the Spirit of wisdom and understanding.

Second, the Holy Spirit is the life-giving Spirit. Here, life means the spiritual life rather than the natural or physical life. It is Jesus alone who lived a true life. Jesus was tempted in the flesh just like us. However, he overcame all temptations, fulfilled the good of God, and returned in triumph overcoming the tomb. In other words, what was corruptible has been glorified into what is incorruptible. Life was completed as something eternal to him. "Where, O death, is your sting?" Jesus lived a truthful life and still lives; his was a true life. The life the Holy Spirit intended to give is no one's but Jesus'; he lets Jesus dwell among us. Jesus himself said that he "will come to them (us) and make our (his) home with them (us)" (John 14:23). Jesus also said, "You will be in me and I will be in you." Jesus further said, "But whoever is united with the Lord is one with him in spirit" (1 Cor. 6:17). Jesus and we are one body with one heart and will be just like a married couple in our relationship. We are an olive tree that was wild by nature but was cut and grafted into the cultivated olive tree that is Jesus. Jesus is the vine and we are his branches. If we are in him and he is in us, we will bear much fruit (John 15:5). If we live in the Lord, he will bear the fruit of the Holy Spirit: love, joy, peace, patience, kindness, goodness, faithfulness, gentleness, and self-control.

3. Being Filled with the Holy Spirit

After the coming of the Holy Spirit on the day of Pentecost, those who believed in Jesus as Christ all received the Holy Spirit. The Scripture says, "And if anyone does not have the Spirit of Christ, they do not belong to Christ" (Rom. 8:9), and "the Spirit you received brought about your adoption to sonship. And by him we cry, 'Abba, Father.'" Paul said to us, "Do you not know that your bodies are temples of the Holy Spirit?" (1 Cor. 6:19) and "For we were all baptized by one Spirit so as to form one body ...and we were all given the one Spirit to drink" (1 Cor. 12:13). The body that is in Christ is the temple of the Holy Spirit, and those who believed go into a new life by accepting him. Those who do not serve him do not belong to Christ. Those who believe in Jesus have the Spirit of truth and life, and his work has begun in them. However, in order to complete this, they should be filled with the Holy Spirit all the more: "Do not get drunk on wine, which leads to debauchery. Instead, be filled with the Spirit, speaking to one another with psalms, hymns, and songs from the Spirit. Sing and make music from your heart to the Lord" (Eph. 5:18–19). Being filled does not mean simply receiving. It means I allow the Holy Spirit to have complete control of me. That's right. My words and deeds become those of Jesus, and I can't be satisfied until I reveal the fragrance and glory of Christ. Regardless of being master, slave, or male or female, whoever calls on the name of the Lord should always be filled with the Holy Spirit. Not only do they accept Jesus and receive His Holy Spirit, but they should also be filled with the Holy Spirit. In other words, they should dedicate themselves fully to Christ. Usually, people receive the Holy Spirit and experience His filling when they believe in Jesus. However, the sad thing is that people leave their first love afterwards. When we look at the path of our spiritual lives, how many do not experience the sorrow of realizing that their self that died on the cross still remains alive? That's why we have to ask for the filling of the Holy Spirit here. How can we receive the filling of the Holy Spirit? There isn't any other way other than committing ourselves completely. That's why the Scripture says: "Therefore, I urge you, brothers and sisters, in view of God's mercy, to offer your bodies as a living sacrifice, holy and pleasing to God—this is your true and proper worship" (Rom. 12:1) and "Do not offer any part of yourself to sin as an instrument of wickedness, but rather offer yourselves to God as those who have been brought from death to life; and offer every part of yourself to him as an instrument of righteousness" (Rom. 6:13). The original word for 'offer' is '*paristanein*', and it means to yield oneself to the freedom of others. Commit everything to the Lord unsparingly and surrender to Him. You do not need to make any other effort. All you have to do is to pray, "All I want is for you to have complete control of me. I commit everything into your Hands. I'd like you to use my body as your weapon of righteousness. Amen."

Busan Gathering, Vol. 15: 1 (February, 1982)

사랑은 오래참고 사랑은 온유하며 투기하는 자가 되지아니하며 사랑은 자랑하지아니하며 교만하지아니하며 무례히 행치아니하며 자기의 유익을 구치아니하며 성내지아니하며 악한것을 생각지아니하며 불의를 기뻐하지아니하며 진리와함께 기뻐하고 모든것을 참으며 모든것을 믿으며 모든것을 바라며 모든것을 견디느니라

一九六七年三月一日 박영락전무의 뜻에 의하여

장기려 드림

Part 3

Peace, Love, and Life

Thus the way to solve this problem of sin is the way and key to make peace.

This love demands death.
Laying down our life for others is the purpose of our life.
This is the way Jesus and all who lived well have lived.

1. Us

When studying the Lord's Prayer, I agreed without different opinions to the first part: "Our Father in heaven, hallowed be your name, your kingdom come." However, we need to pay extra attention to the part "our Father in heaven." Even though God loved me as an individual and saved me, salvation is for all mankind. Since God is the Father for everyone who has been saved, saying "our Father in heaven" is appropriate. Concerning prayer for practical matters in the second part of the prayer, Jesus taught us to pray, "Give us today our daily bread." I can't help confessing that I thought and prayed for my own individual needs even though I said "our daily bread." Even when I prayed, "Forgive us our debts, as we also have forgiven our debtors," I reflected on whether I forgave those who wronged me. I also confess that I didn't think and reflect much about those who wronged us. As I was thinking that way, I had no choice but to acknowledge that my faith was a very individualistic faith. Even though I can forgive the sin of my neighbors who wronged me, I can't forgive the sins neighbors committed against neighbors, particularly adultery and idol worship, and in some sense I even thought that they are not relevant to me. I became very sorry because such thinking is far from the spirit of 'the Lord's Prayer.' I know some people stop praying when they reach that part of the Lord's Prayer and move on to the next part of the prayer.

Although they might say that they are at least honest to their consciences, their hearts do not obey the teachings of the Lord. In the next part the Lord taught us to pray, "Lead us not into temptation, but deliver us from evil." It is true that I thought that part of the Lord's Prayer as a prayer for myself and recited it that way. Oh, we don't know how self-centered we are. In the Lord's Prayer, Jesus taught us to understand that God is the Father of all mankind that was saved, hallow His name, and worship Him in spirit and truth so that his name would be honored. Furthermore, Jesus let us know that praying for the Kingdom and reign of the Lord is the best prayer of men.

When God created mankind, He said, "Let us make mankind in our (God the Father, God the Son, and God the Spirit) image, in our likeness" (Gen. 1:26), and He said, "Who will go for us?" (Isa. 6:8) when sending an evangelist. In chapters fourteen through seventeen of the Gospel of John, Jesus said that God the Father, God the Son, and God the Holy Spirit are one in trinity. He prayed that his disciples would become one with Jesus Christ, and those who would accept Jesus Christ through the witness of Jesus' disciples would also become one. Now we have to be sure that we have become a community of tribulation, life, and glory with Jesus and pray the Lord's Prayer!

Busan Gathering, Vol. 19: 6 (December, 1986)

2. The Peacemakers

It is said that "blessed are the peacemakers, for they will be called the sons of God."

Why is there any conflict or discord among people? It's because their characters are far from truth. In truth, all people become an organism and cooperate with one another in harmony, but once they depart from the truth, they all raise their own voices and frictions arise. Discord and dispute are relative, and as such both parties have to be held responsible. If one of them is absolutely right and good there will be no trouble, for the absolute good would make peace. When we look into the cause of discord in reality, however, much of it seems to result from misperceptions. When we see and judge things, aren't we forgetting that God is in control? Also, I think in many cases, we make a mistake in criticizing and judging from our perspective when everything ultimately belongs to God. We do not look back to examine whether our thoughts and judgment belong to the truth. Consequently, it causes discrimination, inequality, injustice, and illegality. It makes us consider the other party selfish, biased, and stubborn, thereby justifying ourselves, saying, "Because you do that, I do the same." Thus the Cold War continues and turns into a hot war. Partisan strife in the church comes about through this process as well.

Nevertheless, I do not deny that there is a righteous fight. Jesus said, "I did not come to bring peace, but a sword. For I have come to turn a man against his father, a daughter against her mother, a daughter-in-law against her mother-in-law" (Matt. 10:34–46). These verses refer to the truth, and even the apostle Paul said, "What harmony is there between Christ and Belial (used in the New Testament to mean Satan)?" He claimed they were completely separate (2 Cor. 6:14–16). We cannot bend our beliefs or compromise truth and justice. This is a teaching about living for the truth, which is Jesus Christ. It is not about striving for self-assertion. In real life, however, this is not the case.

In Proverbs, there are many sayings about avoiding quarrels.

1. Better to live on a corner of the roof than share a house with a quarrelsome wife (Prov. 21:9).
2. It is to a man's honor to avoid strife, but every fool is quick to quarrel (Prov. 20:3).
3. A man's wisdom gives him patience; it is to his glory to overlook an offense (Prov. 19:11).
4. When a man's ways are pleasing to the Lord, he makes even his enemies live at peace with him (Prov. 16:7).
5. An offended brother is more unyielding than a fortified city, and disputes are like the barred gates of a citadel (Prov. 18:19).
6. A heart at peace gives life to the body, but envy rots the

bones (Prov. 14:30).

From the words above we can see that becoming a peacemaker is not easy. It is said that an offended brother is more unyielding than a fortified city. We cannot heal the heart of the wounded without the power of the Holy Spirit. We experience every day that such power and moving of the Holy Spirit only works through the heart and personality of a person. The Spirit works through those who realize and repent of the discord that comes from their own sin. I believe that he accomplishes his work through a person of character whose faithful life in Christ defeats the scheme of Satan and lives victoriously. Such an act pleases God and makes even his enemies live at peace with him. The peace of a family, a nation, a society, and the whole world is based on the reconciling of each individual with God in Christ. Only people who know their sins and repent can establish the system and organization of world peace. When they as a peacemaker completely commit themselves to the truth, they can contribute to world peace.

Busan Gathering, Vol. 5: 3 (June, 1972)

3. Matters of Peace

Peace is much needed not only for me, but also for my family, our society, our race, and all of humanity. What is the source of peace and who controls it? Why is it not being established? Let us first think about how we can establish peace. Before that, let me try to define peace first. Peace is the state in which each individual helps each other at home and in society and fulfills his mission with a sense of contentment. My definition of peace is that such a state is being progressed in each class of the society, each race, and each country. Then who is the source and controller of peace? I'd like to introduce to you what I studied in the Bible. God is love, joy, and peace. Galatians 5:22 records 'the fruit of the Holy Spirit' and it can be understood as the character of God. Since God is love, everything was created out of love. Because God is joy, he felt satisfaction and rejoiced on each day of the creation (Gen. 1:4, 10, 12, 18, 21, 25, 31). Furthermore, since God is peace, He rested on the seventh day and led Adam, Eve, and all things into peace in the Garden of Eden.

Next, who or what broke this peace? When we look at Genesis chapter three and the following, an evil angel who had rebelled against God (also called Satan or the old serpent) deceived Adam and Eve to eat of the forbidden tree of knowledge, and this broke the peace. In other words, the cause is the sin of disobeying God's command. Man could not have peace with God because of the sin he committed. God gave man a free spirit, and he was supposed to enter into fellowship with the Spirit of God and obey his truth, but instead he obeyed the evil spirit and rebelled against God. The first fruit of that is what happened between Adam's two sons: Cain and Abel. The fact that the older brother Cain hated and killed his younger brother Abel is the first symptom and the first fruit of disharmony between God and man. After the sin of rebellion against God (the truth) entered mankind, man had no choice but to be punished. During the time of Noah, sin became great and God foretold his punishment through Noah and called for repentance, but people didn't listen. As a result, God punished mankind with water (Gen. 6–8). After that, the people of Sodom and Gomorrah lived apart from God, so God sent an angel to Abraham and Lot to reveal His will and warned Sodom and Gomorrah through them, but the cities did not repent. Consequently, they received the punishment of fire (Gen. 18–19).

Afterwards, the history of Israel shows that when they left God and lived a carnal life, the Israelites experienced oppression and trouble, but when they repented and returned to God, they enjoyed peace. God foretold that the Messiah would come through the commandments (the Law) and conscience to save Israel and mankind. In order to fulfill what He promised to Abraham, in due time, God sent Jesus from His bosom. When he came to this earth, Jesus preached the gospel with the mercy and justice of God, healed many patients, and fed multitudes with miracles. However, the multitudes only thought about the present, and the religious leaders such as the Pharisees, the teachers of the law, and elders imposed the Law on others while they themselves did not live according to the spirit of the Law. When Jesus saw them crushing men's spirits, he groaned.

Then Jesus left the region of Galilee, passed through Tyre and Sidon by the coast of the Mediterranean, and climbed Mt. Hermon north of Galilee. Transformed before them, he gave Peter, James, and John a glimpse of the Kingdom of God. Then he went down to Bethsaida in the region of the Decapolis. Again Jesus went to Caesarea Philippi which boasted splendid scenery, and told his disciples twice in advance that he would be crucified. He prepared them not to panic when that happened. Then he took his disciples down to Berea, by the Jordan River again, and entered the city of Jericho. When he was coming out of Jericho, he dropped by the house of Zacchaeus, the head tax-collector, and proclaimed salvation to Zacchaeus's household. The road from Jericho (260 meters below sea level) to Jerusalem (785 meters above sea level) was serpentine, bumpy, and very rough with steep slopes.

1) The Parable of What Jesus' Disciples Should Do for Peace (Luke 19:11–27)

The history of mankind becomes more meaningful when we see it as God's redemptive history of mankind. Since the mission of Jesus' coming to the world lay in saving mankind, Jesus had his eyes fixed on that and went up to Jerusalem. When he neared Jerusalem, Jesus spoke a parable to his disciples who had been anticipating the immediate coming of the Kingdom of God.

A man of noble birth went to a distant country to have himself appointed king and return, so he called ten of his servants and gave them ten minas. He told them to put the money to work until he came back. What this parable means is that Christ who dies on the cross will resurrect, ascend into heaven, and return with the authority to judge as the king of the Kingdom of Heaven. Minas are understood as faith or the gospel that testifies to faith. What Jesus meant by "put the money to use" was to live out one's faith. The parable of talents in Matthew 25 does not show any difference in the reward, even though each person's abilities and amounts of work done vary. However, in this parable of the minas, even though people will participate in the joy of God because people believe in the same Christ with the same faith and the same gospel, those with greater faith will exercise greater authority in the Kingdom of God.

These two parables teach beautiful lessons concerning exercising faith and the reward of heaven. We will not fear judgment, but at that time will see things we did out of our faith in God and love for God. This parable was given as an encouragement to the disciples who were anticipating Jesus' return. It taught them that before the Kingdom of God arrived, Jesus would die, be buried, be resurrected, and sit on the throne of judgment. The parable was meant to prepare the hearts of his disciples for what would happen before the cross: the Kingdom of God would not be fulfilled without judgment. True peace is established beyond judgment.

2) The King of Peace (Luke 19:28–40)

After teaching this parable, Jesus called two of his disciples and sent them off to Bethphage, which was across from where they were, to untie a colt and bring it to him. He further said, "If anyone asks you, 'Why are you untying it?' say, 'The Lord needs it.'" Probably one of his relatives might have been expecting Jesus to go up to Jerusalem for the Passover. Thus, the two disciples brought a colt no one had ever ridden on to Jesus, threw their cloaks on the colt and put Jesus on it. People spread their cloaks on the road and followed Jesus holding palm branches in their hands. When they went around the foot of the Mount Olives and came near the slopes leading down to Jerusalem, frantic excitement arose among the people and Jesus' disciples as if a triumphant general, or king, was entering the city, even though no one incited it. Since it arose out of mob psychology, the people and Jesus' disciples shouted, "Blessed is the king who comes in the name of the Lord! Peace in heaven and glory in the highest!" (Luke 19:38). Some Pharisees among the crowd said to Jesus, "Teacher, rebuke your disciples!" I think they said that not just because of the commotion, but because they felt insult they couldn't stomach when the crowd and disciples called Jesus "the king who comes in the name of the Lord." However, Jesus replied, "If they keep quiet, the stones will cry out." In other words, Jesus approved of the praise and let them shout (Luke 19:39, 40).

The passage appears in four places in the Gospels. Namely, they are Luke 19:38; Matthew 21:9; Mark 11:9, 10; and John 12:13. They differ slightly from each other, but have a commonality in speaking of "the king who comes in the name of the Lord." Jesus' disciples and the crowd shouted out, and the Lord approved of it, but they greatly misunderstood the meaning of Jesus' entry into Jerusalem. The crowd and disciples thought that once Jesus entered Jerusalem, the Roman governor would be overturned and the Kingdom of God would soon appear, and as a result, the political revolution on earth would be fulfilled. In contrast to their thinking, the Kingdom of Jesus did not belong to this world, but is an everlasting Kingdom of Heaven. At that time Jesus had the prophecy of Zachariah 9:9 in mind: "Rejoice greatly, Daughter Zion! Shout, Daughter Jerusalem! See, your king comes to you, righteous and victorious, lowly and riding on a donkey, on a colt, the foal of a donkey." Those who are valiant and ride on a warhorse are kings of this world, but the one who rides on a colt is the King of the Kingdom of Heaven.

It was Judas of the Maccabean family who plotted to overturn the Roman governor and bring about the political independence of Judah. Whereas Judas valiantly entered the city on a warhorse, Jesus set people free from sin and gave them eternal life and freedom. Jesus believed that that was authentic political freedom and independence. Jesus intended to destroy Satan, who bound people with sin, and establish a spiritual country. That's why Jesus rode on a donkey—to hint at that.

Part of the praise of the crowd and Jesus' disciples was "Peace in heaven and glory in the highest." It was a reminder of the song a great heavenly host sang in praise of God: "Glory to God in the highest heaven, and on earth peace to those on whom his favor rests." The shouting of "peace" to the heavens into which Jesus was about to ascend after he finished his earthly life contrasts with the "peace on earth" the host shouted when Jesus was born on earth; it was a song of jubilation. The peace of heaven comes upon those who find favor with God; namely those who accept Jesus as the Savior and Lord with a repentant heart. "Peace in heaven" can be understood in connection with Colossians 1:16–20: "For in him all things were created: things in heaven and on earth, visible and invisible, whether thrones or powers or rulers or authorities; all things have been created through him and for him ... For God was pleased to have all his fullness dwell in him, and through him to reconcile to himself all things, whether things on earth or things in heaven, by making peace through his blood, shed on the cross." Here the thrones, powers, rulers, and authorities refer to Satan, who has the authority of the air, and the redemption of Jesus on the cross redeems not only the sin of mankind, but also the sins of Satan who rebelled against God. That means Satan can be saved by believing in the redemption of Jesus Christ, as James 2:19 states, "Even the demons believe that—and shudder."

Jesus trampled upon the authority of Satan as "the king who comes in the name of the Lord" and freed people from the bondage of sin with the blood of the cross. As a result, there was peace in heaven and glory given to God in the highest heaven. Where Jesus is, there is peace. Jesus is the King of peace. If people who were created to speak remained silent when this Jesus entered Jerusalem, the stones would have shouted instead of the angels, people, and all of creation. What is the seeming irony between the crowd shouting, "Hosanna!" and the gentle Lord riding on a colt? In this irony is found the fundamental secret to the gospel of Christ. Even the disciples understood this after Jesus' resurrection and glorification. After Jesus was resurrected and ascended into heaven, there was peace in heaven, and there will be peace on earth after Jesus returns. Let us not feel this irony as irony and press on with faith until then.

3) Matters of Peace

(1) Prophecy of Judgment

Jesus and his entourage went around the southeastern part of the Mount of Olives and reached a place that overlooks the city of Jerusalem. The building that towered over the eastern part of the city was a temple Herod the Great built. Perhaps, it was what Jesus saw as he cried, "If you, even you, had only known on this day what would bring you peace—but now it is hidden from your eyes. The days will come upon you when your enemies will build an embankment against you and encircle you and hem you in on every side. They will dash you to the ground, you and the children within your walls. They will not leave one stone on another, because you did not recognize the time of God's coming to you" (Luke 19: 42–44). Here matters of peace would mean what needs to be done for the city to enjoy peace instead of getting destroyed. What we are reminded of is what John the Baptist said to those who were coming to him in the Jordan River to be baptized: "You brood of vipers! Who warned you to flee from the coming wrath? Produce fruit in keeping with repentance." Replying to the crowd who were asking him "What should we do then?" John replied, "Anyone who has two shirts should share with the one who has none, and anyone who has food should do the same." To the tax collectors, he said, "Don't collect any more than you are required to." To the soldiers, he replied, "Don't extort money and don't accuse people falsely—be content with your pay." In other words, practicing mercy and justice was the way to salvation from the destruction that was to come (Luke 3:7–14).

However, Jesus showed a deeper, more fundamental way to salvation. That way is faith in Jesus as Christ who would "proclaim good news to the poor, freedom for the prisoners and recovery of sight for the blind, set the oppressed free, and proclaim the year of the Lord's favor." If only they accepted Jesus as Christ, namely, the Savior and Lord, people, nations, and the world would be saved. Peace is established by faith in Jesus Christ, and peace will be established among people based on that. This is the way to peace. When punishing sin, He sent a warning through the prophets and then poured down water and wrathful fire. What is saddening about the flood of Noah and the punishment of fire in Sodom and Gomorrah is that people were in a dead state, in which they did not listen to the warnings of the prophets. Even though Jesus was prophesying in order to save Jerusalem from being destroyed in the footsteps of John the Baptist, the religious leaders and citizens were still committed to formal religious rituals and filled with hypocrisy. That's why they didn't know how to repent, rejecting the mercy and benevolence of God. How could they escape the wrath of God?

Jesus said in Luke 13:34, "Jerusalem, Jerusalem, you who kill the prophets and stone those sent to you, how often I have longed to gather your children together, as a hen gathers her chicks under her wings, and you were not willing," and he wept as he prophesied.

Today may be your last chance to come to know this peace. We are weak human beings who postpone today's work until tomorrow. One becomes a true disciple of Jesus and becomes one with Jesus Christ by dedicating himself completely to Jesus. If there are ten true disciples, it will bring about salvation. Don't we have even ten people? Luke 13:34 says, "You were not willing", but here in objective terms of the providence of God, the Bible says, "It was hidden from your eyes."

Jesus foresaw the destruction of Jerusalem, but his essence was hidden from the eyes of the citizens. In the providence of God, stubborn and cowardly hearts crucified Jesus and destroyed their future. It is a saddening and fearful thing. It is truly difficult to understand that this is what God decided to do.

On that day, enemies will surround you, build a stronghold to attack your city, and attack you from all sides. They will destroy your walls and slaughter people once they get inside. Not a stone will be left untouched and everything will be ruined.

How can you escape destruction without knowing the matters of 'peace' and the time of 'peace'? If you repent and believe the gospel even from today, you will receive forgiveness of sins and salvation. However, they are hidden from your eyes. Consequently, Jesus had to be crucified.

Jesus prophesied about the destruction of Jerusalem just days before his crucifixion, around 30 A.D. Around 40 A.D., ten years after that, Gaius Caligula, the Roman emperor, attempted to build his own idol in the temple of Jerusalem but was dissuaded by the governor. However, the later rule of Lucceius Albinus (62–64 A.D.) and the governor Gessius Florus were harsh and very oppressive, so the common people of Jerusalem rebelled against the government in the spring of 66 A.D. Florus escaped to the suburbs. Cestius

Gallus, the Roman governor in Syria, came to help with his army, but he failed and had to retreat in November of 66 A.D. In the meantime, the Christians living in Jerusalem escaped to the other side of the Jordan River. Jerusalem was controlled by zealots and fascists, and extreme politics were employed. As a result, internal conflicts between the moderate party and the extreme party continued unceasingly. In 67 A.D., Titus Flavius Vespasianus from Rome came with a great army, built a stronghold around the city of Jerusalem, and attacked the city for three years until 70 A.D. Eventually, he destroyed the city, burned the temple, destroyed all the streets, and committed massacres.

(2) Temple Cleanup (Luke 19:45–46)

While overlooking Jerusalem at the foot of the Mount of Olives, Jesus expressed his grief-stricken affection for the city before leaving for the temple courts of Jerusalem. In the Court of the Gentiles, many merchants were buying and selling things on the tables. Some were selling ritual doves, and others were changing money and making a loud noise. Seeing all this, Jesus became indignant and said to them, "My house will be called a 'house of prayer for all nations!' but you have made it 'a den of robbers'" and drove out the merchants.

This so-called temple cleanup story is found not only in the Gospel of Luke but also in the Gospel of Matthew (Matt. 21:12–13), the Gospel of Mark (Mark 11:15–17), and the

Gospel of John (John 2:13–17). The extreme actions of Jesus at the time reminded his disciples of Psalm 69:9, "For zeal for your house consumes me" (see John 2:17).

Jesus was greatly moved even to the point of his heart being torn. When his love for Jerusalem reached its pinnacle, his death in Jerusalem was soon to begin and reach its climax. Upon leaving the temple, Jesus went around to the village of Bethany and most likely stayed at the house of Martha and Mary. In the morning, he taught people at the temple in Jerusalem, and then he taught in Bethany in the evening. He dedicated himself to teaching and preaching to see if people would accept him and be saved even at the last moment. If they wouldn't believe, they would be destroyed, but Jesus loved the people and his disciples to the end, fulfilling his mission.

Even though priests, teachers of the law, and elders tried to arrest and kill Jesus, they could not because the crowd was listening intently to the teachings of Jesus (Luke 19:47–48). The reason the high priests participated in arresting and killing Jesus had something to do with Jesus' temple cleanup. The Pharisees thought that their interests were violated; at first it was the Pharisees who opposed to and tried to kill Jesus. The priests were Sadducees and remained indifferent. However, when they thought their interests were threatened, they joined hands with the Pharisees and tried to kill Jesus.

The reason Jesus made even the priests his enemies and

cleaned up the temple as if seeking his death was that he saw the fundamental issue as one of peace. The fundamental issues of political corruption, economic corruption, and educational corruption all stem from the corruption of one's attitude toward God. Since the temple representing the religion was corrupt, people had no choice but to be corrupt as well. Every form of idol worship, such as not worshiping the true God as God, seeking profit by using God, or worshiping things other than God are the basis of all types of corruption, be it in politics, the economy, education, or culture. Without identifying the fundamental issues of corruption, people perish. Here lies the foundation for the 'matters of peace'.

Jesus said, "Blessed are the peacemakers, for they will be called children of God." The peacemakers belong to Jesus the Son of God. In other words, those who make peace are true Christian believers. The model for advocates of peace and peace activists is found in Jesus. Jesus keenly knew where the foundation of 'peace' lay. Furthermore, Jesus informed people that those who ignored peace and belittled it would not be able to escape the coming wrath of God. Weeping, Jesus entreated people to repent even on that day, at that moment, and then he gave himself.

When we know this way, we are saved, but when we ignore the way, we perish. What is this way? What is the foundation of peace? It is nothing but true religion. It is worshiping God authentically. It is to believe in Jesus Christ, whom God sent, and become one with him. Without this, individuals, families, and the world cannot have truly eternal peace.

Let us revisit the words of Jesus who prophesied after reading Isaiah 6:9–12 and wept for Jerusalem. Whoever believes in Jesus receives the Holy Spirit in accordance with the size of his vessel. Let us not quench the guidance of the Holy Spirit, let us dedicate everything to Christ, and let us become united. We'll establish peace. Amen.

Let us think again. Do we not have the greed of dove-sellers and money changers in our hearts? Are we not compromising ourselves, oppressed by educational authority? The Bible says that our bodies are the temples of the Holy Spirit. Are you living a holy life, escaping desires? Are you truly serving God in your life? When we live our lives as sons of God completely, peace will be established, and when the Lord is in our home, the family will have peace. Likewise, the society and country of those who believe will be able to enjoy peace.

Busan Gathering, Vol. 12: 4 (August, 1979)

4. Salvation, Peace and Faith

Our deepest desire is personal peace and peace for humanity. Gandhi fought for the independence of India and world peace. Martin Luther King, Jr. gave his life for the freedom of African-Americans and world peace. Toynbee pursued the peace of humanity through God's providence, as revealed in history. I don't feel it's necessary for me to address the necessity of world peace since the matter is well-known to intellectuals in general. Some pioneers among them established an institute in order to establish a world peace system, and an institute was established to study this matter in Japan.

As for myself, I want to find the principle of peace from the Bible. Pursuing world peace is man's instinct, just like the longing for eternal life. Since our mortal life easily ends, we live in fear and insecurity, and we feel it results from the fact that we are unable to control our greed and desire.

Therefore, let's think about the substance of this peace and how to get it for a moment. I am certain that the essence of peace is truth. Truth is accompanied by freedom and peace. Peace is a symbol of truth.

Ever since the beginning of humanity, who has had true peace? I can guarantee there was no one but Jesus who held it. Since every human left God and went his own way, such departing from the truth became the source of horror and anxiety. This is the fact the Bible teaches and our conscience affirms. Therefore, the substance of peace is God and the only one who truly has it is his Son Jesus Christ.

When Jesus was born, a great heavenly host sang, "Glory to God in the highest, and on earth peace to men on whom his favor rests" (Luke 2:14). When Jesus went up to Jerusalem before his last Passover he saw the city, and wept over it and said, "If you, even you, had only known on this day what would bring you peace—but now it is hidden from your eyes" (Luke 19:41–42). Today's religious leaders should listen to these words and repent as well.

Also, when Jesus appeared before his terrified disciples after he had died on the cross and risen from the dead, he said, "peace be with you" three times (John 20:19, 21, 26). Jesus is the truth itself, and therefore the Lord of peace.

What are the reasons for anxiety, fear and war? These originated from man's departing from God and rebelling against the truth. In other words, sin causes anxiety and discord in people, and as a result, war breaks out. Man, who breaks the promise with God abandons peace and lives in fear and terror. When Adam broke the promise with God and ate the fruit from the tree of the knowledge, he hid himself with leaves and stayed behind trees in fear, hearing the voice of God who was looking for him. The present war is also a result of mankind's sins and God's judgment. God left us alone because we do not respect Him as God and forsake righteousness. This is judgment. It is expressed in war, Holocaust, and all kinds of evil. Who would not fear it if he is a man of conscience?

However, man is cunning. Is there any war not fought in the beautiful name of justice and peace? Even now there is a war going on in the name of 'liberation' to liberate people from oppression and achieve peace. Those who leave God come to have insecurity and terror, and cause so-called preventative wars to avoid those things. All of these anxieties, fears, oppression, self-indulgence and lack of freedom are the result of sin.

Thus the way to solve this problem of sin is the way and key to make peace. How then can we solve this problem? Man, who left God, may have to come back on his own and become a changed, beautiful character of God. If that were possible, how good would it be? We all would want this. The truth of God, however, cannot neglect or tolerate the sin of rebellion. God expresses anger, the most appropriate manifestation of his attribute of justice. Truth and justice are God's character above all, but that is only a part of his character. The other side of his character is love. He cannot but save those who rebelled against him. He himself became a man, atoned for our sins by dying on the cross, and made peace between God and man. That is, Jesus Christ became a peace offering to God on behalf of sinners. This cross of Jesus not only reconciled men to God, but abolished distrust, fear and terror between people and made them reconciled with each other. This is salvation. We cannot enjoy peace without being saved. The peacemaker is Christ, the Son of God; now those who are saved through Christ are also called sons of God and become peacemakers.

Then how and what kind of person can receive this salvation? It can be received by accepting Jesus in faith. In other words, when a man realizes his sin, repents, and accepts Christ as his Savior, he becomes saved. John the Baptist shouted, "The time is fulfilled, repent and believe the gospel." Jesus also said, "The time has come, repent and believe the good news." God values man's choice; He does not save people mechanically. He waits for man to make the decision to return to him.

Believing in Jesus means believing that Jesus died on the cross to atone for our rebellion and committing ourselves to Jesus to be united with him. In other words, it means for us to realize that we rejected the truth willfully and cannot stand before God without being forgiven, and to accept the fact Jesus Christ redeemed us from our sins, thereby committing ourselves, with gratitude, to be united, wholeheartedly to him. This is a psychological change that takes place when we accept Jesus as Savior. This is called faith. As Paul put it, when a person becomes a believer, he crucifies his desire and the greed of his flesh, buries himself, lives as a righteous weapon in accordance with the will of God like the risen Lord, and with spiritual freedom bears fruit in joy to fulfill God's will. This fruit is love, peace, and joy.

This life of faith is a way to achieve peace. Therefore, Paul said to the church at Thessalonica, "May God himself, the God of peace, sanctify you through and through. May your whole spirit, soul and body be kept blameless at the coming of our Lord Jesus Christ. The one who calls you is faithful, and he will do it" (1 Thess. 5:23–24).

What our spirit desires most of all is peace. The one who grants this to us is the God of peace. He makes it possible by sanctifying us completely. He wants our spirit, soul, and body to be kept blameless at the coming of our Lord Jesus Christ. Just like Paul, I also pray that we are not swept away by the trends of this world but are kept blameless from the arrogance and realism that rely on technology and materialism. The Bible says the completion of our character and faith is attained not by our own efforts but given through the Spirit since the one who calls us is faithful.

I believe this; when we die with Christ on the cross and become united with the risen Lord, and accomplish good in accordance with the truth in a spirit of freedom, we receive personal salvation and peace, and peace will come upon our society as well. As such, those who live in the world of peace do not think that it's due to their own contribution, but just thank God for his salvation. Research and cooperation undertaken by people of faith and heart are acts with free spirits, and their truth-centered plans and practices will ensure a peaceful world just as the waters cover the sea. From this side to the other side of heaven, people will realize the reign of Christ. Even now we call the believers enjoying peace from union with the Lamb; we are all brothers and sisters. Let's enjoy the fruits of peace that come from salvation in the Lord by faith.

Busan Gathering, Vol. 3: 2 (February and March, 1970)

5. The Apostle John's Philosophy of Love for Materialists

The Apostle John expressed the Truth of God in three ways in the First Epistle of John:
God is light (1:1);
God is love (4:8);
God is life (5:11).
And he emphasizes three rules as believers' principles for life:
Fellowship (1:3, 7);
Constant dwelling in him (2:27, 28; 3:24);
Strict separation (1:5;3:6,14).

1) God Is light

Light! How clear and bright! When the fresh air of autumn hits our faces, when the sunlight shines on our hearts and minds, we feel so refreshed and get overwhelmed with infinite thankfulness. The God who said, "Let there be light" in creation is light himself. Light is the essence of God. "Let there be light" is an act of God that reveals his will and substance to the universe as well as humanity. Light in nature nurtures everything, gives life to all creatures, and leads them to the way of life. It does not allow any darkness or impurity, and shows the righteousness of God. It fairly and justly guides us by shining upon all things and eliminating any obstacles, revealing God's love. 1 John 1:5 says, "God is light; in him there is no darkness at all," talking about God's nature of love and justice. In the same way, 1 John 1:7 ("he is in the light") mentions the living principle of God.

The one who practiced fairness, justice, and life-giving love as a man was Jesus. Jesus discerned the substance of man. When he first saw Nathaniel, he said, "Here truly is an Israelite in whom there is no deceit." When John the Baptist fell under suspicion Jesus defended him, saying, "Yes, I tell you, and more than a prophet. I tell you, among those born of women there is no one greater than John." Also, to Peter, who had a fierce spirit, he said, "And I tell you that you are Peter." He was a rock, a true Israelite. Jesus could see who they were because he truly loved them. God sees us the way we see people we love.

I think that Jesus' fair and just character is a light from God. He passed the light to us. Thus, if we see people or nature with love, I think we can see them the way God sees them. The way God manifests himself is as the light – John called it the truth. Love is, namely, the revealer of truth. Life, seen in love, is sound. The universe, seen in love, is real. "Anyone who loves their brother and sister lives in the light, and there is nothing in them to make them stumble" (1 John 2:10). Those who see their brothers in love see beyond external appearances, and thus they respect others instead of envying them. They praise, forgive, and tolerate rather than being arrogant, selfish and revengeful. In short, there is no cause to commit sin against brothers in the world of love. The one with love walks in the light and never stumbles. "Anyone who hates a brother or sister is in the darkness and walks around in the darkness. They do not know where they are going, because the darkness has blinded them" (1 John 2:11). Without love our judgment can be blind. It is true all the more as far as the spiritual world is concerned. Hatred blinds our reason. When we do not have love, we do not see merits but only defects and weaknesses in a person. We claim that only we are right and deny others. Isn't it because of this self-centered world view that we see more insanity in the modern world? Man was created to live in love. We were made to center life on other people rather than ourselves. When we direct it to ourselves, insanity begins. Since the center is in the wrong place, all life is affected; disasters come from this self-centered tendency. We Christians should fight against this tendency and win victory so that we can shine the light of Christ and show the life of love – the way life should be – to 'materialists' who do not know where they are going.

2) God Is love

From the words, "God is love," we discover the substance of love. Love is surely the ultimate good of life. Love completes the law. The highest morality and the most sacred life is love. Humanity took a long time learning the truth that God is love. This eternal truth is indeed the first discovery of Christianity. People had thought of God as the God of power, a God of truth, or a God of justice.

They did not, however, know the God of love. Finding this God and putting Him on the throne can be said to be the greatest progress of mankind. But does the modern man know love? Do they know and understand its substance? What is love? Modern men claim they know its value but they do not know its true nature; that is why they praise and are fascinated by false loves. Poets are crazy over shabby things as if they were something precious. Where can we find love? "This is how we know what love is: Jesus Christ laid down his life for us" (1 John 3:16). Namely, because of Jesus' death, man came to know what love is. There had been something similar until then, but true love was nowhere. The love manifested in Jesus was unique; it was completely different in nature from other types of love.

What is the nature of love that is revealed in Jesus' death? The Bible says, "This is how God showed his love among us: He sent his one and only Son into the world that we might live through him" (1 John 4:9). It explains the nature of love in three ways.

First, by the words "he showed his love," we can see love is a matter of character. All the historical acts Jesus achieved in this world are just a manifestation of this love. Roberto once said that since love is God's main inclination, it is the eternal character of his will and the characteristic tendency of morality. Without this inherent tendency, the flower of love cannot bloom and bear fruit on the outside. Regarding love as an act of work is a shallow attitude.

Second, by the words "he sent his one and only Son," we can know that love is a kind of sacrifice. Sacrifice is the highest act of giving. The one who is in love always gives. From the fact that He gave his one and only Son, we know it is the greatest sacrifice. In this only Son is seen a complete being of God. Love is indeed sending himself.

Lastly, it says, "... that we might live through him." Through this we can see that love aims at achieving eternal life for the one he loves. In other words, love can be found in giving oneself so that the other one can enter the truth and eternal life.

Thus, we can know love is the eternal character to give oneself for the eternal life of the other. But we may see such love in other places. In the bosom of a mother holding a son, in the affection of a friend, or in a couple in pure love, we may witness this love, but from the confession of the apostle John who says, "This is how we know," we can find there is a unique character to God's love. We should pay attention to the word, "the world" when John said, "He sent his one and only Son into the world."

This world does not mean 'a place' only. It refers to the whole of mankind. It means all of humanity who rebelled against God. God sent his only Son to these rebellious men so that they could have eternal life. Jesus gladly gave his life for those who hated, despised and tried to kill him. Where in the history of mankind do we see such love? That is why John adds, "This is love: not that we loved God, but that he loved us and sent his Son as an atoning sacrifice for our sins" (1 John 4:10).

The original nature of love is found in God's love for us. In other words, the profound mystery of love is in the fact that God is the subject and we are the objects. The deep secret of love is in that the holy God sent his Son as an atoning sacrifice to mankind who was wandering around the valley of sin. Generally speaking, all human love is passive. It is nothing but an impulse rising from the attraction to some characteristic of the other person. It is all conditional love stemming from the attraction to his personality, character or appearance. Love between a couple, between friends, or even siblings is all like that. Thus, man's love changes depending on the conditions; it also changes depending on his changing opinion.

In contrast to this, God's love, manifested in the death of Jesus, is completely voluntary. There is no condition other than the will of God to love. Love is exercising free will, led by conscience and intelligence. Therefore, it is eternal. True love does not change even when the other one changes. Such love is revealed in Jesus' death. This is *agape*; namely, it is *agape* that pleads for those who blame him and gives life to those who regard him as an enemy. Love does not flow out of man naturally. The Bible says, "Love comes from God" (1 John 4:7). The only source of love is God; consequently, a person who does not know God and does not have a relationship with Him is not able to love.

There is something else to think about. There is a tendency to defend our lack of love for others with an excuse that if we have love for God, love for people will naturally emerge out of it. However, God's love for us should be reflected in our love for our brothers rather than in our love for God.

That is why the apostle John says, "Dear friends, since God so loved us, we also ought to love one another" (1 John 4:11), because "whoever does not love their brother and sister, whom they have seen, cannot love God, whom they have not seen" (1 John 4:20). "No one has ever seen God, but if we love one another, God lives in us and his love is made complete in us" (1 John 4:12). It is so true. God is full of glory, power, honor and authority. But brothers around us struggle and fall just like us. If voluntary love like that of God comes out of our hearts, it cannot help but flow to our neighbor, i.e., our brothers first. The sincerity of our love for God is tested by the reality of whether we can love those who do not love us. If we have love that can give our lives for the communists who hate us, God will surely be in us, making our nation united and his love complete in our country. Nevertheless, let's look back on ourselves. How cold were we to other people, though we say we love God? I cannot but feel shame and fear. "Whoever claims to love God yet hates a brother or sister is a liar" (1 John 4:20). I pray that we do not fall into the sin of the hypocrites. Jesus said, "It is more blessed to give than to receive." Truly, the one who gives love is better than the one who receives love. We can understand the blessing flowing from loving those who hate and betray us only by experience. Love is an extension of life. My world is where I love; that is my eternal kingdom. No one can take it away from me. The winner of life is the one who loves. Do not feel sad because you are not loved. Rather, let's willingly practice love.

Then we will be overwhelmed by joy greater than that of those who receive love.

3) God Is Life

What is eternal life? It is love, because life belongs to God and the substance of God is love. "We know that we have passed from death to life, because we love our brothers. Anyone who does not love remains in death" (1 John 3: 14). Whether or not we have life is tested by whether or not we have love. Those who love their brothers are truly alive. If he has no love, he has no life, no matter how much other stuff he has. For example, even if he has any good deeds, any ability, any Bible knowledge, witnessing efforts or religious zeal, he still does not have life.

For instance, even if we cry out to God in sweat from morning till night, if our prayer is centered on ourselves we never have life. I said that life is love; then what is this love like?

"This is how we know what love is: Jesus Christ laid down his life for us" (1 John 3:16). In human history, only once did love show its own substance: the death of Christ on the cross; love is giving one's life to others. Here, what life means is the living principle of a living creature. Namely, it means we sacrifice the living principle of our flesh for others.

Love means death for the sake of others. And eternal life is love. Hence, we can see true life lies in death. Those who fear death or hold their lives dear have no life. Only those who can die well can live well. Only a person who lays down his life for others can possess eternal life. I'll say it again, life lies in death. Dying for love is the only way to receive life. That is why the Apostle John's philosophy of love is a revolutionary life philosophy. I'll never be afraid of death again from now on. Instead, I'll seek the way of death with passion and enthusiasm. "And we ought to lay down our lives for our brothers" (1 John 3:16).

Dear readers, let's keep learning this brief verse by heart: "Jesus Christ laid down his life for us. And we ought to lay down our lives for our brothers." Then we will feel the words "yes, yes, amen" flowing from inside. We were sent to this world to love, but this love demands death. Laying down our lives for others is the purpose of our lives. Indeed, each individual should die for love. This is the way Jesus and all who lived well have lived. Nevertheless, laying down our lives does not necessarily mean ending our lives like martyrs. We can die not just at the final moment, but also daily. Yes, we should die every day. We should sacrifice our happiness and possessions for the sake of love for humanity.

"If anyone has material possessions and sees his brother in need but has no pity on him, how can the love of God be in him?" (1 John 3:17). We are supposed to lay down our lives for our brothers. However, how horrible a sin would it be if we do want to sacrifice our material possessions, let alone our lives and yet show no pity when we see a brother in need? We must repent of our grievous sin of not taking care of poor brothers because of our self-centeredness and selfishness even when we have great possessions.

I want to suggest that those who are unrepentant read James

5:1–3 and repent; "Now listen, you rich people, weep and wail because of the misery that is coming upon you. Your wealth has rotted, and moths have eaten your clothes. Your gold and silver are corroded. Their corrosion will testify against you and eat your flesh like fire. You have hoarded wealth in the last days." I do not agree with atheism or communism. Yet the cry of the poor against the rich is now a public opinion of mankind. The time that the wealthy will suffer is coming. This is not just a problem of the rich. Though we may lack a few things, we all have material possessions to a certain degree. Don't we have times we do not care when we see people in need? What kind of a cursed society is this where Christians do not show any pity or make donations to their needy brothers? How can the love of God be in a society where there is no voluntary sharing of materials from a pure heart?

"Dear children, let us not love with words or tongue but with actions and in truth" (1 John 3:18). These are not sarcastic but truthful words. How many would hear this and feel no shame at all? It may be hard on our evangelistic workers, but God makes those who talk a lot practice a lot. God, who chose me, makes me lay down my life for my brothers. I am going to pray for this from now on.

Busan Gathering, Vol. 7: 4 (August, 1974)

6. Love Your Enemy and Pray for Those Who Persecute You

When the Korean-Japanese Society for Fellowship and Reconciliation met at Daegu about ten years ago, a Japanese member said, in sympathy regarding the division of the South and North, that the principle of 'love your enemy' can be the key to solving the problem.

Since I was missing my family in the North and sensing that my parents, my wife, and five children were still alive, I responded that people in the North were not our enemies but fellow countrymen, and we should pray for them with the love of the Lord. Ever since then I have been praying for the protection of my family and God-chosen people in the North daily at the morning prayer meetings.

But I couldn't pray for Kim Il-sung and his gang. That's probably because I thought the peaceful reunification of Korea would begin when Kim Il-sung took responsibility for the Korean War. Then this year, the inter-Korean meetings were not held. To make things worse, on October 9th the North executed an act of brutality by bombing Rangoon, which resulted in the death of sixteen South Korean government officials. Through this incident the South lost able administrators, but their sacrifice won sympathy from democratic countries throughout the world and branded the North as a terrorist group. This confirmed to the world that they are communists who deny God's existence and try to rule the world with any means, even acts of terror. It seems North Korea is now alienated and will carry out more evil acts of destruction. As a Christian, I put myself in the position of the officials who died tragically. Also, thinking that those terrorists are my fellow countrymen, I tried to relate to the people who committed this crime of terror. I came to repent for not having prayed for the communists with a heart of mercy.

Remembering the shooting down of the KAL plane on September 1st this year (1983), these communists who left God do not show an attitude of repentance, though they shot the civilian plane with a missile. Thus, democratic camps are preparing for armament. If this situation continues, war will be inevitable, and if it evolves into Word War III, the use of atomic weapons will be unavoidable. No one can be certain of his own survival if this happens.

But I believe that those who were sealed by the four angels (144,000), or those who had not received the mark of Satan on their foreheads or hands, i.e., whose names were written in the Book of Life, would live. Some interpreters of this word in Revelation emphasize the bodily reign in the millennium kingdom, but they do not offer a correct interpretation because those who are carnal cannot leave the carnal life. Nevertheless, even if you explain it that way, you would still know the last judgment day is coming near. Like Jeremiah, we should be able to identify with the sin of our brothers and repent (Jer. 14:19–21).

We may expect to hear God's negative response like Jeremiah did; "Then the Lord said to me: 'Even if Moses and Samuel were to stand before me, my heart would not go out to this people. Send them away from my presence! Let them go!'" (Jer. 15:1–2). Even when we may cry out like Jeremiah, "Although our sins testify against us, O Lord, do something for the sake of your name. For our backsliding is great; we have sinned against you... You are among us, O Lord, and we bear your name; do not forsake us!" (Jer. 14:7–9), or "Where shall we go?" God may say coldly "Those destined for death, to death; those for captivity, to captivity..." (Jer. 15:2, 6). We may hear God's negative response like Jeremiah heard, as is expressed in Revelation 13:9–10.

When we stand before God the only thing we can rely upon is his mercy and grace. The only way is to rely on the merit of Jesus Christ. Those who seek and desire his righteousness and grace will need to pray for the communists who persecute us in this life. Because of God's mercy ten thousand separated families could reunite this year, the South showing its humanitarianism. This humanitarianism is a valuable grace, but we need to go beyond this. Let's bless our enemies and pray for those who persecute us. (Dec. 15)

Busan Gathering,Vol. 16: 6 (December, 1983)

7. Receiving Life

"The light shines in the darkness, but the darkness has not understood it" (John 1:5).

The above verse is a great new proclamation: the presence of darkness, the appearance of light, the forces of darkness against light, and that light has the final victory. These four important facts are well revealed in this short verse. If someone asks what the Christian worldview is, we can answer with this word: the light shines in the darkness. The darkness did not understand it, and tried to overpower it, but the darkness failed. This is the sum of the entire gospel.

There was darkness before light appeared. Darkness means man's spiritual darkness, i.e. sin. In other words, it is rebellion. It originated from Adam; all of mankind since Adam has betrayed God. Man, who was created to praise the glory of God through the realization of a precious spiritual life, abandoned his hope and became darkness. How deplorable! The presence of sin is an important fact in man's life. Man betrayed God, but God has not changed his love. The 'Word' wanted to give his life to all people (sinners) so they could move from darkness to light, from death to life. Thus he said, "The light shines in the darkness." The life of eternal love was surely given to us. Namely, the 'Word' came to have a certain form and made a deal with the sinner. Then with the appearance of this light, did mankind abandon their sins? In other words, did the darkness accept the light? No! The darkness did not accept it, but rather it tried to overpower it. As a matter of fact, when the light appears, it is a characteristic of spiritual darkness to press it down in any way it can. Truth-opposition and gospel-persecution are the sorrows of humanity. Nevertheless, it is a fact of life.

Our life lies here at the battle between light and darkness. Will darkness win or will light win? If darkness wins, then life will become desperate. Let the Jews and gentiles crucify Jesus. He will resurrect. Let all Christian nations and pagan countries become corrupt; in the end, heaven, full of life and love, will be realized. The apostle John said when the light shines in the darkness, the darkness could not win over it. Here is hope. The keynote of life is hope. The world of God that began with love cannot but end in love.

Furthermore, what became indispensable with the appearance of light was testimony, because the light tends to appear similar to darkness instead of appearing in its original form. John the Baptist was sent to testify to this light. Without testimony to the light, the darkness cannot receive the light. The light was originally the work of God and the witness is the work of man. Nevertheless, the light without the witness cannot achieve its purpose; there is no faith without the witness. Therefore, God always chooses someone in every generation to be the witness for the light. Blessed is the one who is chosen. He is a guiding light in the darkness, a messenger of the good news for the agonizing sinner. Of all the works man is called to do for God, witnessing to the light is the best. It is the best commission and responsibility. "How beautiful on the mountains are the feet of those who bring good news, who proclaim peace, who bring good tidings, who proclaim salvation, who say to Zion, 'Your God reigns!' (Isa. 52:7). We will participate in this blessing too. "You who bring good tidings to Zion...... lift up your voice with a shout, lift it up, do not be afraid" (Isa. 40:9).

Witnessing for the light is a blessing, but only a few receive the light. The reality is that the darkness is always the oppressor of the light, its rejecter. In fact, the true witness dulls the hearts of the people, deafens their ears, and blinds their eyes. It's because when the darkness does not accept the coming light, it becomes darker and deeper. Here truly is the woe that accompanies witness. The greatest of such sorrows among the prophets is the result of the witness of John the Baptist.

Who does John the Baptist give witness to? The son of a carpenter? No! He is the true light that shines to everyone. He is the true Savior who shines on all things and gives his life of love. No matter how many people are in this world, those who will participate in his salvation are very few, yet He is indeed the Savior of all mankind. He came to this dark world.

He is the true light that shines upon all people. Though his particular appearance was realized at a particular time, he had been in this world as the 'Word' long before. When Israelites drank the 'spiritual drink', from the 'spiritual rock' the rock was the 'Word' (1 Cor. 10:4). He also created the world. He created the heavens and the earth and man to show His Father's infinite love. He came as the internal supporter of the world, its creator, and Savior of everyone.

And when he came to the world, how did the world treat him? The world did not know him. It did not recognize or accept him, but rather crucified him. Particularly the Jews of Israel—were they not a chosen people for the purpose of introducing him to the nations? Though he came to his own nation, his people did not welcome him. John could not have written about it without tears.

But thankfully, the darkness could not win. Though the Israelites did not accept him, there were still many poor and thirsty spirits inside and outside Israel. While dwelling in the dark, they longed for the light and desired it. While residing in death they pursued life. The true light, Jesus, the 'Word', came to give light with a life of holy love. They came to him and believed in him.

Believing, however, is not everything. What matters is how you believe. We should believe him as God's only son, as the 'Word', not as the greatest man among mankind. The 'Word' is the correct name for him.

We call the external designation of something, a name. God is called Jehovah and also Jesus Christ. Believing in Jesus means believing he is Christ. Namely, Jesus is the Word, and only those who believe him as the Son of God are the ones who have truly "received him."

We are concerned that when we call Jesus' name, we might

call his name in vain. The reason the name is significant is that it has meaning appropriate to its substance and power. When we call the name of the Lord, we call him in our present consciousness. When we say we believe in Christ, we show the right attitude of a heart that feels him as the Son of God that existed from eternity and created us and is still with us. Come to think of it, how solemn is that? Faith is a matter related to the whole person.

Believing in his name does not just mean acknowledging who he is without reason. 'Receiving' (accepting) him does not mean expressing favor simply with will and emotion, but completely giving oneself to and being occupied by Him. If we really realize who He is, we cannot but show this attitude. However, we should have this attitude toward people as well. To Christ, there is no other proper way to receive him other than giving oneself completely. Without this, it is not faith.

The light shines in the darkness and the darkness tried to oppose it, just as it still does, but it failed. Throughout history, many people who have agonized over their sin have given themselves to Christ. Exposed to the great light, they become the sons of light. Yes! They receive the "right to become a son of God" by yielding themselves to the Son of God. 'Right' means authority, not just 'possibility'. In other words, as soon as they believe they receive the right, or authority, to become a son of God.

In becoming a son of God, a person can call God his Father, and share the same substance with God, who dwells in holy, eternal love with God who is love, and who is filled with true life. What does that mean? The filthy, selfish, rotten one becomes a son of God by faith alone—what news is this? It is a miracle. Without this, there is no meaning in life. There exists the deep meaning of life in that the son of sin becomes the son of God and the whole world becomes the country of love. There is hope.

Being transformed from a son of sin to a son of God, from death to life, is not a reconstruction of the old life, but creation of a new life. It's a new birth. It's because the old life is not true life.

Therefore, man cannot enter into the life of love without being born anew. The birth of our old self, the natural birth, originated in man. In other words, the source of life is in the blood. In the motive of its birth lies the will of man which resulted from flesh, i.e. desire. It is natural that the life born from this blood and will of sinner cannot become true life. Then how can one be born again? He will be born not by blood, but through the Spirit of God, not by the desire of flesh but by the desire of the 'Word', i.e. the desire of the Son of God for our salvation. He will be born not by the will of man but by the will of the God of holy love. In short, this is a birth whose only source is God. Because its source is God, the life cannot but resemble him in nature. And man certainly experiences this birth by faith.

How blessed! It is true that even after this new birth, his way of life may not completely turn around. But the Spirit of Christ is already upon him and the new life surely sprouts in his heart. It will also develop and grow everyday through the nurturing of the Holy Spirit.

Just like the young of an animal, a son of man does not know anything when just born but fulfills his function when he grows up. Likewise, a believer born with new life, though he looks the same as a non-believer, will resemble the Son of God as he grows up.

Busan Gathering, Vol. 2: 5 (October and November, 1969)

Part 4

True Christianity and the True Christian

He valued the personalities of the lowly
and sanctified and saved them.
This is Christianity.
Jesus did not discriminate people
but sanctified them through laying down his life.
That is the business of Christianity.

1. Sound Religion

In Isaiah 1:2, Isaiah says to heaven and earth, "Hear, O heavens! Listen, O earth!" while saying to man, "He who has ears, let him hear." Ironically, Isaiah was called to make his people harder of hearing. For Isaiah, "hearing is failure and rejecting is success." He was talking about something people wouldn't like. If he was seeking to please people he would have become a popular preacher. But, as Paul said, "If I were still trying to please men, I would not be a servant of Christ" (Gal. 1:10). Isaiah's prophecy pleased God but was inevitably shunned by people, and only later generations would understand his words. Thus, since he couldn't expect anything from his contemporaries, he spoke to nature, which is more trustworthy than man. As a matter of fact, those who love nature know that nature is not inanimate or indifferent. There is grief, demanding and longing in nature. The whole creation, like the Holy Spirit, has been groaning for man and waits in eager expectation for the sons of God to be revealed. When people forget God, the heavens reveal the glory of God. When people are silent about the gospel, day after day the heavens pour forth speech, and night after night they display knowledge. As a result, though there is no speech, their voice goes out into all the earth and their words to the ends of the world. Also, Job 38:7

says that "when God laid the earth's foundation the morning stars sang together and all the angels shouted for joy." Nature understands man. When rebellious people do not listen to the words of prophets, the heavens and the earth understand this, remember, and bear witness. We cannot help but weep in sympathy over the loneliness of the prophets, but at the same time we are comforted and encouraged by the vastness of the world.

When religion stands on the temple built by people, focuses on the rites of people, inspires the reconstruction of faiths, evaluates things only in terms of artistic expression and statistics, the religion is not sound. It is sick. When the religion is natural like fair skies, high mountain tops, clear streams, birds in the air, and lilies in the field–which express great wisdom, mightiness, ordered beauty, and the love of God–faith in that religion is sound.

When Boriant said, "the forest was the first temple of God," he was correct. Like Moses, Jeremiah, John the Baptist, and Jesus, Isaiah was a voice crying in the wilderness. On the other hand, God has personality. Thus, he is the closest to man. When we want to know about God we do not turn to the sun, cloud, or fire. We look at people. We see God through Jesus Christ, a man of men. We can see in the Book of Isaiah how God is personal like Jesus. Here, Jehovah God sighs, rebukes, forgives, and comforts like Jesus does. He is passionate for salvation as well judgment. In short, the God in Isaiah is vividly personal.

Religion is communication between personal beings, and

this relationship is founded on truth. Without truth, fellowship between the two cannot exist. If there is a defect in our offering God rejects it. "The multitude of your sacrifices—what are they to me?" says the Lord.

"I have more than enough of burnt offerings, of rams and the fat of fattened animals; I have no pleasure in the blood of bulls and lambs and goats. When you come to appear before me, who has asked this of you, this trampling of my courts? Stop bringing meaningless offerings! Your incense is detestable to me. New Moons, Sabbaths and convocations—I cannot bear your evil assemblies. Your New Moon festivals and your appointed feasts my soul hates. They have become a burden to me; I am weary of bearing them. When you spread out your hands in prayer, I will hide my eyes from you; even if you offer many prayers, I will not listen. Your hands are full of blood" (Isa. 1:11–15).

God values truth, hates deceit and is never high-handed. High-handed dealing only brings about hypocrisy. God requires a willing submission and free obedience. Thus, he appeals to man's feelings. "Hear, O heavens! Listen, O earth! For the Lord has spoken: I reared children and brought them up, but they have rebelled against me. The ox knows his master, the donkey his owner's manger, but Israel does not know, my people do not understand" (Isa. 1:2–3). This is the lamentation of a father who has been betrayed! Unable to bear this, Isaiah adds, "Ah, sinful nation, children given to corruption!" (Isa. 1:4).

God then appeals to man's will by saying, "Wash and make

yourselves clean. Take your evil deeds out of my sight! Stop doing wrong; learn to do right! Seek justice, encourage the oppressed. Defend the cause of the fatherless, plead the case of the widow" (Isa. 1:16–17). This persuasion of their conscience—who can dare defy it?

Lastly, God appeals to man's reason. "Come now, let us reason together. Though your sins are like scarlet, they shall be as white as snow; though they are red as crimson, they shall be like wool" (Isa. 1:18). God wants to debate with us in the court of reason. How fair, modest, and respectful a word it is! God does not force something that is against reason with imperious dogma. Man has reason as an apostle, and science as a prophet. Truthful science and philosophy may prove faith but not hinder it. Like this, the communicative method between God and man is commonsensical. However, the content is completely different. What is it that God wants to give to us and require of us? It is beyond our common sense. "Though your sins are like scarlet, they shall be as white as snow." It is surprising news. It is absolute grace. What is required of us for this amazing grace is not morality or discipline. God said that if you willingly obey it you will live and if you disobey and betray you will die. Obedience and not betraying, namely, is faith and salvation (Isa. 1:19–20).

God's grace is absolute. Though our sins are like blood, they shall be as white as snow. But it is not because God ignores our sin. Dealing with sin is still the most important problem. A sinner is not saved without paying the price. But instead of asking the sinner to pay, God himself pays the price. God says, "Zion will be redeemed with justice, her penitent ones with righteousness" (Isa. 1:27). The price of redemption is judgment and justice. Who can be redeemed without paying for it? Jesus Christ paid this. Passing from judgment to salvation, passing from the cross to resurrection, passing from death to life—this is the formula of Christianity. This is the one and only sound religion.

Busan Gathering, Vol. 2: 3 (June 7, 1969)

2. Life and Religion

I understand life as how a man lives. Man's life is understood as the physical life, the social life (such as the moral and ethical life), and the mental and spiritual life. Also, man's personality consists of emotions, intellect, and will, and if a man wants to carry out his duty as a man those three elements should be harmonized with God and the truth. In order for a man to truly be a man, his principle of the physical life should be subject to his principle of the social life, and this principle of the social life to the spiritual life. In other words, since man's life is made up of these three, although each of them is considered an individual entity, the physical life exists for the social life, social life for spiritual life. Because people feel this physical, bodily life as the most realistic and material they single-heartedly seek happiness to enrich it. We often see cases in which people seek only the happiness of their flesh so their moral life falls into ruin. Namely, they get so greedy for material things that their personality is eventually ruined by it. Though they may still be alive physically, their moral or ethical life is dead.

Some Japanese psychologists surveyed the mentality of elementary students. The results show that almost none of them wanted to slow the progress of the class for their classmates; more than 90% of the students suggested they keep the pace fast. Psychologically speaking, we can conclude that they are all dead inside. Truly contemporary people live a self-centered life while they pursue happiness.

Oriental ethics and moralism have put emphasis on the completion of character-building and made every effort to practice it. Thus, Confucianism discusses benevolence, justice, courtesy, and virtue as well as the three bonds and five moral disciplines in human relations. In Buddhism, mercy is considered the highest virtue and there are commandments about not murdering, not stealing, not committing adultery, not getting drunk, not deceiving, not bearing false witness, etc. They all teach man to live like a decent human being and tell society to keep morality and order.

Western culture, on the other hand, has pursued happiness since the Industrial Revolution because utilitarianism, positivism, and pragmatism were prevalent. J. Bentham and J. Mill of England held that the highest goal of moral acts lies in the common good or utility. In other words, benefitting human life is the ultimate end of ethics, and the act of putting it into practice is goodness. The reason they focused on utility and the common good is that they believed that the purpose of life lay in pleasure. According to Bentham, the human is a creature whose purpose is his pleasure. He claimed that a man who lives most like a man is the one who gets the most pleasure and the most happiness. It does not matter what the truth is. Utilitarianism argues that the foundation of morals lies in the self and is interested in how to get more pleasure and how to add more happiness. Consequently, Bentham believed that the pleasure man enjoys can be calculated in amounts, and what matters in pleasure is not its quality but its quantity. So he promoted the theory advocating the greatest amount of happiness for the greatest number of people.

Bentham's successor was Mill. He argued that the basis of morals is self-love, and the pursuit of one's own pleasure is man's intrinsic emotion. Mill, however, put more emphasis on the quality of pleasure than the quantity of pleasure. Generally speaking, since the British philosophy of ethics was a symbol of living principles prevalent in the seventeenth century, there was a strong utilitarian tone from the beginning. Thomas Hobbes, John Locke, David Hume, and Adam Smith all belonged to this group. They all aimed at making a better society by improving the present life. Hence, the British philosophy of ethics was a study of life that considered the worldly life as the most significant, and the common good as the foundational theory of life.

In addition, we should know that this utilitarian ethics has empiricism as its background. Empiricism holds that all human perception is based on experience. Therefore, all knowledge varies as experience varies. In other words, since knowledge is relative, truth is all probabilistic, and there is no eternal, absolute truth. And that is all there is. They say that for the establishment of real life, learning to the degree of 'I think it may be so' is sufficient. And this empiricist theory of truth that is intimately associated with utilitarian ethics, formed the backbone of British philosophy.

In France, positivism greatly influenced modern trends of thought. Positivism refers to the absolutely realistic philosophy that regards empiric facts verified in reality as truth, and excludes all daydreaming ideals. Saint Simon and A. Comte are representatives of this view. Thinking from the point of view of the progress of time, Saint Simon thought of the old era as the times of religious nobles, and the new as the era of industrial socialism that promotes a 'living in reality' on earth. His so-called Saint-Simonianism aimed at improving real life through the industry or science of the new era against the faith or ideal of the old era. Dividing the historical stages of civilization into three stages–theological, philosophical and positivistic–Comte held that the first stage is the theological stage, the second the metaphysical stage that seeks the substance of abstract universe, and the third the positive stage that is realistic, scientific, and industrial. He argued that the first and second stages have passed, and the third was coming and already came. The modern spirit of realism was founded on this movement and developed into several forms. I think the realism that originated from the Renaissance joined with the empiricism of Britain, and with the help of the Enlightenment, spread all over the world. From the trends of the French Enlightenment came materialism, that holds all mental phenomena as nothing but material movements of brain, and sensationalism, that sees all mental phenomena taking place through external senses. Realism came to an end here. Namely, the moral view of the realists stopped here, a view that regarded man as a machine.

French realism met with strong opposition from J. Rousseau, but the development of and union with natural science in the nineteenth century made the trend of traditional realism scientific. This is the most prevalent philosophy in modern times. In fact, the force of positivism is very strong, and it is the greatest factor that constitutes the worldview of modern man.

Pragmatism in America was mainly known through W. James and J. Dewey. The characteristic of this philosophy lies in action-centeredness. Man lives to act. And the purpose of the action is shown in its consequence. It does not ask about motives or methods. Where it succeeds there is happiness, and where it fails there is unhappiness. Becoming happy through success is the ultimate purpose of life. In other words, the ethical focus of this philosophy is on happiness. Like Utilitarianism, they believe anything that contributes to the improvement of social life is morally good. Thus, health, wealth, studies, honesty, diligence, patience, and justice are all good. The standard of truth lies in its consequence. Pragmatic consequences–namely, things that bring actual beneficial results to human life–are truth, and things that don't cannot be truth. This is nothing but thorough utilitarianism.

The philosophy of Kant stands firm against the challenge of these utilitarian philosophers. Kant argued that the action that aims at happiness or pleasure is not good in itself. Also, he taught that the consequence-oriented mind is not truthful. He expressed that an action resulting from respect for the great moral law is truly ethical. In his critique of pure reason, he made clear that man's intellectual reason has limitations, and so our understanding (*verstand*) is limited to the natural world. In other words, concerning the sphere of reality beyond phenomenon, the supernatural moral world, such as theological matters like the soul and the next life, he says our understanding cannot form any knowledge.

In the 'critique of practical reason' he held that man's mind has a separate ability to pioneer in the world of reality, the realm of morality. Kant called it 'practical reason'. It establishes the law of knowledge, since supernatural reality cannot be proven by the logic of knowledge, but should be approved by moral demand. By contrasting nature and morality, Kant asserted a dual philosophy. He chose beauty to harmonize this contradiction. Namely, from the point of aesthetic judgment, the natural world is unified by moral purpose. This is the third stage, called the 'critique of judgment'. Thus, Kant reached his well-known conclusion of "the starry sky above me and the moral law within me."

In the Scriptures, the Jewish poet David, who was moved by the Spirit two thousand years ago, recited, "The heavens declare the glory of God; the skies proclaim the work of his hands... The law of the Lord is perfect, reviving the soul. The statutes of the Lord are trustworthy, making wise the simple" (Psalm 19:1, 7). He sought to harmonize the glory of God, and his word was even better than Kant.

There arises a matter of choice between the morality of a

natural man and the religious morality for a man to live as he should. I said above that the Western moral concept is realistic, materialistic, and pursues the greatest happiness for the absolute majority by producing many products based upon science. Only Kant emphasized keeping the moral law because morality is itself the absolute greatest commandment. Eastern sages saw the purpose of morality in the completion of Man's personality. Confucius stressed benevolence, justice, courtesy, and virtue. Buddhism speaks of five rules: do not murder, do not commit adultery, do not steal, do not get drunk, and do not covet. Confucianism gave mankind the most realistic lesson, the well-known three bonds and the five moral disciplines in human relations, and the Joseon dynasty (medieval Korea) respected it for five hundred years but only ended up producing a decadent culture. Of course, it was not because the teaching was wrong, but because man observed it only formally. Also, our life became comfortable and abundant with material things due to Western morals, and the gap between the rich and the poor still exists. In a socialist and communist society, only a few people enjoy power, oppressing the freedom of people and trampling upon human rights. Namely, they do not live as they should.

If a man wants to live like a man, he needs to see such a person. That man is Jesus Christ. Jesus was as realistic as he was religious. He did not reach the ideal by building up reality. Rather he guided reality while living in the ideal. By doing so, he lived like God and also like a man. He completed morality freely. He considered obedience to the will of God as the highest of virtues. When he left this world and went back to heaven, he helped man by sending his Spirit to guide us in truth and practice. Jesus strengthened man's will so that he can accomplish the demands of morality and ethics which a natural man cannot do. In other words, he helps us to obey the will of God genuinely, with our own free will in faith. When we do this we come to practice morality because it is morality, and to follow ethics because it is ethics. Namely, to practice morality with a genuine heart is a characteristic of Christianity.

"One day a Jewish law expert came to Jesus to test him. He asked, 'What must I do to inherit eternal life?' Jesus asked back, 'What is written in the Law? How do you read it?' He answered: 'Love the Lord your God with all your heart and with all your soul and with all your strength and with all your mind,' and, 'Love your neighbor as yourself.' Then Jesus said, 'You have answered correctly. Do this and you will live'" (Luke 10:25–28). Now we ought to practice this commandment. We Christians are so swept by the current materialistic trend that though we confess we believe Jesus as our Lord, we are not much different from non-believers. Rather, do we not hear criticism from non-believers regarding morality aspects? Now is the time to reflect, repent and carry out our mission, following Jesus' example. I believe the religion of Jesus Christ, who said, "The Son of Man did not come to be served, but to serve, and to give his life as a ransom for many" (Matt. 20:28). Jesus Christ completed this ethics and morality and will also help many others accomplish this in the same way.

Busan Gathering, Vol. 15: 2 (April, 1982)

3. Christian Idealism

If someone asks me what the purpose of my life is, I will answer without hesitation that I want to live out Christian idealism. Reality is too harsh, society has no truth and love, and life looks chaotic as to its purpose.

Modern intellectuals equipped with knowledge aspire to humanistic idealism and most books talk about it too. But only a few put emphasis on Christian idealism.

Humanistic idealism aims at reaching ideals by developing man's intelligence and virtues, but this theory lacks reality and practicality, making the ideal unattainable or unachievable. In contrast to this, Christian idealism believes that God restores man to be a child of God through the righteousness of Jesus Christ, and that he realizes the kingdom of heaven for believers. Our forefathers of faith believed this and lived a victorious life.

Faith and Ideal

Yanaihara gives us the following three definitions of 'ideal' and 'faith':

1. An ideal is an already realized will of God that's not completed yet on earth. It is already established for God but its completion is in progress on earth.

2. An ideal is the substance of a thing. Thus, it exists beyond phenomena. But it is not an empty fantasy alienated from phenomena. Rather, it becomes the basis for phenomena and a symbolized substance among the phenomena.

3. An ideal is the future of history. Therefore, it is beyond the present. But it is not unrelated imagination. It runs under the present and is the power that leads the present to the finale of history.

This definition is based on faith. In other words, the ability to grasp and express the ideal as defined above is faith. Faith is, thus, the ability that makes the finale of history present, the substance of things reality, and enables us to live for the kingdom of heaven and its people (the children of God).

The hope people hold for the future is already realized in the will of God. In other words, since the glory of mankind, the completion of society, the salvation of an individual, that is to say, the achievements of the righteousness of God and the kingdom, have been actualized and are present through Jesus Christ, it is reflected as hope.

It is said that we recognize things in the phenomenal world through our senses. But can we grasp the substance of things in this way? In order for man to have a proper recognition of reality, he should understand that penetrating its meaning with the will of God. Man cannot know or grasp the substance of a thing through human senses. Man's awareness of personality already proves that the substance of man as well as the universe does not belong to the world of the senses.

Man desires to understand how and why a thing exists and to try to express its true meaning. Then, how can the fundamental truth of Christianity–the ideal that man becomes a forgiven child of God and accomplishes the kingdom–be confirmed? It's because God has already accomplished the ideal and made it present, and thus man can be aware of it. It is not a vision man sees with his will or through feelings, but is reflected in man's awareness because it is present for God. Thus the writer of the book of Hebrews said that "faith is the substance of things hoped for, the evidence of things not seen" (Heb. 11:1).

Ideal and Reality

We respect reality. It's because an acute sense of reality can expel fantasy, arrogance, and blind faith. Nevertheless, people who see the world based on reality are like a blind man leading the blind. Finding truth in reality is the role of scholars. It recognizes principles in reality and grasps their true meanings and trends. Therein lies the authority of studies. Thus, studies are compelled to claim their authority about current practical policies in all aspects including politics, economics and unemployment. Studies fulfill their mission in reality by criticizing and leading the current policy.

Then, if one seizes the laws of reality but never announces them, he fails at carrying out his academic mission. There are indifferent scholars who cater to power and personal gain, scholars who bear a grudge using the situation, or those who are concerned with and sigh over the greedy policy in this world, but scholars who criticize policy and lead in the right way are very rare. Scholars should understand the laws of reality, but if they lack integrity they won't accomplish their task. The task can only be accomplished with the power of faith. Just as studies have power over reality, faith has power over studies. This authority of faith is the authority of personality and the influence of the mind. It's also the authority of practice. In the past, prophets studied the true nature of things by projecting certain incidents in reality on the ideal, and sent out warnings after observing the current trends. They made clear what is right and what is wrong. The world abandoned and killed them. But when the time for the truth arrived later, those who lived by faith received honor. The writer of the Book of Hebrews said, "This is what the ancients were commended for" (Heb.11:2).

Worldview and Faith

Man did not see the creation of the universe. It was before man, and God was before creation. We know this by faith. What is nature founded upon? The presence of God is the basis of existence of all things. Jehovah God is eternally self-existing. He is the source of reality and reality itself. Because of the presence of this God, the universe comes into being. The universe and nature were created by God to represent the meaning of God. Nature is grounded on the will of God and created for his purpose, which is to provide a living environment for man. Therefore, the ideal of nature lies in offering a physical environment of the kingdom of heaven. Though there is no character or mind in nature, Paul, who personified nature as if it had a spirit, said, "The whole creation has been groaning... (and) waits in eager expectation for the sons of God to be revealed." Like this, Man's life and nature cannot be separated. Without man's salvation there is no glory of nature, and without glory there is no completion of the kingdom of heaven. Man's knowledge of this ideal is based on faith.

One's View of Life and Faith

Since the subjects of the ideal world–heaven– are God, the Lord, and Man, nature is merely an environment and materials. Man has a personality, and as a symbol of the image of God, becoming holy like God is his personal ideal, and realizing the kingdom of heaven is the ideal of human society. The ability to understand this meaning and purpose of life is faith. Abel, among the ancients, lived by faith and gave offerings to God, and with faith he gave a better sacrifice than his brother Cain. It was because he lived in the ideal, looking at reality rather than living in reality looking toward the ideal. His view of life was not living for himself but living for God's will. How did Abel's offering become a righteous and eternal sacrifice? It's because what he offered by faith was not the 'righteousness of man' that approaches the ideal based on what he stored in reality, but 'the righteousness of Christ' that God accomplished. Namely, it is 'righteousness of faith' instead of 'righteousness of the law'. He offered his life with faith. He is dead but still speaks. He encourages the present life with faith. The power of his spirit proves the eternal presence of a living life that lived in the ideal even now. It lives grounded on the ideal of resurrection and becomes a fact that typifies the completion of resurrection.

In our country we have such heroes of faith. Rev. Ju Gi-cheol, during the time of Japanese occupation, and Rev. Son Yang-won, during the Korean War, are among those 'ancients' who were proved by faith that "believes firmly things hoped for, and accepts as truth things not seen." They gave sacrifices of faith to God through the righteousness of Jesus Christ. They rejected the compromising attitude that reduces the ideal based on reality, but made a stand of looking down at reality from the ideal, and criticizing and defining the reality. Their emphasis on 'true faith' is due to the attitude of the life they lived in the ideal. Because they lived in the ideal through faith, they live eternally.

Absence of the ideal, faith, and leadership—aren't these the things the modern world and our nation lack these days at the most basic level? All men desperately call for such a man of ideals, a man of faith. A life of faith is to participate in the realization of the kingdom of God as a child of God.

Busan Gathering, Vol. 2: 1 (January 2, 1969)

4. The Idea of Consecration and Christianity with No Discrimination

Discriminating against people damages them. Christianity is characterized by a principle of non-discrimination. The apostle Paul said, "There is neither Jew nor Greek, slave nor free, male nor female, for you are all one in Christ Jesus" (Gal. 3:28). Colossians 3:10–11 also says that in the church renewed in Jesus Christ there is no Greek or Jew, circumcised or uncircumcised, barbarian, Scythian, slave or free man. Therefore, I wonder why this country and society full of Christians see so much discrimination. It calls for reflection.

In Judaism there was a serious discrimination resulting from misunderstandings of the Scriptures. It came from the thought that the offering given to God should be without defect or blame. In Leviticus 21:16–21 the Lord said to Moses, "Say to Aaron: 'For the generations to come none of your descendants who has a defect may come near to offer the food of his God. No man who has any defect may come near; no man who is blind or lame, disfigured or deformed; no man with a crippled foot or hand, or who is hunchbacked or dwarfed, or who has any eye defect, or who has festering or running sores or damaged testicles. No descendant of Aaron the priest who has any defect is to come near to present the offerings made to the Lord by fire. He has a defect; he must not come near to offer the food of his God.'" I think it came from the idea that since God is holy, anything that is not intact is not acceptable to God.

The holy character of God as the maker of universe and all creation including people is well represented in Isaiah. Seeing the glory of God in the temple Isaiah said, "Woe to me! I am ruined! For I am a man of unclean lips, and I live among a people of unclean lips, and my eyes have seen the King, the Lord Almighty" (Isa. 6:5). All the vessels in the temple, the priests and all the Levites serving there and even all the furniture were set apart. This kind of idea about consecration could be found even in pagan religions, in which even the women at the religious rituals who were sexually corrupted were called saints. Thus, the idea of consecration was just ideological.

However, in Christianity the idea of holiness came to be associated with a new character that is sanctified and transformed through Christ. For example, Jesus prayed, "Sanctify them by the truth" (John 17:17). Similarly, in the Scripture can be found the words: "To those sanctified in Christ Jesus and called to be holy" (1Cor. 1:2); "The husband has been sanctified through his wife, and the unbelieving wife has been sanctified through her believing husband" (1 Cor. 7:14); "To make her holy, cleansing her by the washing with water through the word" (Eph. 5:26); "Live holy and godly lives" (1 Pet. 3:11). These mean the actual changing of our character.

Jesus said that he was "the one whom the Father set apart

as his very own and sent into the world" (John 10:36) and expressed his own holy character, saying, "I sanctify myself" (John 17:19). However, he never discriminated against anyone. Seeing the faith of a centurion he said to his disciples, "I have not found anyone in Israel with such great faith," (Matt. 8:10) and also said, "The Son of Man came eating and drinking, and they say, 'Here is a glutton and a drunkard, a friend of tax collectors and sinners'" (Matt. 11:19). Furthermore, when he met a Canaanite woman in the region of Tyre and Sidon who asked him to heal her demon-possessed daughter, he first tested her faith with, "It is not right to take the children's bread and toss it to their dogs." But when she answered, "Yes, Lord, but even the dogs eat the crumbs that fall from their master's table," Jesus said, "Woman, you have great faith! Your request is granted," and he greatly praised her faith (Matt. 15:21–28). Also, when he met a Samaritan woman while passing by a town called Sychar, he treated her without distinction by not only asking for water but also teaching her about the object and nature of worship before showing himself as the Messiah. He valued the personalities of the lowly and sanctified and saved them. This is Christianity. Jesus did not discriminate people but sanctified them through laying down his life. That is the business of Christianity.

Then, what about current Christians? Do they treat people equally? Do white people love black people as their fellow countrymen? Do they value them like their blood brothers? What do you think is the cause of the racial problems in America? Is it due to laziness and uncontrollable self-indulgence by blacks or the sense of superiority and a discriminating attitude of whites? Both are responsible but I want to point out that above all, Christians are more to blame. Mistakes of those who do not know the love of Christ may have room for consideration, but if a person knows Jesus and still does not follow his example, he will be held accountable.

If so-called civilized or developed countries look down on underdeveloped countries, it is seriously wrong. Every nation and people receives a mission from God. It is to obey the will of God as one. In other words, it is to fulfill the love of God in trust. If some kind of dominance based on inequality and untruthfulness is involved, it is betraying God's will. Let's think about this. Why does the tension in the Middle East continue? Isn't it because of the Jewish sense of discrimination? Aren't they still dreaming of world dominance and aren't they obsessed with the idea of being the chosen people? Generally, it is not too much to say that whatever ideology, the idea that 'my people' should rule the world and everyone should conform to 'us' originates from a sense of discrimination.

God does not discriminate against any people. He treats them all equally as brothers. Christians are one body in Christ. Who makes distinctions? He is the pitiful man who does not know the Christian ideal. Now, you fat people, you power mongers! Woe to you! When the day of God's just rule arrives, you will suffer from shame. Now, those who discriminate will receive discrimination on the Day, and there will be weeping and the gnashing of teeth. On the other hand, those who sacrifice themselves to sanctify mankind, neighbors, and make one body in the Lord will be called sons of God and receive the reward of peace on that day. This is a crown for believers. People who practice the love of Christ at home and receive peace and joy now are actually living a life of sharing love and peace with society in real life. This is a prelude to a life that gives glory to the Lord in the eternal world.

In Luke 19:11–27 there is a parable about a noble man who gave each of his servants one mina before he went to a distant country to be crowned king. It means that all human beings are given the same basic physiology, religion, morality, and ethics. In other words, the desires, needs and possibilities of every soul are all the same. Degrees of sensitivity of conscience and moral standard are almost the same, and so is the dignity of personality. Behind the personality of man is the will of God. Therefore, we ought not to discriminate.

Unlike Judaism, Christianity goes beyond the abstract idea of consecration and respects man's personality, which is sanctified through sacrificing oneself. As a result, it opposes any discrimination. Christians assert that it is right to feel responsible for opposing any kind of war and welcoming peace.

Busan Gathering, Vol. 3: 4 (July 8, 1970)

5. The Good God Requires of Us

My friends who seek truth, I am sure that you must have thought deeply about what the good God requires of you. The Prophet Micah said, "He has shown you, O man, what is good. And what does the Lord require of you? To act justly and to love mercy and to walk humbly with your God" (Mic. 6:8). A contemporary of Isaiah, Micah worked as a prophet in rural Moresheth near the Philistine city of Gath. One of his greatest contributions was to encourage King Hezekiah to get rid of idols, which made the king's religious reform successful.

As for his character, Micah was first and foremost a man of justice. "Hear, O peoples, all of you, listen, O earth and all who are in it, that the Sovereign Lord may witness against you, the Lord from his holy temple. Look! The Lord is coming from his dwelling place; he comes down and treads the high places of the earth. The mountains melt beneath him and the valleys split apart, like wax before the fire, like water rushing down a slope" (Mic. 1:2–4).

"Then I said, 'Listen, you leaders of Jacob, you rulers of the house of Israel. Should you not know justice, you who hate good and love evil; who tear the skin from my people and the flesh from their bones; who eat my people's flesh, strip off their skin and break their bones in pieces; who chop them up like meat for the pan, like flesh for the pot?'" (Mic. 3:1–3). Like this, he was a zealot for justice and he rebuked the ruling classes who mistreated and extorted the Israelites.

Micah was also a man of mercy. Particularly, he felt sympathy for the oppressed. The reason he burned inside with righteous indignation was due to the oppression of the weak by the strong. Micah reproached the rich who plundered patty farmers, saying, "They covet fields and seize them, and houses, and take them. They defraud a man of his home, a fellowman of his inheritance" (Mic. 2:2). He denounced the heartless judges who took bribes and judged cases unfairly, by saying, "The ruler demands gifts, the judge accepts bribes, the powerful dictate what they desire– they all conspire together (Mic. 7:3)."

Micah was a man of humbleness. He not only loved justice and burned with righteous indignation against the rich and powerful, but he also felt the sins of his people as if they were his own by putting himself in their position. Namely, he said, "But as for me, I watch in hope for the Lord, I wait for God my Savior; my God will hear me. Do not gloat over me, my enemy! Though I have fallen, I will rise. Though I sit in darkness, the Lord will be my light. Because I have sinned against him, I will bear the Lord's wrath, until he pleads my case and establishes my right. He will bring me out into the light; I will see his righteousness" (Mic. 7:7–9). This is the prayer of a person who acknowledges his sin before God and bears his discipline, and finally reaches to the light in trust and sees his justice. The one who prays this is not the sinner, but Micah himself. What an unbelievable love! Motivated by love, Micah identified himself with the sinners. In other words, Micah practiced humility.

Such was the prophet Micah. Justice was his ideal, mercy was his joy, and humbleness was his spirit. He could not help but feel the heavy burden of his sinful people in their place.

The Lord does not take delight in thousands of rams or offerings of fat. He wants people to fulfill their duty as men. He requires men to hear a widow's case and treat orphans fairly. He requires men to come to him with broken hearts as sinners should. If not, even if men give all their property to God or burn their first sons as sacrifices, they are detestable.

Micah's character matches the tone of his prophecy because he served God in understanding and obeying the character of God. In other words, Micah believed in the God of justice, mercy, and humbleness. God judges because he is justice. He saves because he abounds with mercy. But how does he achieve salvation? Does God save man deep in the valley of sin by pulling him up while he is residing in a high place? No. He achieves salvation by abandoning his high status, coming down to the low valley of men, and bearing all sins of mankind on the cross. To save mankind, he came down first and himself became man. Namely, the Messiah is the incarnation of God, the Word putting on the flesh of man.

Micah predicted the coming of the Messiah (Mic. 5:2–5). In this country and society today, what does God require of people? How can we do what is pleasing to God? First, we should practice justice. We ought to be men of character who do not compromise with injustice. We should be merciful. We should make all efforts to feel sympathy for the poor and needy and treat them fairly. Above all, we Christians should humbly serve and follow the Lord. Feeling the sins of our fellow men as our own, we should weep, repent, put on Christ's righteousness, and be united as one. National harmony can be achieved only on the ground of this humble character.

Busan Gathering, Vol. 8: 4 (August, 1975)

6. Life Ethics of Christians

I made a speech to the young adults at Seodaesin Church and Seogwang Church in Busan on October 1978 with the above title. When I was serving as professor of surgery, I once asked the students, "Have you ever thought about what your parents expect from you?" Their answers varied, but mostly centered on living a life of wealth, fame, influence, and honor. I think that is probably what most of the students and their parents want. However, I told them that what I want for my own kids is for them to live like men. I think this is the difference between Christians and non-Christians.

If we ask a believer what the purpose of his life is, he will answer that it is to please God and give glory to him. If we ask how then he can please God, he will hesitate to answer right away, feeling his answer to be too abstract. Our life ethics should not stop at being an abstract argument but be expressed as down-to-earth realism.

When talking about lofty salvation, Paul emphasizes the teaching of practical ethics. And its characteristic is to practice morality with love and joy, not with fear. The gospel of Christ has the power to make the practice of morality joyful.

No matter how much lofty one's practical ethics are, if the ethics are not an exhortation overflowing from profound personal and spiritual experiences, they cannot inspire. In other words, if the spring is shallow, the morality of our so-called daily lives is nothing but superficial hypocrisy and has no power to cleanse society.

1. Completely Turn Around the Purpose and Attitude of Life (Rom. 12:1–2)

"Therefore, I urge you, brothers, in view of God's mercy, to offer your bodies as living sacrifices, holy and pleasing to God– this is your spiritual act of worship" (Rom. 12:1).

This word, connected with the previous chapter eleven using the conjunction 'therefore', urges us on in view of God's mercy, based on his abundant grace in which he called us righteous and purified us through the gospel of Christ. He does not threaten us with penalties or command us with laws. We followed our greed and desire, seeking wealth, honor, power, position, and fame. Thus we were children of the wrath of God. God's wrath was shown in our unrighteousness, immorality, and ungodliness. But now saved through the blessing of Christ by the grace of God and the adopted sons of God, we will offer our body and heart, i.e., our whole lives, as living sacrifices to please God. Man will live a spiritual life in accordance with reason, instead of his previous carnal life. We Christians' rational and spiritual worship does not mean giving sacrificing oxen or lambs, or being occupied with spiritual thoughts like Zen (*Ch'an*). Instead, it means we should live a God-pleasing lives, the moral lives of holiness. This is true rational worship that contains a deeper meaning than what mystery religions or Stoic philosophers think. Paul, on one hand, contrasts the ethics of Christians with the carnal, sinful lives of non-believers, and on the other hand, reveals the primary meaning of the practical ethics of Christians compared to the rational worship theory of philosophers.

"Do not conform any longer to the pattern of this world, but be transformed by the renewing of your mind. Then you will be able to test and approve what God's will is—his good, pleasing and perfect will" (Rom. 12:2).

The word 'world' above does not refer to *cosmos* (world) but *eon* (age) which means a passing evil age. The word 'conform' means having the same 'outward form' (*schema*). In other words, it refers to a life of following trends, which takes an appearance without any change to its substance or content. Next, "be transformed by the renewing of your mind," (*metamorphomai*) means change of substance, i.e., morph.

This age is passing by. It is not of eternal value. Its ideology and life are nothing but a temporary trend. We should have the purpose or attitude of a new life transformed completely by the renewing of the mind, without conforming to the pattern of this world.

Just as a larva becomes a caterpillar and then a butterfly, we who used to live as a part of this world but now died with Christ and lived with him will have a lifestyle and goals completely different from those of the people of this world. By so doing, we will be able to distinguish God's good (moral good toward people), pleasing (godliness toward God), and perfect (ethics of morality and godliness) will. 'Test and approve' means knowing through experiment (experience). The purpose of life lies in knowing this perfect good and knowing this is true happiness for man.

However, such good cannot be found in the thoughts of this world. Such happiness is not found in the carnal life of this world. It can only be found in the will of God. It is found in a life of obeying the will of God. When we live out his will, we will know it through experience. Without practice there is no authentic knowledge, and without a living attitude of obeying the will of God, any ethics or lesson of morality is of no use.

In sum, the complete transformation of the new living purpose and attitude is the essence of Paul's practical ethics and this is the premise of this intermediate lesson.

2. Humbleness and Love (12:3–21)

a. Ethics between Believers (v. 3–13)

"For by the grace given me I say to every one of you: Do not think of yourself more highly than you ought, but rather think of yourself with sober judgment, in accordance with the measure of faith God has given you" (Rom. 12:3).

The word 'think' is *phronein*, 'think highly' is *hyperphronein*, and 'think wisely' is *sophronein* in Greek.

"Just as each of us has one body with many members, and these members do not all have the same function (1 Cor. 12:12–31; Eph. 4:15; Col. 1:18), so in Christ we who are many form one body, and each member belongs to all the others" (Rom. 12:4–5).

Being united with Christ, we became his members. Since our bodies are no longer members of sin and 'the prostitute' that governed our flesh, but became clean and blameless members of Christ, we should offer ourselves as God-pleasing living sacrifices. We need to form one body, i.e., the church, as members of Christ and give up our previous self-centered life and instead live lives that build up the virtue of the whole as one.

God gave each of us different gifts. He endowed us with different proportions of faith and different talents. Since it came from God, boasting of one's gift is arrogance. It is also wrong to complain of or think less of another's talent. Needless to say, lifting oneself up and despising one's brother is greatly wrong.

"We have different gifts, according to the grace given us. If a man's gift is prophesying, let him use it in proportion to his faith. If it is serving, let him serve; if it is teaching, let him teach; if it is encouraging, let him encourage; if it is contributing to the needs of others, let him give generously; if it is leadership, let him govern diligently; if it is showing mercy, let him do it cheerfully" (Rom. 12:6–8).

The gifts God gives to each one of us are all different in quantity as well as in quality. Nevertheless, it is not unfair. His grace to believers is overflowing. There are large vessels and small vessels in a house. There are also valuable golden vessels and humble clay vessels, big nails and small nails, which are all for different purposes. They cannot be substituted one for another.

Those who receive inspiration, realize historical philosophy, and prophesy the deep things of God will openly and unreservedly tell the will of God, while social workers who serve in the area of meeting needs will devote themselves to serve in that aspect. There is no high and low calling; there is no distinction. All gifts are indispensable in the kingdom of God. The reason each gift is different in quantity or in quality is not to show any superiority of status or high or low positions, but to reveal the moral beauty of the kingdom of God. It is to bloom the flower of love and bear the fruit of virtue among the members. Regardless of big and small or different types of gifts, believers are all perfect children of God and members of the *ecclesia*. Forming the perfect harmony as a whole, each believer plays a role that others cannot replace. We should not overestimate (*hyperphronein*) our gifts nor degrade them too much. In the balance of the whole, we should do our duty faithfully, simply, passionately, and joyfully according to the gift we have. This is thinking wisely (*sophronein*). In a nutshell, it is 'love.'

"Love must be sincere. Hate what is evil; cling to what is good" (Rom. 12:9). To love sincerely, we should hate evil. And we have to love good deeply. In other words, we need to be sensitive in moral judgment and strictly distinguish good and evil. When not done according to the moral judgment of good and evil, love becomes false.

"Be devoted to one another in brotherly love. Honor one another above yourselves" (Rom. 12:10). These verses are a musical poem of the kingdom of heaven. Respecting others first is said to be love. Love is being a peacemaker and a church builder. A man of love brings peace to the church.

"Never be lacking in zeal, but keep your spiritual fervor, serving the Lord. Be joyful in hope, patient in affliction, and faithful in prayer. Share with God's people who are in need. Practice hospitality" (Rom. 12:11–13).

This is the expression of a loving heart. If you have a loving heart you will hope, pray and rejoice in affliction, bear witness to the Lord zealously and share with God's people, who are in need. In addition, you will welcome guests as one of your family members living out the word of Jesus who said, "If anyone gives even a cup of cold water to one of these little ones because he is my disciple, I tell you the truth, he will certainly not lose his reward."

Diligence, zeal, serving, hope, patience, and prayer are all natural expressions of love as well as the power to prevent love from becoming exhausted.

b. Ethics in Relation to Non-believers

"Bless those who persecute you; bless and do not curse" (Rom. 12:14).

Christians are easily persecuted in this age. It is because they have different purposes for living and attitudes.

Generally, those who want to live a godly life are supposed to be persecuted. That is why our Lord received persecution. But he never cursed those who persecuted him. Rather, he commanded us to bless them (Matt. 5:44).

Only when we come to love not only our brothers and sisters and guests in Christ but also those who persecute us, will we manifest true love, which is unique to Christian love.

"Rejoice with those who rejoice; mourn with those who mourn. Live in harmony with one another. Do not be proud, but be willing to associate with people of low position. Do not be conceited" (Rom. 12:15, 16).

This word is a lesson that teaches us to share joys and sorrows with neighbors and treat people with modesty.

"Do not repay anyone evil for evil. Be careful to do what is right in the eyes of everybody. If it is possible, as far as it depends on you, live at peace with everyone. Do not take revenge, my friends, but leave room for God's wrath, for it is written: 'It is mine to avenge; I will repay, says the Lord'" (Rom. 12:17–19).

"If your enemy is hungry, feed him; if he is thirsty, give him something to drink. In doing this, you will heap burning coals on his head" (Rom. 12:20).

"Do not be overcome by evil, but overcome evil with good" (Rom. 12:21).

Paul himself was persecuted, and believers in Rome were mocked and persecuted by the world. But his attitude toward his persecutors was tender and calm. He did not show anger to those who ridiculed his faith or said a word of indignation. Like Paul, we should maintain peace with everyone.

We should respect their personalities and acknowledge them as our brothers. Being friendly only on the surface but failing to speak out against wrongdoings in cowardice is hypocrisy and a way to destruction for both. We need to reveal the truth and assume full responsibility. Only when their attitudes are full of love and their expressions filled with respect for the other's personality, can we establish peace. When we repay evil with evil, we lose to evil. Namely, our moral standards fall to the level of that of this world. We should not be overcome by evil but overcome evil with good. "In all these things we are more than conquerors through him who loved us" (Rom. 8:37). Such a victory of faith is our living principle and its practice is our ethics.

Busan Gathering, Vol. 11: 5 (November, 1978)

7. God or Mammon

"No one can serve two masters. Either he will hate the one and love the other, or he will be devoted to the one and despise the other. You cannot serve both God and Money" (Matt. 6:24).

We are familiar with this word but we need to reflect on its practice in real life. The title occurred to me because the Gospel Hospital looked great externally but was suffering from financial difficulties. The hospital started to treat refugees and poor people. It began in three tents (July, 1951) and the seven staffers, but now has become a big hospital in a four-story building with 2,111 *pyeong* of floor space, and staffed by 210 people. It looks nice but I cannot be content with this because the spirit of mercy that was abundant in the beginning has disappeared and now the hospital has become more self-centered. Also, as the hospital becomes larger, it needs more income to maintain itself. To increase its revenue it inevitably becomes entrepreneurial, and focuses on building large facilities. As a result, it looks like a hospital that meets the needs of the times and appeals to patients, but in reality, it is not different from for-profit hospitals. This is why I feel sad and concerned.

In *Paradise Lost* by John Milton, 'mammon' is described as a demon that builds a skyscraper and brings about the progress in the material world. After reading this, high-rise buildings remind me of the power of mammon. Even a sky-high gothic chapel gives the impression of the work of mammon rather than the glory of God. Furthermore, we regard power, status, honor, and prosperity of business as blessings from God and celebrate them.

However, are they truly gifts for people who desire the glory of God? We need to reflect on whether they are not the result of unconscious compromises with mammon. Considering this, it surely seems that this world is controlled by the ruler of the kingdom of the air. God's justice is trampled on and his mercy is buried deeply. Position, honor, power and influence, and fame and glory of this world seem like the portion of self-centered people. They are slaves of mammon. How can they hand themselves over to those things? I say this to call for the repentance of believers.

Is expansion of business a blessing from God or a trick of mammon? We ought to look back on our faith. Seeing the development of our hospital and the outlook for Korean Christianity, I cannot help but reflect on this myself. I repent because I don't know if I unwittingly compromised with mammon.

I made a harsh comment about Korean Christianity when I criticized it as 'capitalist Christianity'. Nevertheless, I failed to realize that I had compromised with mammon and aligned myself with the devil. That's why God struck me down and made me repent. My brothers who believe Jesus as the Savior, where do we belong? God or mammon?

Busan Gathering, Vol. 8:5 (October, 1975)

8. A Person Who Lives with Jesus

There is probably no one who does not know Jesus, but only a few understand him correctly. Many people know him as a historical figure, but few believe he is the one and only Son of God. Those who know him only partially have no proper understanding of Jesus.

People who think of him only as a historical figure tend to be inspired by his morality and focus on placing him as an ethical teacher. On the other hand, those who believe Jesus as the divine and saving Lord rely on his power and saving grace so much that, while they do trust him, they ignore the life of taking up his cross and following the example of Jesus. Thus Jesus said, "Not everyone who says to me, 'Lord, Lord,' will enter the kingdom of heaven, but only he who does the will of my Father who is in heaven" (Matt. 7:21).

Then what kind of person is the one who lives with Jesus? Jesus practiced honesty, justice, and truth. He spoke truth in his heart, acted sincerely, and exercised justice.

When Jesus preached about the kingdom to his disciples, the reason his teaching was not like that of scribes or Pharisees but like that of authority was that his life was full of truth, justice, and honesty. His eyes despised the foolish, he respected those who feared God, and he never changed what he pledged himself to do.

He looked down on King Herod, calling him 'fox' (Luke 13:31–32), but at the same time he treated a pagan woman with respect. When a Gentile woman from Syrian Phoenicia in the region of Tyre asked Jesus to save her daughter, he said, "I was sent only to the lost sheep of Israel. It is not right to take the children's bread and toss it to their dogs." But when she desperately answered, "Yes, Lord, but even the dogs eat the crumbs that fall from their master's table," Jesus greatly commended her on her faith and healed her daughter.

Furthermore, seeing the unbelief of the Jews and realizing their grave sin barred them from coming to God, Jesus made the decision to bear the cross. Since it was not an easy decision he prayed in the Garden of Gethsemane that the cup of suffering would be taken away from him.

In the end, he redeemed us by his blood on the cross and reconciled sinners to God. Jesus' life was not that of a calculating person, but a true life without duplicity.

We ought to live such a life and want to imitate his way. Then why do we fail to do so? Can it be mostly because of the weakness of our flesh and our tendency to habitually lose ourselves to the temptations of Satan? I think it may be because we lack truth when we entrust ourselves to the person of Jesus, since we fail to entrust ourselves completely to Him.

Reflecting deeply on the love and truth of our Lord Jesus Christ, let's commit ourselves and our lives to Jesus and love him.

I am confident that the driving force of saving oneself, and living like a man and moving this society toward the kingdom of heaven, lies in the fact that I myself become a person who lives with Jesus.

Blue Cross News, No. 310 (March 7, 1988)

Part 5

Race and History

When you believe and live as children of God,
our race will live and our mission will be fulfilled.

1. Ringing In the Year 1980

I thank God for allowing us to ring in the year 1980 after living the year 1979 peacefully. Unthinkable things happened in 1979 and those in prison were released because of emergency measures. A new president (Choi Kyu-hah) and his cabinet members were installed, and martial law was proclaimed. As a result, people were watching whether trust would be formed between the government and the public while ringing in the New Year, and I feel this whole chain of events the blessing of God. I think the government and the people should solve the following several issues with one heart, while reflecting on the past mistakes. First, in terms of the economy, I think businessmen and entrepreneurs need the wisdom to attempt a planned economy for our people. Just as President Franklin Roosevelt was successful with the New Deal policy when the United States was suffering from the Great Depression in the 1930s, I believe the conglomerates should assume their responsibilities for the economy of the people even though they are extremely weak.

Second, in terms of political development, even though the constitution is to be established anew and the administration of the government should be executed democratically, I believe what is more important than anything is that each individual with free personality must recognize and respect other people's character and freedom as much as they argue for the dignity and freedom of men. Moreover, since building a welfare society is the goal of our country, I assert that a system must be established to love those oppressed materialistically and mentally, while revering justice and morality.

Third, as for national defense, the public must trust our national soldiers responsible for national security, and they themselves must exterminate all gangsters who destroy order by staying alert. In order to maintain order and accomplish mass production, each person should be faithful to his responsibilities and politicians (those in power) and entrepreneurs should treat the public and workers like their own family. When that happens, order will be maintained and mind will improve. Furthermore, we will see better results when the public and workers trust politicians and civil servants, entrepreneurs and businessmen like their relatives and treat their companies as if they were their own businesses.

It was well-proven, in the failure of agricultural policies after the Russian Revolution, that attempting mass production through forced labor was a failure. I am certain that Christians play a big part in establishing democratic policies. I understand that the dignity of character and the nobility of freedom can be perfected only when they stem from the spirit of Jesus Christ. Jesus Christ alone values men preciously. Jesus recognized sinners, patients, the poor and the rich, and both men and women as children of God and accepted them. I believe that politicians, teachers, businessmen, and those with a religion must all strive to fulfill the justice and love of Jesus Christ. Even though the ruler of the kingdom of the air is enticing those involved in the present politics, those who have been redeemed by the blood of Jesus will be made anew through the righteousness and holiness of God and lead the present history right if they crucify the passion and greed of the flesh, receive the spirit of the resurrected Jesus, and live with him.

Busan Gathering, Vol. 13: 1 (February, 1980)

2. March 1

Whenever I greet March 1st Day, I remember climbing to the hill behind my house in which I grew up (Yibam-dong, Yangha-myun, Yongcheon-gun, North Pyongan Province) almost every evening from spring till summer with my friends and crying out, "Hurray for Korean Independence!" After I entered Songdo Advanced Common School in Gaeseong in 1923, I remember Emperor Gojong stepping down. At times I prayed for our country in tears as I thought about it at the ancient site of the palace of Manwoldae in Gaeseong. Particularly, the sad moment of the state funeral of King Sunjong was indescribable.

As I intend to examine the meaning of the March 1 Movement, I'd like us to hear the explanations of people senior to me and add my humble opinion. Pointing out the nature of the March 1st Movement, Dr. Baik Nak-jun[2] observed that the sovereignty of the nation lay in the hands of the king in the past, and the king and a small number of cabinet members handed it over to the ambitious Japanese politicians, but our people brought about a democratic country and acquired the first citizenship through the spirit of independence. This is the most noticeable evaluation. I think the fact that the so-called

---

2. *Christian Newspaper*, March 2, 1974, 646th edition.

yangban class (upper class) did not participate in the March 1 Movement of 1919[3] speaks eloquently to this point.

Historically speaking, the fact that our nation was merged into Japan as a colony can be our people's responsibility, but God set the languages and boundaries so that each race might be groping for the truth.[4] However, the ambitious Japanese politicians took the land from our king by military power, threats, and intimidation. If Japan understood the will of God and didn't appeal to force, our race could have peacefully contributed to world peace. When I reflect on the Korean War, the same people that killed each other would not have appealed to force, if the spirit of independence of the public was stronger and if they believed in God. Those ambitious politicians in the North despised the spirit of March 1st Movement, and eventually caused disintegration. I hope that we would recover the spirit of the March 1 Movement and make it today's wisdom for ourselves.

Dr. Bail Nak-jun pointed out the following in the Declaration of Independence and identified the will of the March 1 Movement. First, since our right to live was being forfeited politically as well as economically, the intention of the March 1st Movement was to obtain the right power of our nation for the right to live. Second, the March 1st Movement declared freedom from barriers to mental development, namely the freedom of reli-

---

3. *Christian Life*, March 1, 1974, 86th edition.

4. Acts 19:26.

gion and the freedom of belief. Third, the March 1 Movement declared the freedom to contribute to world culture; the freedom to build culture. Fourth, the March 1st Movement declared the dignity and honor of our race. To put it differently, the March 1st Movement developed as the expression of national free will, and that's why we find innocence in the natural birth of the movement. In other words, we can think that the principle of self-determination championed by Thomas W. Wilson, the president of the United States, set fire to our people's spirit of independence and autonomy. That's why our public became united in their actions.

What moved my heart the most in the Declaration of Independence statement was the statement: "Now that the age of power has passed but the age of morality has come, let us attain independence through the army of justice and the shield and spear of humanity." What they are arguing is that the means of acquiring independence and autonomy are justice and humanity. Who can stop it when people intend to enjoy freedom and independence with the soldiers of justice and the weapons of humanity? No one with a heart of man can ever stop it. However, the Japanese politicians were the puppets of Satan, who is the ruler of the kingdom of the air. Even though we didn't have any force and declared democratic independence out of our conscience of faith, they killed about six thousand people, incarcerated about ten thousand people, and put all the church members of Jaeam Church in Gyunggi Province in the church building, set it to fire and shot to death anyone who came out of the building. How can this not be the work of Satan? After the liberation of 1945, some conscientious Japanese Christians built a new church building in Jae'am-dong as a sign of repentance, and it is truly comforting.

The March 1st Movement developed with the principle of nonresistance. When we look at what it's about, the signers of the declaration thought that since it was a declaration of independence, it should be done through a dialogue or negotiation. They further thought that if it appeals to force, then the character of those who use force is pitiful and miserable. Because they thought that responding to force with force is worthless, they developed their movement not as a nonresistance movement, but as a resistance-transcending movement. Many say that Mahatma Gandhi is the founder of this nonviolent resistance, and Martin Luther King Jr. led a movement for his own people (African Americans) with the same method, and received the Nobel Peace Prize. However, the truth of the matter is that the March 1 Movement already practiced the principle and spirit of nonresistance. Gandhi is said to have participated in war later. Jesus Christ himself practiced this nonviolent resistance, and sixteen out of thirty-three signers of the Declaration of Independence were Christians who were leading figures. Mr. Yi Sang-jae warned the Japanese by quoting the Scripture, "For all who draw the sword will die by the sword." When I read the Declaration of Independence carefully, I found something similar to the spirit of the Word of God. In other words, the signers didn't reprimand the Japanese politicians' failure to keep their promises and the mistrust in the forfeiture of the right to live, and they also tolerated the narrow-mindedness of the Japanese people. The March 1 Movement indeed lives forever because it is standing on truth (justice) and love (humanity). Even though materialists try to ignore it because the movement's method is different from theirs, I want to point out that the spirit of the movement is a means to contribute to our race and world peace, because it is standing on Christian faith. Furthermore, we have to remind ourselves that the spirit of the March 1 Movement is not to kill or steal from one another but rather to contribute to world peace. We also need to remember that our race tried to make a contribution to world peace with such a great spirit and method by declaring independence, and I hope that we would become united as we work to accomplish our race's peaceful reunification.

Busan Gathering, Vol. 7: 2 (April, 1974)

3. My Thoughts on June, the Month of Honoring Veterans

In the month of June we have Memorial Day on the 6th and the unforgettable June 25. Memorial Day is a day when we commemorate those who died for our nation and rekindle our heart of love for our nation. I think the purpose of Memorial Day is to remember the military, the police, and their families, including a patriotic martyr Ahn Jung-geun, who were sacrificed for the liberation from the annexation of Japan, and reward their distinguished service. On this occasion not only should we have a system in which the government gives benefits to the present disabled veterans and their families, but the public should also renew their mind to die for righteousness and truth. The representative martyrs for righteousness and truth are Pastor Ju Gi-cheol during the Greater East Asia War, and Pastor Son Yang-won who was shot to death by the Communists of the North, not to mention Jeong Mong-ju who was killed at Seonjuk Bridge at the end of the Goryeo Dynasty.

When I think about the Korean War on June 25, I think about the 38th Parallel. I conjecture that Joseph V. Stalin suggested dividing Korea into the North and South at the 38th

Parallel at the Yalta Conference, and Franklin Roosevelt accepted the suggestion, which was condoned by Winston Churchill and Chiang Kai-shek. I heard that several lieutenant colonels convened and made the suggestion for the 38th Parallel, and it is proof that our independence was achieved by our own capabilities. Even though the 38th Parallel was drawn by the will of others, the Korean War of June 25 would not have broken out if our love for our nation had been strong like Germany (West Germany, East Germany).

I believe the Korean War was God's punishment of our race and a warning. In fact, North Korea invaded South Korea first and caused the fratricidal war, but the communists tried to deny their invasion by arguing that a Communist revolution erupted from within because Park Hun-young stammered when he said it. When an armistice was established in 1953, I think Park Hun-young took responsibility because what he said concerning a civilian revolt breaking out went unfulfilled. Terenti Shtykov, who was in charge at the time, stepped down, and Stalin died too. I think Kim Il-sung was the culprit in causing the war, and the reason he's not taking responsibility is that God is being patient with him for a long time until he repents and comes to Him. When I prayed to God asking why He did not take Stalin when he was killing people randomly and ignoring human rights, I felt as if God was saying to me, "I am waiting patiently. Who are you to say something like that?" When God predestined the 38th Parallel, I think he must have commanded that our benevolent race would be reconciled because of the parallel so that it can contribute to world peace. That's why I pray daily for the repentance of Kim Il-Sung and Kim Jung-il. When I think about the Korean War of June 25, I also think about God's punishment of our race, and make sure I am the first one to repent. I also pray that believers in the South would repent as well as the political leaders in the North.

Busan Gathering, Vol. 21: 3 (June, 1988)

4. August 15 and I

August 15, 1945, was the day God blessed to be the day of liberation, and we commemorate that. Our race spent thirty-six years as the subject state of Japan, and was liberated on August 15. I greeted August 15, the day of liberation, in the following circumstances. Namely, I became ill with hepatitis (jaundice) on May 16, 1945. The jaundice disappeared a month later, but I remained sick because of lack of sleep and lack of appetite. At the end of July, 1945, I went to a small mineral fountain near Mount Myohyang in North Pyongyan Province for self-cultivation because my nervous breakdown became serious. I greeted August 15 there. When I first heard that Japan surrendered unconditionally, I first thought it was just a rumor. However, when I heard the same news again the following day, I felt that the day of liberation had finally come to our race. The following day, August 16, thinking that I would likely die during the nation-building process, I got out of the bed where I had been lying for three months. On August 17, I got on the train at a small railway station near Mount Myohyang bound for Pyongyang. When the train arrived at Gaecheon Station, those who had been in forced labor at nearby mines got on the train in their work clothes and rejoiced over liberation. Since the entrance was packed with people, some of them climbed onto the train through windows. More than four people sat on each seat, and others sat in the hallway. Literally, it was filled to capacity. However, no one complained or griped about it. People had joy-filled looks on their faces, having compassion on each other and yielding to one another. It seemed that the light of hope loomed large.

When I was staying at home after leaving Pyongyang, I was asked by the Nation Building Preparatory Committee to be the head of the Department of Sanitation. The committee was a democratic nation-building preparatory committee chaired by Mr. Cho Man-sik, and Yi Jong-hun, who had been recommended to be the head of the Ministry of Health and Social Affairs, invited me with the recommendation of Mr. Kim Myung-sun. Because of my nervous breakdown, I was feeling that I could walk for only fifteen minutes a day. That's why I was thinking that I would give my life for building the nation and went to the Nation Building Preparatory Committee, which was working at Backsunhang Memorial Hall, located at the riverside of Daedong River, and took up the position of the head of sanitation. Although everything seemed to be in chaos, no special epidemic or neurological diseases were found, probably because the public was filled with joy and hope. However, a murder was committed because of greed, and taking care of the dead body became the job of the Department of Sanitation.

Since the political order was not stable because of the transition, citizens were preoccupied with choosing their future, while watching the state of the political situation in the midst of the joy of liberation. I thought of the children's song I used to sing in our church children's group, and sang, "I will become an educator (musician, religionist, etc.). Right! Right! Will you, will you become, an educator (musician, religionist, etc.)?" I expected that if our race was not swept away by other forces, we would be able to build an ideal country by yielding to and cooperating with each other, since our people are wise. However, the Russian army occupied North Korea while the American army occupied South Korea.

Not wanting to become preoccupied with the present reality, I went to Sanjunghyun Church in Pyongyang, which had been closed down because its members refused shrine worship during Japanese rule, but was opened again with the liberation of the nation. I became a member of the church because I believed that the church that does not compromise with the politics of the world was the right church by all means, by standing on the faith of Christ when going through tribulation and hardship. However, the session of Sanjunghyun Church consisting of elders was divided into two groups and there was dissension. Namely, half of the elders argued that the church should be united to fight against the present communist regime, while the other half emphasized keeping faith while being ready to be martyred when the rulers persecute the church, instead of the church taking the initiative to fight against the regime. The latter suggested that the church postpone joining the presbytery, which is the united body of various churches. Eventually, both parties made a mistake over this fight. I think the argument that churches should be united and fight the regime was extreme (my kingdom is not this world but the kingdom of God), and the argument that the church should postpone joining the presbytery since joining the presbytery will cost their faith was also wrong because it failed to yield. Even if the session decided to join the presbytery, it was impossible to join it in the circumstances of the time. Thus, I learned that people fight over non-truth matters because of difference of opinions, not over obedience to the will of God. After all, elders of both parties were martyred by the Communist regime, and I believe that they now must have been reunited in heaven by the love of the Lord. The conclusion I drew from the church dissension after August 15 was that fighting over opinions is of the flesh, but sacrificing for truth is faith and spiritual life.

I think that the fact that our race has been divided at the 38th parallel after the liberation of August 15 carries certain religious meanings. I believe that the will of God for this 38th parallel of trial means that our race must contribute to world peace by learning the love of God and becoming united and reunified based on this sacrificial love. The assignment is whether the Germans will see reunification or the Korean nation or the Vietnamese. The Germans are working hard to bring it about through negotiations. Will Vietnam be able to recover the trust of the people by force? How can the Korean race bring about reunification? The history of the Korean War on June 25, 1950, teaches well that reunification by force is not the will of God. Then will it be possible with man's (German) wisdom? However, I believe that it will be done in accordance with the will and providence of God fulfilled through Jesus Christ. That's why we shouldn't fight in the flesh. Rather, we should trust and love each other in good character and wait and long for unification as we live out the reunification principles of God with patience. I live with the belief that Ephesians 2:14 is the principle of peaceful reunification. "For he (Jesus) himself is our peace, who has made the two groups one and has destroyed the barrier, the dividing wall of hostility, by setting aside in his flesh the law with its commands and regulations. His purpose was to create in himself a new humanity out of the two, thus making peace, and in one body to reconcile both of them to God through the cross, by which he put to death their hostility" (Ephesians 2:14–16).

5. Celebrating the 1974 Christmas

"The Spirit of the Lord is on me, because he has anointed me to proclaim good news to the poor. He has sent me to proclaim freedom for the prisoners and recovery of sight for the blind, to set the oppressed free, to proclaim the year of the Lord's favor" (Luke 4:18–19).

The above passage is the prophecy of the prophet Isaiah concerning the mission of Christ. When Jesus read the passage, he said that he fulfilled the prophesy. The Old Testament begins with the creation and is filled with prophecies about the fulfillment of the covenant (promise) between God and men, who were the ideal of the creation. Celebration of the prophesied birth of Jesus as the Messiah (Christ) is mankind's natural gratitude and praise. A man deeply rooted in reality feels and thinks about reality in celebrating Christmas and possesses the heart to accept the Messiah.

What about the reality? Aren't chaos and depression (anxiety) ruling all of mankind? Although that is true in any age, it is much more serious this year. Moreover, we're celebrating Christmas at the end of the week designated for the protection of human rights. It was an epoch-breaking event when the United Nations proclaimed the Universal Declaration of Human Rights on December 10, 1948. Before that, only a minority of learned people emphasized the dignity of human rights and how they have to be valued; but nowhere one can find someone like Jesus Christ who thoroughly practiced human rights. Human rights are said to mean the right to live, rights to equality, and civil liberties, but they are not respected. This year, a magazine featured the results of a survey in which it asked six questions to our society's celebrities concerning the protection of human rights, social justice, freedom of the press, amendments of the Constitution, economic recession, and university affairs. About twenty celebrities stated that human rights are not protected, that social justice has fallen headlong to the ground, and emphasized the need for the freedom of the press. It seems that no one came up with convincing solution; I believe protection of human rights, social justice, and the freedom of the press are related to our character and life, and not matters of social systems. Obviously, politicians, religious leaders, educators, and celebrities are primarily responsible for the violation of basic human rights (freedom, equality, and peace), but people themselves need to obtain and enjoy them since they are human rights. In other words, it would be most desirable to reduce the gap between the rich and the poor politically and systemically, eradicate corruption, and provide sound freedom of the press so that they can progress and develop. I believe what is more necessary prior to that is people's understanding of human rights and an ability to respect them. I think there might be different opinions on this, and people might think that politicians should solve basic rights (such as clothing, food, and shelter) for survival. I believe they are most reasonable. In fact, politicians seem to focus on matters of clothing, food, and shelter. However, if people do not believe an individual to be a son of the heavenly Father, policies to enjoy basic rights (the right to live, freedom, and equality) will not be established. Even though they know that respect and the expansion of civil rights are most important in democracy, and ensuring that is their responsibility, the reason they're not fulfilling those policies is because of their greed shown in their pursuit of power and their party's interests. No one should trample on human rights, and human rights should not be violated. People shouldn't be indifferent to the violation of human rights. If they are, it's because they do not know or have forgotten the dignity and value of human life. When people do not know and forget this, they become like animals. When men lose their humanity, they perish.

It is Jesus who planted the seeds of human dignity and human rights, namely, freedom, equality, and the peace of human society. Jesus came and lived the life of the Son of God, and he gave his life to people. When Jesus declared, "Blessed are the poor in spirit for theirs is the kingdom of heaven," Jesus preached the gospel to those who had been already trampled upon, oppressed, and blind. He declared this with the character of Jesus Christ the Messiah, and he practiced it himself. He then resurrected in order to give the power to practice it. We celebrate the birth of this Jesus. I believe making a resolution neither to violate others' human rights nor to have my human rights infringed upon but to become a free man by accepting this Jesus as Savior would truly be the meaning of celebrating the birth of the Lord, and it will also mean waiting and hoping for the return of Jesus.

Busan Gathering, Vol. 7: 6 (December, 1974)

6. A Year-end Speech

Even though the expectation for a dialogue between South Korea and North Korea at the beginning of 1981 swelled, there has been no hint of it in December, and I feel very sorry about that. We had a bump year this year, but people are saying that agricultural products are so cheap that they are having a hard time. The public is crying out because of an increase in postal and traffic (railway) fares. However, the fact that they are not being frugal concerns me. Even though we do not live on bread alone, don't you think we need to tighten our belt and make every effort for thrift and saving, if foreign debts are increasing?

This year we had too many traffic accidents. A Busan-bound truck from Ulsan in November crashed into a bus and produced many casualities. Also, in the same month a Sansung city bus in Busan fell off a cliff and caused thirty-four casualities. We can't help calling it a major accident. Moreover, at the beginning of December, the culprit who murdered a teenager named Yi Yoon-sang, who was abducted a year ago, was arrested and turned out that he was Yi Yoon-sang's teacher, which caused indignation and despondence for Yoon-sang's parents. Furthermore, no comfort could allay the anger of his friends and the dejection of the public. Besides that, we as the public have no choice but to feel responsibility for murders that take place almost every day. The senior school supervisor and a superintendent of educational affairs in the same area resigned along with the principal of Gyung-suh Middle School, after the murder case of Yi Yoon-sang, and Gyung-suh Middle School teachers issued a written apology. Even though their actions helped allay the sorrow of Yi's parents and the public, I think the public as a community should feel responsible for such a grand sin and people from top to bottom must repent of this sincerely. The tears of grief and great indignation should be tears in our own eyes. The great indignation is similar to the great indignation Jesus demonstrated when he went to the tomb of Lazarus and wept. Things that can't happen happened. How can a person who was sent to live, be killed, even while screaming? How could the power of life that willed to live, by the hands of the teacher die by the power of the devil? How can one stand this? Didn't the devil darken the man's conscience and cause him to commit such a crime? We failed to disrupt the activities of the devil unknowingly and were looking on with folded arms. Wasn't it because of lack of love? In other words, we were simply concerned about our own matters and completely forgot about others. The year 1981 has witnessed misfortune and crimes as mentioned before. I believe our great reflection and repentance should be the right response to God's holy anger.

On the other hand, on the economic front we should fasten our belts and make every effort for thrift and saving. The recent increase in the prices of oil, railway tickets, postage, as well as a spike in public utility charges was inevitable. It is said the world economic recession is the cause. We are living in the world; this inflation and the economic recession are world matters. It is also said that civilized men are preparing for the recession and have been saving. However, our compatriots seem to lack such wisdom. I am told that cabarets are packed with people who drink and dance, and many people ruin not only themselves but also their families because of gambling. How come we can't stop that with the power of our compatriots? I was immersed in gambling for one or two years at the age of fifteen. However, when I realized that I sinned against my father who had been having difficulties sending me tuition money, I repented of my sin thoroughly and accepted Jesus as my Savior. I dare to tell you to imitate me on this point.

Also, I am thankful that there was no struggle between the South and the North.

Busan Gathering, Vol. 14: 14 (October 12, 1981)

7. Our Nation's Historical Mission

Our race was birthed in the Korean Peninsula hanging like an ear bell in the heart of the eastern end of the continent of Asia, and what is the mission of our race to contribute to world peace? Any well-intentioned people must be thinking about this matter earnestly. I believe that the race whose people are living in cooperation with each other in a limited boundary must carry out this essential mission. We don't have to analyze all past histories. Few will doubt that the division at the present 38th Parallel was made not by the will of our race, but by history. However, since the race is a special group made up of people with character, it can't be satisfied with blindly carrying out enterprises. We want our race to know the will of history (law), namely, the providence of God, become aware of fulfilling His will, and initiate a movement to fulfill it.

The mission of the nation of Israel was to spread the religion of Jehovah God to the whole world. It was for the fulfillment of the mission of Israel that Christ Jesus was born among the people, redeemed the sin of all people, proclaimed the righteousness of God, and fulfilled the Kingdom of God. Currently, the nation of Israel believes that their mission and responsibility lie in lifting the truth of Jesus Christ and proclaiming His Kingdom to the world.

The division of our race and the country was caused because of the quarrel over power between the communist forces and the democratic forces. However, our race wants to become united instead of staying divided. The fact that character dictates ideologies and 'isms', and not vice versa, is the most important and basic fact in recognizing the relationship between character and ideologies (or 'isms'). I want to hear the answer to questions like "Is the character of our race alive?" Or "has it died? from our own race?" In fact, how can we call for a wake-up call for our nation when our individual personalities have been suppressed and can't get up? How can we expect this to take place when the so-called national leaders, such as the clergy, teachers, politicians, and writers, are enslaved by the forces of ideologies or 'isms' or materialism or the power of money? Then shall we lose hope? Despondence will come to those who only look at the surface of reality.

However, the One who rules over history neither loses hope nor is lazy. Ezekiel 33:11 says, "Take no pleasure in the death of the wicked, but rather that they turn from their ways and live." Or John 8:32 says, "Then you will know the truth, and the truth will set you free." People of character of this race, do you hear the voice of the Lord? Those who listen, please arise! Let us repent! Those who are chosen fulfill the mission of the race. You don't have to wait for the self-awareness of the whole. The clergy should go back to their fundamental truth and practice it. Live out the truth. Teachers and writers, live out your inspirations. Can you be content with expressing men's biological instincts as if they are the most important? Politicians, defeat all greed and desires! If your heart is dark, how dark will the darkness be! You must practice justice and treat the poor with dignity. People, think once again how precious your character is. Value yourself and love yourself. Realize that you're children of God. What you decide with your character becomes the foundation to save our nation and race. When you break your character yourself, our nation will die.

When you believe and live as children of God, our race will live and our mission will be fulfilled. The children of God not only save themselves, but their compatriots as well. They will fulfill not only their own responsibilities but bear those of others. They will love not only their own compatriots but also enemies as well. They will give their lives for their enemies. Straightening ulterior motives and 'isms' is perfect character. Christ completes character perfection. Truth has the power to straighten isms and ideologies through character. It fulfills them through truth. History will see the reunification of our race and world peace through people with such character.

Busan Gathering, Vol. 1: 4 (May, 1968)

8. The Spirit of Creating History

1. Can Men Create History?

History is an account of changes or facts that took place in space and time in the world. We learn their meaning in history. For instance, we can look at the history of the universe, the history of the earth, the history of living organisms, and the history of mankind. It is said that history is being advanced through socio-scientific laws. Society consists of both people and creatures, but they are not equal. Men are the masters, and all other creatures are their subjects. When this relationship becomes twisted or turned aside, the history of mankind will proceed in the wrong direction. The reason men become the master is that their lives are so precious and unique. The life of an animal consists of the body and vital life. Animals also have senses, knowledge, feelings, affections, and intentions, but all these activities are subject to instincts and thus have neither the ability to judge the right from the wrong, nor the free will to choose something. Therefore, they do not have a sense of guilt. However, men are the same as animals in that they also consist of the body and vital life, but the vital life possesses a conscience unlike animals, and can control fleshly instincts and have the privilege to enjoy spiritual life. God breathed human life into being, and thus it consists of spirit, heart, and body together (1

Thess. 5:23). Namely, the spirit longs for, recognizes, and obeys God and desires to be perfect as God the Father is perfect. This spiritual life is also subject to the decisions of men. Thus, men have no choice but to decide with their free will whether they will follow the fleshly instincts or obey the inspiration of the Spirit of God. In other words, men have free will to judge things according to their conscience, abandon evil, and obey the good (spiritual domination). This is the second privilege as men.

The fact that men were created in the image of God means that they were cast into being based on the prototype of God, and thus men can live only under the rule of the Spirit of God. Or you can also think that men were created to emulate God with God as the ideal. Thus, animals can't create history, but men have the spirit to create history. This spirit empowers men to live for good with the Spirit of God.

How is the history of mankind made? Sociologists state that the history of mankind proceeds according to the socio-scientific law. However, no matter what the law, if people fail to think about the Person of truth working in the background, our reason can neither be satisfied nor know the direction and purpose of the laws. When we know the law precisely, we can apply right policies by choosing properly, and develop history in the right direction. Such a thing can be called creation of history. Therefore, the One who allows the creation of history is God (truth) or the Holy Spirit, and the one who creates history is men.

However, even men make decisions with their vital life when

making certain decisions, and thus have a greater tendency to follow the fleshly instincts than obey the rule of the Holy Spirit. Truly, the majority of history was made with this vital life. However, a closer look at history will reveal the fact that history is created by pure justice and committed love in spite of the history created by impure and greedy influence. What history aims toward is that the spirit criticizes and directs the reality standing on the ideal, and that's how history progresses. All forces of greed are like vapor that is formed and disappears. The Bible points out that much blood has been shed to create history; "From the blood of righteous Abel to the blood of Zechariah son of Berekiah (the fourteenth generation of Levi), whom you murdered between the temple and the altar" (Matt. 23:35).

2. Who Manifested the Spirit of the Creation of History?

I pointed out before that men are under spiritual rule and have the potential to discover and practice truth. What is the spirit of the creation of history? It can be said that it is the spiritual ability to discover the truth that has not been manifested distinctly and to initiate a movement to apply this truth. Spirit is usually formless and unseen, and thus can be thought of as something conceptual or from the heart, but spirit is the power to initiate a movement to manifest what is not seen in reality. Then who has manifested the spirit of the creation of history? We can name many people, but I believe the most representative person is Jesus Christ. Declaring, "Do not think that I have come to abolish the Law or the Prophets; I have not come to abolish them but to fulfill them," Jesus also said, "You have heard that it was said to the people long ago, 'You shall not murder, and anyone who murders will be subject to judgment.' But I tell you that anyone who is angry with a brother or sister will be subject to judgment. Again, anyone who says to a brother or sister, 'Raca,' is answerable to the court. And anyone who says, 'You fool!' will be in danger of the fire of hell. Therefore, if you are offering your gift at the altar and there remember that your brother or sister has something against you, leave your gift there in front of the altar. First go and be reconciled to them; then come and offer your gift" (Matt. 5:21–24). We can learn the spirit of the creation of history from this lesson. Being angry with brothers, cursing, and calling people Raca (a Hebrew curse) are manifestations of the vital life, which was not ruled by the spirit. The Law and commandments are the spiritual life God requires of us. Jesus taught that the spirit of the Law calls for spiritual life, and lived it out himself. If we don't love the brothers we see, but give an offering to God, will the God of love receive it? God is more pleased with people loving each other and reconciliation with each other than sacrifices. The line of longitude weaving through history is the justice, and love of God, while the line of latitude is the spirit of man (the heart and activities). Weaving the justice and love of God with the line of longitude is the spirit of the creation of history.

In Matthew 5:27–28, Jesus says, "You have heard that it was said, 'You shall not commit adultery.' But I tell you that anyone who looks at a woman lustfully has already committed adultery with her in his heart." Jesus identified that observance of the law is not simply a matter of external things only but also a matter of the heart and the spirit. Jesus also said, You have heard that it was said, 'Eye for eye, and tooth for tooth.' But I tell you, do not resist an evil person. If anyone slaps you on the right cheek, turn to them the other cheek also. And if anyone wants to sue you and take your shirt, hand over your coat as well. If anyone forces you to go one mile, go with them two miles. Give to the one who asks you, and do not turn away from the one who wants to borrow from you. You have heard that it was said, Love your neighbor and hate your enemy. But I tell you, love your enemies and pray for those who persecute you, that you may be children of your Father in heaven. He causes his sun to rise on the evil and the good, and sends rain on the righteous and the unrighteous. If you love those who love you, what reward will you get? Are not even the tax collectors doing that? And if you greet only your own people, what are you doing more than others? Do not even pagans do that? Be perfect, therefore, as your heavenly Father is perfect."

The spirit of the creation of history lies in the fact that we can call God Father. By assuring that Truth is our Father in heaven, Jesus helped us understand that we are possessors of the spirit of the creation of history. God called the Israelites His children and taught them that He is their Father. In the Old Testament, who among the Israelites dared to call God Father? (Jer. 3:14, 19, 22; Isa. 63:16).

Jesus called God Father. Can there be a more appropriate expression than this for man to form a relationship with God? Can we create the history God wants to fulfill without this spirit? Not only did Jesus Christ live like that, but he also taught that whoever lives in union with Jesus becomes a child of God, and creates history with God as his Father. To take the Sermon on the Mount as an example, Jesus taught people to do charity and pray secretly, store up treasures in heaven, not to worry about what to eat, what to drink, and what to wear, and not to worry about tomorrow for each day has enough trouble of its own. All these words teach us to look at the reality while standing on the ideal. I think Jesus tried to teach his followers to understand this spirit so that they can live it out while he himself lived with the spirit of the creation of history.

On the other hand, Jesus hated and disliked double-mindedness, which is hypocrisy, the most. He said,

"Woe to you, teachers of the law and Pharisees, you hypocrites! You shut the door of the kingdom of heaven in people's faces. You yourselves do not enter, nor will you let those enter who are trying to."

"Woe to you, teachers of the law and Pharisees, you hypocrites! You travel over land and sea to win a single convert, and when you have succeeded, you make them twice as much a child of hell as you are."

"Woe to you, blind guides! You say, 'If anyone swears by the temple, it means nothing; but anyone who swears by the gold of the temple is bound by that oath.' You blind fools! Which is greater: the gold, or the temple that makes the gold sacred? You also say, 'If anyone swears by the altar, it means nothing; but anyone who swears by the gift on the altar is bound by that oath.' You blind men! Which is greater: the gift, or the altar that makes the gift sacred? Therefore, anyone who swears by the altar swears by it and by everything on it. And anyone who swears by the temple swears by it and by the one who dwells in it. And anyone who swears by heaven swears by God's throne and by the one who sits on it."

"Woe to you, teachers of the law and Pharisees, you hypocrites! You give a tenth of your spices—mint, dill and cumin. But you have neglected the more important matters of the law—justice, mercy and faithfulness. You should have practiced the latter, without neglecting the former. You blind guides! You strain out a gnat but swallow a camel."

"Woe to you, teachers of the law and Pharisees, you hypocrites! You clean the outside of the cup and dish, but inside they are full of greed and self-indulgence. Blind Pharisee! First clean the inside of the cup and dish, and then the outside also will be clean."

"Woe to you, teachers of the law and Pharisees, you hypocrites! You are like whitewashed tombs, which look beautiful on the outside but on the inside are full of the bones of the dead and everything unclean. In the same way, on the outside you appear to people as righteous but on the inside you are full of hypocrisy and wickedness."

"Woe to you, teachers of the law and Pharisees, you hypocrites! You build tombs for the prophets and decorate the graves of the righteous. And you say, 'If we had lived in the days of our ancestors, we would not have taken part with them in shedding the blood of the prophets.' So you testify against yourselves that you are the descendants of those who murdered the prophets. Go ahead, then, and complete what your ancestors started! "You snakes! You brood of vipers! How will you escape being condemned to hell?"(Matt. 23:12—33).

As the passage above shows, Jesus couldn't stand it when he saw how the religious leaders of his day pretended to be holy on the outside, while on the inside they were full of greed, devouring widows' houses and troubling believers by having them carry a heavy burden. Thus, he said, "Woe to you, teachers of the law and Pharisees" and scolded them. Did he do it because he hated the teachers of the law and Pharisees? Don't you feel Jesus' love when he suggests that they also repent and live their lives with the right spirit of the creation of history? Furthermore, are the words only limited to the teachers of the law and Pharisees during the time of Jesus? Don't you think they are also applicable to today's leaders as well? They are applicable to any day in history or any age and are a reproach to those who pretend to be holy on the outside and teach it while living a life controlled by temper.

Jesus sensed that the only way to save mankind that had abandoned the love of God was to atone for them by shedding blood on the cross, and it became his mission as the Messiah, namely, the Christ, and he accomplished it in person. God had Jesus, who knew no sin, take up the sin and atone for the sin of mankind by shedding his blood, and thus history entered a phase of new creation through the resurrection of Christ. This resurrection is surely the new creation of history because Jesus rose from a physical life to a spiritual life. Jesus opened the way for us to become free from sin and the law by dying on the cross, and through resurrection Jesus was enthroned in heaven and obeyed the will (good) of God as the Spirit of God for mankind. That is the proof that Jesus lived in the spirit of the creation of history. This Christ is alive in Spirit and is guiding us through the Holy Spirit, who is his spiritual personality. Therefore, we are made able to live with the spirit of the creation of history.

Those who believe in Jesus as Christ have this spirit of the creation of history. Quoting from a prophetical writing, Peter fulfilled his mission of proving that Jesus is the Christ, and the apostle John saw the glory of the only Son of God in the personality of Jesus Christ, and proved the manifestation of the love of God. After he met the resurrected Christ on his way to Damascus, the apostle Paul emphasized that he resolved to know nothing except Jesus Christ and him crucified. All of them participated in the creation of new history, while witnessing and preaching that Jesus Christ is the salvation for gentiles and the Savior of all peoples.

Afterwards, the Christian church became ritualized and built cathedrals by selling indulgences. Questioning the sales of indulgences and identifying the fact that the blood of Jesus redeems men's sins, Martin Luther brought about reform in Christianity. In other words, the spirit of the creation of history is the ability to defeat darkness by making crystal clear the truth that has been blurred and made ambiguous by organization and systems. The God of truth exists and comes to our hearts, whispering to men's spirit (conscience). When this will of God is covered up because of greed, the spirit of the creation of history would lie in sensing the truth, pointing out the spirit of the age and its errors, and making the will of God known clearly, so that people would follow the will of God.

What results will the spirit of the creation of history bring about? The Scripture records, "You are worthy to take the scroll and to open its seals, because you were slain, and with your blood you purchased for God persons from every tribe and language and people and nation. You have made them to be a kingdom and priests to serve our God, and they will reign on the earth... Worthy is the Lamb, who was slain, to receive power and wealth and wisdom and strength and honor and glory and praise! To him who sits on the throne and to the Lamb be praise and honor and glory and power, for ever and ever!" (Rev. 5:9–13) We are living with the hope to one day sing a new song.

The seventh day of creation was the Sabbath. God established the Sabbath to bless mankind and make the day holy. Holiness was for God himself. We have the hope of holy and unlimited enjoyment. It is so-called Philo's festival of all things (Philso's Leorts tou pantos.) On that day we will dance like David, who revealed his body when he danced before the Ark of the Covenant.

Those who went before us showed the spirit of the creation of history by pointing out that shrine worship is the sin of idol worship thirty years ago in history. Today people heighten the spirit of the creation of history by emphasizing that greed is idol worship. What need to be corrected quickly in this society are the sumptuous moods, dishonesty, corruption, and chaos of sexual morality; division, insecurity, and fear. This immorality is the cause of fear. All of these originated from greed: the lust of the flesh, the lust of the eyes, and the pride of life. We have to eradicate this greed. We have to rectify the views of abundance of materials, power, and the mindset that fame is most important. Man leads a spiritual life with his free will. It does not lie in the vital life. It does not lie in leading a great life with clothing, food, and shelter. There's no true happiness in them; true greatness and happiness lie in practicing God's righteousness and love. It lies in practicing justice.

True happiness lies in helping rekindle the hearts of those who have been oppressed and can't get up in this society, and to help them get up. This is the mission of Christ. Mr. Ham needs to make this his ideal and live out of the spirit of the creation of history because he has the life of Christ who exhibited this spirit of the creation of history perfectly. But each individual has a different personality and intelligence, and ages change. Thus, the mission or the spirit of the creation of history can be expressed in a variety of ways. Obviously, it is based on love which is the life of God, but the concrete expressions of mission can be different. Scientists make truth their ideal; historians the meaning of facts; politicians justice and equality; educators reform in humanity; artists truth, good, and beauty; the clergy spiritual life; and doctors a benevolent art.

As a doctor as well as an administrator who runs a hospital, I live with the following motto: "A doctor who doesn't have compassion on patients is not a doctor, and a hospital without compassion is not a hospital at all." Medicine is called a benevolent art. Confucius said not harming patients is a benevolent art. A disease is a small damage in tissues; it is the duty of the doctor to reduce the damage and to help the tissue to return to normal. Therefore, what Confucius said is worth evaluating. I think it was the instinct of truth that shows the ethics of the doctor which is comparable to the Hippocratic Oath. Can't we think this is also the spirit of the creation of history in medicine?

3. Conclusion

The ultimate goal of the creation of history lies in the joy of God. All of creation and men are to reveal His glory. "For none of us lives for ourselves alone, and none of us dies for ourselves alone. If we live, we live for the Lord; and if we die, we die for the Lord. So, whether we live or die, we belong to the Lord" (Rom. 14:7–8).

Busan Gathering, Vol. 5: 1 (February, 1972)

9. Jesus Christ, the Lord of History

I want to write about my feelings on this occasion of Christmas 1985. Since the birthdate of Jesus is not recorded in the Bible, historians' conjectures are either B.C. 4 or B.C. 12, around the time between spring and fall when there was enough pasture for sheep. Even though December 25 was not his birthday, commemorating the coming of Jesus annually means a lot.

1. Jesus Christ is the beginning of history, and he created everything and rules over it with his providence. "In the beginning was the Word, and the Word was with God, and the Word was God" (John 1:1). Here the beginning is considered as a time that is much older than the beginning in Genesis 1:1. Materialists seem to believe that material existed in the beginning. They think that things came out of the material and reached the present through the law of development. However, we Christian believers believe as the Bible teaches that the Word was with God and the Holy Spirit as the triune God in the beginning. He existed as the eternally all-sufficient God, and love created material things based on the principle that love produces existence. In other words, when God the Father had the will to give his Son all things in the universe and mankind after creating them, His Son the Christ, who

was the Word, wanted to create all things in the universe and mankind and give them to God the Father out of love (the Holy Spirit), and I believe that's how things were created. Thus, the Bible says without him nothing was made that has been made (John1:3). "In him was life, and that life was the light of all mankind" (John 1:4). Jesus Christ possessed life, and he came to give that life to people as light. Life lives in light. There is no life in darkness, and life can't live in it.

"The light shines in the darkness, and the darkness has not overcome it" (John 1:5). Although Jesus Christ came to the world to give life, people in the world didn't understand that he himself was life and the master of life. Living in darkness, they had been falling into Satan's temptations and rejected the master of life along with Satan. However, those who lived for the pleasure of the flesh in reality didn't overcome the spiritual life of those who accepted Jesus as Christ (Messiah) and intended to live in the light (the Holy Spirit).

However, a person was needed to testify to the light because the Master of this light and life came to the world in flesh just as those living in darkness. That's why John the Baptist came six months earlier and testified to this light. At the time, the Jewish people had been longing for the Messiah. While John was giving the baptism of repentance in the Jordan River, people thought John might be the Messiah. That's why John the Baptist confirmed that he wasn't the Messiah, the true light, and that he came to testify to that light. Jesus Christ, who was the true light, came to the world and gave light to everyone, but his own people did not receive him. However, there were a small number of people who believed in his name and received him personally, and God gave them the right to become children of God. Those who received him as the Messiah were born not of natural descent, nor of human decision or a husband's will, but born of God (the Holy Spirit). Even today they live with the belief that Jesus Christ is the beginning of history. The apostle John was deeply touched when he saw the following: The Word became flesh and made his dwelling among us. We have seen his glory (the shape of nature), the glory of the one and only Son, who came from the Father, full of grace (unconditional salvation) and truth (the fulfillment of the promise of God). Since we receive the full grace of Jesus by faith, grace becomes fuller and more abundant. The law was given through Moses; grace and truth came through Jesus Christ. No one has ever seen God, but the one and only Son who is in closest relationship with the Father has made him known. Namely, this Jesus Christ is the beginning of history with God.

2. This Jesus Christ Also Becomes the Central Point of History as Well.

Jesus came down to this world in flesh and helped his earthly father Joseph with his work, until Jesus turned thirty. Then, Jesus was tempted by Satan in the desert, but he overcame Satan with the Word of God and was baptized by John the Baptist in the Jordan River. After John the Baptist was arrested by King Herod, Jesus told people to repent and believe the gospel now that the Kingdom of God was near. Thus, Jesus began his public ministry with evangelism. He first chose twelve disciples, taught them the qualifications and duties of citizens of the Kingdom of God, and instructed people concerning the spirit of the Law, while driving out demons, healing all sorts of diseases, and bringing the dead back to life. However, the Providence of God was for the sinless Jesus to die on the cross for sinners, go down to the tomb, and be resurrected so that he could save those who believe. By obeying the will of the Father, Jesus fulfilled the work of God. The direction of history proved that God himself became a sacrifice to save mankind that betrayed the will of God. That's why Jesus Christ became the central point of history. The four Gospels contain the life and ministry of Jesus, and the Book of Acts showed the work of the Holy Spirit who spread the gospel. The epistles beginning with 1 Corinthians are letters the apostle Paul and other workers of the gospel sent to each church, and they explain the salvation of Christ.

3. Jesus Christ Is the End of History and the Lord Who Consummates the Kingdom of God.

During the Reformation of the sixteenth century, Martin Luther saw little value in apocalyptic literature because the cross and resurrection of Jesus, namely, the redemptive work lacks in that literature. However, E. Kasemann stated that apocalyptic literature is truly "the mother of every Christian theology" and recognized the central significance of it. After Jesus died and rose again, the tone of the argument is present perfect. Paul said, "Therefore, if anyone is in Christ, the new creation has come: The old has gone, the new is here!" and he also said in Ephesians 2:4–6: "God, who is rich in mercy, made us alive with Christ even when we were dead in transgressions... and God raised us up with Christ and seated us with him in the heavenly realms in Christ Jesus." The emphasis has been laid on the present perfect. Colossians 2:12 also records, "Having been buried with him in baptism, in which you were also raised with him." Based on these verses, Christian believers' participation in the death and burial of Jesus has been clearly completed, and participation in his resurrection is a goal that is anticipated in the future.

The influence of apocalyptic literature is also clearly found in Paul. One example is found in 1 Corinthians 15:21–24: "For since death came through a man, the resurrection of the dead comes also through a man. For as in Adam all die, so in Christ all will be made alive. But each in turn: Christ, the first fruits; then, when he comes, those who belong to him. Then the end will come, when he hands over the kingdom to God the Father after he has destroyed all dominion, authority and power."

That the rule of God will be finally established through the second coming of the Lord is a typical eschatological view of apocalyptic literature. On the last day "the last enemy, death" will be destroyed (1 Cor. 15:26). Such an idea also appears in Revelation 20:14. However, the Book of Revelation speaks to our age. All-out rebellion of the evil spirits is under way against the Messiah in Revelation 12, and in chapter nineteen this force is suddenly destroyed in the battle: Revelation 19:19–20 describes the landscape of the battle, "Then I saw the beast and the kings of the earth and their armies gathered together to wage war against the rider on the horse and his army. But the beast was captured, and with it the false prophet who had performed the signs on its behalf. With these signs he had deluded those who had received the mark of the beast and worshiped its image. The two of them were thrown alive into the fiery lake of burning sulfur." Such absolute authority and overwhelming preeminence of Christ is the decisive message of God's revelation to John. Furthermore, the trinity of evil which is Satan, anti-Christ, and the false prophet is completely destroyed.

On the other hand, those who had been redeemed and belong to God and the Lamb are singing a new song in tune with the sound made like a loud peal of thunder in Revelation 14:1–3. These 144,000 believers are in contrast with those who worship the image of the beast and received a mark on their right hands or on their foreheads. Thus, these two different groups belong to God or Satan, and whomever they belong to determines the way they live. Moreover, hymns of victory will be heard loud on one side whereas those who worshiped the image of the beast and received a mark on their hands or on their foreheads will be tormented in the fire as well as in the fire of sulfur (Rev. 14:10). "The Lamb" is the Savior for the believers, but "one like a son of man" is the judge of all mankind. These two beings perform different functions each, but I am not sure whether there is any distinction between the two in written statements.

The song in Revelation 19:1–8 reveals the following as the ultimate goal of the history of humanity: the truthful judgment of God is fulfilled and the love relationship between the Lamb who is the Savior and the chosen believers is perfected through "the wedding of the Lamb." In addition to that, the Bible also records, "I saw heaven standing open and there before me was a white horse, whose rider is called Faithful and True. With justice he judges and wages war" (Rev. 19:11). Eventually, the news of the heaven to be open has been revealed again. The Lord of victory is riding on a white horse and winning, and he is marching on to win.

Revelation 19:12–16 depicts the march and judgment of Christ with solemn and grand strokes, and the competition between the trinity of evil is developing more and more. What is required of believers is the endurance to keep their faith in the midst of battle and tribulation. Furthermore, they are advised to avoid the evil world and escape the band of sin. In addition, they will be shown a grand vision of how the new heavens and the earth will be completed in response to their trust and great hope. Revelation 21:1–4 records, "Then I saw a new heaven and a new earth, for the first heaven and the first earth had passed away, and there was no longer any sea. I saw the Holy City, the new Jerusalem, coming down out of heaven from God, prepared as a bride beautifully dressed for her husband. And I heard a loud voice from the throne saying, 'Look! God's dwelling place is now among the people, and he will dwell with them. They will be his people, and God himself will be with them and be their God. He will wipe every tear from their eyes. There will be no more death or mourning or crying or pain, for the old order of things has passed away. The vision clearly shows that the perfection of redemption is the new creation. The history of mankind is progressing by the hand of grace from above, with the goal of the new creation made by the hand of God. I believe that the right response to this grace is the most important part of the spiritual life.

However, the following people will not be able to enter the city of Jerusalem: those who do not make a decision of faith, cowards who avoid fighting, non-believers, idol-worshipers, murderers, adulterers, those indulged in religious sins such as divination and idol worship, and those who commit the sin of lying as if drinking water.

The view of history in apocalyptic literature is different from the concept of reincarnation in Buddhism, which teaches the circulation of history in that things go round and round in a circular movement for ever. Unlike the view of history in Buddhism, that of Jewish apocalyptic literature and Revelation is going straight to the ultimate goal, instead of going around forever repeatedly. The awareness of the end of history is gained only through faith, and Revelation made clear the position of revelatory faith by showing us also the end which is the already fulfilled cross and resurrection of Christ. Simply put, faith in the return of Christ is not any different from faith that believes that the fact of one's salvation that already occurred determines and perfects the end of history through the return of Christ.

Unlike this revelatory faith, there are those who believe that men can deduce the end of history through scientific methods. They observe and describe various historical facts of the past, particularly laws of movement, which are related to economic production and distribution. They then predict the afterworld in accordance with the laws discovered there, and believe that the end of history lies in that extension. According to communist theories, the end of history passes the dictatorship of proletariats and reaches the perfection of the utopia where there is no social status. Such observation and deduction is called the scientific materialistic dialectic, but one can't help pointing the fact that it has many errors and theoretical deficiencies. Furthermore, determining the progression of history strictly scientifically is impossible even in principle.

Apart from such an indefinite factor, a great difference exists between Karl H. Marx's materialistic view of history and biblical eschatology in that the materialistic view of history doesn't have any awareness of the dual structure of history as shown in Revelation. Namely, Revelation emphasizes the progression of history through the all-out confrontation between the triune God of the Father, the Son, and the Holy Spirit and the trinity of evil, namely, the devil. The enigma of history is found in this dual structure. It's similar to what Ephesians 6:12 teaches, "For our struggle is not against flesh and blood, but against the rulers, against the authorities, against the powers of this dark world and against the spiritual forces of evil in the heavenly realms." We can never overcome the struggle without the initiation of the sovereignty of God and the help of the Spirit of Christ. Surely the power of sin lies deep in such a state. Those who know the power of the trinity of evil and have the spiritual awareness of the end of history have no choice but to have one prayer, because the awareness of the end of history can't express one's self-awareness of his absolute powerlessness and his trust in the omnipotence of God. Thus, the end of Revelation ends with a prayer of the believer, "Look, I am coming soon! Blessed is the one who keeps the words of the prophecy written in this scroll" (Rev. 22:7). "He who testifies to these things says, 'Yes, I am coming soon.' Amen. Come, Lord Jesus" (Rev. 22:20). In other words, these verses show one's faith in the return of Christ as well as the consummation of history through the complete destruction of sin and death.

Conclusion

Jesus Christ is the beginning of history and created the

heavens and earth including mankind, he played the role of the central point of history when he completely destroyed sin and death through his crucifixion and resurrection, and he is the Lord who became the end of history by establishing the Kingdom of God.

Busan Gathering, Vol. 19: 1 (February, 1986)